Ginés de Rus es  por la University of ...... lo) y catedrático de .... en el Departamento de Análisis Económico Aplicado de la Universidad de Las Palmas de Gran Canaria. También ha sido director del Máster de Economía del Transporte de la Universidad Carlos III de Madrid, y ha publicado numerosos artículos sobre economía del transporte en publicaciones españolas y extranjeras.

Javier Campos y **Gustavo Nombela** son también doctores en economía y profesores titulares en la Universidad de Las Palmas de Gran Canaria. Ambos se han formado en la London School of Economics y en el Centro de Estudios Monetarios y Financieros de Madrid, y cuentan con amplia experiencia en numerosos proyectos y trabajos de economía del transporte tanto en Europa como en América Latina.

Economía del transporte

Economía del transporte

Ginés de Rus / Javier Campos / Gustavo Nombela

Universidad de Las Palmas de Gran Canaria

Publicado por Antoni Bosch, editor
Manuel Girona, 61 - 08034 Barcelona
Tel. (+34) 93 206 07 30 - Fax (+34) 93 206 07 31
E-mail: info@antonibosch.com
http://www.antonibosch.com

© 2003, Ginés de Rus, Javier Campos y Gustavo Nombela
© de la edición: Antoni Bosch, editor, S.A.

ISBN: 84-95348-08-X
Depósito legal: B-39382-2003

Diseño de la cubierta: Compañía de Diseño
Ilustración de la cubierta: Seridec / Stockbyte
Fotocomposición e impresión: Sisdigraf

Impreso en España
Printed in Spain

A nuestras familias

CONTENIDO

Prólogo   XXIII

1. Principios de economía del transporte
1.1   Introducción   1
1.2   Elementos y principios básicos en economía del transporte   2
       1.2.1   Tecnología de producción: la infraestructura
               y los servicios   3
       1.2.2   Un *input* básico: el tiempo de los usuarios   4
       1.2.3   Características de los servicios: no almacenabilidad
               e indivisibilidades   5
       1.2.4   Inversión óptima en infraestructuras   6
       1.2.5   Competencia limitada y necesidad de regulación   9
       1.2.6   Efectos de red   10
       1.2.7   Externalidades negativas   12
       1.2.8   Costes del productor, costes del usuario
               y costes sociales: ¿quién debe pagarlos?   13
       1.2.9   Obligaciones de servicio público   15
       1.2.10   Infraestructuras y crecimiento:
               los enfoques macro y microeconómico   16
    1.3   El espacio como última frontera   18
    1.4   Un mapa del contenido del libro   19

2. La producción de actividades de transporte
2.1   Introducción   21
2.2   La tecnología del transporte   25
       2.2.1   La función de producción y sus componentes   25
               El tiempo de los usuarios como factor productivo   27
               Vehículos, trabajo y energía   28
               Los recursos naturales   30
       2.2.2   La producción de servicios e infraestructuras
               de transporte: ejemplos   31

	2.2.3	La producción de transporte: análisis formal	34
		El corto plazo: factores fijos y variables	34
		Indivisibilidades y saltos de capacidad	37
		El largo plazo: las isocuantas	39
		La elasticidad de sustitución	42
		Economías de escala	43
2.3		La medición del *output* del transporte	44
	2.3.1	Servicios no almacenables	44
	2.3.2	Multiproducción en el transporte	47
	2.3.3	El transporte como industria de red	50
		Tipos de red de transporte	50
		Elementos de una red de transporte	51
		La importancia de los tipos de conexiones	52
2.4		Eficiencia y productividad en el transporte	54
	2.4.1	Conceptos de eficiencia y productividad en el transporte	54
		Los distintos conceptos de eficiencia	54
		Eficiencia versus *productividad*	58
	2.4.2	Indicadores de productividad en el transporte	60
		Índices de productividad total de los factores	
		y problemas de agregación	63
2.5		Estimación de funciones de producción	64
	2.5.1	Formas funcionales de la tecnología de producción	65
	2.5.2	El concepto de frontera de eficiencia	
		y su importancia en el transporte	68
2.6		Lecturas recomendadas	71
2.7		Ejercicios	71

3. Los costes del transporte

3.1		Introducción	75
3.2		Costes del productor	78
	3.2.1	Tecnología y tipos de costes	78
	3.2.2	Funciones de costes y relación entre corto y largo plazo	81
		Funciones de coste a corto plazo	81
		La elección de la capacidad	82
		Relación entre curvas de costes a corto y largo plazo	84
		Los costes fijos y la escala de las operaciones	85
	3.2.3	Las economías de escala y su medición	86
	3.2.4	Limitaciones de capacidad	89
		Indivisibilidad de activos y saltos discretos de capacidad	90
	3.2.5	Los costes de operación del equipo móvil	93
		La selección del tamaño óptimo de un buque	94

		Tamaño y velocidad en la elección del vehículo	96
3.3		Costes de los usuarios	97
	3.3.1	La congestión y el coste de los usuarios	99
3.4		El transporte como industria de red	102
	3.4.1	La función de costes en actividades multiproducto	102
		Economías de escala y economías de densidad	103
		Economías de alcance y subaditividad de costes	105
		Separabilidad y costes compartidos	107
		Asignación de costes compartidos	107
	3.4.2	Redes de transporte y costes	109
		Características de coste de las redes de transporte	109
		Economías de densidad y economías de escala	110
		El diseño de las redes de transporte	111
3.5		Medición, asignación y estimación de costes	115
	3.5.1	Procedimientos contables en la estimación de funciones de costes	116
		Utilización de centros de coste	116
		Costes de los recursos	117
	3.5.2	Estimación estadística de funciones de costes	118
		La especificación de la forma funcional	118
		El problema de la selección de outputs	120
		La estimación de rendimientos a escala, economías de densidad y de alcance	121
	3.5.3	Estimación de costes y medición de productividad	123
3.6		Lecturas recomendadas	125
3.7		Ejercicios	125

4. La demanda de transporte
4.1		Introducción	129
4.2		El concepto de precio generalizado	132
	4.2.1	El modelo de decisión individual	134
	4.2.2	La cantidad óptima de transporte	136
4.3		La función de demanda de transporte	140
	4.3.1	La elasticidad de la demanda	140
		La elasticidad de la demanda con respecto a su propio precio	141
		La elasticidad cruzada	143
		La elasticidad con respecto a la renta	144
	4.3.2	Demanda agregada y excedente del consumidor	145
	4.3.3	Demanda de transporte y decisiones discretas de consumo	147

		El modelo de utilidad aleatoria	149
4.4		El tiempo en la demanda de transporte	151
	4.4.1	La desagregación del tiempo total de viaje	151
	4.4.2	Fundamentos teóricos del valor del tiempo	154
		Valor del tiempo y escasez	154
		Valor del tiempo y asignación por actividades	155
		El valor del tiempo en las actividades de transporte	157
	4.4.3	La medición empírica del valor del tiempo	159
		Estimación de funciones de utilidad y valor del tiempo	159
		Problemas en la estimación del valor del tiempo	161
	4.4.4	La elasticidad con respecto al tiempo	163
4.5		Predicción de la demanda	164
	4.5.1	La importancia de la predicción de la demanda	165
	4.5.2	Técnicas y modelos de predicción de demanda	167
		Enfoques agregados versus *enfoques desagregados*	167
	4.5.3	El modelo en cuatro etapas	169
		Modelos de generación de viajes	172
		Modelos de distribución de viajes	173
		Modelos de elección modal	174
		Modelos de elección de rutas	175
	4.5.4	Las limitaciones del modelo de cuatro etapas	176
4.6		Lecturas recomendadas	177
4.7		Ejercicios	178

5. Criterios de fijación de precios
5.1		Introducción	181
5.2		El problema de la fijación de precios en el transporte	183
	5.2.1	Coste, valor y precio en el transporte	184
	5.2.2	Reglas de tarificación	187
5.3		Tarificación sin congestión	190
	5.3.1	El principio de eficiencia	192
	5.3.2	Implicaciones financieras y sociales de la regla de tarificación óptima	194
		Cobertura de costes, equidad y aceptabilidad	195
		Subvenciones al transporte	196
	5.3.3	Otras alternativas de tarificación	198
		Tarificación de acuerdo al coste medio	198
		Discriminación de precios	199
		Tarificación de tipo Ramsey	200
		Tarifas en dos partes con autoselección	202
		Subsidios cruzados	204

5.4   Tarificación en presencia de restricciones de capacidad   206
       5.4.1   El largo plazo frente al corto plazo   207
       5.4.2   Periodos punta y valle   211
5.5   Límites de capacidad y tarificación con congestión   212
       5.5.1   Escasez y congestión   213
       5.5.2   Peaje óptimo en infraestructuras viarias   217
       5.5.3   Tasa de congestión y tasa de infraestructura   220
5.6   Tarificación con economías de red: el *efecto Mohring*   223
5.7   Tarificación óptima y efectos intermodales   227
5.8   Lecturas recomendadas   230
5.9   Ejercicios   231

6. La regulación económica del transporte
   6.1   Introducción   233
   6.2   La necesidad de regulación económica del transporte   234
          6.2.1   Existencia de barreras de entrada y prácticas
                   anticompetitivas   236
                   Barreras por el uso de las infraestructuras   237
                   Uso anticompetitivo de frecuencias o tarifas   238
                   Otras prácticas anticompetitivas   243
          6.2.2   Limitación a la competencia por interés social   244
                   Competencia destructiva   245
                   Obligaciones de servicio público   247
                   Competencia por el mercado   248
          6.2.3   Monopolio natural   249
   6.3   Mecanismos de regulación   250
          6.3.1   Límites sobre la rentabilidad   253
                   Problemas de la regulación sobre rentabilidad   259
                   Aspectos dinámicos: el problema de incentivos   260
                   Determinación de la base de capital para la regulación 262
          6.3.2   Límites sobre las tarifas   263
                   Regulación exclusiva de tarifas con libertad de frecuencias 263
                   Regulación de tarifas y frecuencias   266
                   Comparación entre regulación sobre tarifas
                   y regulación sobre rentabilidad   267
                   Problemas de la regulación sobre tarifas   268
          6.3.3   Regulación con tarifas máximas e incentivos   270
          6.3.4   Regulación de tarifas con incentivos para empresas
                   multiproducto   274
                   Mecanismos basados en información de costes   274
                   Mecanismos de regulación basados en índices de tarifas:
                   el sistema IPC-X   275

	6.3.5 Regulación por comparación (competencia referencial)	277
6.4	Regulación de tarifas de acceso	281
6.5	Regulación sobre otras variables: calidad y seguridad	286
	6.5.1 Calidad	287
	6.5.2 Seguridad	288
6.6	Costes de regulación	288
	6.6.1 Efectos sobre el coste de capital	289
	6.6.2 La teoría de los mercados atacables ("contestabilidad")	290
6.7	Lecturas recomendadas	292
6.8	Ejercicios	293

7. Inversión en infraestructuras de transporte

7.1	Introducción	297
7.2	La decisión de invertir en capacidad	299
	7.2.1 El modelo básico de inversión en infraestructuras	299
	7.2.2 Inversión e incertidumbre de demanda	302
	7.2.3 Inversión, financiación y tarificación	304
7.3	Evaluación económica de las inversiones	306
	7.3.1 La evaluación económica de las inversiones en transporte	308
	7.3.2 Criterios para la medición de los beneficios y costes	310
	Medición basada en el cambio del excedente social	312
	Medición basada en el cambio de recursos	312
	7.3.3 La presencia de impuestos y subvenciones	312
	7.3.4 Medición de los beneficios con precios generalizados	314
	7.3.5 Externalidades y beneficios indirectos del transporte	316
7.4	Criterios de decisión	320
	7.4.1 Comparación entre el flujo de beneficios netos y la inversión	320
	7.4.2 Precio-sombra de los fondos públicos	322
	7.4.3 Proyectos de duración diferente	323
	Homogeneización de la vida útil	324
	Cálculo del beneficio neto anual equivalente	324
	7.4.4 Proyectos con distintas alternativas de tarificación	325
7.5	Análisis de riesgo	329
	7.5.1 Proyectos con incertidumbre	330
	El VAN social y los cambios en la demanda	331
	7.5.2 Análisis de riesgo con demanda aleatoria	332
	7.5.3 Decisiones públicas de inversión con riesgo	334
7.6	Distribución de la renta y criterios de decisión	336

7.7   Lecturas recomendadas   338
7.8   Ejercicios   339

8. Externalidades en el transporte
8.1   Introducción   343
8.2   Las externalidades en las actividades de transporte   345
    8.2.1   Externalidades positivas   345
    8.2.2   Externalidades negativas   346
8.3   Congestión   347
    8.3.1   Congestión en transporte por carretera   348
    8.3.2   Congestión en transporte aéreo   349
    8.3.3   Cuantificación de los costes de congestión   352
8.4   Efectos medioambientales   354
    8.4.1   La valoración del impacto medioambiental   354
        Cuantificación de la contaminación atmosférica   355
        Cuantificación de los costes del ruido   357
    8.4.2   Mecanismos para la corrección de externalidades
        medioambientales   358
        El nivel óptimo de externalidad: el ejemplo del ruido   359
        Impuestos pigouvianos   362
        Fijación de límites y estándares   365
        Negociación entre agentes   366
    8.4.3   Políticas aplicadas para corregir externalidades
        medioambientales   370
8.5   Accidentes   371
    8.5.1   El problema de los accidentes en carreteras:
        la decisión individual   372
    8.5.2   El problema de los accidentes en otros modos:
        la decisión de la empresa   374
    8.5.3   Políticas aplicadas para la reducción de accidentes   378
    8.5.4   Efectos de la fijación de estándares sobre
        el comportamiento de los usuarios   379
8.6   Lecturas recomendadas   382
8.7   Ejercicios   382

9. Estructura de los mercados de transporte
9.1   Introducción   385
9.2   El papel del sector público en los mercados de transporte   387
    9.2.1   Monopolio público   388
    9.2.2   Monopolio privado regulado y contratos de concesión   393
    9.2.3   Libre competencia en la provisión de servicios   400
    9.2.4   Financiación privada de infraestructuras   401

9.3   Competencia intramodal   403

      9.3.1   Provisión de infraestructuras de transporte   404

            Carreteras   405

            Puertos   406

            Aeropuertos   407

      9.3.2   Provisión de servicios de transporte   408

            Ferrocarriles   409

            Transporte aéreo   412

            Transporte marítimo   414

            Autobuses urbanos e interurbanos   416

            Transporte de mercancías por carretera   418

9.4   Competencia intermodal   419

      9.4.1   Trenes de alta velocidad frente a transporte aéreo   420

      9.4.2   Transporte de carga por carretera frente a ferrocarril y marítimo   423

      9.4.3   Transporte privado frente a transporte público   429

9.5   Lecturas recomendadas   435

9.6   Ejercicios   436

Anexos. Datos para ejercicios   439

Índice analítico   443

Índice de figuras

Figura 2.1. Producción de transporte con factores fijos   35
Figura 2.2. Número de vehículos y saltos discretos de capacidad   37
Figura 2.3. Incrementos de la capacidad mediante saltos no discretos   39
Figura 2.4. La decisión de mantenimiento o renovación de flota   40
Figura 2.5. Isocuantas con proporciones fijas   42
Figura 2.6. Principales tipos de rutas de transporte   51
Figura 2.7. Redes de transporte y sistema centro-radial   53
Figura 2.8. Eficiencia técnica en el transporte   56
Figura 2.9. Eficiencia técnica *versus* productividad   59
Figura 2.10. Dimensiones del análisis de indicadores de transporte   60
Figura 3.1. Relación entre corto y largo plazo y elección de capacidad   83
Figura 3.2. Relación entre costes medios a corto y largo plazo   85
Figura 3.3. La existencia de capacidad limitada   90
Figura 3.4. Indivisibilidades y saltos discretos de capacidad   91
Figura 3.5. La selección del tamaño óptimo de un barco   95
Figura 3.6. La congestión y el coste de los usuarios   100
Figura 3.7. Redes de transporte y costes   111
Figura 3.8. La decisión entre red fija o red flexible   113
Figura 4.1. La elección individual óptima   138
Figura 4.2. Precio generalizado y demanda de transporte   146
Figura 4.3. Componentes del tiempo total de viaje   152
Figura 4.4. Consecuencias de una predicción incorrecta de la demanda   166
Figura 4.5. El modelo de predicción de demanda en cuatro etapas   170
Figura 5.1. Precio, coste y valor del transporte   186
Figura 5.2. Tarificación sin congestión   191
Figura 5.3. Tarifas en dos partes con autoselección   203
Figura 5.4. Efectos de los subsidios cruzados   205
Figura 5.5. Tarificación con capacidad fija   208
Figura 5.6. Capacidad fija y demanda baja   209
Figura 5.7. Capacidad fija y demanda alta   210

Figura 5.8. Escasez y congestión   214
Figura 5.9. Tarificación con congestión   218
Figura 5.10. Tarificación con economías de densidad   225
Figura 5.11. Tarificación óptima y distribución intermodal   230
Figura 6.1. Barreras a la entrada por uso de frecuencias   241
Figura 6.2. Regulación sobre rentabilidad y bienestar social   258
Figura 6.3. Distorsión de la eficiencia productiva y aumento
             del bienestar social   260
Figura 6.4. Problemas de incentivos en la regulación sobre rentabilidad   261
Figura 6.5. Regulación de tarifas con libertad de determinación
             de frecuencias   265
Figura 6.6. Regulación de tarifas máximas con incentivos   270
Figura 7.1. Predicción de la demanda e inversión en capacidad   303
Figura 7.2. Medición de beneficios y costes sociales   311
Figura 7.3. Evaluación de proyectos con precios generalizados   315
Figura 7.4. Mercado secundario con externalidad   317
Figura 7.5. Mercado secundario con impuestos   318
Figura 7.6. Efectos indirectos y competencia imperfecta   319
Figura 7.7. Reparto de tráfico tras la ampliación de la capacidad   326
Figura 7.8. Reparto de tráfico y utilización de una tasa de congestión   327
Figura 7.9. Inversión con demanda aleatoria   331
Figura 7.10. Distribución de probabilidad del valor actual neto social   333
Figura 8.1. Producción óptima con una externalidad negativa   361
Figura 8.2. Solución con impuestos pigouvianos   363
Figura 8.3. Ganancia neta con compensación a la empresa   368
Figura 8.4. Efecto de la introducción de una mejora técnica
             de seguridad   380
Figura 9.1. Análisis normativo y positivo de los mercados
             de transporte   386
Figura 9.2. Modelos de organización de los mercados de transporte   388
Figura 9.3. El modelo de monopolio público   389
Figura 9.4. El modelo de monopolio privado regulado   394
Figura 9.5. Propiedad pública de la infraestructura
             y operadores privados   400
Figura 9.6. Concesiones para la construcción de infraestructuras   402
Figura 9.7. Reparto de las cuotas de mercado del transporte de carga   427
Figura 9.8. Esquema de desplazamientos en transporte público
             y privado   431

Índice de cuadros

Cuadro 2.1. Clasificación general de las actividades de transporte   23
Cuadro 2.2. Indicadores técnicos y económicos utilizados
        en el transporte   62
Cuadro 4.1. Determinantes de la demanda de transporte   130
Cuadro 6.1. Diferencias entre la regulación sobre rentabilidad
        y sobre tarifas   274
Cuadro 7.1. Análisis de sensibilidad   331
Cuadro 8.1. Principales externalidades en los distintos modos
        de transporte   347
Cuadro 8.2. Emisiones por modo de transporte (viajeros)   356
Cuadro 9.1. Factores que determinan la estructura de un mercado
        de transporte   404
Cuadro 9.2. Factores que afectan a la competencia intermodal   420
Cuadro 9.3. Equilibrios entre transporte público y privado   433

NOTACIÓN UTILIZADA

$\alpha,\ \beta,\ \theta$	Coeficientes o parámetros exógenos
C_E	Costes externos totales
$c^I(q)$	Costes de operación y mantenimiento de infraestructuras
CMa	Coste marginal
CMe	Coste medio
$c^O(q)$	Costes de operación de los vehículos y otros activos (excepto infraestructuras)
C_P	Coste total del productor, dividido en: $C_P(q,k) = c(q)q + r(K)K$, donde $c(q) = c^O(q) + c^I(q)$
C_u	Coste total de los usuarios: $C_u = vtq$ (sólo incluye el valor del tiempo)
c_u	Coste unitario de los usuarios
d	Distancia
E	Equipo móvil, vehículos
EC	Excedente de los consumidores
EP	Excedente de los productores
F	Energía, combustible y repuestos
f	Frecuencia
$f(\cdot)$	Función de producción
g	Precio generalizado: $g = p + vt + \theta$
i	Tasa social de descuento, tipo de interés privado
K	Unidades de infraestructura. Factor capital
L	Trabajo (factor-productivo)
N	Recursos naturales
p	Precio final del servicio o infraestructura de transporte
q	*Output* (uniproducto) del transporte. También cantidad demandada de transporte
$r(K)K$	Costes de construcción de infraestructura (costes fijos en el corto plazo). Costes fijos
s	Grado de rendimientos o economías de escala ($s > 1$ rdtos. crecientes, $s < 1$ rdtos. decrecientes, $s = 1$ rdtos. constantes)

t	Tiempo (desagregado en 3 componentes: de viaje t_v, de espera t_e y de acceso t_a)
T	Tiempo total. Duración de una concesión o de un proyecto
$U(\cdot)$	Función de utilidad directa
v	Valor del tiempo para el usuario
V	Velocidad
$V(\cdot)$	Función de utilidad indirecta
W	Beneficio social
w	Precios de los factores
$\bar{q}$	*Output* máximo (en el sentido de capacidad)
$\vec{q} = \{q_{zt}^{ij}\}$	*Output* multiproducto: i, j = origen-destino, z: tipo de producto, t: tiempo
ε	Elasticidad
τ	Impuesto o tasa unitaria
φ	Tasa de rentabilidad (beneficio) regulada
π	Probabilidad
$\Pi(\cdot)$	Función de beneficios privados
λ, μ	Multiplicadores de Lagrange

PRÓLOGO

La Economía del Transporte no es una disciplina reciente. Desde la época de la revolución industrial en el siglo XIX, los economistas han manifestado un notable interés por el estudio de la contribución del transporte a la vida económica y social, haciendo que el análisis de las actividades de transporte haya estado presente en la Teoría Económica desde sus orígenes. Los ferrocarriles, por ejemplo, fueron uno de los primeros mercados sometidos a regulación; en el transporte aéreo o marítimo hay muchos casos de estrategias empresariales de tipo oligopolístico; y en esta industria existen algunas infraestructuras, tales como puertos y aeropuertos, que a menudo son consideradas como típicos ejemplos de monopolios naturales.

Entender la naturaleza de estos mercados, así como los principios que rigen su funcionamiento, requiere conocer cómo se producen y demandan los millones de desplazamientos de personas y mercancías que se realizan diariamente, cómo se fijan y regulan los precios de los servicios e infraestructuras de transporte y cuáles son los impactos que el transporte tiene sobre otras actividades. Para ello es preciso utilizar con rigor las herramientas que proporciona la Teoría Económica aplicada a esta industria.

Hemos escrito este libro precisamente con esa intención. Nuestro objetivo ha sido ofrecer a los lectores un manual de Economía del Transporte con fundamentos microeconómicos sólidos, no un libro de microeconomía con ejemplos de transporte. En la redacción de este libro hemos tenido en mente dos tipos de lector: el estudiante universitario y el profesional con unos conocimientos básicos de microeconomía y matemáticas. Los principios y razonamientos expuestos en este libro se apoyan en el análisis económico realizado a partir de gráficos y ciertos desarrollos formales que permiten un grado de generalidad imposible de alcanzar con simples descripciones de las actividades, de los mercados o de la legislación que los regula.

El material de trabajo está dividido en ocho capítulos, cada uno de ellos dedicado a analizar en profundidad un tema relevante para esta industria, más un capítulo inicial de carácter introductorio. En ese primer capítulo se presentan de forma resumida los principios más relevantes en el análisis económico del transporte y que caracterizan a esta industria en comparación con otras actividades. En los capítulos siguientes se estudian la tecnología, los costes, la demanda, la fijación de los precios, la regulación, las decisiones de inversión, las externalidades y la estructura de los mercados de transporte.

El libro está pensado para su utilización en un curso de una duración aproximada de un semestre académico, si bien se puede realizar una selección de temas para cursos más cortos. Los contenidos se adaptan a los temarios de Economía del Transporte habituales en muchas facultades de Economía y escuelas superiores de Ingeniería, aunque algunos de los materiales incluidos también podrían utilizarse en asignaturas de microeconomía y economía industrial, o en cursos sobre regulación o análisis coste-beneficio. En cada capítulo se incluyen ejercicios, entre los que hay algunos ejemplos de aplicaciones empíricas utilizadas habitualmente en Economía del Transporte.

Desde que surgió la idea inicial de escribir este libro hasta su finalización han pasado algunos años, por lo que las deudas de gratitud son numerosas. Gran parte de los contenidos de este manual han sido utilizados en cursos de postgrado sobre Economía del Transporte en la Universidad Carlos III de Madrid, en el Instituto Universitario Ortega y Gasset y en varios cursos sobre regulación del transporte del Banco Mundial, además de las asignaturas de microeconomía, economía industrial y análisis coste-beneficio que los autores imparten en la Universidad de Las Palmas de Gran Canaria.

Durante estos años, los borradores iniciales se han beneficiado de las sugerencias de nuestros alumnos, de los profesionales y de los reguladores con los que hemos compartido discusiones sobre economía y política del transporte. Nuestro más sincero agradecimiento a todos los que, de una manera u otra, han contribuido a que la idea inicial se haya convertido en la realidad que ahora tiene el lector en sus manos. Sin embargo, no consideramos que este libro esté del todo cerrado y agradecemos de antemano todos los comentarios que deseen hacernos llegar los lectores.

También deseamos expresar nuestro agradecimiento a los editores, por su paciencia en la espera por el manuscrito final, y muy especialmente a Isabel Cruz.

Por último, queremos reconocer especialmente a quienes han invertido parte de su tiempo en la lectura de versiones preliminares y nos han aportado acertadas críticas y mejoras. Entre ellos se encuentran algunos compañeros del Equipo de Investigación en Economía de las Infraestructuras y del Transporte de la Universidad de Las Palmas de Gran Canaria y algunos colegas de otras universidades españolas que trabajan en diversos temas de Economía del Transporte: Germà Bel, Ofelia Betancor, Pedro Cantos, Pablo Coto, Philippe Gagnepain, Juan Carlos Martín, Anna

Matas, Pere Riera, Concepción Román, Manuel Romero, Mar Savignat y Lourdes Trujillo. Por descontado, cualquier error que pueda existir en los contenidos de este libro es de nuestra exclusiva responsabilidad.

A todos aquellos que han contribuido a que este libro finalmente viera la luz, y a quienes disfruten y aprendan con su lectura, nuestro más sincero agradecimiento.

Las Palmas
Julio de 2002

1. Principios de economía del transporte

1.1 Introducción

La industria del transporte ha experimentado cambios tecnológicos notables en las últimas décadas que han afectado a todas sus modalidades. En el transporte terrestre, por ejemplo, el servicio que ofrece a los viajeros un tren de alta velocidad en distancias medias está más cercano al de un avión que al de los trenes de los años sesenta. En el transporte marítimo, la manipulación de mercancías realizada en los modernos buques de contenedores y en terminales portuarias especializadas emplea una tecnología que se parece muy poco a la carga y descarga manual que los estibadores solían realizar en los puertos.

Tanto en el transporte de viajeros como en el de mercancías se han producido cambios profundos que han afectado al volumen de movimientos y a la distribución de viajeros y cargas entre las distintas modalidades de transporte. Algunos de estos cambios están originados por la introducción de nuevas tecnologías y nuevos sistemas de organización y regulación de la industria. Otros, como el cambio en la composición de la producción, han alterado la importancia relativa de los modos de transporte. Cuando en la producción nacional predominan los graneles sólidos y líquidos el modo ferroviario y el marítimo tienen más cuota de mercado que cuando los productos de poco peso y volumen y mucho valor empiezan a desplazar a los anteriores.

El transporte por carretera se ha convertido a lo largo del último medio siglo en el modo de transporte dominante, relegando al ferrocarril a un segundo plano, aunque recientemente los problemas de congestión y de externalidades negativas asociadas al tráfico por carretera han vuelto a poner de manifiesto las ventajas competitivas del ferrocarril en determinados tráficos.

El transporte aéreo, el modo más moderno y sin competencia en el transporte de pasajeros a larga distancia, ha eliminado barreras físicas entre regiones alejadas. En los países desarrollados se ha convertido en un modo de transporte al alcance de la mayoría de los viajeros, aunque su desarrollo espectacular se enfrenta en algunos lugares a limitaciones en la capacidad aeroportuaria, que constituyen un obstáculo a su crecimiento futuro y que requerirá más inversiones en capacidad adicional.

El transporte marítimo ha aprovechado las economías de escala derivadas de aumentar el tamaño de los buques y ha experimentado aumentos notables de productividad mediante el uso de contenedores y la construcción de terminales especializadas en los puertos. La utilización creciente de redes de distribución basadas en trasbordos realizados en determinados puertos de gran dimensión también ha contribuido a una reducción significativa de los costes unitarios.

No cabe duda de que hemos asistido a cambios profundos en la industria; sin embargo, *los elementos y principios económicos básicos que rigen el funcionamiento de las diferentes modalidades de transporte apenas si han cambiado.*

Es cierto que el conjunto de actividades de transporte de personas y bienes difiere internamente en muchos aspectos: tecnología de los vehículos utilizados, medio sobre el que se desplazan, objeto transportado, organización industrial, etc. Las diferencias existentes entre modos de transporte son tan relevantes en la práctica que los operadores de las distintas modalidades suelen estar especializados en su parcela específica, de tal manera que, a menos que existan relaciones de complementariedad o sustituibilidad en los mercados específicos en los que operan, quienes se dedican al transporte aéreo suelen contemplar el transporte marítimo con el mismo grado de interés con el que examinan el funcionamiento de la industria farmacéutica. Aunque la intermodalidad ha cambiado algo esta realidad, es poco probable que las empresas concesionarias de transporte público de viajeros muestren un interés especial por la organización y regulación de los puertos. Sin embargo, a pesar de las diferencias y separación entre modalidades de transporte, *existen unas características comunes que desde la perspectiva del análisis económico las hace susceptibles de un tratamiento conjunto y sistemático.*

1.2 Elementos y principios básicos en economía del transporte

¿Cuáles son los principios fundamentales en Economía del Transporte? ¿Qué elementos diferenciadores tiene esta actividad que justifican que se pueda hablar de una rama especializada de la Teoría Económica dedicada a su análisis? A lo largo de este libro se abordan los elementos y principios que permiten afirmar que existe una disciplina tal como la Economía del Transporte, y que hemos tratado de sintetizar en estos diez puntos fundamentales:

1. Tecnología de producción: la infraestructura y los servicios.
2. Un *input* fundamental: el tiempo de los usuarios.
3. Características de los servicios: no almacenabilidad e indivisibilidades.
4. Inversión óptima en infraestructuras.
5. Competencia limitada y necesidad de regulación.
6. Efectos de red.
7. Externalidades negativas.
8. Costes del productor, costes del usuario y costes sociales: ¿quién debe pagarlos?
9. Obligaciones de servicio público.
10. Infraestructuras y crecimiento: los enfoques macro y microeconómico.

1.2.1 Tecnología de producción: la infraestructura y los servicios

El transporte puede definirse como el movimiento de personas y mercancías a lo largo del espacio físico mediante tres modos principales: terrestre, aéreo o marítimo, o alguna combinación de éstos. Consecuentemente, la industria del transporte está formada por todas las empresas que se dedican a esta actividad, y *a priori* podría pensarse que estas empresas deberían constituir un conjunto más o menos homogéneo, ya que producen el mismo tipo de servicio.

Al iniciar el estudio de cualquier modo de transporte se observa que dentro de esta industria existen en realidad dos tipos de actividades muy diferentes: algunas empresas se dedican a la construcción y explotación de infraestructuras (puertos, aeropuertos, carreteras, etc.), mientras que otras mueven los vehículos que utilizan esas infraestructuras para producir los servicios de transporte (navieras, líneas aéreas, empresas de autobuses, etc.).

Estos dos tipos de actividad están presentes en todos los modos de transporte cuando se examina la tecnología de producción: siempre hay una infraestructura y unos vehículos que utilizan la misma. Esto sucede incluso en los modos de transporte en los que en principio podría pensarse que los vehículos no necesitan para moverse un soporte físico construido por el hombre (como los aviones y barcos). El transporte aéreo requiere la existencia de aeropuertos y estaciones de control de tráfico, y el transporte marítimo necesita la infraestructura de los puertos y otros elementos de ayuda a la navegación (faros, equipos de radio, satélites, etc.).

Las diferencias entre los diversos modos de transporte se deben en gran parte a motivos tecnológicos. Las características particulares de los vehículos y la infraestructura que éstos requieren condicionan la forma de organización de cada mercado y el grado de competencia factible en ellos. En algunos modos de transporte, como el ferrocarril, la gestión de la infraestructura y la producción de los servicios requieren un alto grado de coordinación, lo cual explica que tradicionalmente las empresas ferroviarias hayan integrado los dos tipos de actividad dentro de una misma organización (si bien hay experiencias recientes de modelos ferroviarios en varios países en los que se ha separado la infraestructura de los servicios).

En otros modos de transporte, como ocurre con las carreteras, no se necesita apenas coordinación entre los vehículos que utilizan la infraestructura, en el sentido de que no es necesario determinar unos horarios para el acceso de los vehículos o para la recogida o bajada de los viajeros. Por ello en estos modos suele darse una separación entre las empresas o instituciones que se dedican a la gestión de los activos de infraestructura y las empresas que realizan la producción de los servicios. En el caso del transporte privado en automóvil, los servicios los "produce" y consume el propio usuario, utilizando una infraestructura a la que puede accederse de forma gratuita (red de carreteras, vías urbanas), o bien pagando un precio por ese *input* a la empresa proveedora de infraestructura (autopistas de peaje, túneles y puentes).

1.2.2 Un *input* básico: el tiempo de los usuarios

Un segundo elemento clave en el análisis económico de las actividades de transporte es la existencia de un *input* fundamental, necesario para la producción de los servicios de transporte: el tiempo de los usuarios (ya sea como pasajeros o como propietarios de las mercancías que son transportadas). Es muy útil considerar que en la función de producción del transporte no sólo participan los factores productivos convencionales: trabajo, energía, infraestructura y equipos móviles. Muchas decisiones de las empresas y de los individuos no pueden comprenderse sin incluir en la función de producción el tiempo como un *input* que proporciona el consumidor.

Es cierto que en otras industrias donde se producen bienes y servicios de consumo, los usuarios también participan aportando cierta cantidad de tiempo en las actividades de consumo necesarias para extraer la utilidad final de los bienes (piénsese, por ejemplo, en bienes de alimentación o de ocio), pero es en el transporte donde la importancia del tiempo adquiere una dimensión especial, convirtiéndolo en una variable tan importante o más que el coste monetario en las decisiones de individuos y empresas.

En relación con la dimensión temporal, el transporte es completamente distinto a otros bienes. Por un lado, el tiempo empleado en el desplazamiento no es fijo (como sucede en los bienes de consumo), sino que el usuario normalmente puede elegir entre diversas alternativas (o modos de transporte) para un mismo trayecto, con tiempos diferentes. Además, el tiempo de cada alternativa puede verse afectado por cuál sea el número de otros usuarios utilizando a la vez ese mismo modo de transporte.

En segundo lugar, el transporte no es un bien de consumo final, sino un bien intermedio. Salvo en viajes turísticos en los cuales el propio trayecto da valor al bien (por ejemplo, un crucero marítimo), el usuario se desplaza entre los puntos de origen y destino de un viaje para llevar a cabo alguna otra actividad (trabajo, estudios, ocio, etc.). Por tanto, se desea invertir en el trayecto la menor cantidad de tiempo posible, ya que el tiempo de viaje le supone una desutilidad. Las decisiones sobre la demanda de transporte están muy influidas por los tiempos en cada modo, además de por las preferencias de los individuos y las tarifas.

En el transporte de mercancías el tiempo invertido es también importante, ya que la rapidez y fiabilidad de las entregas está inversamente relacionada con el coste de mantener un *stock* determinado de mercancía. Los procesos de producción *just-in-time* sólo son factibles cuando existe una red de transporte eficiente, y los servicios de mensajería cobran precios más elevados que el correo convencional a cambio fundamentalmente de recortar el tiempo de entrega.

Muchos análisis en Economía del Transporte se basan en la relación entre el coste de producción y el coste del usuario. El análisis de los sistemas de transporte, de la configuración de las redes, de la distribución modal y de la estructura de los mercados requiere considerar la interrelación existente entre ambos tipos de costes.

1.2.3 Características de los servicios: no almacenabilidad e indivisibilidades

Otra característica básica del transporte, en relación con las actividades de producción de servicios, es la imposibilidad de su almacenamiento. Cuando una empresa pone en circulación un vehículo con un determinado número de plazas, esa oferta debe consumirse en el momento en que se está produciendo el servicio o se pierde irremediablemente.

Esta característica es compartida con otros servicios, como la electricidad, y tiene implicaciones importantes para las empresas de transporte, que deben dar una dimensión adecuada a sus niveles de oferta de acuerdo con las características de la demanda. Si una empresa pone en circulación más vehículos de los necesarios, la mayoría de ellos realizará los viajes casi vacíos, con el consiguiente derroche de recursos. Por el contrario, si la oferta resulta insuficiente lo que se producirá será la formación de colas para el uso de los vehículos, que además circularán cerca del límite de su capacidad con la consiguiente pérdida de comodidad para los usuarios.

Además de los desajustes entre oferta y demanda, la no almacenabilidad de los servicios también tiene implicaciones para el tamaño de la flota de vehículos de las empresas. La demanda de transporte no suele ser uniforme a lo largo del día, existiendo diferencias entre días de la semana o épocas del año. Esto supone que para evitar problemas de desabastecimiento a los usuarios, una empresa que produzca servicios de transporte debe disponer de suficientes vehículos para atender a la demanda en sus momentos más altos (generalmente denominados periodos u horas "punta"). En las situaciones de demanda baja (periodos "valle"), parte de esos vehículos no estarán circulando, pero la empresa debe soportar los costes fijos de la flota completa durante todas las horas del día.

Por otro lado, la oferta de servicios de transporte presenta indivisibilidades determinadas por el tamaño de los vehículos más pequeños disponibles. La indivisibilidad aparece cuando una empresa no puede aumentar su producción de forma continua, sino por bloques determinados de producto. En el caso del transporte, si con n vehículos no es posible atender a toda la demanda porque hay un usuario adicional que sobrepasa la capacidad, la empresa debería utilizar $n + 1$ vehículos si se quiere dar servicio a todos los usuarios, aunque el último vehículo circularía prácticamente vacío (o todos los vehículos irían con exceso de oferta).

Las empresas, no obstante, pueden tener cierta flexibilidad al escoger el tamaño de sus vehículos, ya que normalmente se puede optar por diferentes niveles de capacidad. Estas decisiones sobre la dimensión de los vehículos también tienen implicaciones sobre el tiempo que los usuarios deben invertir en sus viajes. Así, por ejemplo, una empresa que pueda atender la misma demanda con varios vehículos pequeños o con un vehículo grande, afecta con su decisión a la utilidad que extraen los usuarios del mismo tipo de servicio. Al utilizar varios vehículos, las frecuencias de paso en las paradas serán mayores, por lo que los usuarios tendrán menores tiempos de espera que si se emplea un vehículo grande.

En conclusión, tanto las características de la demanda (variabilidad temporal y preferencias de los usuarios) como las de la tecnología de producción de servicios de transporte (imposibilidad de almacenamiento, indivisibilidades) condicionan de forma importante la estructura de costes fijos de las empresas proveedoras de servicios, ya que afectan significativamente al tamaño y la composición de sus flotas de vehículos.

1.2.4 Inversión óptima en infraestructuras

Una parte importante de los temas que se estudian en Economía del Transporte se refiere a las características de las infraestructuras (carreteras, vías férreas, puertos, aeropuertos) necesarias para el desarrollo de esta actividad, y particularmente a los problemas que plantea la decisión sobre cuál debe ser su capacidad óptima y cómo deben financiarse sus costes.

¿Por qué las infraestructuras desempeñan este papel central en la industria del transporte? Entre varias razones posibles, destacan las relativas a la elevada magnitud que tienen sus costes de construcción, los importantes efectos medioambientales que causan en el entorno donde se construyen, su influencia sobre los tiempos de viaje de los usuarios y sobre los equilibrios que se producen en el reparto de viajeros entre distintos modos y el impacto general que tienen sobre la economía de un país. Retomaremos este último punto con mayor detalle al final de este capítulo.

Aunque las infraestructuras comparten algunas de las características de la tecnología de producción de los servicios de transporte, presentan además otros elementos peculiares que conviene destacar. Entre las características comunes con los servicios, una infraestructura de transporte también tiene capacidad limitada, medida en este caso por el máximo número de usuarios que pueden utilizarla al mismo tiempo. Al igual que ocurre con los vehículos, también la infraestructura presenta discontinuidades en la posibilidad de su ampliación (por ejemplo, para aumentar la capacidad de una carretera hay que construir un carril adicional, o para que un aeropuerto pueda acomodar más llegadas y salidas de aviones hay que construir una nueva pista de aterrizaje).

En cuanto a los elementos diferenciales con respecto a los servicios, las infraestructuras de transporte se caracterizan por generar costes fijos de carácter irrecuperable, ya que los activos raramente pueden destinarse a ningún otro uso que no sea aquel para el que fueron construidos. En la terminología empleada en Teoría Económica, se habla en este tipo de situaciones de "costes hundidos", término que en la industria del transporte (y especialmente en el caso de los puertos) tiene un significado literal. Por otra parte, se trata de activos con una vida útil muy larga, habitualmente por encima de los treinta años, para los cuales la mayor parte de los costes se genera en la fase inicial de construcción, mientras que los costes del mantenimiento de los activos durante su vida útil son de una cuantía menor, aunque en absoluto despreciable dada su acumulación a lo largo de periodos de tiempo muy largos.

¿Qué implicaciones inmediatas tienen las características de las infraestructuras de transporte sobre la industria? En primer lugar, el elevado riesgo que asume una empresa privada que decida acometer un proyecto de construcción de una infraestructura. Con un horizonte de treinta años y una inversión muy elevada, la posibilidad de que el número de usuarios resulte inferior al previsto inicialmente y no puedan recuperarse los gastos de inversión es preocupantemente alta. Esto puede conducir a que ningún inversor privado tenga incentivos para realizar el proyecto, pese a existir una demanda de usuarios futuros de la infraestructura. En segundo lugar, las dificultades para realizar una predicción acertada de esa demanda en periodos tan largos plantea problemas sobre cuál es la dimensión inicial óptima con la que debe construirse y en qué momento deberían introducirse posibles ampliaciones de capacidad.

Estas son las razones fundamentales que justifican que, en la mayoría de los países, una gran parte de las infraestructuras básicas de transporte haya sido construida por el sector público (aunque también existen numerosos proyectos de infraestructura de transporte que son explotados por la iniciativa privada). Se consigue así que la sociedad en su conjunto asuma los riesgos asociados con las decisiones de inversión y se disponga de redes de comunicación desarrolladas. Aunque el sector público construya la infraestructura, ésta no tiene necesariamente que ser financiada con impuestos, sino que pueden introducirse tasas y peajes que pagarán los usuarios que las utilizan.

La recuperación de los costes de las infraestructuras de transporte no sigue un patrón único, existiendo diferencias sensibles entre países y por modalidades de transporte. Ha sido habitual que puertos y aeropuertos cobren por el uso de sus instalaciones y que las carreteras sean de acceso libre. Sin embargo, las quejas de algunos puertos por la competencia desleal de competidores reforzados con ayudas públicas, o el hecho de que existan autopistas que cubren costes con ingresos propios, muestra un panorama en el que es difícil generalizar.

La discusión sobre si es el corto plazo o el largo plazo la dimensión temporal adecuada para calcular los pagos que los usuarios deberían hacer por el uso de la infraestructura remite necesariamente a la pregunta de si estos usuarios están dispuestos a pagar por la capacidad que disfrutan. La construcción de nuevas infraestructuras no puede acometerse correctamente sin responder previamente a la pregunta anterior. El criterio fundamental de eficiencia en las ampliaciones de capacidad de las infraestructuras consiste en valorar todos los beneficios y costes de la infraestructura a construir y ejecutar los proyectos únicamente cuando el beneficio neto es positivo.

Utilizando como referencia el criterio de eficiencia, los beneficios de las inversiones en infraestructuras y servicios de transporte son básicamente los siguientes: en primer lugar, reducción del tiempo de acceso, de espera y de viaje mediante cambios en las redes, aumentos de velocidad, de frecuencia, y reducción de la congestión o de la escasez de infraestructuras. En segundo lugar, mejora en la calidad del servicio. En tercer lugar, reducción en los costes operativos; y en cuarto lugar, los beneficios por tráficos desviados y generados por la inversión. Estos beneficios se van a generar durante toda la vida útil de una infraestructura, por lo que su valoración debe tener en cuenta la dimensión temporal, ya que en gran parte de los costes se incurre al inicio del proyecto.

La rentabilidad social de una infraestructura va a depender fuertemente del volumen de demanda. No es suficiente que la infraestructura o el nuevo vehículo ahorre tiempo: tiene que ahorrárselo a un número suficientemente alto de usuarios y que éstos estén dispuestos a pagar por dicho ahorro el coste de oportunidad social en el que se incurre para conseguir dicha reducción. El debate sobre la financiación de las infraestructuras es una cuestión compleja por los múltiples intereses afectados y tiene además importantes efectos sobre los equilibrios de los diferentes mercados de transporte.

1.2.5 Competencia limitada y necesidad de regulación

Un elemento característico de las infraestructuras de transporte es la necesidad de que varios vehículos (o empresas) compartan un mismo espacio limitado para la producción de servicios. Este factor tiene una importancia crucial cuando se analiza la estructura de los mercados de transporte, ya que condiciona la posibilidad de que existan o no empresas competidoras que oferten un mismo tipo de servicio.

Resulta habitual que el número de empresas dentro de cada modo de transporte sea bajo (salvo excepciones, como el transporte de mercancías por carretera). Esto se debe fundamentalmente a la limitación física que impone la infraestructura, además de la dimensión determinada por la demanda. Por ejemplo, el número de empresas ferroviarias que ofertan servicios en una misma línea férrea raramente es superior a dos o tres, y aunque en un puerto el número de navieras puede ser mayor, o el número de aerolíneas en un aeropuerto; en la mayoría de casos, el mercado de transporte está lejos del modelo teórico de competencia perfecta, con numerosos productores de pequeño tamaño.

Esta limitación natural a la competencia hace que la industria del transporte favorezca la existencia de posiciones de dominio del mercado por parte de pocas empresas que explotan dicha situación de privilegio mediante tarifas y niveles de servicios que persiguen maximizar sus beneficios privados. Debido a las pérdidas de eficiencia que este comportamiento genera y al carácter de necesidad básica que tiene el transporte para muchos individuos, socialmente se considera necesario que exista algún tipo de regulación por parte del sector público sobre las empresas que gozan de este poder sobre el mercado.

Esta necesidad de regulación ha sido en muchas ocasiones exagerada en la industria del transporte y así, durante gran parte del siglo XX, la intervención de los gobiernos en todos los mercados fue muy intensa. Los resultados de este tipo de intervención reguladora exhaustiva, juzgados *a posteriori* a la luz de los impactos positivos que ha tenido en general la liberalización de las últimas décadas, no resultan excesivamente brillantes. En determinados modos (por ejemplo, el transporte aéreo de pasajeros o el transporte de mercancías por carretera), las tarifas y los niveles de servicio de los mercados regulados han resultado ser peores que los de un mercado liberalizado.

En las infraestructuras que siguen operándose con cierto poder de mercado, como en las vías férreas, algunos puertos, aeropuertos y carreteras concesionadas, la regulación sigue siendo necesaria para evitar el abuso de posición dominante. Hoy se considera que no sólo se trata de intervenir en los mercados para corregir fallos, sino de diseñar mecanismos de regulación eficientes que eviten los problemas que la experiencia acumulada en el pasado ha puesto de manifiesto.

Sin embargo, la regulación es costosa y modifica el sistema de incentivos de las empresas y los individuos, y de igual manera que no existe mercado perfecto tampoco existe regulación perfecta. La llamada "nueva regulación económica" parte de la certeza de que las asimetrías de información existentes entre el regulador y empresas reguladas impiden utilizar mecanismos excesivamente simples basados en la creencia de que existe un regulador benevolente y perfectamente informado. La regulación basada en incentivos sustituye o modifica las aproximaciones más voluntaristas del pasado reciente.

En conclusión, el grado de regulación debe ser el suficiente para conseguir los objetivos sociales que se persigan, pero considerando también explícitamente los costes directos e indirectos que tiene toda intervención pública en los mercados. Generalmente, para limitar posiciones de privilegio y evitar comportamientos abusivos, la competencia entre empresas es un mecanismo preferible a la regulación. Por tanto, como primera opción antes de regular, debe considerarse el fomento de la competencia mientras ésta sea factible. En algunos modos de transporte, por sus características tecnológicas o porque la propiedad de los activos de infraestructura esté en manos de una empresa que además sea proveedora de servicios, las necesidades de regulación son mayores. En el diseño de los mecanismos de regulación debe partirse siempre de la existencia de asimetrías de información entre el regulador y los operadores.

1.2.6 Efectos de red

Otra característica importante de la industria del transporte, de nuevo compartida con otras industrias como las telecomunicaciones o la electricidad, es la existencia de efectos de red. En Teoría Económica se habla de economías o efectos de red cuando la utilidad de un bien depende del número total de consumidores o usuarios que hacen uso del mismo o de bienes similares (piénsese por ejemplo cómo el aumento del número de usuarios de *Internet* ha ido incrementando el valor de la oferta de información y productos en esta red para las empresas).

Estas economías de red están presentes en el transporte, tanto en las infraestructuras (redes ferroviarias o de carreteras) como en los servicios, diseñados como conjuntos de líneas regulares de transporte (rutas aéreas o líneas de autobuses), puntos de conexión y frecuencia de los vehículos. En infraestructuras, añadir una conexión adicional a una red (por ejemplo, una nueva carretera) hace que el valor del resto de los activos sea mayor, ya que habrá usuarios que pueden utilizar esa nueva conexión como parte de desplazamientos más largos u otros que puedan elegir entre más alternativas de viaje. Estos efectos de red deben tenerse en cuenta tanto al evaluar los beneficios que supone la entrada en servicio de una nueva infraestructura como para el diseño de su capacidad, porque el número de usuarios que finalmente la utilice puede ser mucho mayor al inicialmente considerado, en parte por este efecto de entrada de tráficos de conexión.

Al igual que en las infraestructuras, en los servicios de transporte pueden identificarse algunos efectos de red derivados de las ventajas que tiene la existencia de un número elevado de usuarios. En particular, en el transporte regular (autobuses, líneas aéreas, servicios marítimos) al incrementarse el número de viajeros las empresas responden introduciendo mayores frecuencias, lo cual permite a todos los usuarios reducir sus tiempos de espera y un mejor ajuste de la oferta a sus preferencias en términos de horarios. Este tipo de externalidad positiva recibe en Economía del Transporte el nombre de "efecto Mohring", en honor al autor que primero las analizó en el contexto del transporte urbano.

Además de este tipo de efecto de red, derivado de una mayor densidad de activos físicos o de número de usuarios, en la industria del transporte hay otras economías de red que afectan a las decisiones de las empresas productoras de servicios, aunque en último término repercuten sobre los usuarios. Por ejemplo, puede señalarse una tendencia observada en las últimas décadas principalmente en el transporte aéreo y marítimo, consistente en diseñar redes de líneas regulares de tipo "centro-radial" (*hub-and-spoke*), en las cuales hay unos nodos principales (*hubs*), que se conectan entre sí mediante vehículos de gran capacidad y un conjunto de nodos secundarios, que sólo tienen conexión directa con alguno de los nodos principales, y que son servidos mediante vehículos más pequeños y menores frecuencias.

Con esta estructura de red, las empresas tratan de beneficiarse de las economías de escala que supone poder utilizar vehículos grandes, lo cual puede hacerse sólo en segmentos con mucho tráfico. Los nodos principales tienen una gran demanda por parte de los usuarios, ya que el desplazamiento entre dos nodos secundarios debe hacerse mediante al menos una conexión en los principales. Esto obliga a que los puertos o aeropuertos que desempeñan el papel de *hubs* deban tener suficiente capacidad para acomodar este diseño radial por parte de las empresas.

¿Resulta interesante para los usuarios este tipo de estrategia empresarial en el diseño de sus redes? No existe una respuesta única; normalmente los viajeros se benefician porque la configuración centro-radial permite disponer de mayores frecuencias que si se conectasen todos los nodos mediante servicios directos, pero simultáneamente se ven perjudicados al emplear más tiempo de viaje debido a las conexiones obligatorias en los nodos principales.

1.2.7 Externalidades negativas

Una de las características que diferencian al transporte de la producción de otros bienes es la existencia de importantes externalidades negativas, que son trasladadas al conjunto de la sociedad si no se introducen mecanismos correctores. Entre ellas, en primer lugar hay que señalar los efectos causados sobre el medioambiente por la construcción de infraestructuras de transporte. La utilización inevitable de un espacio físico para localizar estos activos requiere el consumo de determinados recursos naturales (tierra, desvío de cursos naturales de agua, empobrecimiento del paisaje, efectos barrera para los hábitats naturales, etc.), que deben ser valorados en las decisiones de inversión y cuyo impacto debe tratar de minimizarse.

La producción de servicios de transporte también genera externalidades negativas. Cuando se evalúa la magnitud de los daños causados y el número de personas afectadas, los efectos externos son incluso más importantes que los derivados de construcción de infraestructuras. Fundamentalmente hay tres externalidades generadas por los servicios de transporte: la contaminación atmosférica, el ruido y los accidentes. Las dos primeras son claramente externalidades de acuerdo con la definición usada tradicionalmente en Teoría Económica: se trata de efectos cuyos costes recaen sobre individuos distintos al agente que los genera. Los accidentes también entran dentro de esta categoría ya que, si bien una parte de los costes que conllevan los sufre directamente el propio agente implicado (daños personales y a su vehículo), o tiene que pagarlos a terceros (bien directamente con indemnizaciones o a través de la contratación de seguros), hay otros costes adicionales que se imponen a la sociedad en su conjunto.

Existe una última externalidad muy relevante en la industria del transporte, pero que tiene una naturaleza muy diferente a las anteriores, ya que se trata de un efecto externo que los usuarios de servicios de transporte se causan *entre sí* (y, por tanto, no hay, en principio, terceros agentes ajenos a la industria que se vean afectados). Nos referimos al problema de la congestión o saturación puntual de las infraestructuras. Éste es un fenómeno que se produce principalmente en el transporte en automóviles privados, aunque también sucede en otros modos. La externalidad se produce porque cada usuario, al tomar su decisión de utilizar una carretera, sólo tiene en cuenta el coste que le supone el tiempo que va a emplear en el viaje, más el coste monetario de utilización del vehículo, pero no valora que al circular con su automóvil está haciendo que el tráfico sea menos fluido para todos los usuarios. Por tanto, el último usuario que entra en una carretera congestionada está imponiendo un coste en términos de tiempo extra al resto de automóviles en la carretera que ese usuario no paga.

Desde las aportaciones de Pigou,[1] los economistas vienen defendiendo que la mejor manera de hacer frente al problema de la congestión consiste en alterar la función de costes privada para "internalizar" el efecto externo producido por el agente privado y sufrido por terceros. Se trata de que el coste marginal privado se iguale al coste marginal social, para lo cual habrá que introducir una corrección en el precio del servicio de transporte, haciendo que refleje los costes externos que se imponen a otros.

Pigou fue más lejos con respecto al análisis de la congestión, indicando que cuando las carreteras congestionadas son de libre acceso y no se paga el coste marginal social, el tráfico aumenta más de lo deseable y las inversiones en capacidad tienden a ser excesivas, reapareciendo tarde o temprano la congestión. La explicación se debe a que el coste marginal privado de utilizar la carretera (acceso libre) no es una buena señal para las decisiones individuales sobre el uso de la misma, mientras que si se paga el coste marginal social, sólo se realizarán los viajes cuyo valor social sea al menos igual al coste social de que estos viajes se lleven a cabo.

1.2.8 Costes del productor, costes del usuario y costes sociales: ¿quién debe pagarlos?

De acuerdo con lo visto hasta aquí, puede afirmarse que en la producción de cualquier servicio de transporte se generan tres tipos de costes: los del productor, los de los usuarios y los costes externos. La decisión sobre cómo deben pagarse estos costes es una de las más trascendentales dentro de la política económica del transporte. Puede decidirse, por ejemplo, que los cos-

---

[1] Pigou, A. C., *Economics of Welfare,* Macmillan, 1920.

tes externos no se internalicen, es decir, que las empresas y los propietarios de automóviles privados que generan contaminación o ruido no paguen dichos costes. En ese caso el uso de modos de transporte contaminantes o ruidosos será relativamente más atractivo. También puede decidirse que no sea el contribuyente quien financie la construcción de una infraestructura pública, en cuyo caso se encarecerá la utilización de los servicios de transporte que requieran de dicha infraestructura para su funcionamiento.

Precisamente la discusión sobre qué precios deben cobrarse por la utilización de las infraestructuras y servicios de transporte, los cuales determinan cómo se reparten los tres componentes de los costes totales, sigue siendo una de las más controvertidas y desde luego podemos afirmar que todavía está lejos de resolverse. Simplificando un poco, podemos afirmar que existen dos aproximaciones: una pone el énfasis en la recuperación de los costes, mientras que otra dirige su atención a la eficiencia en el uso de los recursos.

El aumento de la participación privada en la construcción y explotación de carreteras, puertos y aeropuertos, las restricciones presupuestarias de muchos gobiernos, e incluso las llamadas a la neutralidad del poder público en la competencia intermodal e intramodal, son razones a favor de que el transporte lo paguen quienes lo utilizan. Así está ocurriendo en muchos países, en los que servicios e infraestructuras tradicionalmente gestionados por el sector público pasan al sector privado en régimen de explotación comercial.

Sin embargo, los economistas insisten en que la función de los precios no se puede reducir a la de una variable de ajuste contable que haga posible que ingresos y costes se igualen. Por el contrario, los precios deberían funcionar como señales para una asignación eficiente de los recursos y la "regla de oro" desde el punto de vista de la eficiencia económica es que los precios se igualen a los costes marginales de producción.

Atendiendo a los tres componentes de los costes totales y empezando por los costes externos, podemos ver que no es muy difícil internalizar dichos costes (si se consigue superar la tarea de medirlos correctamente). La utilización de impuestos y otras medidas correctoras que incorporen los efectos externos a los precios que pagan los usuarios es una forma de que los precios recuperen su papel de señal para la asignación eficiente de los recursos.

Los costes de los usuarios los asumen normalmente los propios agentes, en términos de los tiempos invertidos en los desplazamientos. Sin embargo, cuando existe congestión parte de este coste interno al sistema no lo paga quien lo ocasiona. El principio de tarificación según el coste marginal implica en este caso introducir una tasa de congestión que eleve el precio para que se tengan en cuenta los costes que se están imponiendo a otros usuarios.

Los costes del productor de servicios de transporte incluyen los gastos en los que pueda incurrirse por el uso de las infraestructuras, así como los costes variables de personal y energía y otros costes fijos en los que se incurre por tener una flota de vehículos en funcionamiento. Para las empresas de servicios de transporte que operen en mercados competitivos (aunque la competencia muchas veces sea imperfecta) puede sostenerse que los precios tenderán a los costes marginales en el largo plazo, por lo que la regla óptima de tarificación se satisface.

Pero ¿qué ocurre con los costes del productor en lo referente a las infraestructuras? ¿Qué precio debe cobrarse por el uso de la carretera a un camión que transporta mercancías? ¿Qué precio debe pagar un viajero en un tren de alta velocidad por usar la vía férrea? La respuesta de los economistas suele ser unánime: deben pagar el coste marginal, y si no se cubren costes y existen restricciones presupuestarias, los precios deberían desviarse de los costes marginales con la menor pérdida de eficiencia posible.

Supongamos que no existen restricciones presupuestarias, de forma que los costes fijos de inversión están cubiertos. ¿Qué coste marginal utilizamos para determinar el precio que deberían pagar los usuarios? ¿El coste de corto plazo o el de largo plazo? Aquí, la unanimidad de los economistas desaparece y asoma de nuevo con toda su crudeza la complejidad de los problemas de tarificación en el transporte, con indivisibilidades, costes hundidos, larga vida de los activos y economías de escala. En un mundo en el que la capacidad real de las infraestructuras raramente coincide con la óptima, la decisión sobre si se opta por el coste marginal a corto o a largo plazo tiene consecuencias económicas de envergadura en términos de distribución modal de los tráficos y de quién pagará los costes de transporte.

1.2.9 Obligaciones de servicio público

El criterio de eficiencia económica no es el único posible desde el punto de vista social. Los gobiernos se desvían en muchas ocasiones de la fijación de precios de acuerdo con la regla del coste marginal apelando a argumentos basados en criterios de equidad. El transporte es un servicio necesario para todos los individuos por lo que disponer de medios de transporte público resulta fundamental, especialmente para las personas de rentas más bajas. Por ello se defiende que para determinados modos de transporte, como el metro o los autobuses urbanos, resulta interesante utilizar tarifas por debajo del coste marginal, con el objetivo de fomentar el uso del transporte público frente al transporte en automóvil privado (para aliviar problemas de congestión y contaminación), pero también como un mecanismo de redistribución de renta.

Cuando los precios que resultan de aplicar criterios de eficiencia no se consideran justos, o su coste político se considera inaceptable, pueden buscarse soluciones para lograr combinaciones de tarifas y niveles de servicio que sean socialmente deseables. En muchas ocasiones esto se traduce en la imposición de las denominadas "obligaciones de servicio público" a las empresas reguladas de transporte. Estas obligaciones consisten en atender a un precio razonablemente bajo, ciertos tráficos o rutas que comercialmente pueden no resultar rentables, pero que se considera que deben existir. Las obligaciones de servicio público suelen tener un impacto negativo sobre el equilibrio financiero de las empresas, por lo que deben buscarse mecanismos de compensación a las empresas por proveer estos servicios a la sociedad.

Existen dos alternativas principales para la financiación de obligaciones de servicio público. La primera de ellas es la subvención directa, una solución válida mientras el Gobierno disponga de fondos, aunque supone el traslado de los costes del transporte al conjunto de la sociedad. La segunda es utilizada frecuentemente cuando las restricciones presupuestarias impiden el uso de subvenciones directas y consiste en autorizar a la empresa de transporte regulada a que emplee subsidios cruzados. Con ellos, los precios de varios servicios que oferta una misma empresa (distintas rutas, grupos de usuarios, o tipos de clientes) se fijan de acuerdo con reglas diferentes, de manera que algunos de ellos se sitúen por debajo de los costes de producción mientras que otros estén por encima. Esta segunda fórmula traslada el coste de los servicios deficitarios a los usuarios de los servicios rentables, por lo que su aplicación debe realizarse con mucha cautela, ya que en ocasiones este tipo de subsidios cruzados puede tener un efecto redistributivo de carácter regresivo.

1.2.10 Infraestructuras y crecimiento: los enfoques macro y microeconómico

Más que por la magnitud de su contribución a la producción nacional, la relevancia del transporte en la economía se explica por la dependencia que tiene la sociedad actual de la movilidad de personas y bienes. Los individuos demandan transporte para desplazarse de sus lugares de residencia a los de trabajo, a los de ocio o a visitar amigos y familiares. Las empresas demandan transporte para enviar o recibir materias primas, productos intermedios y finales. La división internacional del trabajo con empresas que producen en varios países las diferentes fases de un mismo producto, la localización residencial lejos de los centros urbanos y el fenómeno del turismo de masas han determinado que el transporte sea uno de los elementos esenciales de la vida cotidiana y de la estructura productiva de las naciones.

Generalmente, el transporte no se demanda como actividad final, sino como medio para satisfacer otra necesidad. La construcción de infraestructuras de transporte y la provisión de servicios de las empresas operadoras están estrechamente correlacionadas con la evolución de la producción nacional y su composición, tanto en el ámbito agregado como en la distribución de los tráficos por modalidad. Gran parte de las infraestructuras básicas han sido construidas y explotadas por el sector público, no cobrándose directamente por los servicios que prestan a empresas y particulares.

Existe una literatura abundante que ha tratado de cuantificar el papel del capital público en general, y de las infraestructuras de transporte en particular, en el crecimiento económico. Los resultados de las investigaciones econométricas que han buscado el valor de la elasticidad de la producción nacional con respecto a la dotación de capital público han puesto de manifiesto que el capital público es una de las causas que explica el nivel de renta *per cápita* y que las infraestructuras de transporte destacan en su contribución sobre el resto de los componentes del capital público.

Otras conclusiones de interés de esta literatura nos indican que la magnitud de la contribución no es ajena a la dotación inicial y que en la primera fase de construcción de la red básica de carreteras, ferrocarriles, puertos y aeropuertos, el impacto de la inversión pública sobre el producto interior bruto de un país es sensiblemente superior que cuando se construyen nuevas infraestructuras que amplían dicha red básica. La ley de rendimientos decrecientes recuerda que la magnitud del efecto de una variable no tiene que mantenerse constante en sucesivos incrementos de dicha variable y que, por tanto, no debemos utilizar los coeficientes de estimaciones realizadas con datos históricos para la predicción de los efectos económicos de nuevas ampliaciones.

Contemplar el papel de las infraestructuras de transporte en el crecimiento desde una perspectiva macroeconómica agregada como se realiza en estos estudios mencionados no es la única opción posible. En dicha aproximación todas las infraestructuras de transporte se tratan como *stock* de capital y no se entra a valorar las diferentes opciones en su regulación y operación. Desde el punto de vista de la Economía del Transporte, empleando un enfoque microeconómico, el funcionamiento eficiente de un sistema de transportes significa producir al mínimo coste técnicamente posible el volumen de producción que la sociedad demanda cuando se fijan los precios de manera que reflejen los costes marginales sociales. Para que esto sea posible hay que invertir en capacidad de las infraestructuras de manera óptima, ya que el exceso o defecto de capacidad impedirían producir al mínimo coste. Junto a estos objetivos de eficiencia estática y dinámica, al sistema de transportes suele exigírsele que cumpla con algunas condiciones de equidad, aunque en muchas ocasiones los principios más ambiciosos de justicia social se reducen a un simple criterio de aceptabilidad política.

1.3 El espacio como última frontera

Como señala Paul Krugman,[2] no fue hasta comienzos de los años noventa cuando la Teoría Económica empezó a incorporar algunos elementos de localización física de las actividades económicas, ya que hasta entonces los economistas habían analizado la economía ignorando el espacio. El análisis de los problemas de localización industrial, desarrollo regional o formación de las ciudades surge con fuerza con la denominada "nueva geografía económica", en la que los conceptos de rendimientos crecientes y competencia imperfecta desempeñan un papel crucial en la explicación de cómo y por qué la actividad económica se localiza de una manera determinada en el espacio. Ambos conceptos tuvieron un rol decisivo, primero en la nueva economía industrial, después en el comercio internacional y en la teoría del crecimiento económico y, por último, en la economía espacial.

En el modelo tradicional de competencia perfecta, los efectos de una inversión en una infraestructura que disminuye el coste de transporte son bien conocidos: reducción del coste marginal, beneficios extraordinarios en el corto plazo, entrada de nuevas empresas y nuevo equilibrio en el largo plazo con un precio menor y mayor nivel de producción. Los consumidores son los beneficiarios finales de la disminución de los costes de transporte.

El papel de los costes de transporte en la localización de las industrias y en el desarrollo de las regiones es una de las ideas más sugerentes de la nueva geografía económica. La idea, de manera simplificada, es la siguiente: las empresas están interesadas en estar cerca de los consumidores porque son a ellos a quienes venden sus productos, pero al mismo tiempo les resulta rentable estar cerca de otras empresas que les suministran bienes intermedios.

Consideremos el caso de dos regiones: una "pobre" y otra "rica". Inicialmente existen altos costes de transporte entre ambas regiones y las empresas localizan centros de producción en la región pobre, ya que así ahorran los costes de transporte. Es cierto que al repartir la producción en varios centros se pierden economías de escala y el beneficio que se deriva de la cercanía a otras empresas de bienes intermedios y otros *inputs* especializados en la región rica, pero en conjunto podemos suponer que sigue siendo rentable la localización de centros de producción en la región pobre.

¿Qué sucede cuando una inversión pública en infraestructuras reduce sustancialmente el coste de transporte? Puede ocurrir que cambie el equilibrio entre los incentivos de las empresas para situarse cerca de los consumidores y los que favorecen estar cerca de otras empresas, produciéndose una

---

[2] Krugman, P., "Space: The Final Frontier", *Journal of Economic Perspectives,* 12, 1998, págs. 161-174.

deslocalización de la actividad económica en la región pobre y una huida de empresas para aprovechar las llamadas economías de aglomeración en la región rica, desde donde se envían posteriormente los productos incurriendo ahora en menores costes de transporte.

Al igual que en otros ámbitos de la Teoría Económica, el espacio ha tenido poca presencia en la Economía del Transporte. Los temas de localización se han desarrollado en el ámbito de la denominada Economía Espacial,[3] mientras que la distancia se ha tratado habitualmente en Economía del Transporte como un problema de tiempo que forma parte de la función de costes de individuos y empresas. Cabe esperar que las nuevas investigaciones en geografía económica amplíen el campo de visión y permitan incorporar elementos espaciales a la Economía del Transporte.

1.4 Un mapa del contenido del libro

El objetivo que hemos perseguido en el tratamiento de los temas incluidos en este libro es proporcionar una visión analítica de los problemas de mayor interés en Economía del Transporte. No se ha tratado de presentar los últimos avances realizados en cada línea de investigación sobre temas específicos, ya que no es éste un libro para especialistas, sino un libro de texto de cuya lectura se puedan aprender los modelos y técnicas más importantes de la disciplina.

La Economía del Transporte es fundamentalmente análisis microeconómico y ésta es la línea que sigue este manual. Por ello, no se abordan aquí aspectos macroeconómicos, como pueden ser los efectos comentados anteriormente de las infraestructuras sobre el empleo o el PIB; o impactos indirectos, como los que produce el transporte sobre la localización de empresas o la mejora de su competitividad. Estos análisis están sin duda relacionados con el transporte y resultan muy interesantes pero, o bien son el objeto de estudio de otras disciplinas, o nos desviarían excesivamente del objetivo de conocer los fundamentos de la industria del transporte.

La estructura del libro es la siguiente. El capítulo 2 describe la tecnología de producción de las actividades de transporte, distinguiendo entre infraestructuras y servicios, aunque partiendo de una función de producción común. El tiempo de los usuarios aparece como un argumento dentro de esta función de producción, lo cual constituye el principal elemento diferenciador en comparación con la tecnología de otras industrias. En el capítulo 3 se presenta

---

[3] Véase, por ejemplo, Fujita, M.; Krugman, P. y Venables, A. J., *The Spatial Economy: Cities, Regions and International Trade*, 1999, MIT Press.

una clasificación y estudio detallado de los costes del transporte, distinguiendo entre los costes soportados por los productores de las actividades, los costes de los usuarios y los costes externos. Tras la lectura de estos dos primeros capítulos se dispone de una sólida base de conocimientos sobre los aspectos tecnológicos de la industria del transporte.

El capítulo 4 está dedicado al análisis de la demanda. Las funciones de demanda se construyen a partir de las elecciones que los usuarios realizan teniendo en cuenta el precio generalizado que supone un viaje, definiendo dicho precio como la tarifa a pagar más el coste del tiempo empleado en el viaje.

En el capítulo 5 se exponen con detalle los principios básicos de la tarificación, desde un punto de vista normativo que tiene como referencia los conceptos de Economía del Bienestar, y se analiza cómo la presencia de externalidades, o efectos de red, afecta a la determinación de los precios socialmente óptimos. El capítulo 6 plantea la necesidad de que exista intervención pública en algunos mercados de transporte, explicando el funcionamiento de los mecanismos de regulación más habituales.

El capítulo 7 aborda los criterios a considerar en el análisis de la inversión en infraestructuras de transporte, realizándose una introducción a las técnicas de análisis coste-beneficio que se emplean a la hora de evaluar proyectos de construcción, ampliación o cierre de infraestructuras de transporte; metodología que es igualmente aplicable a la provisión de servicios. En el capítulo 8 presentamos un estudio detallado de las externalidades asociadas al transporte y de los métodos para internalizarlas.

Finalmente, el capítulo 9 describe la estructura y organización de los mercados para los diferentes modos de transporte. En este capítulo de cierre del temario se intenta facilitar a los lectores elementos para una mejor comprensión de los modelos de organización y los equilibrios que se observan en los mercados de transporte en el mundo real, a partir de los conceptos que se han ido explicando a lo largo del libro.

Cada uno de los capítulos anteriores se acompaña de ejercicios, en algunos de los cuales se proponen aplicaciones o desarrollos adicionales sobre los modelos que se estudian, mientras que otros tienen como objetivo que el lector reflexione sobre los problemas y herramientas de la Economía del Transporte y se plantee nuevas preguntas que le ayuden a profundizar en sus conocimientos. Aquellos ejercicios que presentan una mayor dificultad o requieren conocimientos de Econometría han sido señalados con un asterisco. Las soluciones a todos los ejercicios están disponibles para los profesores que utilicen este manual como texto para sus cursos.

2. LA PRODUCCIÓN DE ACTIVIDADES DE TRANSPORTE

2.1 Introducción

El transporte puede definirse como el conjunto de actividades económicas que permiten el movimiento de mercancías e individuos de un lugar a otro. El transporte de carga consiste en trasladar bienes desde donde se producen o almacenan hasta donde se transforman o consumen, mientras que el transporte de viajeros permite el desplazamiento de personas entre distintos orígenes y destinos.

Tanto el transporte de carga como el de pasajeros tienen en común que su producción no es almacenable. El transporte es un servicio que debe producirse en el momento y lugar en el que se consume, y ser consumido en el momento y lugar en el que se produce. Sin embargo, las necesidades de transporte de los usuarios no suelen ser las mismas en lugares diferentes, ni tampoco uniformes a lo largo del tiempo. La oferta de transporte podría ser superior o inferior a la demanda en un momento o lugar dado. Esto genera la necesidad de construir infraestructuras de transporte en lugares concretos de origen y destino (puertos, estaciones, etc.) y entre ellos (carreteras, vías férreas, etc.). Por esto, el estudio de las actividades de transporte incluye no sólo los servicios prestados por los transportistas, sino también la construcción y explotación de las infraestructuras que están relacionadas con dichos servicios.

El conjunto de las actividades de transporte resulta muy heterogéneo. Así, las decisiones de producción a las que se enfrenta una compañía aérea tienen poca relación con las que toma una empresa que explota una autopista de peaje, o con las decisiones de un viajero que utiliza su automóvil privado para desplazarse. Esto hace que las actividades de transporte no formen una industria completamente homogénea, sino que ésta se componga de diversos modos que difieren en diversos elementos.

Estas diferencias permiten realizar diferentes clasificaciones del transporte. La distinción más sencilla se basa en la propia naturaleza del objeto transportado, diferenciando entre *transporte de mercancías* y *transporte de viajeros*. En segundo lugar, de acuerdo con el medio utilizado, suele distinguirse entre *transporte aéreo, transporte por agua* y *transporte terrestre*. Estos tres grandes modos de transporte se pueden subdividir a su vez en modalidades más específicas. En el caso del transporte por agua, por ejemplo, se distingue el *transporte marítimo* del *fluvial* dependiendo del tipo de vía navegable. En el transporte terrestre, atendiendo al tipo de infraestructura utilizada, resulta habitual distinguir entre el *transporte por carretera, por ferrocarril* y *por tubería* (incluyendo oleoductos y gaseoductos), aunque en ocasiones este último suele considerarse como un modo de transporte totalmente diferente.

Un tercer criterio de clasificación considera el alcance o radio del desplazamiento, que puede ser a corta/media distancia, o a larga distancia. Las implicaciones respecto al tipo de vehículos y organización de la actividad son diferentes para uno u otro tipo de transporte. En el caso de los servicios de pasajeros, según la distancia a la cual se realizan los desplazamientos, también puede distinguirse entre *transporte urbano* (abarca una única ciudad o área metropolitana y, por tanto, es a corta distancia) e *interurbano* (conecta dos o más ciudades, y puede ser en algunos casos de larga distancia).

Dependiendo de la forma en que se especifican u ordenan los contratos que vinculan a los transportistas con los usuarios y, en particular, de si existen o no frecuencias predeterminadas para la prestación de los servicios, se separa el *transporte regular* del *transporte discrecional*. El primero incluye, por ejemplo, los autobuses urbanos e interurbanos, o los servicios regulares de una compañía aérea o ferroviaria, que funcionan de acuerdo a unos itinerarios, horarios y calendarios conocidos por sus usuarios. En el segundo figuran los taxis, el transporte discrecional de mercancías y viajeros, los servicios chárter de ciertas líneas aéreas y los servicios no regulares que pueden contratarse con algunas compañías navieras (denominados servicios *tramp*).

El último criterio de clasificación de las actividades de transporte resulta, además, bastante particular de las mismas. Se basa en el grado de identificación existente entre el productor del servicio y el usuario del mismo. Así, mientras que en la mayor parte de las actividades económicas hay una clara separación entre quien produce un bien y el consumidor final del mismo, en el transporte ocurre muchas veces que el propio usuario también es productor del servicio. Cuando sucede esto último —por ejemplo, cuando una persona utiliza su propio vehículo para desplazarse, o cuando una empresa traslada su propia mercancía— se trata de *transporte privado* o *por cuenta propia*, donde el usuario del transporte es también el productor de la actividad. En el caso de empresas de transporte que presten sus servicios a pasajeros o clientes externos, el transporte es *público, colectivo* o *por cuenta ajena*.[1]

Cuadro 2.1. Clasificación general de las actividades de transporte.

¿Qué se transporta?	– Transporte de mercancías – Transporte de pasajeros

¿En qué medio?	– Transporte aéreo
	– Transporte por agua
	  – Transporte marítimo
	  – Transporte fluvial
	– Transporte terrestre
	  – Transporte por carretera
	  – Transporte ferroviario
	  – Transporte por tubería

¿A qué distancia?	– A corta/media distancia – A larga distancia
¿Con qué regularidad?	– Transporte regular – Transporte discrecional
¿Cuál es la relación entre el transportista y el usuario?	– Transporte público (colectivo) o por cuenta ajena – Transporte privado o por cuenta propia

El cuadro 2.1 resume esta clasificación general de las actividades de transporte. De forma natural, cada uno de los cinco criterios utilizados corresponde a las cinco preguntas elementales asociadas a cualquier actividad de transporte: *¿qué se transporta? ¿cómo? ¿a cuánta distancia? ¿con qué regularidad?* y *¿qué relación existe con el usuario?* Esto hace que las categorías presentadas en el cuadro anterior no sean excluyentes entre sí, ya que una misma actividad de transporte puede incluirse dentro de dos o más de estas categorías. Por ejemplo, el transporte de viajeros por ferrocarril es una modalidad de transporte público terrestre, generalmente de carácter regular, que abarca tanto

---

[1] Obsérvese que en las actividades de transporte los conceptos de "público" y "privado" no tienen necesariamente connotaciones relativas a la titularidad jurídica de las empresas que prestan los servicios: el transporte público puede ser realizado por empresarios privados, como en el caso de los taxis, los autobuses o las líneas aéreas, siempre que ofrezcan sus servicios a terceros.

desplazamientos urbanos (en los ferrocarriles metropolitanos) como a medias y largas distancias. Igualmente, el transporte de carga puede hacerse en cualquiera de los tres modos (terrestre, aéreo o por agua), realizarse de forma regular o discrecional, a diferentes distancias y de manera privada o por cuenta ajena.

A pesar de esta heterogeneidad, las diferentes actividades del transporte comparten algunos elementos comunes que permiten abordar su estudio utilizando las herramientas tradicionales de la Microeconomía. Estas características comunes son las siguientes:

1. En cualquier actividad de transporte, la producción requiere combinar ciertos factores productivos o *inputs* para obtener como resultado distintos niveles de producción u *output*. La relación entre *inputs* y *outputs* se formaliza a través del concepto de función de producción, a partir de la cual se obtendrá en el próximo capítulo la función de costes.

2. El transporte se caracteriza porque el tiempo que los usuarios invierten en los desplazamientos resulta un *input* imprescindible en la producción. El coste de una actividad de transporte y la elección entre modos de transporte alternativos dependen críticamente del tiempo que dura el traslado de viajeros o mercancías. Un transporte más rápido o con mayor frecuencia puede atraer a un tipo de usuarios frente a otros, pero también condiciona el consumo de otros *inputs* (por ejemplo, vehículos más veloces y con menor capacidad) o el nivel de utilización de las infraestructuras (que pueden presentar un nivel mayor o menor de congestión en un momento dado).

3. Finalmente, la posibilidad de ofrecer distintos tipos de servicios al mismo tiempo —no sólo con distintos orígenes y destinos, sino también con diferentes características (de duración, calidad, etc.) dentro de cada desplazamiento— lleva a considerar que el transporte es en realidad una actividad multiproducto (o mejor, "multiservicio"). La generalización de esta idea a varias empresas y modalidades de transporte da lugar al concepto de red, que es el contexto general en el que se analizan hoy en día la mayoría de las actividades de transporte. Como veremos, una red de transporte es un conjunto de orígenes y destinos, conectados por infraestructuras, que permiten a uno o más proveedores ofrecer a los usuarios distintas posibilidades de transporte (directo o con escalas, unimodal o multimodal, etc.) coordinando los recursos productivos de forma que se aprovechen mejor sus posibilidades de operar conjuntamente.

En este capítulo abordamos todos estos elementos comunes procediendo de menor a mayor nivel de generalización. Estudiaremos primero las características tecnológicas de cualquier actividad individual de transporte a través del concepto de función de producción. Luego nos centraremos en la medición del *output*, incluyendo progresivamente las características de multiproducción y red de transporte. Posteriormente estudiaremos cómo se combinan los *inputs* y, finalmente, concluiremos con una revisión de algunos resultados empíricos sobre la estimación de funciones de producción y medición de la productividad en el transporte.

2.2 La tecnología del transporte

La producción de cualquier actividad de transporte requiere combinar distintos tipos de factores productivos o *inputs* con el fin de generar un resultado u *output* que puede medirse de diferentes formas (viajeros transportados, toneladas movidas, viajes realizados, etc.). Una empresa que transporte mercancías por carretera debe decidir, por ejemplo, la combinación de camiones, conductores, capacidad de almacenes, personal de carga y descarga, etc. que necesita para producir sus servicios. En el caso de infraestructuras de transporte, como puertos o carreteras de peaje, las decisiones a tomar pueden abarcar no sólo la explotación sino también la planificación y construcción de la capacidad que se pone a disposición de los usuarios. En ambos casos, la tecnología que emplean las empresas de transporte se estudia en Teoría Económica a través del concepto de función de producción.

2.2.1 La función de producción y sus componentes

La función de producción es una representación estilizada de las posibles combinaciones de factores productivos que generan un nivel de producción determinado. Se considera que una función de producción representa todos los niveles de *output* técnicamente eficientes que pueden obtenerse a partir de distintas combinaciones de *inputs*, en el sentido de que no es posible producir un determinado nivel de servicio con menos cantidades de factores productivos que las indicadas por la función de producción, ni tampoco aumentar la producción sin incrementar la cantidad utilizada de, al menos, uno de los *inputs*.

Formalmente, en la producción de servicios de transporte esta relación tecnológica puede representarse como una función matemática del tipo:

$$q = f(K, E, L, F, N; t),$$ [2.1]

donde q se refiere a la máxima cantidad de transporte que, con una calidad determinada, puede generarse por cada unidad de tiempo que se tome como referencia (por ejemplo, el número de viajes en una hora, o el total de plazas ofertadas mensualmente), mientras que la forma funcional $f(\cdot)$ refleja la tecnología existente. Se supone que esta forma funcional permanece estable en términos de sus parámetros o coeficientes hasta que se produce algún avance tecnológico relevante.

La expresión [2.1] indica que para que producir cierta cantidad de servicios de transporte (q) es necesario utilizar algunas unidades de infraestructura (K) (por ejemplo, el número de carriles de una carretera), junto con algún tipo de vehículo o equipo móvil (E), personal para tripularlo y realizar otras actividades de apoyo (L); energía, combustible, repuestos y otros consumibles que permitan el movimiento de dichos vehículos (F), además de otros activos (N), que incluyen principalmente los recursos naturales como el suelo o el uso del espacio marítimo o aéreo. Finalmente, y a diferencia de otras actividades productivas, en la producción de los servicios de transporte también se consume tiempo de los usuarios (t), mientras éstos o sus mercancías son trasladados de un lugar a otro.

Cuando la función de producción [2.1] se refiere a una actividad de explotación de infraestructuras resulta conveniente interpretar el *output* en términos de *capacidad*, es decir, como el número máximo de vehículos que pueden utilizar la infraestructura a la vez. Para diferenciar las actividades de servicios de transporte de aquellas de "producción de capacidad" de las infraestructuras, a lo largo de este libro denotaremos por $\bar{q}$ el *output* de una empresa que se dedique exclusivamente a explotar una infraestructura de transporte sin realizar ninguna producción de servicios.

Para este tipo de empresas, la función de producción [2.1] se transforma ligeramente:

$$\bar{q} = f(K, E, L, F, N).$$

[2.2]

La producción $\bar{q}$ de una empresa de infraestructura se define como el flujo máximo de vehículos que pueden utilizar la infraestructura en cada unidad de tiempo que se tome como referencia (generalmente, vehículos por hora o día). Para una empresa que explota una autopista de peaje, su producción sería la capacidad de la carretera, expresada como el máximo número potencial de automóviles por hora que pueden circular por ella; para una empresa aeroportuaria sería el número máximo de aterrizajes y despegues por hora; y para un puerto podría expresarse como el número máximo diario de buques que pueden ser atendidos.

Para producir este nivel de capacidad $\bar{q}$, un operador de infraestructura utiliza prácticamente los mismos tipos de factores que una empresa suministradora de servicios de transporte: elementos fijos tales como oficinas, almacenes, etc. (que pueden denominarse genéricamente como capital, K), vehículos de apoyo (E), empleados (L), inversiones en gastos de conservación y mantenimiento (F), y recursos naturales (N). Conviene observar que el tiempo de los usuarios no aparece como un argumento en la función de producción [2.2], ya que los usuarios no aportan directamente este factor para la construcción de infraestructuras. A pesar de ello, no debe olvidarse que la capacidad de las infraestructuras influye de forma determinante en la producción de los servicios de transporte, ya que afecta al tiempo que los vehículos necesitan emplear al utilizar la misma y el que los usuarios deben invertir en sus desplazamientos.

Las infraestructuras desempeñan, por tanto, un doble papel en las actividades de transporte. En la provisión de servicios se hace uso de ellas como *input* (interpretándolas como unidades físicas de capital, denotadas por K), mientras que en las actividades de explotación de infraestructuras estas mismas unidades constituyen precisamente el *output* de dichas actividades, aunque su interpretación se realiza en términos de la capacidad máxima de transporte, $\bar{q}$, asociadas a la infraestructura.

Ambos tipos de actividades, servicios e infraestructuras, pueden estar o no integradas dentro de una misma empresa. En el transporte por carretera de viajeros o mercancías, por ejemplo, las empresas proveedoras de los servicios aportan los vehículos, el personal y el combustible, pero utilizan carreteras que no constituyen un *input* propiedad de la empresa. En algunos casos esa infraestructura es de libre acceso y por tanto no supone un coste directo para la empresa, pero en otros puede que se utilicen autopistas de peaje por las que sí debe pagarse por su uso. En otros modos de transporte, como el ferrocarril, la empresa que provee los servicios suele ser también la que posee la infraestructura básica para ese modo (vías, estaciones, etc.) y produce simultáneamente tanto q (movimiento de pasajeros y mercancías) como $\bar{q}$ (capacidad de la infraestructura).

El tiempo de los usuarios como factor productivo. A pesar de ser un *input* utilizado para la producción de servicios de transporte, como muestra la función de producción [2.1], el tiempo no es un recurso aportado por las empresas productoras sino por los usuarios. Cada servicio de transporte es una actividad económica no almacenable que consume tiempo de los usuarios, ya sean éstos pasajeros o bien propietarios de mercancías. Cuando un viajero decide desplazarse entre un punto de origen y uno de destino, además de utilizar un vehículo (su automóvil privado o un autobús de transporte público, por ejemplo), consume energía (combustibles, electricidad), hace uso de infraestructuras (carreteras y aparcamientos) y emplea factor trabajo (conductor del autobús). Pero además de estos factores, el viajero está invirtiendo también un recurso escaso y no transferible: su propio tiempo, que es gastado sin posibilidad de utilización alternativa. Aunque el tiempo de viaje pueda utilizarse simultáneamente para actividades de ocio o profesionales dentro de los vehículos, esto sólo afecta al valor del tiempo invertido, pero no evita en ningún caso el tener que realizar dicha inversión.

El consumo de tiempo de los usuarios es, por tanto, una característica distintiva de la producción de cualquier actividad de transporte. Sin embargo, no se trata de un *input* totalmente exógeno, ya que en parte depende de cómo se combine el resto de factores. Una empresa de transporte interurbano, por ejemplo, puede consumir más o menos tiempo de sus usuarios si disminuye o aumenta la velocidad con la que se desplazan sus vehículos o si reduce o incrementa la frecuencia de sus servicios. La configuración de la red de transporte, el número de paradas intermedias o escalas de un viaje, suelen ser también determinantes en la duración del servicio. Lo mismo ocurre con las infraestructuras, cuya mayor o menor capacidad determina la presencia o no de congestión y, por tanto, de retrasos adicionales sobre el tiempo estimado del viaje. Estos elementos hacen que el tiempo sea el componente principal del coste de los usuarios, como veremos en el próximo capítulo. Pero además, el tiempo influye también en la valoración de los servicios de transporte por parte de los usuarios, por lo que va a ser un factor determinante de la demanda de transporte, como se discutirá más adelante en el capítulo 4.

Vehículos, trabajo y energía. El resto de argumentos incluidos en las funciones [2.1] y [2.2] también resultan fundamentales en la producción de cualquier actividad de transporte. El *equipo móvil* (E) está formado por los vehículos principales (barcos, aviones, camiones, autobuses, automóviles, locomotoras, etc.) y complementarios (vagones, grúas, tractores, barcazas, remolcadores, plataformas, contenedores, etc.) utilizados para prestar servicios o en la explotación de las infraestructuras.

Al igual que en el caso de las infraestructuras, estos vehículos pueden pertenecer al agente que suministra directamente el servicio o bien a un tercero que los alquila o cede a quien presta finalmente el servicio a los usuarios. En algunas modalidades de transporte es frecuente el alquiler (de automóviles, furgonetas, camiones o autobuses) o el *leasing* (de aviones o barcos), mientras que en otras, las empresas utilizan generalmente su propia flota. La posibilidad de alquilar los vehículos o de usar vehículos de distinto tamaño hace que resulte relativamente fácil aumentar la cantidad de *output* que se puede producir con ellos (por ejemplo, añadiendo un vagón a un tren, o incrementando el número de autobuses que sirven una línea regular).

Sin embargo, cuando esta flexibilidad no existe y las posibilidades de ajustar el equipo móvil están limitadas, suelen aparecer restricciones de capacidad asociadas a los vehículos. La capacidad de carga máxima (de pasajeros o mercancías) de una empresa es equivalente a la capacidad máxima de una infraestructura mencionada anteriormente ($\bar{q}$), ya que ambas imponen un límite superior a la producción de la actividad de transporte. Para superar este límite, el transportista debe incrementar el número de vehículos o aumentar el tamaño medio de su flota. Esto último no siempre resulta sencillo: aunque en ocasiones es posible incrementar ligeramente el tamaño (añadiendo una fila más de asientos a un avión, por ejemplo), en otros casos resulta totalmente necesario incorporar un nuevo vehículo completo para hacer frente a un pequeño aumento de la demanda. Esta indivisibilidad condiciona las decisiones sobre el número óptimo de vehículos a utilizar.

Con relación al factor *trabajo* (L), su análisis económico en el transporte no resulta particularmente diferente al realizado habitualmente en otras actividades económicas. El factor L representa el nivel de empleo contratado por el productor de la actividad de transporte y suele medirse como el número total de trabajadores de una empresa en un momento del tiempo determinado. A veces resulta más conveniente su contabilización como el volumen de trabajo por unidad de tiempo (horas-hombre o empleados-día) necesario para realizar una actividad, el cual puede aumentar o disminuir dependiendo de la jornada laboral. En el transporte por cuenta propia, el trabajo es aportado por el propio usuario (al conducir, por ejemplo, su automóvil privado), por lo que forma parte del coste imputable a éste.

Normalmente suele considerarse que el factor trabajo es homogéneo, pero en las actividades de transporte existen múltiples categorías laborales (conductores, pilotos, tripulantes, mecánicos, etc.) cuya contribución a la función de producción difiere debido al distinto grado de especialización de sus labores. Cuando tales diferencias son importantes puede resultar útil distinguir en la función de producción entre distintos tipos de trabajadores (por ejemplo, tripulación y personal operativo, personal de mantenimiento, personal de administración, etc.).

A veces, las características técnicas de las actividades realizadas o de los vehículos utilizados requieren una dotación mínima ($L \geq \underline{L}$) de trabajadores, necesaria para realizar la actividad (como, por ejemplo, la tripulación de un barco o de un avión). En la aviación civil y el transporte marítimo las normas de seguridad y los acuerdos internacionales son las que imponen estos límites, mientras que en otras actividades (como la carga y descarga portuaria) la existencia de un número mínimo de trabajadores puede venir impuesta por acuerdos laborales.

El tratamiento de la *energía* (*F*) es muy similar al dado al factor trabajo. Este *input* engloba genéricamente al conjunto de factores productivos cuyo consumo permite que funcione tanto el equipo móvil como el resto de maquinarias e instalaciones asociados a la producción de actividades de transporte. De la misma forma que en el caso del trabajo, se trata de un factor heterogéneo que incluye desde los combustibles y lubricantes derivados del petróleo que usan la mayoría de los vehículos, hasta la energía eléctrica utilizada por los trenes y tranvías, o en la explotación y mantenimiento de algunas infraestructuras complementarias (iluminación de carreteras y terminales, señales en las vías férreas, comunicaciones en puertos y aeropuertos, etc.). Ciertos *inputs* complementarios, como los repuestos y consumibles vinculados al uso de los vehículos (neumáticos, piezas de motor, etc.), pueden ser tratados de la misma forma que la energía, aunque en algunas actividades (por ejemplo, en el transporte terrestre) pueda convenir puntualmente considerarlos por separado debido a su importancia relativa dentro de las partidas de gasto de las empresas.

Los recursos naturales. Finalmente, la producción de transporte también consume otros factores productivos que se han denotado genéricamente como recursos naturales (*N*) en las funciones de producción [2.1] y [2.2]. Estos factores son generalmente aportados por la sociedad en su conjunto para que se lleven a cabo las actividades de transporte. Recursos naturales tales como el suelo, el espacio marítimo o aéreo se utilizan tanto durante la construcción y explotación de infraestructuras como en la prestación de servicios. Su uso está relacionado con la ubicación física de las instalaciones y las vías y derechos de paso que las conectan. Estos elementos no sólo tienen impacto puntual sobre el paisaje de una zona determinada, sino que además pueden cambiar las condiciones medioambientales de ciudades y áreas rurales adyacentes.

La escasez de usos alternativos de estos recursos, así como la frecuente irreversibilidad de muchas de las intervenciones que se hacen sobre ellos, obligan a incluirlos como un factor importante en la función de producción del transporte. Se trata, sin embargo, de un *input* particular ya que al igual que lo que sucedía con el tiempo de los usuarios, los recursos naturales no son un factor que sea propiedad de las empresas productoras de actividades de transporte y en muchas ocasiones son utilizados sin necesidad de tener que pagar un precio por ellos. En algunos casos (por ejemplo, cuando se adquiere un terreno a su propietario privado para la construcción de una infraestructura), sí que es posible determinar un precio para cuantificar cuál es el coste del recurso *N*, pero en la mayoría de los casos los recursos naturales son bienes para los que no existe un mercado delimitado, lo cual dificulta su valoración.

Precisamente debido al hecho de que el *input N* sea habitualmente aportado por la sociedad y las empresas no asuman el coste de su utilización, surge el problema de las *externalidades* que se generan en la producción y consumo de las actividades de transporte. Las externalidades se refieren a impactos derivados de las acciones de productores y usuarios, cuyo coste recae sobre la sociedad en su conjunto. Por el contrario, los costes del resto de los *inputs* que han sido incluidos en la función de producción recaen sobre los usuarios (tiempo, *t*) o sobre los productores de transporte (factores *K, E, L* y *F*).

2.2.2 La producción de servicios e infraestructuras de transporte: ejemplos

Para ilustrar mejor las tecnologías de producción reflejadas en las funciones [2.1] y [2.2] puede recurrirse a ejemplos concretos. Consideremos el caso de una empresa de autobuses que realiza transporte interurbano de viajeros entre dos ciudades (*A* y *B*) que distan entre sí 50 kilómetros. Esta empresa suministra sus servicios durante 16 horas cada día, en horario de 7:00 a 23:00 horas, utilizando para ello una flota propia de dos autobuses de 80 plazas y con una plantilla de 4 conductores, cada uno de los cuales trabaja un máximo de 8 horas diarias. La empresa cuenta con estaciones terminales en cada ciudad, donde tiene además sus correspondientes oficinas y talleres, en los que trabaja el personal de administración y mantenimiento. Con todos estos datos, cada uno de los elementos de la función de producción $q = f (K, E, L, F, N; t)$ tiene ahora contenido concreto.

El *output*, por ejemplo, puede medirse como el número total de viajes realizado cada día por esta empresa. Si consideramos que cada uno de los dos autobuses parte simultáneamente de *A* y *B* hacia la otra ciudad, comenzando a las 7:00 horas, y que la velocidad media de circulación en condiciones normales de tráfico es de 25 km/h, el tiempo que se tarda en recorrer la ruta es de dos horas en cada sentido. Si el tiempo de espera en cada terminal fuera mínimo y los autobuses estuvieran funcionando continuamente hasta las 23:00 horas, esta empresa podría producir durante su horario de trabajo un máximo de 16 viajes, ocho desde *A* hasta *B* y ocho en sentido contrario. Dividiendo este número total de viajes entre el tiempo de funcionamiento se obtiene la frecuencia del servicio, un viaje cada dos horas en cada sentido, que constituye una forma alternativa de medir el *output* en el transporte regular.

Debido a la naturaleza no almacenable que tienen los servicios de transporte, donde la cantidad ofertada no coincide necesariamente con la cantidad demandada en cada momento por los usuarios, puede resultar conveniente medir la producción en términos de la capacidad de carga ofrecida por la empresa, es decir, como el número de plazas o asientos ofrecidos por la compañía independientemente de que se ocupen o no. Las plazas totales ofertadas cada día por esta empresa dependen del número de viajes realizado por cada vehículo, de su capacidad media y del tamaño de la flota. De acuerdo con estos tres elementos, la empresa de este ejemplo oferta diariamente $8 \times 80 \times 2 = 1.280$ plazas, la mitad en cada sentido. En algunas modalidades de transporte también conviene indicar la cantidad de kilómetros recorridos por dichas plazas, lo cual permite establecer comparaciones intermodales y tener en cuenta que algunos viajeros pueden no llegar a recorrer la ruta completa si existen paradas intermedias. En este ejemplo, suponiendo que no existen paradas intermedias en los 50 kilómetros que separan las dos ciudades, la oferta total sería de $50 \times 1.280 = 64.000$ plazas-kilómetro por día.

Con respecto a los *inputs* de la función de producción, es inmediato observar que el *tiempo* consumido por los usuarios es uno de los determinantes más importantes del *output* de la empresa de transporte y que mantiene relaciones directas con el grado de utilización del resto de factores. La empresa podría, por ejemplo, intentar aumentar su velocidad media para acortar la duración de los viajes, lo cual le permitiría incrementar la frecuencia con la que sus autobuses recorren la ruta. Si la velocidad aumentara, por ejemplo a 40 km/h el tiempo de cada viaje se reduciría a 1h 15', por lo que el número total de viajes durante las 16 horas de jornada laboral podría llegar hasta 12 en cada sentido. Las plazas totales ofrecidas diariamente serían ahora 1.920, sin necesidad de modificar el resto de *inputs* (con la excepción del incremento de consumo de combustible que pudiera producirse). Obsérvese que un aumento del 60% de la velocidad produce un incremento del *output* de sólo un 50%. Esto se debe a que con la nueva velocidad media a cada autobús le sobra diariamente una hora, tiempo que resulta insuficiente para realizar un viaje adicional.

La idea de que cambios en los *inputs* pueden conllevar cambios en igual o diferente proporción en el *output* de la empresa obliga a considerar con cierto detalle la forma en la que se produce exactamente la combinación de factores productivos. Por ejemplo, otra manera de aumentar la oferta, sin necesidad de alterar la velocidad, consistiría en utilizar más vehículos o incrementar la capacidad de carga de éstos. Ambas opciones tienen implicaciones diferentes para la empresa. El aumento de la capacidad de carga puede lograrse mediante reformas internas que permitan añadir asientos adicionales a cada autobús, aunque esto sólo incrementaría la capacidad de forma muy limitada.

Alternativamente, la empresa podría adquirir o alquilar nuevos vehículos con la misma capacidad o reemplazar su flota con vehículos mayores. Si esta empresa añadiese a su flota dos nuevos autobuses de 80 plazas, podría llegar a duplicar su oferta de viajes y plazas sin modificar la velocidad media inicial, aunque probablemente tendría también que contratar más personal para conducir los nuevos vehículos, ya que la tecnología de producción en el transporte de viajeros por carretera impone una dotación mínima ($L = 1$) de un conductor por autobús. Si la empresa reemplazase su flota antigua por vehículos de mayor capacidad (por ejemplo, con 90 plazas cada uno), la oferta total de plazas diarias aumentaría ($8 \times 90 \times 2 = 1.440$) sin modificar el número ni la frecuencia de los viajes, ni tampoco su plantilla de conductores.

Es interesante observar, como se ha mencionado anteriormente, que el límite de plazas impuesto por el tamaño de los vehículos no sólo condiciona la producción máxima (inicialmente, $q \leq \bar{q} = 80$ en cada viaje), sino que también puede generar indivisibilidades. Si no existiesen otros tamaños de vehículo en el mercado y esta empresa desease transportar a 10 viajeros adicionales tendría que hacerlo utilizando un nuevo vehículo de 80 plazas muy por debajo de su capacidad real.

En relación con las infraestructuras, en este ejemplo se ha presentado una actividad de transporte en la que éstas se encuentran desintegradas de los servicios (con la excepción de las terminales, que pueden ser explotadas comercialmente por la propia empresa de autobuses). Para transportar viajeros entre las ciudades A y B, esta empresa hace uso de carreteras y calles por cuyo uso puede no tener que pagar un precio directo (en el caso de vías públicas) o por las que sí debe hacerlo (si circula sobre autopistas, túneles o puentes con peajes). En ambos casos, las infraestructuras no son explotadas por el productor de los servicios de transporte, aunque la capacidad de éstas (número de carriles, amplitud de las calles) y su estado de conservación (tipo de pavimento, mantenimiento de la señalización, etc.) condicionan las circunstancias del tráfico y la velocidad de circulación. Todos estos elementos afectan al *output* de la empresa de servicios de transporte, si bien no son controlados por ella.

El caso de una empresa que explota una autopista, túnel o puente de peaje sirve como ejemplo para la función de producción [2.2] de infraestructuras de transporte. En esta ocasión el productor no realiza ningún tipo de servicio de transporte (esto es, no mueve viajeros o mercancías), sino que únicamente se encarga de la explotación y el mantenimiento de los activos de infraestructura para que éstos sean utilizados por los automóviles privados y otros vehículos. ¿Cuál es el *output* de esta empresa? Como ya se definió anteriormente, la mejor manera de entender qué produce la empresa es pensar en el máximo número de vehículos que pueden usar la infraestructura de forma simultánea. En este ejemplo de carreteras, $\bar{q}$ sería, por ejemplo, 1.000 vehículos por hora, suponiendo que sea ésta la cifra de movimientos en condiciones de velocidad normal (sin problemas de congestión).

Podría pensarse *a priori* que la capacidad de una infraestructura viene determinada únicamente por sus condiciones físicas (anchura de la carretera en este caso). Aunque este es uno de los aspectos fundamentales, no es el único. Por ejemplo, la capacidad de la misma carretera podría verse reducida a 900 vehículos por hora si el personal empleado en el cobro de los peajes resulta insuficiente, o en otro caso porque la escasez de equipos para llevar a cabo labores de mantenimiento obliga a tener cerrado un carril de la carretera durante un determinado periodo. Todos los factores incluidos en la función de producción de una empresa proveedora de infraestructura tienen un papel importante en la determinación de la capacidad que se oferta a las empresas productoras de servicios de transporte y a los usuarios privados.

2.2.3 La producción de transporte: análisis formal

Todas las características tecnológicas anteriores pueden ser analizadas formalmente con la ayuda de algunos conceptos básicos de Microeconomía.[2] Esto permite su generalización a distintas modalidades de transporte y la utilización de herramientas gráficas y matemáticas para identificar con mayor precisión sus propiedades más relevantes.

El corto plazo: factores fijos y variables. El punto de partida para analizar las propiedades formales de una función de producción consiste en considerar que en la mayoría de las ocasiones las empresas no pueden cambiar con la misma facilidad todos sus *inputs*. En el *corto plazo*, algunos factores productivos están sometidos a restricciones que impiden modificarlos con facilidad (por ejemplo, el número de unidades de infraestructura o el tamaño de los vehículos) y son factores fijos. Por el contrario, en el *largo plazo* ningún *input* es fijo y, con la única restricción de la tecnología existente, la empresa puede elegir la combinación de factores que se adapte mejor a sus circunstancias. Las propiedades de la función de producción en cada caso son diferentes.

Consideremos por ejemplo la actividad de una empresa de transporte ferroviario. Existen factores tales como el número de empleados destinados diariamente a la carga o descarga de un tren o el total de maquinistas que trabajan en una determinada ruta, que la empresa puede alterar con relativa facilidad. Sin embargo, le resultará más difícil modificar el trazado y señalización de las vías o la capacidad de tráfico de sus terminales. El corto plazo,

[2] El lector interesado puede profundizar en los conceptos aquí presentados utilizando cualquier manual de Microeconomía, véase, por ejemplo, Varian, H., *Microeconomía intermedia*, 2002, Antoni Bosch, editor.

por tanto, es el periodo de tiempo durante el cual la empresa debe tomar sus decisiones de producción bajo la restricción de que ciertos factores son inamovibles.

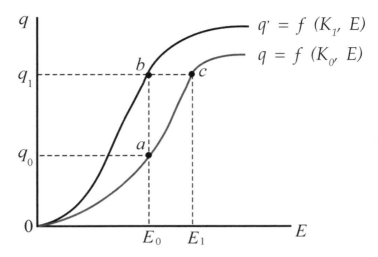

Figura 2.1. Producción de transporte con factores fijos.

La figura 2.1 refleja la forma típica de una función de producción a corto plazo, donde el *output* (en términos de plazas-kilómetro ofertadas diariamente) se mide en el eje vertical y uno de los *inputs* variables en el eje horizontal. Partiendo de la expresión [2.1], hemos considerado que el número de unidades de infraestructura está fijado inicialmente en $K = K_0$ (por ejemplo, los kilómetros de red ferroviaria) y el resto de factores productivos son variables. Sin embargo, para poder representar gráficamente la función de producción debemos considerar únicamente la variación de la producción de servicios de transporte con respecto a cambios en un único factor variable, por ejemplo, el equipo móvil (E).

Como puede observarse, sin locomotoras ni vagones ($E = 0$) no hay producción. De izquierda a derecha, a medida que aumenta el número de locomotoras y vagones, el *output* de la empresa ferroviaria crece, primero rápidamente y luego (a partir del punto *a*) a una tasa menor. Esto se debe a que los factores fijos (en este caso, la infraestructura férrea) van saturándose progresivamente de factores variables (equipo móvil) haciendo que la velocidad de circulación se reduzca y la contribución marginal de cada vehículo adicional al tráfico total sea cada vez menor.

La variación en la producción total tras un incremento de la cantidad de un factor variable se denomina *producto marginal* de dicho factor. En este caso, el producto marginal de cada vehículo sería $PMa_E = dq/dE$, y gráficamente se corresponde con la pendiente de la función $q = f(K_0, E)$, mientras que su *producto medio* sería simplemente la cantidad de *output* producida en promedio por cada unidad de factor variable, $PMe_E = q/E$. De acuerdo con la figura anterior, desde 0 hasta E_0, cada vehículo adicional produce incrementos cada vez mayores de *output*, lo cual implica que PMa_E es creciente, pero a partir de E_0 los aumentos de producción generados por cada vehículo adicional comienzan a ser cada vez más pequeños y se manifiesta la llamada *ley de los rendimientos marginales decrecientes*.

El decrecimiento del producto marginal es una de las propiedades más importantes de las funciones de producción a corto plazo y aparece siempre que se combinen factores fijos y variables. Podría ocurrir, por ejemplo, que el factor fijo fuese el número total de vehículos y el variable el número de empleados. Si una empresa de transporte de mercancías por carretera dispone de diez camiones y sólo cinco conductores, su producción diaria (de viajes o de toneladas transportadas) puede aumentar si contrata cinco conductores adicionales. Si realiza viajes a larga distancia puede incluso contratar más conductores y seguir incrementando su producción (ya que esto permite turnos de descanso de los conductores sin detener los vehículos), pero a partir de cierta cantidad de trabajadores, añadir más conductores a un camión no aumentará la producción total de éste. En la figura 2.1, el *output* es relativamente constante a partir del punto *c*.

Es importante observar que estas variaciones en los niveles de los factores productivos pueden interpretarse no sólo como cambios en la cantidad utilizada de éstos, sino también como modificaciones en la intensidad de uso de los mismos por unidad de tiempo. La empresa ferroviaria puede contratar más maquinistas o negociar con los que ya tiene una jornada laboral más intensiva; la empresa de camiones puede usar sus vehículos durante más horas cada día. Esto hace que a veces resulte conveniente interpretar el consumo de factores productivos representado en figuras como la anterior multiplicando unidades de cantidad por unidades de tiempo, hablándose entonces de horas-bus, horas-hombre, etc., sin que resulte modificado su análisis gráfico. Por el contrario, los cambios en el factor fijo sí producen modificaciones relevantes en la función de producción. Si en lugar de K_0 la cantidad de infraestructura fuera mayor ($K_1 > K_0$), la nueva función de producción $q' = f(K_1, E)$ estaría siempre por encima de la función inicial.

Como puede observarse en la figura 2.1, con la misma tecnología —ya que la forma funcional $f(\cdot)$ no cambia— el *output* de la empresa ferroviaria se incrementa para cada nivel de factor variable (midiendo éste bien en términos de cantidad de equipo móvil o bien según la intensidad de uso). Con E_0 la producción total es ahora $q_1 > q_0$, pero para alcanzar ese mismo nivel de *output* con la cantidad inicial de infraestructuras (en el punto *c*) habría sido necesario utilizar E_1 vehículos. En cualquier caso, mientras exista algún factor fijo, independientemente de su cantidad, la ley de los rendimientos marginales decrecientes sigue caracterizando la forma de la función de producción a corto plazo.

La presencia de rendimientos decrecientes hace que en la mayoría de las actividades de transporte tarde o temprano sea necesario recurrir a incrementos de la capacidad que permitan aumentar la producción combinando cantidades crecientes de factores variables a una cantidad mayor de factor fijo.

Indivisibilidades y saltos de capacidad. Como se ha mencionado anteriormente, muchos de los recursos productivos utilizados para transportar personas o mercancías, y algunos de los elementos de las infraestructuras de transporte, no son perfectamente divisibles. Para acomodar un pequeño incremento en la demanda, una empresa de autobuses o una compañía aérea debe incorporar a veces un vehículo completo que no va a ser utilizado en su totalidad. De la misma forma, el incremento de capacidad en una carretera o un aeropuerto puede requerir la construcción de carriles o pistas de aterrizaje adicionales en cantidades discretas, lo cual provoca discontinuidades o "saltos" en las funciones de producción a corto plazo.

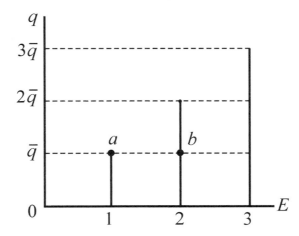

Figura 2.2. Número de vehículos y saltos discretos de capacidad.

La figura 2.2 ilustra esta idea considerando de nuevo el caso de una empresa de transporte de viajeros por carretera. El eje vertical representa el número total de plazas ofertadas y el horizontal el número de autobuses utilizados. Para un tamaño fijo de los vehículos, con una capacidad de carga máxima igual a $\bar{q}$ asientos cada uno, la producción total cuando la empresa utiliza sólo un autobús ($E = 1$) es precisamente $\bar{q}$, aunque el número real de viajeros estará comprendido entre 0 y $\bar{q}$. Cuando se alcanza el límite de capacidad (y suponiendo que no es posible la utilización de vehículos de menor tamaño) cualquier aumento de la producción requerirá incorporar un segundo autobús ($E = 2$) elevándose la producción total a $2\bar{q}$, y así sucesivamente para los siguientes vehículos que la empresa vaya incorporando al servicio.

La forma discontinua de la figura 2.2 refleja estos saltos discretos de la capacidad ofertada por la empresa. En situaciones de este tipo, el grado de ocupación de los vehículos constituye uno de los elementos cruciales de la producción de transporte. Por ejemplo, en los puntos a y b se transporta el mismo número de viajeros, pero en el segundo caso los vehículos van a circular con plazas sin ocupar. Dado que los servicios de transporte no son almacenables, la capacidad ofertada y no usada se pierde, con el consiguiente impacto sobre los costes. Esto es aplicable a cualquier factor productivo cuya variación se produzca en unidades discretas tras agotar sucesivos límites de capacidad.

En algunas actividades de transporte, sin embargo, puede que el problema de las indivisibilidades no sea demasiado importante y sea posible aumentar la capacidad de forma prácticamente continua, de manera que los aumentos de capacidad se produzcan sin que se haya agotado totalmente la capacidad previamente instalada. Así, por ejemplo, pueden considerarse casos de empresas productoras de servicios que puedan elegir diferentes tamaños de vehículos. En tales circunstancias los saltos de capacidad no serían discretos, como en el caso anterior, sino que las sucesivas ampliaciones de capacidad hacen que las funciones de producción a corto plazo correspondientes a diferentes tamaños de flota de vehículos se superpongan de forma continua, tal y como se representa en la figura 2.3 (donde el número de vehículos E es ahora el factor fijo que genera los rendimientos decrecientes, y el trabajo L es el factor variable).

Los incrementos de capacidad por medio de saltos (discretos o no) son característicos de muchos servicios e infraestructuras de transporte. Su análisis no sólo permite la transición del corto plazo al largo plazo, sino que además, como se verá en el capítulo siguiente, tiene implicaciones importantes para las funciones de costes asociadas a las actividades de transporte.

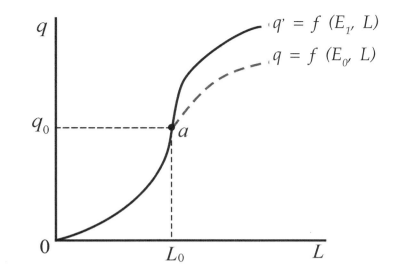

Figura 2.3. Incrementos de la capacidad mediante saltos no discretos.

El largo plazo: las isocuantas. En el largo plazo ningún factor productivo es fijo y la producción puede realizarse modificando las cantidades o la intensidad de uso de todos los factores con las únicas limitaciones que imponga la tecnología. Esto implica que para cada nivel de producción pueden existir distintas combinaciones de factores productivos que sean técnicamente factibles reemplazando en unos casos unos factores por otros. El grado de sustituibilidad existente entre distintos factores productivos, cuando se comparan dos a dos, se representa gráficamente en un mapa de producción, formado por sucesivas curvas isocuantas, que indican mayor nivel de producción cuanto más alejadas se encuentran del origen.

El mapa de producción representado en la figura 2.4 refleja una de las decisiones operativas más comunes en muchas actividades de transporte: la elección entre gastos de mantenimiento frente a renovación de flota. Consideremos, por ejemplo, una compañía aérea cuya producción total de vuelos anuales depende únicamente de dos factores variables: el número de aeronaves que mantiene en operación (E) y el gasto realizado en reparaciones y mantenimiento de dichos aviones (denotado genéricamente por F, y que en este caso no incluye el combustible para delimitar de forma clara el factor productivo al que nos referimos).

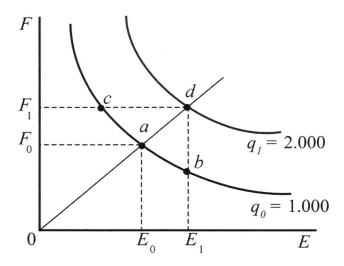

Figura 2.4. La decisión de mantenimiento o renovación de flota.

Como puede observarse, un mismo nivel de producción de servicios (por ejemplo, $q_0 = 1.000$ vuelos anuales) puede conseguirse con distintas combinaciones de número de aviones E y gastos de mantenimiento F. La línea que representa estas combinaciones de factores para llegar a la misma producción, y que en este caso se supone continua, se denomina curva *isocuanta*. Su interpretación es la siguiente: en un punto como a la compañía realiza 1.000 vuelos anuales utilizando E_0 aviones y con un gasto total en reparaciones igual a F_0. La misma cantidad de viajes se podrían realizar adquiriendo más aviones y gastando menos en el mantenimiento de la flota antigua (situándose por ejemplo en el punto b), o con menos aviones que deberían ser reparados con mayor frecuencia (eligiendo un punto como c). En cada uno de esos puntos las cantidades totales de cada *input* son diferentes, pero la producción total es la misma ($q_0 = 1.000$). Por el contrario, en la curva isocuanta $q_1 = 2.000$ la compañía aérea realiza el doble de viajes anuales, por lo que requiere mayores consumos de factores productivos.

Cuando la empresa se desplaza entre distintos puntos sobre una misma isocuanta está reduciendo su consumo de un factor a cambio de incrementar la cantidad consumida del otro, manteniendo constante el nivel de producción. En la figura 2.4, la tasa a la que se sustituye el factor F por el factor E puede determinarse gráficamente como la pendiente de la isocuanta, (dF/dE). Se observa que dicha pendiente disminuye (o lo que es lo mismo, se hace menos favorable a la sustitución de F por E) a medida que se tiene menos cantidad del factor F.

Esta tasa de sustitución entre dos factores *i* y *j* se denomina *relación técnica de sustitución* (RTS_{ij}) y depende del grado de convexidad de las curvas isocuantas. De forma general, la RTS_{ij} depende de las cantidades que se emplean de cada factor y del producto marginal que aporta cada uno de ellos, y va cambiando al modificarse la combinación de factores. Para ilustrar esta idea podemos considerar que la función de producción asociada a la compañía aérea de la figura 2.4 viene dada por:

$$q = f(E, F).$$ [2.3]

Si, a partir de una situación inicial con una producción q_0 realizada con unas cantidades de factores E_0 y F_0 (punto *a* en la figura 2.4), se realizasen las variaciones *dF* y *dE* en las cantidades que se utilizan de los factores, la producción también cambiaría en una determinada cuantía *dq*. Si denominamos PMa_F y PMa_E a los correspondientes productos marginales de los factores *F* y *E*, el cambio en el número total de vuelos puede calcularse diferenciando [2.3] como

$$dq = PMa_F \, dF + PMa_E \, dE.$$ [2.4]

Si se escogen variaciones en las cantidades de factores de forma que la producción no cambie (esto es, haciendo *dq* = 0, o lo que es lo mismo, escogiendo combinaciones de factores sobre una misma isocuanta), la relación técnica de sustitución entre los factores *E* y *F* puede calcularse como:

$$RTS_{EF} = -\frac{dF}{dE} = \frac{PMa_E}{PMa_F}.$$ [2.5]

Por tanto, la relación técnica de sustitución entre vehículos nuevos y mantenimiento (RTS_{EF}) es equivalente al cociente de sus productos marginales. Este resultado es generalizable a cualquier subconjunto de factores productivos entre los que exista algún grado de sustituibilidad.

En la industria del transporte, la sustituibilidad entre los factores productivos suele ser baja en la mayoría de los casos. La figura 2.5 representa un caso extremo de falta absoluta de posibilidad de sustitución, con una tecnología de producción de proporciones fijas entre los *inputs*. En este caso, hay una sola combinación de factores productivos adecuada para producir cada nivel de *q*, siendo redundante para aumentar la producción cualquier unidad adicional de uno de los factores si no se dispone de mayor cantidad del otro factor. Si tomamos como ejemplo la relación entre el factor trabajo y los vehículos, la situación representada en la figura siguiente ocurre en todas las actividades de transporte en las que existe una dotación mínima de tripulación ($\underline{L}$) por cada vehículo, sin la cual no se pueden dar servicios (como sucede en aviones y barcos), pero resulta innecesario aumentar el número de trabajadores por vehículo a partir de ese mínimo, ya que no pueden realizar tareas que permitan aumentar el número de plazas ofertadas.

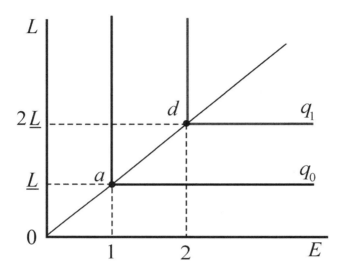

Figura 2.5. Isocuantas con proporciones fijas.

Las proporciones fijas también aparecen frecuentemente en todas las actividades de remolque, como por ejemplo entre locomotoras y vagones, en las barcazas del transporte fluvial o incluso en el transporte de mercancías por carretera, cuando se consideran separadamente las cabezas tractoras de los camiones y los remolques en los que se transportan las mercancías.

La elasticidad de sustitución. Los mapas de producción representados en las dos figuras anteriores muestran claramente que pueden existir diferencias importantes en el grado de sustituibilidad entre los factores. Sin embargo, el cociente de productos marginales reflejado en la expresión [2.5] es una medida imperfecta para captar esas diferencias, ya que su valor depende de las unidades en las que estén expresados estos productos (por ejemplo, viajes por empleado-día frente a viajes por camión y día).

Una forma habitual de evitar este problema cuando se comparan distintos *inputs* consiste en utilizar una medida adimensional expresada en forma de elasticidad. De este modo, se define la *elasticidad de sustitución* entre dos factores como la variación en la ratio de las cantidades empleadas de los factores (E/F) al cambiar de forma infinitesimal la relación técnica de sustitución entre ellos (RTS_{EF}). Formalmente, esta elasticidad se define como:

$$\sigma_{EF} = \frac{d(E/F)}{d\,RTS_{EF}} \frac{RTS_{EF}}{E/F}.$$ [2.6]

Así, por ejemplo, al pasar del punto *a* al punto *b* en la figura 2.4, la elasticidad de sustitución de mantenimiento (*F*) por nuevos vehículos (*E*) refleja la reducción proporcional en el cociente de dichos *inputs* que se produce en relación al cambio proporcional producido en su *RTS*. Por el contrario, no es posible la sustitución entre factores en la figura 2.5, por lo que la elasticidad de sustitución es siempre cero en tecnologías con proporciones fijas.

Economías de escala. Mientras que la elasticidad de sustitución compara el consumo de factores sobre una misma isocuanta, en muchas actividades de transporte es también interesante comparar qué sucede cuando el transportista se desplaza entre distintas isocuantas. Para analizar este impacto sobre la producción total de cambios en el consumo de todos los factores productivos, cuando todos ellos son variables, es decir, considerando $dq \neq 0$ en la expresión [2.4], resulta necesario delimitar de algún modo la forma en la que se produce el cambio en los factores.

Habitualmente, esta cuestión suele abordarse considerando que todos los factores cambian en una misma proporción. Gráficamente, esto equivale a situarse sobre una isocuanta y trazar una línea desde ella hacia el origen: al prolongar esa línea hacia isocuantas cada vez más alejadas (como ocurre entre los puntos *a* y *d* de las figuras anteriores) podemos estudiar cómo cambia la producción de la empresa de transporte en respuesta a cambios en la misma proporción de todos los factores.

Por ejemplo, si cuando una empresa de transporte duplica la cantidad empleada de todos sus factores, su producción aumenta exactamente el doble estaríamos ante un caso de *rendimientos constantes a escala*. Si la producción aumenta más del doble estos rendimientos a escala serían crecientes, mientras que serían decrecientes en caso contrario.

De manera más formal, a partir de la función de producción $q = f(E, F)$ definida en [2.3]], si $\lambda > 0$ representa la proporción en la que se incrementan todos los *inputs*, los rendimientos constantes a escala implicarían que:

$$f(\lambda E, \lambda F) = \lambda f(E, F) = \lambda q,$$ [2.7]

mientras que bajo rendimientos crecientes a escala se verificaría que $f(\lambda E, \lambda F) > \lambda q$ y con rendimientos decrecientes a escala se tendría que $f(\lambda E, \lambda F) < \lambda q$. El concepto de rendimientos a escala desempeña un papel muy relevante sobre los costes y también en las posibilidades de existencia de competencia entre empresas, como se verá más adelante.

2.3 La medición del *output* del transporte

Aunque la producción de las actividades de transporte puede analizarse adaptando muchos conceptos y herramientas de la Teoría Microeconómica, existen otros elementos que la diferencian de la producción de otras actividades económicas. Estas características particulares están relacionadas con la forma de definir y medir el *output* de las actividades de transporte y son principalmente tres. En primer lugar, la naturaleza de servicio no almacenable del transporte conlleva la necesidad de diferenciar entre la cantidad producida y consumida. En segundo lugar, la mayoría de las empresas no suministran únicamente un solo servicio, sino múltiples servicios simultáneamente, por lo que su proceso productivo debe analizarse bajo un enfoque multiproducto. Finalmente, como generalización de esta última idea, el transporte puede ser también analizado como una red que integra distintas actividades individuales, permitiendo así una visión más completa de la forma en la que se realiza la producción de transporte.

2.3.1 Servicios no almacenables

Al contrario que en otras industrias, donde la producción de bienes puede almacenarse para ser consumida en un momento futuro, las empresas de transporte producen servicios que están disponibles sólo en un momento dado del tiempo. Para ilustrar esta idea considérese por ejemplo una compañía aérea que ofrece a sus clientes un vuelo diario entre dos ciudades. Cada día, la compañía "produce" un viaje, es decir, pone a disposición de los viajeros los asientos disponibles en el avión, independientemente del nivel de utilización de esa capacidad máxima. Una vez decidida la capacidad, la producción es fija y únicamente puede modificarse variando el número o frecuencia de los vuelos o alterando el número de asientos o el tamaño de los aviones.

Esta propiedad, asociada en general a cualquier servicio no almacenable, hace que resulte fundamental en las actividades de transporte definir qué es la producción (u oferta de transporte, en términos más generales) y la utilización de dicha producción por parte de los usuarios (o demanda de transporte). El concepto que permite poner en relación ambas ideas es el coeficiente o *factor de ocupación* (o *factor de carga*, en el caso del transporte de mercancías), definido como el cociente entre la demanda y la oferta, y expresado normalmente en forma de porcentaje.

Cuando el factor de ocupación de un modo de transporte es del 100%, ello significa que la oferta y la demanda coinciden y que la empresa de transporte estaría produciendo al máximo de su capacidad. Lo normal, sin embargo, es que los coeficientes de ocupación varíen entre los distintos modos de transporte, entre empresas, entre rutas e incluso entre periodos del año o momentos del día, reflejando el hecho de que la demanda de transporte no es constante a lo largo del tiempo, o que las empresas ajustan su oferta de capacidad de distinta manera. No es sencillo dar valores de referencia para el coeficiente de ocupación que sean válidos para todos los modos, de forma que, por ejemplo, una ocupación del 60% puede ser elevada en algunos casos, mientras que en otros sería considerada baja.

Para realizar un cálculo correcto del factor de ocupación, se requieren medidas comparables de las variables de oferta y demanda. En ambos casos, la naturaleza espacial del transporte hace que la utilización de magnitudes absolutas (es decir, aquéllas que no tienen en cuenta la distancia recorrida, como el total de viajes realizados, las plazas ofertadas o los pasajeros o toneladas transportadas) no resulte adecuada. Con magnitudes absolutas no es posible hacer comparaciones entre empresas que realicen distintos trayectos, ni agregar diferentes actividades de transporte dentro de una misma empresa cuando las cantidades ofertadas o demandadas han sido transportadas a distancias diferentes.

Para evitar estos problemas, la producción y la demanda de las empresas de transporte suelen expresarse siempre haciendo referencia explícita a la distancia recorrida. En el caso del transporte de viajeros, la variable de demanda más utilizada como referencia es el total de *pasajeros-kilómetro*, que incluye el total de kilómetros recorridos por el total de viajeros transportados. La forma de calcular esta variable está condicionada por la manera en la que se realiza el trayecto y el número de escalas y paradas intermedias que haya entre el origen y el destino.

Consideremos por ejemplo un avión con 300 viajeros que realiza un vuelo sin escalas de 500 kilómetros. El total de pasajeros-kilómetro para dicho trayecto vendría dado por el producto $500 \times 300 = 150.000$ pasajeros-kilómetro. Si hubiera alguna escala (por ejemplo, a 200 km del origen) en la que desciende del avión la mitad de los viajeros, el cálculo debería considerar el trayecto recorrido por cada grupo de pasajeros:

Pasajeros que descienden en la escala: 150×200 km = 30.000 pasajeros-kilómetro
Pasajeros que hacen la ruta completa: 150×500 km = 75.000 pasajeros-kilómetro
Pasajeros-kilómetros totales: 105.000 pasajeros-kilómetro

El concepto equivalente en el caso del transporte de carga sería el de *toneladas-kilómetro* o número de kilómetros recorridos por el total de toneladas transportadas. Su cálculo es similar al de los pasajeros-kilómetro, teniendo en cuenta también la forma en la que se producen los desplazamientos y desagregando, si resulta posible, los distintos tipos de carga que transporte la empresa. En el transporte marítimo, suelen reemplazarse los kilómetros por millas náuticas.

En ocasiones (por ejemplo, en el transporte aéreo) se usa el concepto de toneladas-kilómetro para referirse conjuntamente a los pasajeros y a sus equipajes, asignando arbitrariamente un peso estándar a cada uno de ellos (90 kilogramos suele ser lo habitual). Esto permite obtener un valor agregado de la demanda total, aunque su interpretación resulta algo limitada. En otros modos de transporte (por ejemplo, el ferrocarril) la agregación de la demanda se hace definiendo variables artificiales como las "unidades de tráfico", equivalentes por ejemplo a un pasajero-kilómetro o 1.000 toneladas-kilómetro.

En las empresas de servicios de transporte, en ocasiones también se utilizan medidas de producción basadas en el uso de los vehículos, tales como los trenes-kilómetro o autobuses-kilómetro (total de servicios de tren o autobús multiplicados por la distancia recorrida por cada uno de ellos) o en función del tiempo de funcionamiento de los mismos (autobuses-hora, trenes-día, etc.). Estas medidas son menos informativas que las anteriormente descritas, ya que no contienen ninguna referencia al tamaño de los vehículos y, por tanto, son preferibles los pasajeros-kilómetro y toneladas-kilómetro transportadas para medir la demanda, así como sus correspondientes medidas para la oferta (plazas-kilómetro ofertadas para servicios de pasajeros, y toneladas-kilómetro disponibles para servicios de carga). A partir de estas variables, pueden calcularse los ratios entre demanda y oferta definidos anteriormente como:

$$\text{\textit{Factor de ocupación:}} \quad \ell_o = \frac{Pasajeros - km}{Plazas - km} \qquad [2.8]$$

$$\text{\textit{Factor de carga:}} \quad \ell_c = \frac{Ton - km \ transportadas}{Ton - km \ disponibles} . \qquad [2.9]$$

Para que estos coeficientes tengan sentido deben utilizarse tanto en el numerador como en el denominador variables completamente homogéneas. Una definición incorrecta de estas variables podría dar lugar a resultados ininteligibles (coeficientes de ocupación superiores al 100%, por ejemplo), invalidando completamente su interpretación.

No debe olvidarse que en sí mismas estas medidas relativas son siempre imperfectas, ya que tratan todas las toneladas y todos los pasajeros como si fueran iguales. Esto no siempre es cierto, especialmente en relación al volumen que ocupan o a los servicios complementarios que precisan. Por ejemplo, no es igual trasladar a la misma distancia 100 toneladas de acero que 100 toneladas de papel, ni transportar 50 viajeros adultos que 50 niños. Además, puesto que las toneladas (o pasajeros)-kilómetro son el producto del total de toneladas (o pasajeros) por el total de kilómetros, las medidas relativas pueden hacer que parezcan similares actividades de transporte muy diferentes. Pensemos, por ejemplo, que 1.000 toneladas movidas a lo largo de un kilómetro generarían la misma medida de producción que una tonelada movida 1.000 kilómetros.

En cuanto a las empresas de transporte que realizan exclusivamente explotación de infraestructuras, también pueden definirse medidas de su producción en términos de la capacidad ofertada $\bar{q}$ (por ejemplo, máximo número de vehículos que pueden acceder a la infraestructura en una unidad temporal que se tome como referencia). Estas medidas no plantean problemas especiales para su cálculo, más allá de escoger la referencia temporal adecuada. Así, para el caso de carreteras la capacidad puede medirse en términos de vehículos por hora (haciendo explícitas las condiciones de circulación que se consideren "normales", esto es, sin problemas de congestión), o vehículos por día. En los aeropuertos, la medida de capacidad habitual es el número de movimientos (aterrizajes y despegues) por hora, mientras que en el caso de los puertos se emplean medidas con referencias temporales más largas.

También en el caso de las infraestructuras suelen tomarse medidas no sólo de la capacidad ofertada, sino igualmente de la utilización de dicha capacidad, pudiéndose construir ratios de utilización que permiten obtener información de la actividad de las empresas que ofertan infraestructuras y comparaciones entre ellas.

2.3.2 Multiproducción en el transporte

Hasta ahora hemos considerado que la combinación de factores en la producción de actividades de transporte generaba únicamente un tipo de *output*, que era representado genéricamente a través de la variable q, o $\bar{q}$ cuando se hacía referencia a una capacidad máxima de transporte. Este nivel de *output*, medido a través de las magnitudes absolutas y relativas que acabamos de presentar, puede caracterizarse mediante las propiedades tecnológicas discutidas a partir de su función de producción.

Sin embargo, ya se han mencionado algunos casos en los que las empresas realizan simultáneamente transporte de carga y de pasajeros (en el transporte aéreo, por ejemplo), o producen infraestructuras al mismo tiempo que ofertan servicios de viajeros o mercancías (en algunas empresas ferroviarias). Además, dentro de cada una de estas actividades, los proveedores de servicios de transporte pueden atender distintas rutas y en distintos momentos del tiempo.

Estos niveles de desagregación permiten definir en general dos grandes dimensiones con respecto a las cuales el *output* de una empresa de transporte debe considerarse como multiproducto (o multiservicio). En primer lugar, por el *tipo de producto* ofrecido, resulta posible distinguir entre servicios de transporte de mercancías o pasajeros —cada uno con diferentes niveles de calidad (por ejemplo, primera clase o clase turista en los aviones)— además de las correspondientes infraestructuras, cuando éstas se producen conjuntamente. En segundo lugar, en función del *origen* y *destino*, una empresa puede ofrecer cada uno de los productos anteriores en diferentes rutas, considerando cada una de ellas productos separados, e incluso agregándolas o reorganizando las conexiones entre ellas (rutas directas versus rutas con escalas).[3]

La principal ventaja que tiene considerar el *output* del transporte como multidimensional es que facilita una mayor precisión en la descripción de los procesos productivos complejos que tienen lugar en algunas actividades de transporte, permitiendo descubrir, además, relaciones de complementariedad y sustituibilidad entre *inputs* y *outputs* que no aparecen cuando se considera el *output* como uniproducto. Por ejemplo, en el transporte de viajeros en aviones o trenes puede distinguirse entre clase preferente y clase turista, dentro de un mismo avión o tren, cada una de las cuales podría tener demanda y costes diferentes. Sin embargo, también existen desventajas al realizar esta desagregación: primero, al aumentar el número de dimensiones se limita la posibilidad de la utilización del análisis gráfico, por lo que ello nos obliga a depender más intensivamente de expresiones matemáticas. Segundo, como se verá más adelante, en las actividades multiproducto pueden aparecer en ocasiones problemas de agregación que dificultan el tratamiento empírico de la medición del *output*.

---

[3] A menudo es necesario considerar otras dimensiones adicionales en la producción de transporte, como el momento del tiempo en el que se preparan los servicios (diurnos o nocturnos, viajes en periodo de vacaciones o en periodos punta) o la velocidad de los mismos (transporte urgente de mercancías, trenes de alta velocidad frente a trenes ordinarios). Sin embargo, una interpretación más amplia de la dimensión del *tipo de producto* permite reubicar en ella estas nuevas categorías con relativa facilidad, sin necesidad, de modificar el análisis aquí presentado.

Matemáticamente el tratamiento formal de la multiproducción requiere un cambio en la notación utilizada. Más que como un simple escalar q, como hasta ahora, el *output* de cualquier servicio de transporte (y, consecuentemente, su demanda) debe representarse por un vector multidimensional del tipo

$$\vec{q} = \left\{ q_h^{ij} \right\}, \qquad [2.10]$$

en el que cada elemento q_h^{ij} reflejaría la cantidad de pasajeros o mercancías de tipo h movidas desde el origen i hasta el destino j. Análogamente, en las actividades de infraestructura podría hablarse de la capacidad máxima $\bar{q}_h^{ij}$.

Esta forma desagregada de representar el *output* es particularmente utilizada en el análisis empírico, ya que permite una visión completa de la actividad de transporte, en la que se subraya la relevancia no sólo de la cantidad y tipo de producto transportado, sino también del flujo desde dónde y hasta dónde se transporta. La función de producción sería ahora similar a [2.1],

$$\vec{q} = f(K, E, L, F, N; t), \qquad [2.11]$$

aunque también podría ocurrir que cada uno de los *outputs* se produjera de manera independiente.

La dimensión del vector de *output* definido en [2.10] dependerá del número total de pares de origen-destino o rutas que existan ($O + D$), y de la variedad de tipos de producto o tráficos (H) que suministre la empresa de transporte. Por ejemplo, considerando una empresa de servicios con dos rutas (entre un origen A y un destino B y viceversa) y dos tipos de tráfico, pasajeros (*pax*) y carga (*crg*), el vector de *output* tendría una dimensión igual a $(1+1) \times (2) = 4$, pudiéndose escribir el *output* total de esta empresa de transporte de forma desagregada como $\vec{q} = \{q_{pax}^{AB}, q_{pax}^{BA}, q_{crg}^{AB}, q_{crg}^{BA}\}$. La interpretación de este tipo de expresiones es sencilla: el primer elemento se refiere al flujo de pasajeros entre A y B mientras que el segundo sería el tráfico de la misma ruta en sentido contrario. Los restantes dos elementos son equivalentes para el tráfico de mercancías.

Cuando el número de orígenes y destinos es mayor resulta conveniente describir el *output* a través de una matriz de orígenes y destinos,

$O/_D$	A	B	C	$\dots$	Z
A	$-$	q^{AB}	q^{AC}	$\dots$	q^{AZ}
B	q^{BA}	$-$	q^{BC}	$\dots$	q^{BZ}
C	q^{CA}	q^{CB}	$-$	$\dots$	q^{CZ}
	$\dots$	$\dots$	$\dots$	$\dots$	$\dots$
Z	q^{ZA}	q^{ZB}	q^{ZC}	$\dots$	$-$

en las que se detalla el tipo de tráfico en cada ruta (en este caso sólo hay un tipo de producto) permitiendo analizar las relaciones entre ellas. Obsérvese que en el caso más simple posible, con $H = 1$ y un solo origen-destino (sin tráfico de retorno), el vector [2.11] se convierte otra vez en un escalar uniproducto (q), por lo que el análisis multiproducto puede verse como una generalización del caso anterior.

La empresa de transporte debe tomar decisiones sobre la combinación de factores productivos adecuada para producir su vector de *output* y muchas de las propiedades de la tecnología ya estudiadas con anterioridad vuelven a ser aplicables al caso de la multiproducción a partir de la función de producción [2.11]. La principal novedad, cuyo análisis requiere cierto detalle, se deriva de las nuevas posibilidades para combinar todos los *inputs* y *outputs* generados, surgiendo así el concepto de red de transporte.

2.3.3 El transporte como industria de red

El análisis de la producción bajo el enfoque multiproducto permite considerar la actividad de las empresas proveedoras de servicios e infraestructuras de transporte desde una perspectiva más integrada. En ella, las decisiones sobre inversión en capacidad, el personal y el tamaño de la flota pueden complementarse con elecciones sobre el diseño de los movimientos o rutas (localización de terminales, paradas, etc.) y la organización general del tráfico (frecuencias, horarios, etc.) una vez que se han seleccionado el resto de factores. En algunas modalidades de transporte estas decisiones conllevan la creación de estructuras o redes físicas sobre las cuales se diseñan rutas y se prestan servicios organizados de transporte de personas y mercancías.

Tipos de red de transporte. Una red de transporte es un conjunto de paradas o escalas unidas entre sí de manera organizada por medio de líneas, rutas o conexiones. Las paradas pueden ser estaciones de tren o metro, terminales portuarias o aeroportuarias, paradas de autobús, etc. Cada ruta puede ser servida con distinta frecuencia, en función normalmente de la demanda, de factores externos (como las obligaciones de servicio público) y de su propia configuración geográfica.

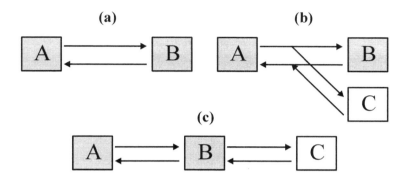

Figura 2.6. Principales tipos de rutas de transporte.

La figura 2.6 ilustra los tres principales tipos de conexiones existentes en una red. El panel (*a*) refleja una ruta *directa* o *principal* entre dos estaciones. En el panel (*b*) hay tres estaciones, pero una de ellas (*C*) es un ramal que genera una *ruta secundaria* que sale de la ruta principal. Por último, en el panel (*c*) la tercera estación está en prolongación con respecto a la estación *B* y es necesario pasar por ésta para viajar de *A* hasta *C* y viceversa. Se trata de una *ruta indirecta* o con *trasbordo*, ya que no hay ruta directa entre ellas. Además de por el tipo de rutas existentes, una red también puede describirse en función de si el conjunto de líneas son servidas por el mismo operador (*red monoperador*) o por varios operadores diferentes (*red multioperador*).

Elementos de una red de transporte. Para que una red de transporte cumpla su función de permitir el desplazamiento de bienes y personas se requiere la coordinación entre varios elementos: operadores de transporte, equipo móvil, infraestructura e instalaciones diversas y sistemas de información (que llamaremos superestructura). Como se ha mencionado anteriormente, estos componentes pueden encontrarse integrados en una sola empresa (tradicionalmente, en las empresas ferroviarias), en varias empresas (como ocurre en el transporte marítimo o aéreo) o incluso puede ocurrir que el operador de transporte sea el mismo usuario, como sucede con el automovilista privado. Estos componentes son comunes a todas las redes de transporte.

La coordinación de los elementos que integran una red de transporte está determinada no sólo por factores de tipo tecnológico (especificaciones técnicas entre equipo móvil e infraestructura, por ejemplo), sino también por decisiones exógenas sobre cómo deben ser los sistemas de transporte de acuerdo con la visión de la sociedad que los utiliza. Uno de los elementos que más suele condicionar estas decisiones es la naturaleza de la demanda de transporte. De hecho, la demanda suele explicar gran parte de la configuración de las redes y la evolución de éstas en el tiempo.

En general, según su naturaleza, el servicio de transporte que se demanda puede ser clasificado como *homogéneo* o *heterogéneo*, y la configuración de una red puede depender de este grado de homogeneidad. Consideremos por ejemplo dos casos extremos: el transporte de carbón desde la mina a la empresa siderúrgica y el desplazamiento al trabajo en una ciudad. En el primer caso el producto es homogéneo y permite su concentración en trenes de mucha capacidad que se desplazarán en una única línea férrea desde la mina a la empresa. En el segundo caso, se trata de millares de orígenes y destinos entre los lugares de residencia y centros de trabajo. Ahora el "producto" es menos homogéneo y no admite un transporte tan masivo de punto a punto como el ferrocarril. Incluso en el caso de recurrir al transporte colectivo es necesario disponer de una amplia red de líneas que se ajuste al tipo de modelo territorial de la ciudad.

Otras características de las mercancías como el volumen, peso y valor también afectan decisivamente al tipo de transporte que se necesitará para su desplazamiento. A principios del siglo XX la red de transporte ferroviaria convencional se ajustaba bien al transporte de mercancías de mucho peso y volumen y poco valor. Sin embargo, el cambio en la estructura industrial de los países desarrollados, con una demanda creciente de productos de mucho valor y poco peso, ha supuesto una causa importante del declive del ferrocarril, ya que se trataba de una red de transporte concebida para una demanda de ciertos bienes (materias primas y productos agrícolas e industriales de gran volumen) cuya participación en el tráfico ferroviario se encuentra en declive. Junto a estos elementos, existen otras interrelaciones cuya consideración facilita la explicación de por qué las redes acaban tomando un tipo de configuración determinado.

La importancia de los tipos de conexiones. Uno de esos elementos importantes en la configuración de la red de transporte es la decisión sobre el *tipo de conexiones o rutas* (directas o con trasbordo) que la componen. En la figura 2.7 consideramos el ejemplo una red de transporte aéreo de viajeros que conecta seis aeropuertos a través de cinco rutas (flechas continuas). Se trata de un "sistema centro-radial" (*hub-and-spoke*): la compañía aérea ha decidido convertir *B* y *D* en aeropuertos centrales de redistribución de tráfico (*hubs*) en los que, por ejemplo, deben hacer escala obligatoriamente los viajeros entre *A* y *F*. Entre *B* y *D* la densidad de tráfico es alta y la compañía aérea encuentra rentable realizar vuelos directos "alimentados" con tráfico radial desde *A*, *C*, *E* y *F*.

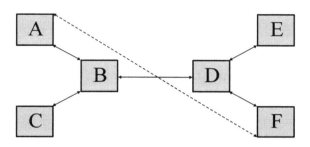

Figura 2.7. Redes de transporte y sistema centro-radial.

Con este tipo de diseño de red, si la demanda crece lo suficiente será rentable operar directamente entre *A* y *F* (flecha discontinua). Al mismo tiempo, la reordenación de rutas probablemente afectará también a otros aspectos de la producción, como el tipo de aviones a utilizar (normalmente más pequeños, con menor autonomía y menor consumo, ya que las distancias *AB* y *CB* son más cortas que la *AF*), la frecuencia de los viajes (puesto que ahora aumenta el tráfico intermedio) o incluso las características de las terminales aeroportuarias. De hecho, para que los beneficios de las redes *hub-and-spoke* puedan aprovecharse en su totalidad las compañías deben contar con suficiente capacidad aeroportuaria (que debe ser mayor en *B* que en *A* o *C*). La concentración del número de vuelos en unos pocos aeropuertos centrales puede generar problemas de congestión (tanto en tierra como en el espacio aéreo) que perjudican a los usuarios y elevan los costes de los operadores de transporte.

Este ejemplo, que resulta igualmente válido para ferrocarriles, autobuses y líneas marítimas regulares, tanto para pasajeros como para carga, ilustra la importancia de la configuración de una red en la oferta de transporte. Desde el punto de vista de los usuarios, dicha configuración afecta al tiempo total de viaje de éstos, cuyo coste —como veremos en los próximos capítulos— determina a su vez la demanda de transporte. Por tanto, las redes pueden verse como la configuración básica de la forma de producción de los servicios de transporte.

2.4 Eficiencia y productividad en el transporte

Después del estudio de las características de la producción de los servicios de transporte, y de las particularidades de su medición, nos centraremos ahora en estudiar cómo se genera tal producción desde el punto de vista de los *inputs*, definiendo qué combinaciones de éstos resultan mejores que otras y cómo pueden medirse las mejoras tecnológicas que afectan a dichas combinaciones a lo largo del tiempo. Los conceptos de *eficiencia* y *productividad* son los que permiten abordar formalmente estas cuestiones.

2.4.1 Conceptos de eficiencia y productividad en el transporte

De acuerdo con las limitaciones tecnológicas impuestas por su función de producción, todo transportista elige entre distintas formas de combinar los recursos de los que dispone con el fin de suministrar a sus usuarios ciertos niveles de servicio y/o infraestructuras.

Los distintos conceptos de eficiencia. La idea de eficiencia que se emplea en Economía es relativamente sencilla: una empresa se considera eficiente cuando lleva a cabo una producción determinada con la mínima cantidad de recursos que sea factible. La decisión de cuánto producir puede haber sido tomada por la propia empresa, o en otros casos, por parte del sector público si éste actúa como regulador de la empresa.

Claramente, este concepto económico de eficiencia está directamente relacionado con la función de producción descrita anteriormente (véanse expresiones [2.1] y [2.2]), ya que esta función es una forma de representar precisamente las combinaciones de cantidades *mínimas* de factores para llevar a cabo la producción de los servicios de transporte.

Si existe sustituibilidad entre los factores productivos, lo cual como veíamos anteriormente se traduce en que existen curvas isocuantas decrecientes, cada una de ellas representando todas las posibles combinaciones de factores para un mismo nivel de producción, surge la pregunta de cuál de los puntos de una isocuanta es el que cumple la definición anterior de eficiencia.

Para responder a esta cuestión, existen dos posibles conceptos que refinan la idea general de eficiencia. Por una parte se habla de *eficiencia técnica o productiva*, cuando una empresa escoge las cantidades mínimas de factores para llevar a cabo la producción, es decir, no se produce derroche de recursos en ninguno de los *inputs*. De acuerdo con este concepto, *todos los puntos de una curva isocuanta son soluciones eficientes*, mientras que los puntos por encima de una isocuanta corresponden a empresas ineficientes (para la producción del mismo nivel de servicio q_0 representado por la isocuanta de referencia).

Si observamos con detalle la definición anterior, vemos que en ningún momento se habla de cuál es el coste de los factores empleados en la producción, simplemente se considera si la combinación de cantidades de factores es la adecuada dada la tecnología. Si añadimos la información de los precios de los factores al estudio de eficiencia de una empresa, concluiremos que no todos los puntos de una isocuanta tienen el mismo nivel de coste, pese a que todos alcancen la misma producción. Se define así un segundo concepto que es la eficiencia *económica*, y que cuestiona si una empresa está minimizando los costes para llevar a cabo la producción. Generalmente, *sólo uno de los puntos de una curva isocuanta* va a ser la combinación óptima de factores desde el punto de vista de la eficiencia económica.

Con este refinamiento de la idea de eficiencia, es posible comparar, por ejemplo, dos empresas de la misma industria que lleven a cabo una producción similar pero que empleen combinaciones diferentes de factores productivos. Pese a que ambas puedan resultar técnicamente eficientes, lo cual significaría que estarían situadas sobre una misma curva isocuanta o, lo que es lo mismo, que ambas consiguen la máxima productividad de los factores empleados, generalmente los costes de una de las empresas serán mayores que los de la otra. Desde un punto de vista social, para llevar a cabo la producción de un mismo servicio de transporte, será preferible la empresa de menores costes ya que puede conseguirse el servicio con un empleo más adecuado de los *inputs*, y eso puede traducirse en menores precios para los usuarios finales.

La regla para determinar si se da la eficiencia económica en una empresa está relacionada con el concepto de relación técnica de sustitución entre factores (RTS_{ij}) estudiado anteriormente. Para que una empresa lleve a cabo la producción de un determinado nivel de servicio q_0 con los mínimos costes factibles debe escoger una combinación de cantidades de *inputs* que se halle en la curva isocuanta q_0 y que cumpla la siguiente condición para cada par de factores i, j:

$$RTS_{ij} = \frac{w_i}{w_j}, \qquad [2.12]$$

siendo w_i, w_j los precios de los factores i y j, respectivamente. La intuición que yace tras estas condiciones es que si la empresa puede sustituir unos factores por otros debe hacerlo teniendo en cuenta los precios de los mismos, de manera que se llegue a equilibrios en los cuales si se cambiase una unidad más del factor i por el factor j se conseguiría la misma producción, pero se elevarían los costes para la empresa.

La figura 2.8 ilustra estos dos conceptos de eficiencia técnica y eficiencia económica para una empresa de transporte, a partir de una curva isocuanta correspondiente a una función de producción del tipo $q = f(K, L)$, donde L es el factor trabajo y K es, de manera genérica, el factor capital (que integra el resto de factores productivos: vehículos, unidades de infraestructura, etc.). Cualquier combinación (K, L) situada sobre la isocuanta $q = q_0$ (por ejemplo, el punto a o el b) resulta técnicamente eficiente para producir esa cantidad de toneladas-kilómetro o pasajeros-kilómetro. Sin embargo, producir el mismo nivel de *output* con la combinación de factores representada en c (o, en general, cualquier punto que esté situado por encima de la isocuanta) es ineficiente desde el punto de vista productivo, ya que se gastan más recursos de los necesarios. La ineficiencia se podría incluso cuantificar: en el punto c, para producir q_0 se gastan 4 unidades más de factor L en comparación con el punto a, o bien se invierten 12 unidades de capital de más en relación con el punto b.

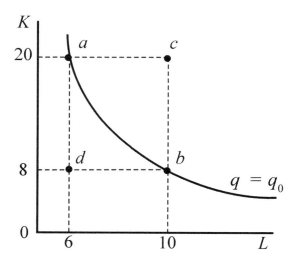

Figura 2.8. Eficiencia técnica en el transporte.

Los puntos por debajo de la isocuanta (por ejemplo, d) no son ineficientes, sino técnicamente no factibles para producir la cantidad q_0. Por ello, la isocuanta define una "frontera" que separa lo que no se puede hacer desde el punto de vista tecnológico (por debajo de la curva), de lo que no se debería hacer desde el punto de vista de la combinación óptima de recursos (por encima de la curva), por lo que toda empresa de transporte técnicamente eficiente debe situarse exactamente sobre la isocuanta.

Dado que los puntos a y b serían equivalentes desde un punto de vista de eficiencia técnica, ¿qué empresa resultaría mejor para producir un nivel de

servicio q_0, una que emplease 10 trabajadores y 8 unidades de capital (punto
b), u otra con 6 trabajadores y 20 unidades de capital (punto *a*)? Para responder a esta pregunta es necesario añadir más información sobre cuáles son los
precios de los factores y cómo cambian sus productividades marginales en
función de la cantidad empleada de cada uno de ellos. Supongamos que el
salario por trabajador es $w_L = 3$ y que el precio por unidad de capital es
$w_K = 4$. La regla [2.12] presentada anteriormente nos indica que el punto
óptimo en la isocuanta será aquel en el que se verifique que $RTS_{LK} = w_L / w_K$
$= 0,75$, lo cual gráficamente equivale a buscar en qué punto de la isocuanta
esta curva tiene una pendiente igual a $-0,75$ (de acuerdo con la expresión
[2.5], recuérdese que $dK / dL = - RTS_{LK}$).

Imaginemos que el punto *a* de la figura 2.8 cumple esta condición. Por lo
tanto, ésa sería la combinación eficiente de factores desde el punto de vista
económico, y podemos responder que *a* es preferible a *b*. ¿Por qué sucede
esto? En el gráfico observamos que en el punto *b* la isocuanta tiene una
pendiente menor que en *a* (en valor absoluto), lo cual está reflejando que al
emplear en *b* más trabajadores que en *a* su productividad marginal es menor
($PMa_L^b < PMa_L^a$), mientras que sucede lo contrario para el capital ($PMa_K^b >$
PMa_K^a).

Para disponer de un ejemplo concreto, supongamos que la pendiente en
el punto *b* fuese igual a $-0,5$. Ese valor nos indica que si una empresa que
utiliza la combinación *b*, con 10 trabajadores y 8 unidades de capital, decide
sustituir trabajadores por capital manteniendo la producción q_0 debería reducir su plantilla en 2 trabajadores por cada unidad de capital adicional, dado
que en *b* se verifica que $dK / dL = -0,5$. Si evaluamos el impacto en costes de
esta política de sustitución de factores vemos que prescindir de 2 trabajadores
supone un ahorro de $2w_L = 6$, mientras que la unidad de capital adicional va
a incrementar los costes en la cuantía $w_K = 4$, por lo que podemos concluir
que en *b* no se están minimizando los costes (dado que se puede producir q_0
con un ahorro de 2 unidades monetarias en el coste total simplemente cambiando los *inputs*). Por el contrario, en el punto *a* donde $dK / dL = w_L / w_K =$
$-0,75$, ya no hay posibilidades de obtener ventajas de costes mediante sustitución de factores.

En este ejemplo puede observarse que la cuestión clave para determinar la eficiencia económica son los precios de los factores. Si suponemos
que el precio del capital se eleva a $w_K = 6$, manteniendo constante el
precio del factor trabajo ($w_L = 3$), concluiríamos entonces que el punto *a*
no sería óptimo, ya que a esos precios la combinación de 6 trabajadores
y 20 unidades de capital es excesivamente cara, y convendría contratar
más trabajadores y reducir las unidades de capital (el punto *b* sería el más
eficiente en ese caso).

Eficiencia *versus* productividad. En las actividades de transporte es frecuente observar indicadores que miden la *productividad media* (o producto medio) de los factores variables, es decir, el número de unidades de *output* producidas por cada unidad de *input* utilizado (por ejemplo, el número de viajes por conductor). Esto se corresponde con la idea de producto medio, $PMe_L = q / L$, definida con anterioridad. Aunque la idea de eficiencia está relacionada con el concepto de productividad, existen diferencias notables entre ambos conceptos y, si es posible, resulta preferible estudiar la eficiencia de una empresa antes que utilizar medidas de productividad que sólo nos dan una información parcial.

En principio, podríamos ver si un factor es "más productivo" que otro comparando simplemente sus productos medios. Sin embargo, la utilización de la productividad media de un factor para comparar la eficiencia técnica de varias empresas sólo sería un criterio válido en situaciones de tecnologías con proporciones fijas (es decir, con elasticidades de sustitución muy bajas) ya que, de otra forma, no se estarían teniendo en cuenta las posibilidades de sustitución entre *inputs*.

Para ilustrar esta idea consideremos de nuevo la figura 2.8, suponiendo ahora que los puntos *a* y *b* representan dos combinaciones de capital y trabajo elegidas por dos empresas diferentes. La empresa situada en el punto *a* usa menos trabajo y más capital, por lo que sería calificada como "más eficiente" que una empresa con la combinación de *inputs* dada por el punto *b* si la medida empleada fuese la productividad media del factor trabajo (dado que cada trabajador de la empresa *a* produce $q_0 / 6$ frente a $q_0 / 10$ en la empresa *b*). Por el contrario, si se usara la productividad media del capital, una empresa situada en *b* sería aparentemente más "eficiente". Sin embargo, ambas empresas son igualmente eficientes desde un punto de vista técnico.

La diferencia entre los conceptos de eficiencia y las medidas parciales de productividad media resulta más evidente si utilizamos una función de producción total a corto plazo $q = f(K, L)$ (con $K = K_0$ como factor fijo), como la representada en la figura 2.9.

Como hemos visto anteriormente, la eficiencia técnica depende de la posición relativa con respecto a la función de producción. Si una empresa está situada en *d* (consumiendo las cantidades de factores K_0 y L_0), su actividad no es técnicamente eficiente, ya que no produce lo máximo que podría producir con la cantidad de *inputs* que utiliza. Esto sí ocurre en el punto *a* (donde se consume la misma cantidad de factores) produciéndose $q_1 > q_0$. El punto *b* también es técnicamente eficiente, aunque con un nivel de producción y consumo de *L* mayor.

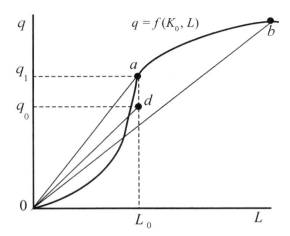

Figura 2.9. Eficiencia técnica *versus* productividad.

Matemáticamente, la pendiente asociada a un ángulo equivale al cociente de los lados opuestos a dicho ángulo. Por ello, pasar de d hasta a significa no sólo que aumenta la eficiencia técnica, sino también el producto medio (q / L) o productividad del factor L (ya que aumenta el ángulo del vector que sale del origen hasta cada punto). Por tanto, en ese caso la información de que la productividad del trabajo ha aumentado sería útil para afirmar que una empresa aumenta su eficiencia si pasa del punto d al punto a.

Pero en el mismo gráfico podemos ver cómo la medida de productividad del trabajo no siempre es útil para medir la eficiencia de una empresa. Así, por ejemplo, el paso de d hasta b implica un aumento de la eficiencia pero una disminución de la productividad. La productividad de un factor es indicativa de cambios en la eficiencia de una empresa si se cambia la cantidad de *input* y se mantiene la misma producción, o se mantiene fija la cantidad de *input* y cambia la producción, pero cuando ambos elementos varían la productividad se ve afectada necesariamente por el "efecto tamaño" que se deriva de la ley de los rendimientos decrecientes y que implica que, salvo en el largo plazo, mayores producciones sólo pueden alcanzarse a costa de una menor productividad.

Por tanto, podemos concluir que las medidas de productividad media de los factores de una empresa pueden resultar útiles para realizar una aproximación al análisis de su eficiencia técnica, pero la interpretación de la información que contienen los indicadores de productividad debe realizarse con cautela. La ventaja de las medidas parciales de productividad frente a estudios completos de eficiencia técnica/económica es su simplicidad de cálculo, lo que explica la frecuencia de su uso.

En general, obtener ganancias de productividad a lo largo del tiempo es un objetivo deseable por parte de las empresas y está relacionado con una visión dinámica de la eficiencia productiva, ya que si la productividad de *todos* los factores que emplea una empresa va aumentando, ello implica que la eficiencia también se incrementa. Las empresas pueden mejorar su producción de *output* en relación a los *inputs* utilizados si reducen el nivel de ineficiencia técnica que pueden tener con la tecnología existente o bien se produce un cambio tecnológico o una modificación relevante en las condiciones generales que afectan a la combinación de *inputs* y *outputs*.

Por ejemplo, esto ocurre cuando un transportista opera en un territorio de difícil orografía y la apertura de una nueva infraestructura, como un puente o un túnel, cambia sustancialmente las condiciones de transporte incluso aunque ningún otro elemento de la tecnología utilizada (vehículos, procedimientos de carga y descarga, etc.) haya variado. Esto sugiere que la inversión en infraestructuras tiene un papel muy importante en la eficiencia del transporte, como se verá posteriormente en el capítulo 7.

2.4.2 Indicadores de productividad en el transporte

Los procedimientos para medir la productividad en el transporte se basan en la construcción de distintos ratios de *outputs* con respecto a *inputs*. Dada la diversidad de medidas de oferta y demanda que como hemos visto anteriormente existen en esta industria, conviene clasificar los distintos tipos de indicadores de acuerdo al tipo de información que pueden proporcionar, dado que algunos de ellos no son útiles específicamente para el análisis de eficiencia de las empresas, o no persiguen realizar cálculos de productividad sino que reflejan otras dimensiones de los servicios de transporte. La figura 2.10 presenta de forma esquemática una posible clasificación de todos los

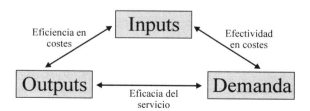

Figura 2.10. Dimensiones del análisis de indicadores de transporte.

indicadores de tipo ratio que se construyen habitualmente en la industria del transporte.

Los indicadores de *eficiencia en costes* miden la relación entre los *inputs* (principalmente, trabajo, capital, equipo móvil y energía) y la producción realizada (en términos de horas-vehículo, plazas-kilómetro, capacidad-kilómetro, etc.). Los indicadores de *efectividad en costes* miden el consumo de servicios (pasajeros, pasajeros-kilómetro, ingresos) en relación a los *inputs* gastados en la actividad de transporte. Esto incluye la medición de la demanda atendida por unidad de gasto (por ejemplo, pasajeros-kilómetro entre gastos operativos o toneladas-kilómetro entre consumo de combustible) y el proceso de generación de ingresos (ingresos operativos entre total de ingresos o ingresos totales entre gastos totales).

Por otro lado, hay un conjunto de indicadores de *efectividad del servicio*, que se utilizan para valorar hasta qué punto la sociedad consume los *outputs* generados por las actividades de transporte. Dentro de esta categoría son frecuentes los índices de utilización del servicio (por ejemplo, ingresos por vehículos-hora o vehículos-kilómetro, factores de carga y ocupación), los de seguridad operativa (accidentes por vehículos-kilómetro), los de fiabilidad (retrasos o incidentes por vehículo-kilómetro), los de estructura de ingresos (ingresos por vehículo, por pasajero o por unidad de carga) y los que evalúan los subsidios (ingresos por unidad monetaria de subsidio).

Atendiendo a su naturaleza técnica (unidades físicas) o económica (unidades monetarias) el cuadro 2.2 presenta una reclasificación sistemática de estos tipos de indicadores.

Los indicadores de tipo *output/output* no constituyen medidas de productividad, sino que sólo reflejan la composición de la producción. En esta misma categoría se incluyen además indicadores que reflejan la composición relativa del *output* (por ejemplo, la relación entre asientos ofertados de primera clase con respecto a los de clase turista en los aviones).

Dentro de los indicadores técnicos, los indicadores *input/input* recogen la intensidad o el uso relativo de los factores (por ejemplo, capital/trabajo), aunque también sirven para cuantificar el análisis de la eficiencia técnica realizado mediante isocuantas como se ha mostrado anteriormente y para calcular elasticidades de sustitución entre los factores productivos.

Los *indicadores económicos* tienen por objeto poner en relación las magnitudes monetarias de la empresa (ingresos y costes) con los parámetros físicos asociados a la producción u oferta de servicios de transporte o a su consumo o demanda por parte de los usuarios. Su comparación entre empresas debe hacerse con cuidado, ya que implica disponer de un marco común de valoración económica (la misma unidad monetaria y criterios contables y fiscales equiparables). Las comparaciones temporales requieren además tener en cuenta las variaciones debidas a la inflación (utilizando magnitudes reales, en lugar de nominales) y los tipos de cambio.

Cuadro 2.2. Indicadores técnicos y económicos utilizados en el transporte.

	Tipo	Objetivo a medir	Ejemplos	
Indicadores técnicos	$\dfrac{OUTPUT}{INPUT}$	Productividad media	$\dfrac{Ton-km}{Trabajadores}$,	$\dfrac{Pasajeros-km}{Flota}$
	$\dfrac{OUTPUT}{OUTPUT}$	Composición del producto Distribución de tráficos Coeficientes de ocupación	$\dfrac{Ton-km}{Plazas-km}$	
	$\dfrac{INPUT}{INPUT}$	Uso relativo de factores Eficiencia técnica	$\dfrac{Capital}{Trabajo}$,	$\dfrac{Flota}{Empleados}$
Indicadores económicos	$\dfrac{INGRESOS}{OUTPUT}$	Ingreso medio	$\dfrac{Ingresos}{Pasajeros}$,	$\dfrac{Beneficios}{Pasajeros-km}$
	$\dfrac{INGRESOS}{INPUT}$	Rentabilidad de los factores	$\dfrac{Ingresos}{Trabajadores}$,	$\dfrac{Beneficios}{km}$
	$\dfrac{COSTES}{OUTPUT}$	Coste medio	$\dfrac{Costes}{Viajes}$,	$\dfrac{Costes}{Ton-km}$
	$\dfrac{COSTES}{INPUT}$	Coste de los factores Eficiencia económica	$\dfrac{Coste\ laboral}{Trabajadores}$,	$\dfrac{Coste\ energía}{Flota}$
	$\dfrac{INGRESOS}{COSTES}$	Ratios de cobertura Costes e ingresos relativos	$\dfrac{Ingresos}{Costes}$	

Un tipo de indicadores económicos que suele utilizarse frecuentemente en el análisis de las actividades de transporte son los ratios de *ingresos sobre costes*. Estos cocientes señalan la existencia de beneficios (si el indicador es mayor que uno) o de déficit (si los ingresos son menores que los costes) y deben calcularse al nivel más desagregado posible, por tráficos o servicios, por rutas o por productos, de manera que pueda identificarse qué servicios generan suficientes ingresos y cuáles no. Este análisis resulta fundamental en la tarificación del transporte y, en particular, en el estudio de la existencia de subvenciones cruzadas.

Índices de productividad total de los factores y problemas de agregación. Muchas de las limitaciones de las medidas univariantes de la productividad pueden superarse utilizando índices de *productividad total de los factores (PTF)*, definidos en general como un cociente entre una suma ponderada de *outputs* (denotados genéricamente por q_i) y una suma ponderada de *inputs* (que denotaremos en general por x_j):

$$PTF = \frac{\sum_i a_i\, q_i}{\sum_j b_j\, x_j},$$

[2.13]

donde a_i y b_j son respectivamente las ponderaciones de *outputs* e *inputs*. Una ventaja adicional de este tipo de índices es que reconocen de manera más explícita la naturaleza multiproducto de las actividades de transporte, aunque su principal desventaja es que pueden aparecer problemas asociados a la medición agregada y a las ponderaciones utilizadas.

La correcta definición de las variables en transporte no siempre resulta sencilla. Este problema no sólo afecta a la definición de la producción, como ya se discutió anteriormente, sino también a los factores de producción. Algunos factores pueden ser medidos de manera directa en unidades físicas, como los litros de combustible consumidos o los kilowatios de electricidad empleados, pero otros plantean más dificultades para escoger la medida correcta que debe emplearse para el cálculo de índices o estudios econométricos de eficiencia.

Normalmente la medición del factor capital es la que presenta mayores dificultades en cualquier análisis de productividad o eficiencia. En una empresa de transporte el capital es un *stock* de activos físicos (infraestructuras, vehículos, terrenos, maquinarias, etc.) del que se derivan distintos flujos de servicios a lo largo del tiempo. El principal problema radica en medir de manera consistente el flujo de servicios proporcionado por todos los activos de capital, para lo cual la metodología existente no es única.

El procedimiento más utilizado es el llamado *método de inventario perpetuo*. Con este método las inversiones que la empresa realiza en activos van acumulándose año tras año y se convierten en unidades monetarias constantes utilizando un índice de precios para bienes de capital menos una tasa adecuada de depreciación económica. Este método considera implícitamente que todo el capital de la empresa es "útil y está efectivamente utilizado" por lo que en cualquier momento del tiempo el valor del capital de la empresa se corresponde con el *stock* de activos utilizados para la producción. Suponiendo que dichos activos generan cada periodo un flujo de servicios constantes e independientes, entonces el crecimiento del *stock* de capital entre dos periodos proporciona una medida del crecimiento de los *inputs* de capital que se han producido en la empresa.

Las ponderaciones a_i y b_j a utilizar en la expresión [2.13] también son parámetros que afectan a los resultados que muestran los índices de tipo *PTF*, y que deben ser escogidos adecuadamente. Para el caso de los factores, las ponderaciones b_j más lógicas son medidas de los costes unitarios de cada factor, ya que esto permite relacionar la eficiencia productiva con la eficiencia económica. Así, en la expresión [2.13], y suponiendo para simplificar que la empresa de transporte sea uniproducto ($i = 1$) y que las ponderaciones de los *inputs* son sus precios en el mercado de factores (w_j), se tendría

$$PTF = \frac{q}{\sum_j w_j \, x_j} = \frac{q}{CT} = \frac{1}{CMe}, \qquad [2.14]$$

donde $\sum_j w_j \, x_j$ representa el coste total de la empresa (*CT*). Como se observa, se establece una relación inversa entre la productividad y el coste medio (*CMe*) o por unidad de producto según la cual las empresas más productivas tienen costes unitarios menores y viceversa.

Con respecto a las ponderaciones a_i utilizadas en la expresión [2.13] de la *PTF*, para el caso de las empresas de transporte que generalmente son multiproducto hay que decidir cuál es el nivel más adecuado de agregación que se desea emplear para las medidas del *output* y qué tipo de información utilizar para los coeficientes a_i.

Obsérvese que si, por ejemplo, las ponderaciones a_i fuesen los precios de los servicios y, al igual que antes, se toman los precios de los factores para las ponderaciones b_j, la expresión [2.13] se convertiría en un cociente del tipo *ingresos/costes* que aparece en el cuadro 2.2, estableciendo un índice de cobertura que mide la relación entre la productividad de la empresa y su rentabilidad. En la mayoría de los estudios, sin embargo, se ha preferido utilizar como coeficientes de ponderación algunas medidas relativas que reflejen la composición del *output* (como, por ejemplo, el porcentaje de ingresos totales que representa cada producto), o incluso la elasticidad del ingreso de cada producto ante cambios en la utilización de factores, que es una variable directamente relacionada con la elasticidad de sustitución σ_{ij} definida anteriormente (véase la expresión [2.6]).

2.5 Estimación de funciones de producción

La estimación de funciones de producción utilizando técnicas econométricas permite analizar la eficiencia de las empresas de una forma más completa que con simples indicadores de productividad y, además, proporciona información sobre las propiedades de la relación tecnológica entre *inputs* y *outputs*. Una forma alternativa de llevar a cabo este mismo tipo de análisis es utilizar funciones de costes, que serán definidas y estudiadas en detalle en el próximo capítulo, que tienen algunas ventajas frente a las funciones de producción por el tipo de datos que requieren.

La relación entre ambas aproximaciones se sustenta en la dualidad teórica existente entre la teoría de la producción y los costes. En cualquier empresa de transporte el problema de producir la mayor cantidad de toneladas-kilómetro o plazas-kilómetro con unas cantidades determinadas de factores es equivalente al de minimizar el coste de producir una cantidad dada de *output*, por lo que su enfoque empírico es similar. Por ello, las funciones de producción y costes son equivalentes para abordar el análisis de la tecnología empleada por las empresas, y sus resultados en términos de eficiencia técnica y económica.

2.5.1 Formas funcionales de la tecnología de producción

Debido a que las tecnologías de producción de la mayoría de modos de transporte suelen presentar grados de sustituibilidad entre los factores productivos relativamente bajos (en comparación con otras industrias), para el trabajo teórico y aplicado en Economía de Transporte suelen emplearse formas funcionales que reflejan esta característica. Presentaremos aquí de forma resumida las principales especificaciones: la función de tipo Leontieff, la forma Cobb-Douglas, y la familia de funciones de elasticidad constante de sustitución (CES). Para el trabajo aplicado, la función más popular es la *translog* que es una aproximación logarítmica de segundo orden adaptable a cualquier tecnología.

La primera especificación representa un caso extremo de falta de sustituibilidad de factores productivos, de forma que éstos deben utilizarse en proporciones fijas. Se trata de la función *Leontieff*, que genera un mapa de isocuantas en forma de L como en la figura 2.5 vista anteriormente:

$$q = min \ (b_1 x_1 , b_2 x_2 ,..., b_z x_z), \qquad\qquad [2.15]$$

donde $x_1, x_2, ..., x_z$ son las cantidades de factores y $b_1, b_2, ..., b_z$ son parámetros fijos que determinan la productividad marginal de cada factor, y las proporciones fijas en las que éstos deben combinarse. Esta función tiene interés para algún modelo teórico en el que se quiera imponer sustituibilidad nula entre factores, pero es de interés limitado de cara al trabajo empírico.

Una forma funcional muy simple en cuanto al número de parámetros y que sí es habitualmente empleada en muchos trabajos es la función de producción de tipo *Cobb-Douglas*, que, en el caso general de una empresa uniproducto con múltiples *inputs* (x_j) adoptaría la especificación:

$$q = A \cdot (x_1^{b_1} \cdot x_2^{b_2} \cdot x_3^{b_3} \cdot ... \cdot x_z^{b_z}), \qquad [2.16]$$

donde $(A, b_1, ..., b_z)$ son parámetros a estimar. El coeficiente A es una forma de representar el estado de la tecnología, ya que si se observan cambios en su valor a lo largo del tiempo se pueden interpretar como el progreso técnico que permite aumentar de forma general la productividad de todos los factores, mientras que los coeficientes b_j pueden interpretarse como coeficientes de productividad asociados a la relación entre el *output* y cada uno de los factores productivos.

Esta especificación de la función de producción tiene dos propiedades importantes desde el punto de vista de la estimación empírica. En primer lugar, es separable en los distintos *inputs* utilizados por la empresa, lo cual permite imponer y contrastar restricciones entre las relaciones marginales de sustitución técnica de distintos pares de *inputs*. En segundo lugar, es una función homogénea,[4] permitiendo analizar si en una industria existen rendimientos a escala constantes, crecientes o decrecientes, lo cual depende de si la suma de parámetros $\sum_j b_j$ es igual, mayor o menor que uno respectivamente, como puede comprobarse utilizando la definición [2.7].

En el trabajo empírico, la función de producción [2.16] suele linealizarse tomando logaritmos, resultando

$$\ln q = \ln a + \sum_j b_j \ln x_j. \qquad [2.17]$$

Esta expresión puede estimarse fácilmente para cada uno de los servicios producidos por la empresa utilizando las técnicas de regresión lineal múltiple, las cuales permiten obtener valores estimados para los parámetros a y b_j pudiendo interpretarse estos últimos como elasticidades del *output* con respecto a cambios en cada uno de los *inputs* por separado.

Sin embargo, la extensión de este tipo de expresiones al caso multiproducto no resulta factible cuando existe producción conjunta de varios servicios pero empleando simultáneamente un mismo factor productivo para to-

---

[4] Una función $f(K, L)$ es homogénea de grado s si $f(\lambda K, \lambda L) = \lambda^s f(K, L)$. Este no es un supuesto excesivamente restrictivo, ya que la mayoría de las funciones de producción utilizadas en Economía cumplen esta condición.

dos ellos. Cuando no podemos asignar con certeza la cantidad consumida de empleo o equipo móvil en la producción de las plazas-kilómetro o toneladas-kilómetro de una empresa ferroviaria, la estimación de la expresión [2.17] no resulta posible. Esta importante limitación de la forma funcional Cobb-Douglas para la estimación de funciones de producción de actividades de transporte se acompaña del hecho de que esta tecnología impone implícitamente que la elasticidad de sustitución de los factores (σ_{ij}) debe ser siempre igual a la unidad.

Una especificación alternativa de la función de producción que permite que la elasticidad de sustitución de los factores sea diferente de la unidad es la llamada *función de producción con elasticidad de sustitución constante* (CES). En el caso de un solo *output* y dos *inputs* esta forma funcional sería:

$$ q = \left(\alpha K^{\rho} + \beta L^{\rho} \right)^{\frac{1}{\rho}}. \qquad [2.18] $$

Esta forma general es en realidad una familia de diferentes especificaciones según los distintos valores que adopte el parámetro , cuya única restricción es que sea mayor que cero. Por ejemplo, con $\rho = 1$, la combinación de factores sería lineal, $q = \alpha K + \beta L$; cuando ρ tiende a su valor mínimo ($\rho \to 0$) la función CES se aproxima a una Cobb-Douglas, mientras que para valores muy grandes del parámetro ($\rho \to \infty$) la tecnología sería Leontieff, es decir, de proporciones fijas de factores. Al igual que sucede en el caso particular de la función Cobb-Douglas, una característica de cualquier función de producción de tipo CES es que, como su nombre indica, la elasticidad de sustitución entre factores no varía aunque cambie la combinación de factores (aunque no tiene que ser unitaria salvo en el caso límite $\rho = 0$).

En los estudios empíricos en Economía del Transporte se han intentado aplicar formas funcionales que representen la estructura de la producción sin imponer *a priori* restricciones sobre la separabilidad, los rendimientos a escala o la elasticidad de sustitución de los factores. Estas especificaciones "flexibles" son generalmente formas funcionales cuadráticas expresadas en términos de logaritmos de las cantidades de *inputs* y *outputs*. La idea es la siguiente: para el caso simple de una empresa uniproducto con dos *inputs* (K, L), la función de producción podría escribirse de forma implícita como F(q, K, L) = 0. El logaritmo de esta función puede ser aproximado por la siguiente expresión:

$$ \ln(F+1) = \alpha_0 + \alpha_q \ln q + \alpha_K \ln K + \alpha_L \ln L + (\ln q)\left(\frac{1}{2}\beta_{qq} \ln q + \beta_{qK} \ln K + \beta_{qL} \ln L \right) $$

$$ + (\ln K)\left(\frac{1}{2}\beta_{KK} \ln K + \beta_{KL} \ln L \right) + (\ln L)\left(\frac{1}{2}\beta_{LL} \ln L \right). \qquad [2.19] $$

Si se añade un término de error aleatorio a la expresión [2.19], y se dispone de información de una muestra de empresas sobre sus niveles de producción y las cantidades empleadas de *inputs*, es posible estimar el conjunto de parámetros (α_i, β_j) que determinan la tecnología de producción. Sobre los parámetros puede imponerse una serie de restricciones *a priori* si se desea que la función estimada verifique propiedades deseables (homogeneidad, etc.), o bien puede comprobarse después de estimar si estas restricciones se cumplen.

Esta forma funcional es particularmente relevante en el análisis empírico del transporte debido al carácter multiproducto de la actividad de muchas empresas, lo cual hace que aparezcan numerosas interacciones entre *inputs* que se reflejan en la función translogarítmica. De hecho, metodologías basadas en el enfoque de la multiproducción constituyen la referencia fundamental en la mayoría de los estudios empíricos actuales en Economía del Transporte, ya que permiten generalizar adecuadamente el concepto de función de producción hacia el de *relación de transformación* donde un vector de *outputs* es producido como resultado de la combinación de un vector de *inputs*.

2.5.2 El concepto de frontera de eficiencia y su importancia en el transporte

Un aspecto no resuelto con la simple estimación de funciones de producción (o de coste) es la forma de utilizar dicha estimación para medir la eficiencia de las empresas cuyos datos se están analizando. La noción de *frontera de producción* permite reconciliar el análisis empírico de la producción de servicios de transporte con la teoría económica, ya que la función de producción es en sí misma una función frontera, como fue planteado al principio de este capítulo. De esta manera, las desviaciones de las empresas con respecto a esta frontera pueden utilizarse como indicadores de su ineficiencia técnica. En la mayoría de los estudios empíricos de eficiencia en el transporte se distinguen dos tipos principales de fronteras de producción: determinísticas y estocásticas.

La principal característica de las *fronteras determinísticas* es que atribuyen toda la desviación de la frontera a la ineficiencia técnica. En general, una función de producción frontera determinística puede escribirse como $q = f(K, L) - u$, donde u es una perturbación aleatoria mayor o igual que cero que mide la distancia de cada empresa a la frontera de producción. Estas fronteras determinísticas ignoran el hecho fundamental de la naturaleza estocástica de la producción, asociada a factores como la variabilidad de los precios de los *inputs* (piénsese en el coste de la energía, por ejemplo) o a condiciones externas a la empresa (la climatología altera las condiciones bajo las que se realiza el transporte aéreo o marítimo, por ejemplo). Al suponer que la distancia a la frontera es totalmente atribuible a la ineficiencia de la explotación, no se tiene en cuenta que las empresas de transporte pueden verse afectadas por estos *shocks* exógenos (u otros factores tales como accidentes, huelgas, etc.) que no afectan de igual forma sobre todas las empresas.

Por otra parte, admitir la naturaleza aleatoria de la producción como hacen las *fronteras estocásticas* es equivalente a suponer que el *output* está limitado superiormente por una frontera cuya posición real se ve afectada por factores no determinísticos. La producción de servicios de transporte puede, por tanto, representarse como $q = f(K, L) + \eta$, con $\eta = v - u$, donde la perturbación aleatoria v es un término de error simétrico que se supone idéntica e independientemente distribuido con media cero entre todas las empresas. Se supone además que el término de error u es no-negativo y que se distribuye independientemente de v. El componente aleatorio v representa *shocks* que no son controlables por la empresa, mientras que u recoge la distancia de cada empresa a su frontera estocástica, representando una medida de su ineficiencia técnica.

Empíricamente, el cálculo de las fronteras de eficiencia en las actividades de transporte se puede realizar de manera *paramétrica* o *no paramétrica*. La aproximación paramétrica consiste en ajustar especificaciones funcionales como las descritas anteriormente a través de técnicas econométricas, siendo los métodos de estimación más empleados los mínimos cuadrados corregidos y la estimación máximo-verosímil. El enfoque *no paramétrico* consiste en resolver problemas de programación matemática a partir de supuestos generales sobre las propiedades de la tecnología, pero sin considerar *a priori* ninguna forma funcional concreta.

El método de *mínimos cuadrados corregidos* consiste en estimar en primer lugar una función de producción por mínimos cuadrados ordinarios y corregir después el término independiente añadiéndole el máximo residuo positivo obtenido en la estimación. De esta forma, todas las observaciones se encontrarán por debajo de la frontera, a excepción de la correspondiente al máximo residuo que será considerada como la más eficiente. El problema que plantea la estimación de la frontera $q = f(K, L) - u$ por MCO es que al ser $u > 0$ la media de los residuos no puede ser cero. Si μ es la media de la distribución de u, una función de producción Cobb-Douglas puede escribirse como:

$$\ln q = \left(\ln A - \mu\right) + \alpha \ln K + \beta \ln L - \left(u - \mu\right). \qquad [2.20]$$

El término de error de la ecuación transformada $(u - \mu)$ tiene media cero, por lo que la aplicación de MCO proporciona estimaciones insegadas de todos los parámetros a excepción de $\beta_0 = \ln A - \mu$. Corrigiendo éste por el máximo residuo positivo se obtiene una estimación consistente incluso del término constante de la frontera.

La frontera de eficiencia de una actividad de transporte también puede estimarse por *máxima verosimilitud* estableciendo *a priori* ciertos supuestos sobre la perturbación aleatoria *u*. Suponiendo que los *inputs* son independientes del término de error, sólo resta encontrar una distribución para *u* que sea consistente con el hecho de que no puedan existir residuos positivos. Por tanto, hay que suponer que la perturbación sigue una distribución de una cola, lo que permite, una vez calculada la función de verosimilitud, estimar el modelo por máxima verosimilitud. Algunas distribuciones usadas en el trabajo empírico en Economía del Transporte son la distribución *beta* (sobre e^{-u}), la distribución *gamma* para *u*, la exponencial o la semi-normal. En el caso de las fronteras estocásticas, la estimación es algo más compleja, ya que para formar la función de verosimilitud de *q*, hay que calcular previamente la función de densidad de $(v - u)$.

En la *aproximación no paramétrica* a las fronteras de eficiencia éstas no se construyen a partir de formas funcionales pre-especificadas, sino que se realizan unos supuestos sobre las propiedades de la tecnología que permiten definir el conjunto de procesos productivos factibles, cuya frontera envuelve a los datos observados. Una de las técnicas más empleadas, con creciente importancia en Economía del Transporte, es el *análisis envolvente de datos* (DEA) que usa algoritmos de programación lineal para el cálculo de la frontera. La principal ventaja de este tipo de procedimientos es que no incurre en errores debidos a especificaciones funcionales incorrectas, ya que permite considerar múltiples *inputs* y *outputs* desagregados y, particularmente, magnitudes físicas, no monetarias. Sin embargo, resulta más sensible a los errores de medida que la aproximación económétrica puesto que no existe un término de error que permita controlar el efecto de factores no observables.

En general, aunque los métodos basados en fronteras estocásticas han sido utilizados ampliamente en los estudios empíricos de las industrias agrícolas, de electricidad, telecomunicaciones y agua, existen muy pocas aplicaciones hasta el momento en el transporte. Oum y Waters (1997) mencionan únicamente cinco estudios en su revisión panorámica,[5] los cuales se centran en las compañías aéreas, ferrocarriles y empresas de autobuses. El principal objetivo de estos trabajos es identificar las causas de las variaciones observadas en la *PTF*, intentando aislar los efectos de los elementos de infraestructura del resto. La descomposición economé-

---

[5] Oum, T. H. y Waters, W.G. II, "Recent Developments in Cost Function Research in Transportation", en De Rus, G. y Nash, C. (eds.), *Recent Developments in Transport Economics*, Aldershot, 1997.

trica de las variaciones observadas en la *PTF* reconcilia las dos técnicas principales de estudio de la productividad que existen en Economía del Transporte: la utilización de índices y la estimación econométrica.

2.6 Lecturas recomendadas

Los aspectos más generales de la teoría de la producción pueden consultarse en cualquier manual de Microeconomía de nivel básico como Varian, H., *Microeconomía intermedia*, 5ª Ed., Antoni Bosch, editor, 2002; o avanzado como Mas-Colell, A.; Whinston, M. D.; y Green, J. R., *Microeoconomic Theory*, Oxford University Press, 1995. El lector interesado puede profundizar en algunos conceptos adicionales relativos a las actividades de transporte en los libros de Button, K. J., *Transport Economics*, Edward Elgar, 1993; y Boyer, K. D., *Principles of Transportation Economics*, Addison-Wesley, 1998; así como en los artículos de Berechman, J., "Cost Structure and Production Technology in Transit", *Regional Science and Urban Economics*, 17, 1987, 519-534; y Winston, C., "Conceptual Developments in the Economics of Transportation: An Interpretative Survey", *Journal of Economic Literature*, 23, 1985, 57-94. Los trabajos de Jara-Díaz, S., "The Estimation of Transport Cost Functions: A Methodological Review", *Transport Reviews*, 2, 1982, págs. 257-278; y "Transportation Product, Transportation Function and Cost Functions", *Transportation Science*, 16, 1982, págs. 522-539; abordan de manera muy precisa la cuestión de la multiproducción en transporte. Con respecto a la medición de la productividad mediante índices y los problemas que conlleva puede consultarse el libro de Coelli, T.; Prasada-Rao, D. S.; y Battese, G. E., *An Introduction to Efficiency and Production Analysis*, Kluwer, 1998. Existen numerosos estudios sectoriales donde se estiman funciones de producción o costes en el transporte, pero los principales y más recientes se encuentran resumidos en el trabajo ya mencionado de Oum y Waters, 1997.

2.7 Ejercicios

Ejercicio 2.1. Considere una empresa ferroviaria que sirve una ruta de 300 km entre dos ciudades A y B unidas mediante doble vía y con una estación intermedia a 150 km. La empresa dispone de dos locomotoras (capaces de arrastrar hasta 10 vagones cada una) y una flota de 20 vagones de pasajeros (con capacidad para 100 viajeros cada uno) y 5 vagones de carga (de 10 toneladas). Suponga que diariamente viajan entre A y B por ferrocarril 8.500 pasajeros y se transportan 170 toneladas de mercancías. Esta demanda llega uniformemente entre las 6 de la mañana y las 10 de la noche a las estaciones A y B. Si la velocidad media de cada tren es de 150 km/h y la duración de las paradas en A y B es de 30 minutos (y 15 minutos en la estación intermedia), calcule:

a) La frecuencia y composición de los trenes que como máximo puede ofertar la empresa cada día para satisfacer la demanda, suponiendo que todos los viajeros y mercancías llegan a la estación en los primeros 10 minutos de cada hora.

b) El *output* diario de esta empresa en términos de plazas-km y toneladas-km. Si un 20% de los viajeros se baja en la estación intermedia, ¿cuál es el factor de ocupación y de carga de cada tren?

c) ¿Cuánto variaría el factor de ocupación si la capacidad de los vagones de pasajeros se incrementase un 25%? ¿Y si se suprimiese además la estación intermedia?

d) ¿Cuánto debería aumentar la velocidad media de los trenes para conseguir un efecto similar a suprimir la estación intermedia?

Ejercicio 2.2. Suponga que el número de viajes (q) realizados mensualmente por una empresa de autobuses puede representarse por medio de una función de producción de tipo Cobb-Douglas, $q = 10L^{\alpha} E^{0,5} F^{\beta}$, donde L es la plantilla de conductores, E es la flota de vehículos y F los gastos en mantenimiento. ¿Cuál es el producto medio y marginal de cada *input*? Suponga que la empresa tiene una flota de 16 vehículos y la legislación laboral le obliga a contratar al menos dos conductores para cada uno de ellos. Represente gráficamente el mapa de isocuantas de esta empresa determinando la relación técnica de sustitución entre L y F (RTS_{LF}) y la elasticidad de sustitución entre estos factores (σ_{LF}). ¿Cómo afectan los valores de α y β a este mapa de isocuantas? En el largo plazo, ¿qué valores deben tener dichos parámetros para que la tecnología presente rendimientos constantes a escala?

Ejercicio 2.3. Los datos siguientes proceden de los servicios prestados por seis compañías aéreas europeas durante el año 1995. Utilice alguno de los indicadores técnicos presentados en este capítulo para identificar cuál es la compañía mejor y peor situada dicho año. Calcule la productividad total de los factores considerando como *output* los asientos-km y las toneladas-km y como *inputs* el número de aviones y pilotos ¿Cuál cree usted que debe ser la ponderación utilizada?

	Asientos-km (millones)	Toneladas-km (millones)	Km-volados (miles)	Horas de vuelo	Aviones	Pilotos	Empleados totales
AIR FRANCE	69.955	13.711	351.253	543.055	156	2.195	37.320
ALITALIA	46.392	6.368	241.326	444.610	149	1.756	17.980
BRITISH AIRWAYS	127.931	18.428	499.501	786.692	236	3.044	51.720
IBERIA	34.012	4.963	179.778	289.916	109	1.156	23.620
KLM	59.929	10.871	270.693	388.152	180	1.444	25.630
LUFTHANSA	88.353	16.844	518.523	910.543	269	3.442	43.240
SAS	28.783	3.580	220.815	420.516	150	1.521	17.650

3. Los costes del transporte

3.1 Introducción

El coste de oportunidad de cualquier actividad económica se define como el valor que tienen los recursos productivos que se emplean para llevar a cabo dicha actividad. El valor de los recursos debe calcularse teniendo en cuenta cuáles serían otros usos alternativos posibles, y seleccionando la mejor opción para cada uno de los recursos. En el caso de las actividades de transporte, su coste para la sociedad viene definido por el valor monetario de todos los *inputs* consumidos para transportar personas o mercancías de un lugar a otro. Esta relación directa entre los costes y las posibilidades de combinación técnica de los recursos productivos establece un vínculo inmediato entre el análisis de la tecnología realizado en el capítulo anterior y el estudio de los costes del transporte que se aborda en este capítulo.

La utilización del concepto de *coste de oportunidad* para valorar monetariamente el consumo de *inputs* realizado en las actividades de transporte implica considerar que al trasladar viajeros o mercancías entre distintos lugares no solamente se consumen ciertas cantidades de factores productivos tradicionales (por ejemplo, vehículos o energía), sino que también forman una parte importante del coste del transporte el tiempo invertido por los usuarios en la realización de los viajes y el impacto que dicho transporte impone a otros, en forma de contaminación, alteración del medio ambiente o pérdidas humanas y materiales como consecuencia de los accidentes.

Esta idea permite realizar una clasificación general de los costes del transporte teniendo en cuenta sobre quién recaen los mismos. Se distingue así entre costes incurridos por los *productores* (C_p) o transportistas, costes incurridos por los *usuarios* (C_U) al utilizar los servicios e infraestructuras de transporte y, finalmente, los costes *externos* (C_E), que recaen sobre otros miembros de la sociedad, no necesariamente usuarios ni productores de transporte. La suma de estos tres tipos de costes, netos de posibles transferencias entre las tres partes, proporciona el *coste social* total (C_S) al que una sociedad debe

hacer frente para disfrutar de cierto nivel de prestación de servicios e infraestructuras de transporte:

$$C_S = C_P + C_U + C_E.$$ [3.1]

Los *costes del productor* incluyen todos los gastos necesarios para construir,
operar y mantener infraestructuras como carreteras, redes ferroviarias, puertos, aeropuertos, almacenes, estaciones, etc. También engloban los asociados
a la adquisición, operación y mantenimiento de los vehículos utilizados para
el traslado de pasajeros o carga, así como todos los costes operativos para producir los servicios (gastos de personal, energía, repuestos, etc.).

Los conceptos usados tradicionalmente en Microeconomía para estudiar a
las empresas, tales como el coste total, coste medio o unitario y coste marginal son perfectamente válidos para representar la relación existente entre la
tecnología y el consumo de factores productivos en el transporte. De hecho,
a partir de la función de producción presentada en el capítulo anterior, resulta
posible obtener las correspondientes funciones de costes en el transporte, con
el fin de realizar posteriormente estudios sobre eficiencia y productividad a
partir de estimaciones empíricas de las mismas.

Sin embargo, estas funciones de costes del productor presentan algunas
propiedades particulares que se derivan de las propias características de los
servicios e infraestructuras de transporte. Los puertos o las empresas ferroviarias, por ejemplo, se caracterizan por la presencia de instalaciones con grandes costes fijos de construcción y mantenimiento en las que, proporcionalmente, los costes variables son relativamente pequeños. Esto conduce a la
presencia de economías de escala, lo cual genera a su vez problemas para fijar
precios que cubran la totalidad de los costes, de los cuales se hablará en el
capítulo 5. En otros casos, como ocurre en ciertas carreteras o aeropuertos,
existen límites de capacidad, bien en periodos concretos o de manera perma-
nente, que condicionan la actividad de transporte y repercuten sobre los costes de la misma. Además, tanto las infraestructuras como los vehículos suelen
presentar indivisibilidades, que afectan a su nivel de ocupación y requieren
saltos discretos de capacidad para poder servir a nuevos usuarios o hacer
frente a reducciones en la demanda. Finalmente, las características de red de
muchas actividades de transporte —como los servicios de autobuses urbanos—, así como la producción conjunta de más de un servicio o producto,
también afectan a la estructura de costes a través de la presencia de las denominadas economías de densidad.

Al igual que los costes del productor, los *costes del usuario* deben reflejar
la valoración monetaria de todos los *inputs* que éste consume en la realización
de actividades de transporte. En el caso del transporte por cuenta propia,

donde usuario y productor coinciden, este consumo incluye la mayoría de las partidas de coste mencionadas anteriormente (como por ejemplo, el coste de adquirir y mantener un automóvil particular, el gasto en combustible y repuestos, etc.), aunque ahora son soportadas por el usuario en su rol de "productor de su propio transporte". En el transporte por cuenta ajena, el usuario no aporta ninguno de estos elementos y todos ellos forman parte del coste del productor. Por esta razón tampoco forma parte del coste del usuario el precio pagado a los proveedores de servicios de transporte por cuenta ajena (en forma de billete o flete), ya que este precio no corresponde a un *input* aportado por el usuario. Se trata de una transferencia que recibe el productor como compensación a los costes en los que incurre y que no afecta a la suma de los costes sociales totales de las actividades de transporte. Al realizar el cálculo del bienestar social que se genera con los servicios de transporte, los ingresos del transportista se cancelan exactamente con la correspondiente disminución de los ingresos del usuario.[1]

En ambos tipos de transporte, sin embargo, la partida más importante de coste del usuario es la valoración monetaria del tiempo invertido por éste en la actividad de transporte, incluyendo no sólo el tiempo pasado en el vehículo, sino también los correspondientes tiempos de espera, así como los transbordos y desplazamientos intermedios. La inclusión del coste del tiempo resulta fundamental para computar el verdadero coste de oportunidad del transporte para la sociedad y permite analizar problemas específicos de esta actividad como la congestión del tráfico.

La congestión se produce cuando, como consecuencia de las limitaciones de capacidad de alguna infraestructura, la presencia de usuarios adicionales aumenta los costes (entre otros, de tiempo, pero también de consumo de combustible, por ejemplo) que soportan la totalidad de los usuarios de la infraestructura. Aunque en principio esto podría interpretarse como un coste externo del transporte, en el sentido que normalmente repercute sobre terceros, se trata sin embargo de un coste interno que soportan los usuarios como grupo y como tal puede incorporarse a sus funciones de costes.

Los verdaderos *costes externos* del transporte son los que se trasladan al resto de la sociedad, en la cual también se incluyen, aunque no como grupos específicos, los productores y los usuarios. No siempre resulta sencillo trazar una frontera nítida definiendo cuándo estos elementos de coste deben incluirse dentro de los costes externos y cuándo no. En general, el criterio más

---

[1] Como se verá en el próximo capítulo al analizar la demanda de transporte, las tarifas que pagan los usuarios sí forman parte del coste o "precio generalizado" al que deben hacer frente para adquirir servicios de transporte, y por ello determinan sus decisiones sobre qué servicios de transporte utilizar y en qué cantidades.

frecuente en estos casos es tratar de asignar en lo posible la mayor parte de los costes a los productores o los usuarios del transporte y considerar costes externos únicamente aquellos que repercutan en mayor medida sobre el resto de la sociedad. La aplicación de este criterio lleva a considerar la contaminación derivada del transporte (emisión de gases y ruidos) como un coste externo que afecta a toda la sociedad, sean usuarios o no del transporte. Lo mismo ocurre con el impacto medioambiental de ciertas infraestructuras y con los accidentes, cuya repercusión social abarca no sólo a los usuarios del transporte.

La relación entre estos tres tipos de costes —costes del productor, del usuario y costes externos— resulta fundamental en la valoración del coste total de cualquier actividad de transporte. En este capítulo comenzaremos estudiando las características principales de los costes del productor y del usuario del transporte a partir de las relaciones tecnológicas analizadas en el capítulo anterior y algunas propiedades específicas de los servicios e infraestructuras de transporte. El análisis detallado de los costes externos no se realiza en este capítulo, sino que se pospone para más adelante, en el marco más general de las externalidades del transporte que se analiza en el capítulo 8.

3.2 Costes del productor

Desde la perspectiva del productor de una actividad de transporte, el coste total de dicha actividad viene dado por el coste de oportunidad asociado a la utilización de los distintos factores productivos que forman parte de su función de producción. Esta relación entre la tecnología y los costes permite clasificar estos últimos y obtener una representación general de los mismos mediante funciones de costes, las cuales presentan algunas propiedades particulares en las actividades de transporte.

3.2.1 Tecnología y tipos de costes

Consideremos el caso de una empresa de transporte que produce un único *output*, medido por ejemplo, en términos de toneladas-kilómetro. Dependiendo de si la empresa requiere contratar más o menos cantidades de factores según sea el volumen de *output* ofertado, algunos de los factores productivos utilizados por dicho transportista pueden ser variables y otros fijos, dando lugar, respectivamente, a dos tipos de coste: los *costes variables*, que se modifican cuando lo hace el nivel de producción, y los *costes fijos*, los cuales no cambian cuando lo hace el nivel de producción.

En los primeros, por ejemplo, debe incluirse el salario de los conductores o el combustible de los vehículos.[2] En los segundos se contabilizan los costes de instalación de nueva capacidad o los gastos generales de administración, cuando no estén relacionados con el volumen total de *output*.

Si en lugar de atender a su variabilidad, clasificamos los costes en función del tipo de *input* utilizado, la mayoría de costes del productor se pueden agrupar en dos grandes categorías: *costes asociados a las infraestructuras*, por un lado y *costes operativos* (o vinculados a las operaciones), por otro. Los primeros incluyen, por ejemplo, las partidas destinadas a la provisión y el mantenimiento de carreteras, puertos, aeropuertos, etc. y en general todas aquellas inversiones en activos fijos específicamente destinados al transporte. Los costes operativos están mayoritariamente asociados al equipo móvil y abarcan los gastos de operación y mantenimiento de los vehículos y equipos de carga, incluyendo también la energía y la mano de obra necesaria para operarlos, además de impuestos, y costes de oportunidad del capital, como los intereses de los préstamos. La depreciación anual que sufren los vehículos y otros elementos de capital también debe considerarse como un coste operativo, ya que es una forma de representar el servicio que prestan los equipos cada año, y sirve para periodificar los gastos de adquisición de aquellos elementos de capital que tienen una vida útil larga.

Esta clasificación de los costes del productor atendiendo al tipo de *inputs* se relaciona directamente con la función de producción analizada en el capítulo anterior, que venía dada por:

$$q = f(K, E, L, F, N; t),$$ [3.2]

donde q es el nivel de producción por unidad de tiempo (por ejemplo, un año), y donde K (unidades de infraestructura), E (equipo móvil), L (trabajo), F (energía y repuestos), N (recursos naturales) y t (tiempo de los usuarios) son las cantidades de recursos productivos utilizados para la producción de actividades de transporte durante dicho año. A partir de [3.2], teniendo en cuenta que el productor no aporta los factores t y N (que forman parte de los costes de los usuarios y costes externos, respectivamente), podría

---

[2] Estas categorías dependen de cómo se defina el corto plazo para el cual se están calculando los costes. Por ejemplo, el coste salarial es un coste variable si, como consecuencia de cambios en el *output,* se producen cambios en el tamaño de la plantilla. Si la plantilla permanece constante se trataría de un coste semifijo (ya que habría que cubrirlo con independencia del volumen de producción).

describirse la función de costes del productor asociada al uso del resto de factores como:

$$C_P(q, K) = r(K)\, K + c(q)\, q\,.$$ [3.3]

En esta expresión, $r(K)$ representa el coste anual de cada unidad de infraestructura, y $c(q)$ es el coste por unidad de *output* asociado al uso del resto de factores productivos (E, L y F).

La mayor parte de los costes asociados a las infraestructuras (con la excepción de los costes de mantenimiento y reparación) son fijos. Por ejemplo, la construcción de una carretera o un aeropuerto con cierta capacidad requiere un determinado nivel de inversión, independientemente del volumen real de tráfico que haya una vez construida. Por el contrario, sus costes anuales de conservación pueden ser en gran parte variables dependiendo precisamente de ese volumen de tráfico. En el caso de los costes operativos, la depreciación anual de los vehículos o los pagos realizados en concepto de alquiler de los mismos suelen ser fijos, pero la mayoría de los costes de operación (tripulación, combustible, amortizaciones, reparaciones, etc.) están vinculados a la intensidad de su uso.

En la valoración del coste de oportunidad, tanto de las infraestructuras como del equipo móvil, resulta importante la distinción entre *costes fijos* y *costes irrecuperables* o *hundidos* (*sunk costs*). Los primeros no varían con el nivel de producción, pero están vinculados a activos fijos necesarios para realizar la actividad de transporte. Normalmente, si la actividad productiva cesa, estos costes fijos también deberían desaparecer, al no necesitarse más los activos mencionados. Son costes hundidos, sin embargo, aquellos en los que la empresa incurre para realizar una actividad y que, cuando la producción cesa completamente, no pueden ser recuperados a través de su venta en mercados de segunda mano o su reasignación a otras actividades. La inexistencia de usos alternativos para estos recursos puede llegar a reducir su coste de oportunidad incluso a cero.

Por ejemplo, una empresa ferroviaria necesita al menos una locomotora y algunos vagones para prestar un servicio de transporte de viajeros sobre un tramo de vía. La mayor parte de los costes de estos factores productivos son fijos, ya que no varían sea cual sea el volumen de ocupación de cada tren. A pesar de ser fijos, es posible que los costes de la locomotora y los vagones no sean irrecuperables, siempre que si el servicio fuera suprimido se pudiera trasladar el uso de estos activos a otras rutas o venderlo a otras empresas. Por el contrario, el coste asociado a la construcción del tramo de vía no sólo es fijo en relación a la producción, sino también hundido, ya que sus usos alternativos en caso de cese de la actividad ferroviaria son bastante limitados.

Cada modalidad de transporte se diferencia de las otras en la forma en la que sus costes se distribuyen entre estas categorías y finalmente se reparten entre productores y usuarios. Esto genera algunas formas de integración particulares, donde, por ejemplo, infraestructuras como puertos, aeropuertos o carreteras no suelen pertenecer a las mismas empresas que prestan los servicios de transporte sobre ellas. En el caso de los ferrocarriles, las vías y estaciones suelen estar integradas en la actividad de la empresa, haciendo que los costes fijos representen una parte relevante de los costes totales del productor. En otras actividades de transporte, como los taxis o el transporte de mercancías por carretera, la integración entre la infraestructura y los vehículos es mínima.

3.2.2 Funciones de costes y relación entre corto y largo plazo

Las funciones de coste del productor en el transporte se construyen a partir de las correspondientes funciones de producción, valorando monetariamente el consumo de *inputs* realizado para obtener cada nivel de *output* al mínimo coste posible. Pueden definirse así funciones de *costes totales*, *costes medios* o *unitarios* y *costes marginales*, dependiendo de si se relaciona el nivel de producción con el gasto total, o bien se mide el nivel de gasto en promedio por unidad de producto o en relación únicamente a la última unidad producida, respectivamente.

Las propiedades concretas de cada una de estas funciones dependerán de las características propias de los servicios e infraestructuras de transporte a los que se refieran en cada caso aunque existen algunos elementos comunes a todas ellas. En el caso de las infraestructuras, por ejemplo, resulta fundamental la distinción entre corto y largo plazo a partir de la elección de factores fijos; el concepto de economía de escala y la presencia de indivisibilidades en muchos activos condicionan tal distinción. En el caso de los vehículos o equipo móvil la caracterización de sus distintos tipos de coste en relación al tiempo o la distancia determina muchas de las diferencias entre las distintas modalidades de transporte.

Funciones de coste a corto plazo. Como se vio en el capítulo anterior, el corto plazo se caracteriza porque al menos uno de los *inputs* de la función de producción es fijo, por lo que no puede ser modificado con facilidad a medida que el nivel de *output* cambia. Este factor fijo suele ser normalmente el número de unidades de infraestructura (por ejemplo, los kilómetros de vía o la longitud de las pistas de aterrizaje), pero también puede estar asociado a otros factores productivos (tamaño máximo de los vehículos, por ejemplo). Cualquiera que sea el origen del factor fijo, su efecto sobre la actividad de transporte es doble. Por un lado, impone la existencia de costes fijos, asociados precisamente al uso de dicho factor. Por otra parte, genera la restricción de una capacidad de producción máxima (denotada por $\bar{q}$), en términos, por ejemplo, de un flujo máximo de vehículos o pasajeros-kilómetro por día.

Por tanto, las funciones de costes a corto plazo se caracterizan por la presencia de factores (y costes) fijos, mientras que en el largo plazo todos los factores (incluyendo la capacidad) son variables. De acuerdo con [3.3], y suponiendo que el factor que no puede modificarse durante algún tiempo son las unidades de infraestructura ($K = K_0$), y que tanto el coste unitario de la infraestructura como los costes operativos son constantes, es decir $r(K) = r$ y $c(q) = q$, la forma general de una función de costes del productor a corto plazo sería:

$$C\left(q \mid K_0\right) = r\,K_0 + c\,q\,, \qquad\qquad [3.4]$$

en la que rK_0 representa los costes fijos y cq corresponde a los costes variables asociados al nivel de producción q.[3] El nivel de capacidad instalado a corto plazo podría denotarse como $\bar{q}_0 \geq q$ (es decir, el volumen máximo de *output* que puede transportarse con K_0 unidades de infraestructura), por lo que la expresión [3.4] también podría denotarse como $C(q; \bar{q}_0)$. Esta forma de representar los costes del productor a corto plazo indica que existe un límite de capacidad asociado a uno (o más) factores fijos, pero no señala exactamente cuáles son dichos factores.

La elección de la capacidad. En el largo plazo todos los factores son variables y la empresa puede elegir entre distintos niveles de capacidad en función del valor concreto escogido para cada uno de ellos. Una vez realizada la elección sobre algún factor que no pueda ser fácilmente modificado, el valor concreto de los costes fijos queda determinado. Sin embargo, la decisión óptima sobre la capacidad no depende únicamente de los costes fijos, sino de la relación existente entre éstos y los costes variables al pasar del largo al corto plazo en la búsqueda del coste más bajo posible para producir cada nivel de servicio.

Para ilustrar esta idea consideremos de nuevo que las unidades de infraestructura son el factor fijo. La figura 3.1 refleja tres curvas de costes a corto

---

[3] La expresión [3.4] y todas las que siguen a continuación se refieren a los costes del productor (C_p). Para simplificar la notación, prescindiremos del subíndice (P) mientras ello no induzca a confusión con los costes del usuario o los costes externos.

plazo correspondientes a tres cantidades diferentes de infraestructura: $K_1 < K_2 < K_3$:

$$C_i(q \mid K_i) = r\,K_i + c_i\,q \quad ; \quad i = \{1,2,3\}, \tag{3.5}$$

y donde los costes marginales de producción son constantes y tales que $c_1 > c_2 > c_3$. Cada una de estas funciones de costes se corresponde además respectivamente con tres niveles de capacidad máxima, $\bar{q}_1 < \bar{q}_2 < \bar{q}_3$.

Cada posible tamaño presenta ventajas relativas frente a los demás para ciertos niveles de *output*. El tamaño representado por la función de costes C_1 es el de menor coste fijo y mayor coste variable unitario por lo que sólo resulta apropiado, es decir, de mínimo coste, para niveles de servicio pequeños (entre 0 y q_a). Lo contrario ocurre con la función de costes C_3, con los mayores costes fijos (ya que está asociada al nivel de capacidad mayor) y los menores costes unitarios. Ésta debería ser la elección óptima de tamaño si el nivel de servicio fuese elevado (superior a q_b). Para niveles de producción intermedios (entre q_a y q_b) la decisión adecuada sería la correspondiente a C_2.

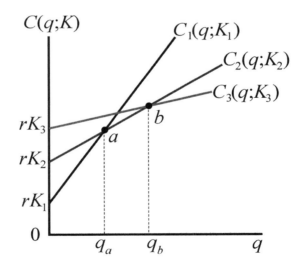

Figura 3.1. Relación entre corto y largo plazo y elección de capacidad.

Por tanto, la elección de la capacidad óptima depende críticamente del nivel de servicio que el transportista decida ofrecer. Sin embargo, es la demanda la que determina si dicha oferta se utiliza en su totalidad o no. Una elección incorrecta de la capacidad puede conllevar índices de ocupación muy bajos y problemas de rentabilidad debido al exceso de capacidad ofertada o generar dificultades por falta de capacidad (o exceso de demanda). La facilidad con la cual pueda adaptarse la oferta a la demanda determinará la gravedad de estos problemas.

Relación entre curvas de costes a corto y largo plazo. La figura anterior también permite ilustrar la relación existente entre las funciones de costes a corto y largo plazo. En el corto plazo el transportista se enfrentaría sólo a una de las tres funciones C_1, C_2 o C_3, dependiendo de la decisión de capacidad adoptada. En el largo plazo, todos sus costes, incluso los de capacidad, son variables, por lo que su función de costes estaría determinada por los costes menores posibles para cada nivel de capacidad:

$$C(q,K) = C(q,\overline{q}) = \begin{cases} C_1 & si \quad q < q_a \\ C_2 & si \quad q_a < q < q_b \\ C_3 & si \quad q > q_b. \end{cases} \qquad [3.6]$$

Como puede observarse, al contrario que en la curva a corto plazo [3.4], la curva de costes a largo plazo no depende de un valor concreto de factor fijo K (o de $\overline{q}$) ya que incluso la capacidad es variable. La expresión [3.6] indica además que cada curva de costes a largo plazo se construye a partir de distintas curvas a corto plazo (cada una con capacidad fija).

Si consideramos que la figura 3.1 refleja la estructura de costes de un aeropuerto con distintos tamaños de capacidad, los correspondientes costes medios serían los representados en la figura 3.2. Los aeropuertos se amplían mediante la construcción de nuevas terminales o pistas que permiten aumentar el número máximo de aviones (o viajeros) que pueden utilizar anualmente las instalaciones. Cada uno de esos niveles de capacidad está asociado a una cantidad determinada de infraestructuras, K_1, K_2 o K_3 y viene representado por una curva de costes medios a corto plazo, $CMe = C(q \mid K) / q$, definida respectivamente por:

$$CMe_i(q \mid K_i) = \frac{r\,K_i}{q} + c_i \quad ; \quad i = \{1,2,3\}. \qquad [3.7]$$

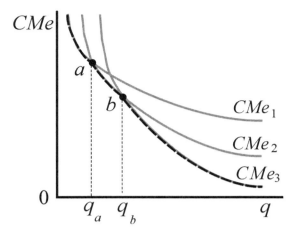

Figura 3.2. Relación entre costes medios a corto y largo plazo.

El tamaño de infraestructura representado por CMe_1 corresponde, por ejemplo, a un aeropuerto pequeño, con una terminal y una sola pista de aterrizaje. A medida que el tráfico se incrementa los costes unitarios se reducen, hasta llegar al nivel de producción q_a. A partir de ese punto, la relación entre costes fijos y variables resulta más ventajosa con un tamaño mayor. Para niveles de tráfico superiores a q_a, el aeropuerto opera con unos costes unitarios menores si construye una segunda terminal, lo cual conlleva costes fijos más elevados ($rK_2 > rK_1$) en la curva CMe_2. Lo mismo ocurre cuando se sobrepasa q_b, momento a partir del cual conviene ampliar la capacidad con una nueva terminal.

La curva de costes medios a largo plazo (CMe_{LP}) contempla todas estas posibilidades por lo que contiene a las curvas de costes medios a corto plazo en cada uno de los tramos relevantes

$$CMe_{LP} = \begin{cases} CMe_1 & si \quad q < q_a \\ CMe_2 & si \quad q_a < q < q_b \\ CMe_3 & si \quad q > q_b, \end{cases}$$ [3.8]

y está representada por la línea discontinua que bordea cada curva de costes medios a corto plazo en la figura 3.2.

Los costes fijos y la escala de las operaciones. En la figura anterior, el coste por unidad de tráfico se reduce a medida que se incrementa el tráfico del aeropuerto, lo cual sugiere que los aeropuertos más pequeños tienen costes unitarios más elevados. Lo que determina esta forma decreciente de los costes medios es la *escala de las operaciones*, es decir, el tamaño de los costes fijos en relación con el nivel de servicio en el que se encuentre la actividad. Para comprobarlo, basta con calcular la derivada del coste medio a partir de la expresión [3.7]

$$\frac{dCMe_i}{dq} = -\frac{rK_i}{q^2} < 0,$$
[3.9]

obteniendo la tasa a la que disminuye el coste medio cuando aumenta el nivel de servicio. Esta tasa depende tanto de la cantidad de factor fijo como del volumen de *output* producido.

La expresión [3.9] permite finalmente extraer una implicación adicional de la relación entre costes fijos y variables presentada en la figura 3.1. Así, prescindiendo del subíndice $i = \{1,2,3\}$ para simplificar, la derivada anterior podría rescribirse como

$$\frac{dCMe}{dq} = \frac{d\left(\dfrac{C(q\mid K)}{q}\right)}{dq} = \frac{(CMa)q - C(q\mid K)}{q^2} = \frac{1}{q}(CMa - CMe),$$
[3.10]

donde *CMa* es el coste marginal. Puesto que esta expresión tiene signo negativo según [3.9], el coste marginal se encuentra siempre por debajo del coste medio cuando la estructura de costes medios de la empresa de transporte se corresponde con la representada en [3.7], es decir, costes fijos elevados y costes marginales relativamente pequeños y constantes.

Este tipo de relación entre los costes es frecuente en muchas actividades de transporte, particularmente en la explotación de infraestructuras. Como se estudiará en el capítulo 5, esta propiedad genera un problema de fijación de precios. Si se emplea la regla de fijar precios de acuerdo con los costes marginales no se pueden generar suficientes ingresos para cubrir los costes fijos, haciendo necesaria la búsqueda de formas alternativas de tarificación.

3.2.3 Las economías de escala y su medición

En el largo plazo, la estructura de costes de cualquier actividad de transporte no está determinada por la relación existente entre los costes fijos y variables, sino por el tipo de rendimientos a escala existentes en la actividad. De acuerdo con el capítulo anterior, hay rendimientos *crecientes* (o, alternativamente, *decrecientes*) cuando al incrementar todos los *inputs* en la misma proporción, la producción aumenta *más que* (o, de manera alternativa, *menos que*) proporcionalmente. En términos de coste medio, si los precios de los factores productivos se mantienen constantes, los rendimientos crecientes o *economías de escala* implican que dichos costes medios disminuyen cuando aumenta el nivel de servicio.

Una característica importante de muchas actividades de transporte es que estas economías de escala suelen aparecer asociadas a la especialización de ciertos recursos productivos. Normalmente, tal especialización mediante infraestructuras o equipos muy específicos también conlleva incurrir en costes fijos elevados, lo que hace que se requiera alcanzar un volumen elevado de producción para poder obtener costes unitarios bajos.

El argumento del tamaño y las economías de escala se ha utilizado con frecuencia para defender la presencia de monopolios de tipo natural en algunas actividades de transporte. El exceso de competencia, se argumenta, reduciría el nivel de producción de cada empresa, impidiendo aprovechar los rendimientos crecientes asociados a niveles de servicio elevados, como se verá más adelante en el capítulo 6 al hablar de la regulación de empresas de transporte. El argumento del monopolio natural debe ser examinado con cautela, porque en las actividades de transporte, los rendimientos crecientes a escala únicamente aparecen en situaciones muy concretas, mientras que en muchos otros casos es factible algún grado de competencia.

La existencia de economías de escala en una industria es una cuestión fundamentalmente empírica y su análisis constituye uno de los elementos más importantes en el análisis de la relación entre tecnología y costes. De acuerdo con el capítulo anterior (véase la expresión [2.6]), una función de producción presenta rendimientos constantes a escala si al modificar todos los *inputs* simultáneamente en una proporción λ, la producción aumenta exactamente en esa misma proporción. Las economías de escala o rendimientos crecientes se obtienen cuando el incremento de producción sea superior a λq, y decrecientes si la producción aumenta menos que λq.

Para examinar esta cuestión formalmente, resulta útil estudiar el *grado de homogeneidad* (s) de la función de producción. Considerando por simplicidad el caso de una empresa que únicamente utilice trabajo (L) y capital (K) para llevar a cabo la producción de un servicio $q = f(L, K)$, el grado de homogeneidad se define como:

$$f(\lambda L, \lambda K) = \lambda^s f(L, K).$$ [3.11]

Cuando $s = 1$ existen rendimientos constantes a escala y puede comprobarse además que para ese grado de homogeneidad de la función de producción las expresiones [3.11] y [2.6] son equivalentes. Con rendimientos crecientes, el grado de homogeneidad es $s > 1$, y si son decrecientes, $s < 1$.

Una propiedad de las funciones homogéneas que resulta muy útil para relacionar el tipo de rendimientos que obtiene una empresa con la tecnología empleada y sus costes es la siguiente:

$$s\, f(L,K) = PMa_L\, L + PMa_K\, K\,,\qquad\text{[3.12]}$$

donde $PMa_L = (\partial f / \partial L)$ y $PMa_K = (\partial f / \partial K)$ son los productos marginales del trabajo y el capital, respectivamente. Dividiendo ambos lados de la expresión [3.12] por el nivel de servicio $q = f(L, K)$ se obtiene una relación entre el tipo de rendimientos de la empresa y la tecnología que utiliza la empresa:

$$s = PMa_L\, \frac{L}{q} + PMa_K\, \frac{K}{q} = \frac{PMa_L}{PMe_L} + \frac{PMa_K}{PMe_K} =$$
$$= \frac{dq}{dL}\frac{L}{q} + \frac{dq}{dK}\frac{K}{q} = \varepsilon_{q,L} + \varepsilon_{q,K}\,,\qquad\text{[3.13]}$$

donde $\varepsilon_{q,L}$ y $\varepsilon_{q,K}$ son las elasticidades del nivel de servicio con respecto al consumo de *inputs*. Por tanto, desde el punto de vista de la producción, los rendimientos a escala pueden descomponerse en la suma de las elasticidades del *output* con respecto a cada uno de los *inputs*.

Para tratar de relacionar la existencia de rendimientos crecientes a escala con la forma de los costes, podemos escribir de nuevo [3.12] de otra forma. Para ello, denominemos w al precio del factor trabajo, y r al precio del capital, lo cual permite transformar la expresión del grado de homogeneidad s en:

$$s = \frac{PMa_L}{PMe_L}\frac{w}{w} + \frac{PMa_K}{PMe_K}\frac{r}{r} = \frac{PMa_L}{w}\frac{wL}{q} + \frac{PMa_K}{r}\frac{rK}{q}\,.\qquad\text{[3.14]}$$

Un resultado derivado del análisis de una empresa que minimiza sus costes es que en equilibrio los productos marginales de todos los factores, divididos por sus respectivos precios, deben ser iguales entre sí, y además estos productos marginales ponderados son iguales a la inversa del coste marginal de llevar a cabo la producción:[4]

---

[4] Este resultado se obtiene a partir de las condiciones de primer orden del problema de elegir las cantidades óptimas de factores para minimizar el coste total de producción $C = wL + rK$, con la restricción de realizar una determinada producción $\bar{q} = f(K, L)$. Al escribir el lagrangiano de este problema de optimización, el multiplicador de Lagrange asociado a la restricción tiene la interpretación de ser el coste marginal de la empresa (cambio en la función objetivo de la optimización al modificar la cantidad $\bar{q}$).

$$\frac{PMa_L}{w} = \frac{PMa_K}{r} = \frac{1}{CMa}. \qquad [3.15]$$

Sustituyendo en [3.14] se obtiene:

$$s = \frac{1}{CMa}\left(\frac{wL + rK}{q}\right) = \frac{CMe}{CMa} = \frac{C/q}{dC/dq} = \frac{1}{\varepsilon_{C,q}}. \qquad [3.16]$$

Este último resultado —que tiene particular importancia en el estudio empírico de las funciones de costes— muestra formalmente que los rendimientos a escala dependen de los valores relativos de las funciones de costes medios y marginales, o bien, de la inversa de la elasticidad del coste respecto a la producción. Habrá rendimientos a escala crecientes si $CMe > CMa$, y rendimientos decrecientes en caso contrario, cuando $CMe < CMa$. En términos de elasticidad, cuya estimación puede resultar más sencilla, esto equivaldría respectivamente a $\varepsilon_{C,q} < 1$ o $\varepsilon_{C,q} > 1$.

3.2.4 Limitaciones de capacidad

En el análisis realizado hasta ahora se ha asumido implícitamente que, una vez elegido el nivel de capacidad, el transportista podía suministrar en el corto plazo cualquier nivel de servicio que desease. Sin embargo, en muchas actividades de transporte es frecuente que, bien porque la demanda haya crecido más de lo previsto, o bien porque la elección de factores fijos fuese errónea en un primer momento, se plantee la necesidad de ampliar la capacidad (bien de la infraestructura o de los vehículos con los que se presta el servicio). El análisis de los límites de capacidad está por ello asociado a las decisiones de inversión en nuevas infraestructuras.

Por ejemplo, considérese el caso de una autopista. En el largo plazo, antes de su diseño y construcción, tanto la capacidad (asociada a una cantidad concreta de K, pero expresada en términos del máximo número de vehículos diarios, $\bar{q}$) como el volumen de tráfico son variables. Esto hace que la función de costes totales a largo plazo sea, de acuerdo con [3.6], $C(q, K) = cq + rK$, donde c representa el coste unitario de operación y mantenimiento y r el coste unitario de instalar y financiar nuevas unidades de infraestructura.

Por el contrario, en el corto plazo, dado que ya existe una cantidad determinada de factor fijo (K_0), esto genera un coste fijo proporcional al mismo, rK_0 y un límite de capacidad máximo para el volumen de tráfico, $q \leq \bar{q}_0$. La función de costes totales a corto plazo es de nuevo, como en la expresión [3.4] vista anteriormente: $C\ (q\ |\ K_0) = r\ K_0 + c\ q$.

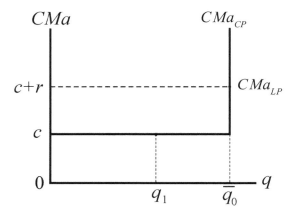

Figura 3.3. La existencia de capacidad limitada.

La figura 3.3 resume esta idea representando los costes marginales a corto plazo y largo plazo de la empresa operadora de la autopista. En el primer caso estos costes son iguales a $CMa_{CP} = c$ (para cualquier $q < \bar{q}_0$ y q variable). Esto indica que la empresa puede atender a un coste unitario c cualquier nivel de tráfico inferior al límite de capacidad (por ejemplo, q_1 en la figura 3.3), pero sus costes marginales se hacen infinitamente elevados al llegar al límite de la capacidad instalada, reflejando que no resulta posible continuar suministrando el servicio a usuarios adicionales, salvo que se aumente la capacidad. Por esta razón en $q = \bar{q}_0$ tenemos que $CMa_{LP} = c + r$, ya que al alcanzar el límite de capacidad únicamente resulta posible permitir circular a un vehículo adicional incurriendo en el coste marginal c y *aumentando la capacidad* (al menos en una unidad K), por lo que el coste marginal total es la suma de ambos. Al igual que antes, el mismo análisis resulta aplicable con definiciones alternativas de la capacidad (por ejemplo, tamaño de vehículos, en lugar de infraestructuras).

Indivisibilidad de activos y saltos discretos de capacidad. La forma en la que se aumenta la capacidad en muchas actividades de transporte puede dificultar algo más este análisis. Hasta ahora se ha considerado que tanto las unidades de servicio como las de capacidad eran perfectamente divisibles, es decir, que se podían ofrecer y demandar pequeñas unidades adicionales de servicios de transporte o que la capacidad de los autobuses o las carreteras se ajustaba perfectamente a pequeños cambios en la demanda.

Esta simplificación resulta conveniente desde el punto de vista del análisis gráfico, pero normalmente no se ajusta a la realidad. En la mayor parte de actividades de transporte se utilizan activos indivisibles, cuya variación o ajuste únicamente puede hacerse a través de saltos discretos, como se vio en el capítulo anterior. La indivisibilidad está asociada a la utilización de factores productivos cuyo uso no puede fragmentarse con facilidad, o al menos no puede fragmentarse en las mismas proporciones en las que lo hace la demanda. Esto ocurre, por ejemplo, con los autobuses o vagones de tren, con el espacio disponible en las terminales portuarias o aeroportuarias e incluso con el número de carriles en las carreteras.

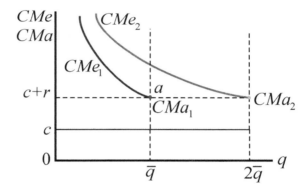

Figura 3.4. Indivisibilidades y saltos discretos de capacidad.

La figura 3.4, relacionada con la figura 2.2 del capítulo anterior, ilustra las consecuencias de la existencia de indivisibilidades en la ampliación de capacidad en algunas actividades de transporte. Representa el caso de una empresa ferroviaria que va añadiendo vagones a sus trenes a medida que se llenan cada uno de los vagones anteriores. Cuando el primer vagón ($E = 1$) alcanza el máximo volumen de viajeros o mercancías ($\bar{q}$), la empresa pone en funcionamiento un nuevo vagón adicional ($E = 2$), con su correspondiente coste fijo y la duplicación de su capacidad inicial hasta $2\bar{q}$. Lo mismo sucede con un tercer vagón y así sucesivamente. De esta forma, la capacidad va aumentando en unidades discretas e indivisibles que producen saltos en los costes fijos cuando se alcanza cada límite de capacidad.

Manteniendo la notación anterior, si r representa el coste asociado a cada nivel de capacidad (que viene dado en este caso por el número de vagones) y c el coste marginal asociado al resto de factores productivos, la función de costes totales podría escribirse como

$$C\left(q \mid \overline{q}, E = 1\right) = r\overline{q} + cq,$$ [3.17]

y el correspondiente coste medio sería igual a $CMe_1 = c + (r\overline{q} / q)$ si $q < \overline{q}$. Únicamente en el punto a de la figura anterior, donde $q = \overline{q}$, el coste medio coincide con el coste marginal a largo plazo $(c + r)$ definido en la figura 3.3. A partir de ese momento, al añadirse el segundo vagón, se produce un "salto" en los costes medios. Cuando $E = 2$ la capacidad se duplica y $CMe_2 = c + (2r\overline{q} / q)$ para $q < 2\overline{q}$, aunque de nuevo el coste medio se iguala al coste marginal a largo plazo cuando el volumen de producción llega al nuevo límite de capacidad $(q = 2\overline{q})$.

La presencia de indivisibilidades incentiva a que cada uno de los niveles de capacidad sea explotado hasta agotar su límite, por lo que ésta se utiliza más eficientemente, y por tanto a menor coste, cuando el volumen de *output* está próximo a su límite. Estas economías de escala asociadas a la indivisibilidad de activos fijos adoptan algunas formas particulares en ciertas actividades de transporte. Las más importantes son:

1. Las *economías de ocupación* (*economies of fill*), por ejemplo, aparecen vinculadas a la existencia de indivisibilidades en las operaciones con ciertos vehículos, cuyos costes (por ejemplo, la tripulación) son mayoritariamente fijos cuando se produce un pequeño incremento en el número de viajeros. Esto hace que añadir un asiento adicional en un vagón de tren o en un avión tenga un coste marginal muy bajo.

2. En el transporte de carga, las *economías de tracción* (*economies of hauling*), aparecen con frecuencia en los ferrocarriles debido a los costes fijos asociados a disponer de cierta capacidad de carga. Por ejemplo, el coste de tracción de 40 y 60 vagones es aproximadamente el mismo (en términos de locomotoras y maquinistas, aunque el nivel de *output* sea mayor).

3. Igualmente, las *economías de longitud de la escala* (*economies of stage length*), con especial importancia en el transporte aéreo (y en general en cualquier transporte regular) se derivan de la existencia de costes constantes de llegada y salida a las terminales, lo cual genera costes decrecientes en relación a la distancia cubierta por la ruta. Esto se debe a que los altos costes de reabastecimiento de combustible, tasas aeroportuarias y la inmovilización de aparatos y tripulaciones en los aeropuertos de origen y destino

tienen mayor impacto por kilómetro cuanto más cortas sean las rutas.

Finalmente, una última implicación importante de la presencia de incrementos discretos en la capacidad en las actividades de transporte es que ya no resulta posible definir sin ambigüedad el concepto de economías de escala. En la figura 3.4 se observa que la discontinuidad de las funciones de costes puede hacer que un nivel de servicio ligeramente superior a otro (por ejemplo, $\bar{q} + 1$) conlleve un nivel de coste unitario mayor a pesar de que los costes medios sean decrecientes. Esto se debe al diferente nivel de utilización de la capacidad que se produce en cada caso. En general, las actividades de transporte difieren entre sí en el grado en el que la indivisibilidad de los activos genera dificultades para las empresas y usuarios afectados, pero cuanto menor sean la importancia de activos fijos y de los costes hundidos, menor efecto tendrá la presencia de indivisibilidades.

3.2.5 Los costes de operación del equipo móvil

A pesar de que el concepto de capacidad utilizado anteriormente podía interpretarse también en términos del número máximo de plazas (o la capacidad máxima de carga) de cualquier vehículo de transporte y que las indivisibilidades afectan tanto a los vehículos como a algunas infraestructuras, los costes de operación del equipo móvil constituyen por sí solos uno de los elementos más importantes de las partidas de coste del productor y merecen un tratamiento más detallado.

La operación de cualquier vehículo en los servicios de transporte de viajeros o mercancías genera para el productor de los mismos dos costes inmediatos o directos: el tiempo del conductor o la tripulación del mismo, que es remunerado a través de los correspondientes sueldos y salarios, y el consumo de combustible (o, en general, energía). Sin embargo, existen otros costes que también deben ser considerados, como la depreciación anual asociada a los vehículos que, como mencionábamos anteriormente, corresponde a la periodificación de los costes de adquisición de estos equipos (cuando la empresa los tiene en propiedad). En otros casos, este mismo tipo de coste asociado al servicio que prestan los vehículos cada periodo se traduce en los pagos por alquileres que se realizan por los mismos (si la empresa no compra los vehículos, sino que los utiliza en régimen de alquiler o *leasing*). Otros costes adicionales serían los realizados en mantenimiento y reparaciones, repuestos, etc.

Muchos de estos elementos se encuentran relacionados entre sí. Los gastos de mantenimiento, por ejemplo, pueden alargar la vida útil de los vehículos, permitiendo a la empresa de transporte utilizar durante más tiempo su equipo móvil. En ocasiones, la decisión de renovar la flota puede reemplazarse por un incremento en los gastos de mantenimiento, utilizando por ejemplo las piezas de los equipos que dejan de funcionar como repuestos para el resto de vehículos.

La estructura y características de los costes de operación del equipo móvil varían entre modos de transporte. En el ferrocarril, por ejemplo, la baja resistencia de las locomotoras y vagones al circular por vías de acero hace que sea un modo de transporte muy eficiente en el gasto de energía, particularmente a distancias medias y largas. El gasto en combustible en las actividades de transporte ferroviario supone en general menos de un 10% del total de gastos del transportista. Esa misma ventaja, sin embargo, no está presente en los costes laborales. A pesar de que los avances tecnológicos han reducido las necesidades de personal a bordo de los trenes de pasajeros y mercancías, los costes laborales en el transporte ferroviario son relativamente altos porque éste requiere numeroso personal de apoyo, no sólo en las estaciones y almacenes, sino también en el control y supervisión del tráfico.

Esta estructura de costes difiere notablemente en el caso del transporte de mercancías por carretera, y depende del tipo de vehículo utilizado (el cual depende, a su vez, del tipo de mercancía) y de la distancia recorrida. En el transporte de carga a media y larga distancia por medio de camiones los costes de combustible y personal son los más importantes, aunque en ocasiones la posibilidad de hacer viajes de retorno sin carga complica los mecanismos de asignación correcta de dichos costes, como veremos más adelante. En el transporte marítimo y fluvial, tanto de pasajeros como de mercancías, la estructura de costes del productor viene dada fundamentalmente por el tipo de vehículo utilizado. La profundidad de las vías navegables y las limitaciones del espacio portuario en la ruta que se desea servir determinan el calado y la eslora máxima de los buques. Así, en muchos ríos y canales deben usarse barcazas para el trasbordo de mercancías, mientras que, por ejemplo, las dimensiones del canal de Panamá definen una categoría especial de barcos de carga. Frente a otros modos de transporte, estas características tienen aquí particular importancia, aunque con algunas excepciones en el transporte de viajeros, donde la estandarización de modelos es más factible (muchos barcos se construyen especialmente para satisfacer las necesidades de tráfico de cada cliente concreto). Algunas de esas especificaciones no son fácilmente modificables a pesar de la creciente estandarización del *output* (mediante contenedores). Esto hace que la decisión más importante de cualquier compañía naviera sea la relativa al tamaño del buque.

La selección del tamaño óptimo de un buque. Aunque esta decisión puede abordarse, en general, como un problema de elección de capacidad como el analizado en la figura 3.1, la selección específica de un tipo de buque concreto para una ruta concreta requiere considerar con mayor detalle las ventajas y desventajas de cada tipo de barco.

En la mayoría de los tráficos marítimos y fluviales los costes medios de operación de un buque disminuyen por unidad de capacidad. Ello se debe a que el número de tripulantes viene determinado por un número limitado de tareas (pilotaje, supervisión de la carga, etc.) las cuales son independientes del tamaño del barco. Otros costes de operación, como el mantenimiento, sí están relacionados con la capacidad total pero dicha relación es menos que proporcional, debido a la existencia de factores indivisibles. Los gastos de combustible también se incrementan con el tamaño, pero de nuevo de forma menos que proporcional. Esto se debe a un principio físico: manteniendo la velocidad constante, la resistencia ofrecida por el agua al desplazamiento aumenta menos rápidamente que el tamaño del buque. La función de costes medios de operación, $c^O(\bar{q})$, representada en la figura 3.5 refleja la idea de que todos estos costes son decrecientes con el tamaño. También incluye los costes medios de construcción por unidad de servicio, que normalmente también decrecen ya que están asociados con la superficie del barco, que aumenta en menor proporción que el volumen que éste puede mover.

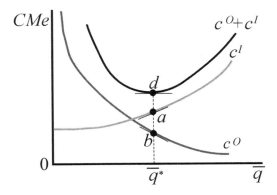

Figura 3.5. La selección del tamaño óptimo de un barco.

La selección de un buque para cubrir una ruta concreta requiere considerar también otro tipo de costes: los costes portuarios, así como el coste de los seguros contratados para el buque y las mercancías. Al contrario que los costes operativos, los gastos de atraque, estancia en puerto, manipulación de la carga y/o gestión del pasaje aumentan con el tamaño del buque. Muchas de las tarifas portuarias, por ejemplo, aumentan con el número de metros lineales de eslora del barco, o en el calado de éste. Cargar y descargar mercancías (o embarcar y desembarcar pasajeros) conlleva normalmente utilizar más tiempo y recursos (por ejemplo, grúas) cuanto mayor es el buque. Igualmente, las compañías de seguros elevan las pólizas para buques de mayor tamaño. Esto implica que la función de costes medios asociados con la operación de la infraestructura portuaria y otros costes asociados $c^I(\bar{q})$ es creciente con el tamaño.

De acuerdo con la figura 3.5, la elección del tamaño óptimo para el buque que se utilizará en una ruta concreta consiste en tratar de que se minimicen los costes medios totales, definidos como la suma de los costes operativos y los costes de infraestructura y seguros: $CMe\ (\bar{q}) = c^O\ (\bar{q}) + c^I\ (\bar{q})$. Esto se consigue con el nivel de capacidad $\bar{q}^*$, para el cual se verifica:

$$\frac{d\ CMe}{d\ \bar{q}} = \frac{d\ c^O}{d\ \bar{q}} + \frac{d\ c^I}{d\ \bar{q}} = 0\ . \qquad [3.18]$$

Por tanto, el tamaño óptimo, $\bar{q}^*$, se corresponde con el punto donde las pendientes de las curvas de coste medio operativo y coste medio portuario tienen el mismo valor absoluto, como muestran los puntos a y b representados en la figura 3.5. Es decir, la última unidad de capacidad en la que se amplía el tamaño del buque debe conseguir un ahorro por el lado de costes operativos igual al incremento de costes que esa unidad genera en los gastos por la utilización de la infraestructura portuaria y los gastos en seguros.

Tamaño y velocidad en la elección del vehículo. Muchas de las características que acabamos de describir para los barcos son aplicables también al transporte aéreo aunque en este caso el grado de estandarización del *output*, a través de los diversos modelos de aviones disponibles es mucho mayor. Esto hace que el tamaño no sea el único factor a considerar en los costes que las compañías aéreas tienen por la utilización de su equipo móvil, sino que también la velocidad y el alcance sean determinantes.

Salvo algunas excepciones, cuanto mayor es un modelo de avión menores serán sus costes directos de operación por unidad de *output*. Aunque los costes por tiempo de vuelo son mayores en las aeronaves más grandes (debido, entre otros, al mayor consumo de combustible), dichos costes suelen disminuir cuando se calculan con relación a los asientos-kilómetro. El tamaño afecta a los costes de dos maneras. Primero, existen ciertas ganancias aerodinámicas (menor resistencia al aire) cuanto mayor es el avión, dentro de unos límites. Además, sólo en los aviones grandes resulta posible utilizar motores más potentes y eficientes con respecto al consumo de combustible. En segundo lugar, al igual que ocurría en el transporte marítimo, algunas partidas de coste de personal no se incrementan en la misma proporción que el tamaño, debido a la limitación de tareas a realizar a bordo, y a que el salario de los tripulantes no suele depender del tamaño del avión.

Con relación a la velocidad, ésta también afecta directamente a los costes unitarios. Como en cualquier otro vehículo, la velocidad determina la productividad por hora del equipo móvil, ya que ésta se mide por el producto de la carga útil transportada por la velocidad. El *output* por hora aumenta cuanto mayor es la velocidad media a la que circula el vehículo. En el caso de los aviones, si una aeronave vuela a una velocidad de crucero media de 800 km/h con una carga de 20 toneladas, su *output* por hora es de 16.000 toneladas-kilómetro. Un aumento de la velocidad a 900 km/h incrementaría el *output* hasta 18.000 toneladas-kilómetro. Mayor velocidad suele conllevar mayor coste de combustible, salvo que el incremento de la velocidad se haya logrado por una mejora aerodinámica o cualquier otra innovación tecnológica. Sin embargo, otras partidas de coste (personal, mantenimiento, tasas aeroportuarias, etc.) no se incrementan normalmente con la velocidad, haciendo que, en términos unitarios, el coste de operar más rápidamente un vehículo pueda llegar a descender. Esto hace que los aviones más grandes sean también los más rápidos, por lo que las ventajas de coste asociadas al tamaño y la velocidad se refuerzan mutuamente.

Al igual que ocurría con los barcos, esta estructura de costes no conduce a que la elección obvia del tamaño de avión para todas las aerolíneas sea la de elegir siempre la aeronave más grande. Los aviones más grandes tienen menores costes por asiento-kilómetro, pero sus costes fijos pueden ser mucho mayores. Las tasas de aterrizaje dependen del peso de la aeronave, que crece con el tamaño. Lo mismo ocurre con los gastos de amortización, seguros e impuestos. Esta relación entre costes fijos y variables es la misma que la representada anteriormente en la figura 3.1. Para niveles de demanda relativamente pequeños (por ejemplo, rutas regionales o de conexión) un tamaño de avión menor resulta menos costoso. Un tamaño de avión inadecuado para una ruta determinada conduce a niveles de ocupación muy bajos, reduciendo la rentabilidad de la compañía aérea.

3.3 Costes de los usuarios

Frente a los costes del productor, los usuarios del transporte también deben hacer frente a un coste de oportunidad asociado a los recursos que éstos incorporan al proceso de producción de las actividades de transporte. Como vimos en la expresión [3.1], la suma de los costes del productor y los costes de los usuarios, junto con los costes externos, constituye el coste social total de cualquiera de dichas actividades.

En el transporte por cuenta propia el usuario coincide con el transportista, por lo que la mayoría de las partidas de coste del productor analizadas anteriormente, con sus correspondientes propiedades, se considerarían en tal caso como coste del usuario (aunque se trataría de un "usuario-productor"). Una de las partidas de coste del usuario más relevantes en este tipo de transporte está formada por los gastos asociados a la operación del automóvil privado. Al igual que el resto de costes del equipo móvil, éstos varían con el tiempo o la distancia a la que viajan los vehículos e incluyen el consumo de combustible y repuestos, los gastos de mantenimiento, los costes de los seguros e impuestos y la pérdida de valor debida a la depreciación. Algunos impuestos y seguros pueden considerarse como transferencias a la sociedad (como pago por las infraestructuras públicas o por los costes de los accidentes), por lo que no deberían añadirse a los costes de los usuarios al computar el coste social del transporte.

En el transporte por cuenta ajena, el precio pagado por un usuario a los proveedores de transporte (en forma de billetes o fletes para los servicios, y peajes o tasas, en el caso de la utilización de infraestructuras) no forma parte del coste del usuario, ya que no se trata de un *input* aportado por éste a la actividad de transporte. Como veremos con más detalle en el próximo capítulo, el precio forma parte del coste o "precio generalizado" al que los usuarios deben hacer frente para hacer uso de las actividades de transporte y constituye una transferencia que recibe el productor, no aumentando la suma de los costes sociales totales del transporte.

Tanto en el transporte por cuenta propia como en el transporte por cuenta ajena la principal partida de coste del usuario viene determinada por el coste de oportunidad del tiempo invertido por el propio usuario o sus mercancías. El tiempo que dura un viaje puede clasificarse en general en tiempo sin congestión y con congestión. El primero es simplemente una función de la distancia y la velocidad media, mientras que el tiempo con congestión depende del número de vehículos en la carretera.

El coste de oportunidad del tiempo invertido por los usuarios de un modo de transporte puede definirse como la valoración monetaria del tiempo que transcurre mientras el usuario o su mercancía son transportados. Esto incluye no sólo el tiempo pasado en el vehículo, sino también los correspondientes tiempos de espera en las terminales y depósitos, así como los transbordos y desplazamientos intermedios. De esta manera, resulta posible representar el coste de oportunidad total de los usuarios a través de una función de costes del tipo

$$C_U(q,t) = vtq ,$$
[3.19]

donde t es el tiempo consumido en cada viaje, v es el valor de dicho tiempo (constante, por ahora) para el usuario y q el número de usuarios o viajes realizados.

Como se mencionó anteriormente, en el caso del transporte por cuenta propia, cuando el usuario es el propietario del vehículo que utiliza y también es el operador, se unen en un sólo agente los costes del usuario (tiempo) con los costes del productor (gastos de operación del vehículo):

$$C_U(q,t) + C_P(q) = (c + vt)q \,, \qquad [3.20]$$

donde c representa el coste marginal del usuario como productor (combustible, desgaste del vehículo, etc.) por cada viaje.

Este tipo de situación de unión de los costes de usuario y productor se da cuando se estudia el uso del automóvil privado, pero también, por ejemplo, para el caso de una empresa de una industria diferente al transporte, la cual decida que para mover sus mercancías va a adquirir una flota de camiones y utilizar personal propio para conducirlos, en lugar de optar por la alternativa de contratar externamente esos servicios con una empresa de transporte. En estas situaciones, los costes del usuario serían la suma de los dos componentes que se distinguen a lo largo de este libro debido a la naturaleza completamente distinta de su origen: tiempo invertido (en este último ejemplo, por las mercancías transportadas) y gastos de operación de los servicios.

3.3.1 La congestión y el coste de los usuarios

La inclusión de los costes del tiempo en los costes de los usuarios permite analizar algunos problemas específicos del transporte no considerados hasta ahora, como la congestión del tráfico. La congestión se produce cuando, como consecuencia de las limitaciones de capacidad de alguna infraestructura, la presencia de usuarios adicionales hace aumentar los costes (principalmente, de tiempo) que soportan la totalidad de los usuarios de la infraestructura.

Para ilustrar esta idea, se considera de nuevo el caso de una autopista, aunque en esta ocasión estudiada desde el punto de vista de los costes medios y marginales de los usuarios. Estos costes incluyen exclusivamente el valor del tiempo invertido en el desplazamiento.[5] En la figura 3.6, q representa el número de vehículos que circulan simultáneamente por la autopista, y se observa que, mientras dicho número se encuentre por debajo de q_0 el coste

---

[5] Dado que los usuarios utilizan sus automóviles privados en este ejemplo, los costes de operación de los vehículos (costes del productor) deberían también sumarse. Por simplicidad se prescinde de estos costes, bajo el supuesto de que son constantes (por unidad de q). Este supuesto es razonable ya que aunque el consumo de combustible aumenta en condiciones de congestión, el exceso de coste por este motivo es relativamente poco importante en comparación con los costes del tiempo.

medio CMe_U se mantiene constante. Esto se debe a que se está consideran-do que, si no existe congestión, cada usuario invierte un tiempo t_0 en su viaje, y por lo tanto su coste medio por viaje es igual al valor de ese tiem-po, $CMe_U = vt_0$.

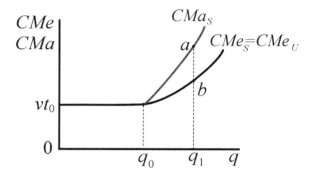

Figura 3.6. La congestión y el coste de los usuarios.

A partir del momento en que el número de vehículos supere el umbral q_0, cada usuario adicional que entra en la autopista está generando un efecto sobre el conjunto de vehículos al hacer disminuir la velocidad, Q y, por tanto, aumentando el tiempo de viaje para todos ellos. Este efecto puede evaluarse a partir de información sobre cómo cambia el tiempo empleado en un viaje, es decir, si conocemos la relación $t(q)$, de la que *a priori* sólo podemos afirmar que verifica $dt / dq > 0$.

El coste medio por usuario, por tanto, puede expresarse como una función del volumen total de vehículos en la autopista:

$$CMe_U(q) = \begin{cases} vt_0 & si \quad q \leq q_0 \\ vt(q) & si \quad q > q_0. \end{cases}$$ [3.21]

A partir de esta función de coste medio de cada viaje para los usuarios individuales, es posible calcular cuál es el coste social total de utilización de la carretera (C_s), que bajo los supuestos de este apartado se reduce a la suma de los costes de todos los usuarios:

$$C_S = \sum_i CMe_{U_i} = q\, CMe_U.$$ [3.22]

Cuando un usuario toma la decisión de entrar a circular en la autopis-ta, tiene en cuenta cuál es el coste en términos de tiempo que le va a suponer el viaje y, por tanto, entrará a circular si su valoración del viaje es superior a $CMe_U(q)$ y no entrará en caso contrario. El problema de la congestión surge porque en estas decisiones individuales sobre el uso de la infraestructura, cada usuario no tiene en cuenta el efecto que está causando sobre el resto de automovilistas, ya que no tiene que pagar por los costes adicionales que está generando.

Este efecto puede comprobarse si se analizan los costes de los viajes desde un punto de vista social. Utilizando la expresión [3.22], podemos ver que el coste medio social por cada viaje coincide por definición con el coste medio para cada usuario:

$$CMe_S = \frac{C_S}{q} = CMe_U .$$

[3.23]

Sin embargo, el coste marginal que supone cada viaje desde un punto de vista social es mayor que el valor con el que toman sus decisiones de entrada los usuarios:

$$CMa_S = \frac{dC_S}{dq} = CMe_U + q\frac{dCMe_U}{dq} = \begin{cases} vt_0 & si \ q \le q_0 \\ vt(q) + qv\dfrac{dt}{dq} & si \ q > q_0 . \end{cases}$$

[3.24]

Si se comparan las expresiones [3.21] y [3.24], puede observarse que mientras el volumen de vehículos se mantenga por debajo de q_0, esto es, cuando no existen problemas de congestión, los valores de CMe_U y CMa_S coinciden: los usuarios toman decisiones de acuerdo al coste social que suponen sus viajes. Por el contrario, para niveles de circulación por encima de q_0, nos encontramos con que $CMe_U < CMa_S$, es decir, cada usuario individual valora su propio coste en términos de su tiempo, pero no tiene en cuenta el efecto de sobrecoste para todos los demás usuarios, medido por el término $qv \, (dt/dq)$. Gráficamente, este coste adicional puede verse como la distancia vertical entre las curvas de coste medio del usuario y coste marginal social. Por ejemplo, en la figura 3.6 la distancia entre los puntos *a* y *b* se interpreta como el coste de la congestión causado por la entrada de un vehículo adicional a la autopista, dado un volumen de tráfico q_1.

En el capítulo 5, al analizar la tarificación en la industria del transporte, el problema de la congestión será abordado nuevamente, para ver cómo pueden buscarse soluciones basadas en precios que hagan que los usuarios internalicen este efecto de sobrecoste que hemos analizado.

3.4 El transporte como industria de red

El análisis realizado hasta ahora sobre los costes del transporte se ha basado en considerar implícitamente que el transporte es una actividad uniproducto. Sin embargo, tal como se vio en el capítulo anterior, la mayor parte de las actividades de transporte tienen lugar en entornos de multiproducción. Las empresas de transporte producen distintos tipos de *output* que se diferencian unos de otros en el tipo de mercancía o pasajero transportado, en el momento del tiempo en el que se realiza dicho transporte o incluso en el origen-destino del mismo. En esta sección incorporaremos la dimensión multiproducto del transporte a los conceptos y propiedades definidos hasta el momento, completando así el análisis de los costes de las actividades de transporte. Al aumentar el número de dimensiones analizadas, el uso de gráficos cede su importancia al análisis matemático, requiriendo un mayor grado de desarrollo formal que el utilizado hasta ahora.

3.4.1 La función de costes en actividades multiproducto

De la misma forma que la función de producción uniproducto permite derivar una función de costes del tipo $C(q)$, la función de producción multiproducto permite establecer una relación entre el vector de *outputs* producido por una empresa de transporte y el coste total de su actividad. Una función de costes multiproducto adopta por tanto la expresión

$$C(\vec{q}) = C(q_h^{ij}),$$
[3.25]

donde cada elemento q_h^{ij} reflejaría el *movimiento* o cantidad de pasajeros o mercancías de tipo h trasladadas desde el origen i hasta el destino j. Denotando separadamente por q_i cada uno de los productos anteriores, la expresión [3.25] puede rescribirse de manera más sencilla como

$$C(\vec{q}) = C(q_1, ..., q_i, ..., q_z).$$
[3.26]

Formalmente, al igual que la función de costes uniproducto, esta expresión se obtiene como resultado de un problema de minimización de costes asociado a la elección de los factores productivos utilizados por la empresa. En el corto plazo, cuando algunos de esos factores son fijos, una parte de los costes de la empresa también serán fijos, mientras que en el largo plazo, cuando la empresa puede alterar el nivel de capacidad (de varios factores productivos) todos los costes serán variables.

Los conceptos de coste medio y coste marginal son igualmente aplicables a la expresión [3.26]. El primero se define en general como el cociente

$$CMe = \frac{C(q_1, q_2, ..., q_z)}{\sum_{i=1}^{z} q_i},$$ [3.27]

siempre que sea posible agregar los diferentes tipos de *output*, mientras que el segundo viene dado por la derivada parcial

$$CMa_i = \frac{\partial C(q_1, q_2, ..., q_z)}{\partial q_i}.$$ [3.28]

Ambas definiciones resultan mucho más ambiguas que en el caso uniproducto, ya que los costes unitarios no siempre pueden referirse ahora a cada producto o servicio en particular si hay costes compartidos entre ellos, lo cual genera la posibilidad de doble contabilización. La limitación de estas definiciones hace que la medición empírica del coste marginal resulte difícil en muchas actividades multiproducto, debido a que la información disponible no suele incluir la totalidad de los niveles de producción y combinaciones de factores posibles.

En algunas actividades de transporte, como en los trayectos ferroviarios o en las rutas aéreas, resulta posible en ocasiones aproximar el coste marginal de un servicio concreto a través del concepto de *coste incremental*. Éste se define como el coste necesario para comenzar a suministrar dicho servicio suponiendo que el resto de servicios de la empresa sí se mantienen. De igual manera, el término *coste evitable de un servicio* suele utilizarse para describir el coste por unidad de servicio que sería ahorrado por la empresa si dicho servicio no fuera suministrado. La verdadera importancia de estos dos conceptos en Economía del Transporte es que permiten evidenciar la relación entre los conceptos de coste medio y marginal y la idea de coste de oportunidad: el análisis de los costes de la empresa debe realizarse teniendo en cuenta la posibilidad de producir productos o servicios alternativos de transporte.

Economías de escala y economías de densidad. El concepto de economías de escala también necesita de una adaptación para poder ser utilizado en el contexto de empresas multiproducto. Como muestra la expresión [3.27], una de las posibilidades para estudiar las economías de escala en empresas de transporte con multiproducción consiste en analizar dichas economías de manera separada, teniendo en cuenta, dentro del vector de *output* total, las características tecnológicas de cada subconjunto (o radio-vector) de *outputs*.

Como se ha demostrado anteriormente (véase la expresión [3.16]), el grado de economías de escala de una función de producción (s) puede calcularse como la inversa de la elasticidad del coste con respecto al *output* ($s = 1 / \varepsilon_{C,q}$), y también puede expresarse como el cociente entre los costes medios y marginales asociados a un determinado nivel de producción ($s = CMe / CMa$). La generalización de esta idea al caso de una empresa que produce múltiples *outputs* (q_1, q_2, ...) permite definir las *economías de escala multiproducto* como:

$$s = \frac{CMe}{CMa} = \frac{C(q_1, q_2, ...)}{\sum_i q_i\, CMa_i},$$ [3.29]

donde CMa_i representa, según [3.28], el coste marginal asociado únicamente al producto o servicio i-ésimo. La interpretación de esta expresión sería similar al caso uniproducto. Es decir, la actividad de transporte tendría rendimientos crecientes a escala con $s > 1$, constantes con $s = 1$ y decrecientes si $s < 1$. Sin embargo, esta interpretación requiere que la composición interna del vector de *outputs* permanezca fija (es decir, definiendo un radio-vector) cuando se alteran de forma proporcional todos los *inputs*.

Si se producen modificaciones simultáneas en la proporción de *inputs* y en la composición del *output*, el cociente [3.29] no resulta apropiado para investigar las propiedades de la escala sobre los costes de las actividades de transporte. En tal caso pueden utilizarse mediciones parciales de las economías de escala. Por ejemplo, para el *output* y_i pueden detectarse *economías de escala específicas* (s_i) a partir del cociente entre su coste medio y su coste marginal expresados en términos de costes incrementales, calculando tales incrementos a partir de los costes en los que la empresa incurre al proporcionar el *output* q_i partiendo de que ya se están produciendo el resto de *outputs*. La interpretación del valor de s_i es similar a la de s, pero debe tenerse en cuenta que refleja sólo parcialmente los efectos del cambio en la composición del *output* sobre los costes.

Este tipo de análisis no siempre resulta suficientemente satisfactorio. El concepto de economías de escala en empresas multiproducto se basa en la hipótesis de que todos los *inputs* pueden ser modificados en la misma proporción, lo cual no siempre es cierto o bien no tiene sentido. En el transporte ferroviario dentro de un área geográfica determinada, por ejemplo, incrementar un 10% la infraestructura requeriría la extensión de las vías férreas hacia nuevas zonas (incrementando la variedad y el alcance de los servicios ofrecidos) o duplicar las vías en algunos tramos del trazado actual, lo cual no afectaría por igual a todas las rutas servidas. La única forma de medir adecuadamente las repercusiones sobre los costes de cambios en los niveles de tráfico requiere mantener constante el tamaño de red, apareciendo entonces el concepto de *economías* (o deseconomías) de *densidad* de tráfico. Las economías de densidad aparecen cuando, por ejemplo, un incremento porcentual de s en todos los *outputs* (manteniendo constante la tecnología productiva, los precios de los factores y el tamaño de la red de transporte), producen un incremento porcentual de costes inferior a s.

Economías de alcance y subaditividad de costes. La discusión anterior sugiere que el análisis de las economías de escala en las actividades multiproducto debe enfocarse de manera diferente. El concepto adecuado en estos casos es la idea de *economías de alcance*, que miden las ventajas de coste que puede obtener una empresa produciendo dos o más productos o servicios conjuntamente (por ejemplo, transportar viajeros y mercancías) frente a la especialización en la producción en uno solo de ellos. En el caso de dos *outputs*, por ejemplo, si $C(q_1, q_2)$ representa el coste en que incurre una empresa produciendo ambos productos, y $C(q_1, 0)$ y $C(0, q_2)$ son los costes de producir sólo uno de ellos (también llamados *costes de producción en solitario*, existen economías de alcance si resulta menos costoso la multiproducción que la producción por separado:

$$C(q_1, q_2) < C(q_1, 0) + C(0, q_2).$$ [3.30]

Las economías de alcance surgen debido a que la producción de las actividades de transporte requiere muchas veces la utilización conjunta de varios factores productivos que generan sinergias asociadas a ese empleo conjunto. En el caso del transporte, por ejemplo, algunos recursos utilizados como los vehículos no son perfectamente divisibles. Si la empresa transportara un solo tipo de carga o de pasajeros, podría ocurrir que una parte de la capacidad del vehículo no llegara a utilizarse. Para evitar esto, y conseguir una mayor utilización de la capacidad disponible, podría ser conveniente transportar más tipos de carga o pasajeros, o de ambos conjuntamente.

Esto sugiere que existe cierta relación entre las economías de escala y las economías de alcance que puede tener importancia en el análisis empírico de los costes de una actividad de transporte. Para deducir esta relación, obsérvese que a partir de la expresión [3.30], el ahorro de costes que obtiene una empresa multiproducto cuando produce conjuntamente en lugar de hacerlo en solitario es $C(q_1, 0) + C(0, q_2) - C(q_1, q_2)$. Dividiendo esta expresión entre $C(q_1, q_2)$ se obtiene una forma relativa de medir el grado de economías de alcance, que podría denotarse por s_A:

$$s_A = \frac{C(q_1,0)+C(0,q_2)-C(q_1,q_2)}{C(q_1,q_2)}. \qquad [3.31]$$

Cuando $s_A > 0$ hay economías de alcance, mientras que si $s_A = 0$ no hay economías de alcance. Cuando $s_A < 0$ se podría hablar de *deseconomías de alcance*, es decir, de la existencia de ineficiencias o incompatibilidades en la producción conjunta de ambos *outputs*.

Si se adapta al caso de dos productos la expresión [3.29] que mide el grado de economías de escala multiproducto, ésta podría rescribirse como

$$s_{1,2} = \frac{C(q_1,q_2)}{q_1 \, CMa_1 + q_2 \, CMa_2}, \qquad [3.32]$$

mientras que realizando la misma adaptación para las economías de escala específicas para el producto q_i (con $i = 1, 2$) se tendría

$$s_i = \frac{C(q_1,q_2)-C(0,q_i)}{q_i} \frac{1}{CMa_i}. \qquad [3.33]$$

Sustituyendo esta última expresión y la [3.31] en la ecuación [3.32], se obtiene tras reordenar los términos

$$s_{1,2} = \frac{\omega \, s_1 + (1-\omega)s_2}{1-s_A}, \qquad [3.34]$$

donde $\omega = (q_1 CMa_1) \, / \, [(q_1 CMa_1)+(q_2 CMa_2)]$ define los coeficientes de ponderación sobre s_1 y s_2. Por tanto, la expresión [3.34] muestra que la medida de las economías de escala multiproducto es una media ponderada de las economías de escala específicas de cada producto, corregida por las economías de alcance a través del factor $1/(1 - s_A)$.

La generalización del concepto de economías de alcance se transforma en una propiedad genérica de las funciones de coste denominada *subaditividad*. Una función de costes es *subaditiva* si los costes de producir un conjunto de *outputs* por parte de una sola empresa son menores que producir las mismas cantidades de *outputs* entre distintas empresas. Como se puede observar de las relaciones anteriores, no es necesario que existan economías de escala multiproducto para que aparezca la subaditividad. Para que la función de costes de una empresa de transportes sea subaditiva únicamente se requiere que existan economías de escala específicas para todos los productos a todos los niveles de producción hasta uno dado, conjuntamente con economías de densidad a dicho nivel.

Separabilidad y costes compartidos. El principal problema que presenta el análisis de las funciones de costes multiproducto $C(q_1, q_2)$ es si existe o no la posibilidad de identificar por separado los costes que corresponden exactamente a cada uno de los *outputs* que la integran. En el caso extremo en el que esto sea posible para todos los *outputs* se dice que la función de costes es *separable*. Si la separabilidad es de tipo aditivo, la función de costes puede desagregarse en la suma de los costes de cada uno de los *outputs*: $C(q_1, q_2) = C(q_1) + C(q_2)$. Esta separabilidad tiene como consecuencia deseable que muchos de los problemas de medición del *output*, de las economías de escala o de densidad desaparecen o se simplifican, ya que resulta inmediato realizar asignaciones individuales de costes a cada producto o servicio.

Desafortunadamente, la separabilidad no es una propiedad general de las funciones de coste en las actividades de transporte, sino que por el contrario es frecuente encontrar costes que no pueden ser atribuidos con facilidad a distintos tipos de *output*. Estas partidas de coste, llamadas en general costes *compartidos* o *conjuntos*, surgen como consecuencia de la realización de múltiples operaciones o acciones en la empresa e implican que las funciones de coste no son perfectamente separables. Los costes compartidos no pueden ser identificados de manera inmediata con un movimiento concreto de pasajeros o mercancías, y abarcan ejemplos como la depreciación de una infraestructura, los costes financieros de un vehículo que transporta simultáneamente distintos tipos de viajeros o mercancías, y muchas otras partidas asociadas a la administración general de la empresa o a la provisión de servicios internos que son utilizados por dos o más *outputs* de la actividad.

Asignación de costes compartidos. La asignación de costes compartidos entre los distintos servicios producidos por una empresa de transporte permite transformar en separable una función de costes multiproducto. Esta asignación requiere en primer lugar identificar exactamente el coste compartido y el movimiento q_h^{ij} o tráfico que lo genera. A continuación se procede a seleccionar una regla de reparto adecuada.

La selección del criterio de reparto siempre resulta difícil, ya que no existe ninguna forma totalmente objetiva para asignar estos costes entre los diferentes *outputs* generados (si la hubiera, la función de costes ya sería separable). Para eliminar la arbitrariedad, a menudo se proponen criterios previos para la selección de la regla de reparto, basados en principios económicos razonables como la ausencia de ineficiencias en costes, la no generación de repartos excesivamente desequilibrados o injustos o la utilización de procedimientos de bajo coste computacional.

Existen diversos grupos de reglas de reparto que satisfacen estas propiedades. En la mayoría de los casos una simple desagregación contable de los costes muestra que algunos componentes son fáciles de asignar por rutas o servicios. Estos costes directos son costes incrementales ya que cuando se cierra la ruta o el servicio esos costes son evitables. Otros costes son comunes y no varían directamente con la producción. En las empresas de autobuses, la gasolina o el mantenimiento relacionados con los vehículos-kilómetro recorridos son costes claramente relacionados con la oferta de servicios concretos, y estos costes pueden ser asignados a distintas rutas como función de los bus-kilómetros recorridos. Por el contrario, las infraestructuras ferroviarias son costes comunes, difíciles de asignar mediante principios económicos.

Los criterios de imputación utilizados más frecuentemente se basan en estas ideas. Por ejemplo, el sistema de "distribución completa de costes" (*full distributed costs*) asigna los costes totales del servicio o actividad i, es decir, $C(q_i)$, a partir de la expresión:

$$C(q_i) = CD_i + \theta_i \cdot CC,$$ [3.35]

donde CD_i es el coste directamente distribuido del servicio i y θ_i es la fracción de coste común (CC) atribuida a dicho servicio i.

Hay tres métodos principales para calcular θ_i. El primero se basa en el *output relativo*, asignando los costes compartidos a cada servicio a partir de la importancia relativa de éstos en alguna medida común de *output*, como las toneladas-kilómetro. Así, $\theta_i = (output_i / output\ total)$. El segundo método está basado en los costes directos: consiste en asignar los costes compartidos a cada servicio en las mismas proporciones en las que sean atribuibles los costes que sí son identificables (costes directos) para cada servicio con respecto al total de costes: $\theta_i = (CD_i / Coste\ directo\ total)$. Finalmente, el tercer tipo de métodos explota la misma idea pero desde el punto de vista de los ingresos brutos, realizando la asignación de costes en función de los ingresos relativos que proporciona cada uno de los *outputs*.

Aunque ninguno de estos criterios es perfecto y existen numerosas alternativas para cada uno de ellos, su facilidad de cálculo continúa constituyendo su principal argumento a favor. Sin embargo, ninguno de estos criterios es totalmente neutro en el reparto de los costes y la utilización de sistemas arbitrarios de asignación puede generar problemas y distorsiones en la determinación de las tarifas adecuadas para cada servicio.

3.4.2 Redes de transporte y costes

Desde el punto de vista de la multiproducción una de las características más importantes de las actividades de transporte es que muchas de dichas actividades se realizan dentro de redes organizadas. El transporte ferroviario urbano e interurbano, las rutas aéreas o las líneas de autobuses que sirven una zona geográfica constituyen ejemplos de este tipo de actividad, en la que se proporciona al usuario mayor valor añadido que la simple oferta de servicios individuales, pero que también supone algunos costes particulares para el productor de los servicios de transporte.

En su definición más simple, una red es un conjunto de puntos (o nodos) y líneas de interconexión que se organizan con el fin de permitir la transmisión de flujos (de mercancías, personas, información, etc.). La configuración de la red es el elemento más característico de ésta, ya que determina su funcionamiento. Así, cada punto puede ser un punto de origen o destino (de donde salen o a donde llegan los flujos) o un simple nodo de interconexión, cuya existencia facilita y mejora la relación entre los primeros.

Características de coste de las redes de transporte. La existencia de redes de transporte se debe fundamentalmente a dos razones: primero, permiten una mejor coordinación de los recursos, mediante su uso sucesivo y/o simultáneo, con la consiguiente reducción de costes, y segundo, las redes de transporte generan ventajas de valor añadido, en términos de tiempo y conveniencia de los servicios, para muchos usuarios.

En primer lugar, el uso sucesivo de los recursos conduce a disminuciones de coste cuando el personal o el material de transporte son empleados en un momento determinado para una línea o ruta concreta y con posterioridad se utilizan para otra línea diferente. Esto permite, por ejemplo, compartir recursos en dos servicios de transporte con estacionalidades complementarias (distintos periodos punta y valle) que contribuyan a una mejor utilización media de la capacidad. Esto puede conducir incluso a que dos o más operadores que exploten líneas con estas características lleguen a acuerdos sobre utilización conjunta de los vehículos, minimizando así la estacionalidad de cada uno. En el caso de la aviación, es frecuente que unas compañías alquilen aviones a otras en temporadas que son a la vez de alto tráfico para una y bajo para otra.

Con respecto al uso simultáneo de los recursos, la existencia de redes permite que algunos factores sean empleados al mismo tiempo para varias líneas u operadores diferentes. En el movimiento de algunos vehículos es difícil conseguir el uso simultáneo de los recursos; sin embargo, en el ferrocarril, por ejemplo, se puede compartir la tracción, de forma que una misma locomotora y maquinista lleve a la vez trenes diferentes. Algo similar ocurre con los servicios que se prestan en algunas terminales de autobuses o en los

aeropuertos (como la venta de billetes, la facturación, el *handling* o avitualla-
miento de vehículos, etc.), los cuales pueden compartirse simultáneamente
entre operadores o servicios diferentes. La existencia de códigos compartidos,
común en el transporte aéreo, consiste en la utilización de una misma oferta
de transporte como canalizadora de viajeros de dos aerolíneas diferentes,
permitiendo a cada una de ellas por separado aumentar sus destinos y frecuencias sin los costes que supone hacer volar un avión exclusivo.

Desde el punto de vista de los usuarios, la existencia de redes de transporte
tiene un indudable efecto positivo si ésta aumenta sus posibilidades de enlace
con nuevos orígenes y destinos, aunque el diseño de la red puede condicionar
la frecuencia con la que se sirven las rutas de menor demanda. Las redes faci-
litan también el diseño de los horarios y la posibilidad de aprovechar servicios
conjuntos (como los programas de fidelización de las compañías aéreas).

Economías de densidad y economías de escala. Para aumentar el volumen
de producción de una empresa de transporte, medido en términos de pasajeros-kilómetro o toneladas-kilómetro, puede incrementarse el número de
expediciones en una misma línea entre las ciudades *A* y *B*, o alternativamente, podría comenzar a operarse una nueva línea entre *B* y *C*, cuyos servicios
se añadieran a los ya existentes entre *A* y *B*. Desde el punto de vista teórico,
ambos cambios suponen un aumento de actividad, contratando más *inputs*
para producir más servicios, luego podría estudiarse la existencia o no de
economías de escala en ambos casos. No obstante, puede apreciarse inmedia-
tamente que las implicaciones económicas para una empresa de transporte
son diferentes: el simple aumento de las frecuencias dentro de una misma
línea *A-B* es un cambio en principio más sencillo que añadir una ruta más a la
red existente, que puede implicar la contratación de otros *inputs* nuevos. Por
ejemplo, sería necesario utilizar infraestructuras distintas en la ruta *B-C* que en
la *A-B* (terminal aeroportuario en *C*, línea férrea o carretera entre *B* y *C*, etc.).

Para estudiar de forma separada las implicaciones en términos de costes
de ambas formas de variar la producción, en Economía del Transporte se utiliza el concepto de *economías de densidad* cuando el aumento del *output* se
produce manteniendo constante la red de rutas o líneas que opera una empresa. La idea es disponer de un indicador que refleje los posibles ahorros de
coste por la explotación más intensiva de una determinada red.

Cuando una empresa de transporte presenta *economías de densidad* sus
costes unitarios a corto plazo disminuyen a medida que aumenta la utilización de sus recursos fijos (como la capacidad de sus vías, terminales, etc.). De
manera más específica, las economías de densidad aparecen cuando los costes variables medios de la empresa de transporte decrecen cuando aumenta
la *densidad* del servicio de transporte ofrecido, medida en relación a los recur-

sos fijos de la empresa. A menudo, la densidad se mide dividiendo alguna medida agregada del *output* (como, por ejemplo, las toneladas-kilómetro transportadas) entre algún indicador del nivel de recursos fijos de la empresa (como los kilómetros de vía férrea o los metros lineales de atraque en un puerto).

En oposición a las economías de escala, las economías de densidad también se han interpretado como disminuciones de los costes de las empresas asociados a incrementos en la misma proporción de las demandas de todos los productos ofertados por la empresa, denominándose en tales casos *economías de red* o *economías de consolidación de tráfico*. El ejemplo más habitual ocurre en el transporte aéreo, cuando las rutas se organizan mediante un sistema centro-radial en el que los usuarios vuelan desde su origen a un aeropuerto principal (centro) donde conectan con otro vuelo hacia su destino final. La adopción de este tipo de estructuras tiene sentido si las economías de densidad son significativas, es decir, siempre que el ahorro en costes de acumular pasajeros en el centro sea relevante.

Además de en el transporte aéreo, las economías de red también pueden existir en otras modalidades de transporte. En todos los casos se requiere que la consolidación, agrupación de tráficos o el aumento de la densidad, en general, permita obtener ahorros de coste en la provisión de los servicios. En los ferrocarriles, por ejemplo, las economías aparecen cuando consolidando tráficos pueden utilizarse trenes más largos sin aumentar el personal; en el transporte de mercancías por carretera, cuando se consolidan cargas entre distintas líneas o destinos, etc.

El diseño de las redes de transporte. Tal como fue definido en el capítulo anterior, el principal elemento a considerar en el diseño de las redes de transporte es el *tipo de conexiones* o rutas (directas o con trasbordo) que la componen. En la figura 3.7 se representa como ejemplo una red de transporte aéreo de viajeros que conecta tres aeropuertos (*A*, *B* y *C*), con un solo tipo de tráfico y un solo periodo de tiempo. En el panel izquierdo existen tres rutas ida-y-vuelta entre las tres ciudades, de manera que cualquier viajero puede viajar entre ellas en vuelos directos. En el panel derecho, que representa un sistema centro-radial (*hub-and-spoke*), la compañía aérea ha decidido convertir *B* en un aeropuerto *hub* por el que obligatoriamente deben hacer escala los viajeros entre *A* y *C*.

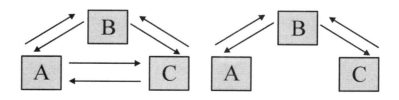

Figura 3.7. Redes de transporte y costes.

Obsérvese que la configuración de la red altera completamente la producción de servicios de transporte. Aunque los viajeros con origen o destino en B no se ven afectados por el cambio, los pasajeros de la ruta AC o CA deben ahora viajar a través de B, haciendo un viaje más largo. Al mismo tiempo, la reordenación de rutas probablemente afectará también a otros aspectos de la producción, como el tipo de aviones a utilizar (por ejemplo, más pequeños, con menor autonomía y menor consumo, ya que las distancias AB y BC son más cortas que la AC), la frecuencia de los viajes (puesto que ahora aumenta el tráfico intermedio) o incluso la capacidad de las terminales portuarias (mayor en B que en A o C).

Las conexiones directas son preferidas por los pasajeros y además son rentables para las compañías cuando se alcanza un determinado flujo de tráfico. El sistema centro-radial, por su parte, supone un aumento en las frecuencias de vuelo e incluso la existencia de servicios (aunque con aviones de menor capacidad) en algunas rutas que serían comercialmente inviables con conexión directa. Sin embargo, la escala obligatoria en los aeropuertos *hubs* origina problemas de congestión severos cuando circunstancias exógenas (mal tiempo, congestión del espacio aéreo, etc.) hace imposible cumplir con el complejo entramado de conexiones programadas.

En el caso de una red de autobuses urbanos o una red ferroviaria ocurre algo similar. Existen conexiones directas y conexiones con trasbordo. El diseño de la red de autobuses desde la perspectiva de la eficiencia económica hay que realizarlo minimizando los costes totales (del operador y los usuarios). De esta manera, el criterio económico de referencia es establecer conexiones directas siempre que el aumento del coste de producción sea menor que el valor del tiempo ahorrado por los usuarios.

Sin embargo, las decisiones sobre el diseño de la red de líneas de autobuses en una ciudad no se limitan a establecer el tipo de conexión. También hay que decidir el número de paradas y su localización, el número de líneas, la frecuencia y el precio. Todos estos elementos tienen implicaciones sobre los costes de los usuarios y los productores. Por ejemplo, aumentar las frecuencias, el número de líneas o las conexiones directas reducen el tiempo de acceso, de espera y de viaje, pero eleva los costes del productor asociados a los vehículos y la infraestructura. Por el contrario, utilizar autobuses de mayor capacidad permite servir al mismo número de viajeros reduciendo la flota, pero a cambio de aumentar los tiempos de espera para los usuarios en las paradas y terminales.

La interacción entre todos estos elementos determina la forma de una red de transporte que, en general, puede tener carácter fijo o flexible, dependiendo de cómo se diseñe y de la facilidad para ser modificada. Por ejemplo, normalmente la comunicación de un área geográfica en transporte público se realiza en autobús hasta alcanzar una densidad de población (o número de viajes diarios) que justifique la inversión en elementos más permanentes, como el ferrocarril, el metro o, en última instancia, aeropuertos. En una red fija (tren) los costes irrecuperables que no dependen del volumen de tráfico son muy altos, pero una vez establecidos los servicios y anunciados al público, el coste marginal de transportar a un nuevo usuario es muy bajo. En la red flexible (buses) el coste fijo es muy inferior (prácticamente todos los costes son evitables), pero el coste marginal por pasajero puede ser superior al del tren. La ventaja adicional de la red fija es que para distancias medias o altas, o en áreas geográficas donde exista una elevada congestión del tráfico, el tiempo de viaje es menor, con lo que se reduce el coste de los usuarios.

La figura 3.8 ilustra estas ideas estableciendo una comparación entre una red fija (tren) y una red flexible que se consideran como alternativas mutuamente excluyentes para operar en un área geográfica determinada. Consideraremos que la empresa ferroviaria se enfrenta a un coste fijo igual a rK y su coste marginal es cero, por lo que el coste medio de esta empresa es $CMe_T = rK / q$, donde q es el volumen de tráfico, mientras que la empresa de autobuses tiene únicamente un coste variable igual a cq, por lo que su coste medio es $CMe_B = c$. Como puede observarse, cuando la densidad de población es suficientemente elevada (a partir de un volumen de tráfico superior al determinado por el punto a) la utilización de una red fija genera un coste unitario menor que el de una red flexible. Obsérvese que si el volumen de tráfico fuese por ejemplo q_1, el ahorro de costes totales derivado de utilizar una red fija en lugar de una variable sería equivalente al área delimitada por el rectángulo $cbd(rK / q_1)$.

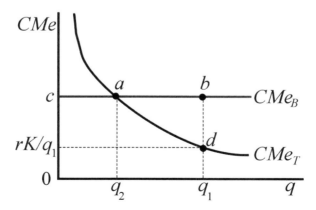

Figura 3.8. La decisión entre red fija o red flexible.

Este análisis no difiere particularmente del realizado anteriormente sobre la elección de capacidad. La regla de decisión óptima sigue siendo poner los costes fijos y los variables en relación con el volumen de tráfico. Sin embargo, la incorporación de los costes de los usuarios, asociados a las características de cada una de las redes de transporte consideradas, permite obtener una visión más completa del problema del diseño de redes. Consideremos ahora que la población (o el volumen de tráfico) a servir es $q_2 < q_1$. ¿Es inmediato concluir que ahora es preferible la red flexible (buses) frente a la red variable? Si la decisión se toma evaluando el coste social total (productores y usuarios), la respuesta depende de cómo cambien los costes de estos últimos.

Utilizando algunos de los elementos analizados en la sección anterior al hablar de los costes de los usuarios, supongamos que el coste unitario de los usuarios se compone únicamente del valor monetario del tiempo, v, siendo t_T y t_B los tiempos totales de viaje en tren y en autobús, respectivamente, con $t_T < t_B$. Se considera que el valor del tiempo (v) es igual en ambos casos aunque factores tales como la comodidad o la calidad (medida, por ejemplo, como la posibilidad de leer o trabajar a bordo del vehículo) podrían diferenciarlo. De acuerdo con la expresión [3.1], desde el punto de vista de la sociedad, sumando los costes de los usuarios y de los productores, el coste total de la red fija sería

$$C_S^T = r\,K + v\,t_T\,q\,, \qquad\qquad [3.36]$$

mientras que el de la red variable,

$$C_S^B = c\,q + v\,t_B\,q\,. \qquad\qquad [3.37]$$

La comparación entre los costes sociales [3.36] y [3.37] permite decidir qué tipo de red resulta una alternativa menos costosa. La condición para que, por ejemplo, la inversión en la red ferroviaria sea preferible a la red de autobuses es que $C_S^T < C_S^B$, lo cual equivale a la condición:

$$\frac{r\,K}{q} - c \;<\; v\,(t_B - t_T)\,. \qquad\qquad [3.38]$$

Esta expresión refleja la interacción existente entre los costes de los usuarios y los productores y resume los elementos que deben considerarse en el diseño de las redes de transporte. Así, por ejemplo, la condición [3.38] podría cumplirse, y por tanto indicar que una red ferroviaria es socialmente mejor que una red de autobuses, en estas tres posibles situaciones, cada una con una interpretación diferente:

1. Si el primer término de la desigualdad es negativo y el segundo es positivo, el tren ahorra costes de producción y tiempo simultáneamente.

2. Si los dos términos son positivos y la condición se verifica, ello indica que el tren es más caro pero más rápido, siendo el valor de la reducción de tiempo superior al coste adicional de producción.

3. Si los dos términos fuesen negativos, pero nuevamente se cumpliese la desigualdad, el tren sería más lento que el autobús, pero el ahorro en costes de producción compensaría dicha pérdida.

En resumen, la inversión en redes fijas será socialmente deseable si los ahorros de costes variables de producción y tiempo son suficientemente elevados en relación con los costes fijos de la inversión.

3.5 Medición, asignación y estimación de costes

El estudio de los costes del transporte abordado en este capítulo debe ser culminado con una revisión de las principales cuestiones relacionadas con el estudio empírico de los mismos. Los orígenes del análisis empírico de las funciones de coste en el transporte se encuentran en trabajos realizados sobre el sector ferroviario, dado que sus características de monopolio y su nivel de regulación generaban tanto la necesidad de estudiar con detalle los costes como los datos necesarios para hacerlo. Sin embargo, la larga historia del estudio empírico de los costes del transporte no sólo ha estado motivada por propósitos regulatorios, sino también por la relevancia de dichos costes para otras políticas económicas.

En general, existen dos grandes procedimientos para el estudio de los costes del transporte. El primero tiene carácter desagregado y contable, y se centra particularmente en el problema de la identificación de los distintos costes asociados a una actividad de transporte o una infraestructura complementaria a la misma, bien dentro de una empresa o comparando distintas empresas. Este tipo de *procedimientos contables* resulta muy útil para realizar una adecuada asignación de los costes del transporte en el sentido descrito en la sección anterior, ya que conduce a buscar mecanismos de atribución de costes y a diseñar índices que permitan la interpretación de sus implicaciones. El segundo procedimiento estudiado en esta sección es el de *estimación estadística* de funciones de coste, tanto de una empresa en particular como de distintas empresas en una industria. La mayor parte de estos estudios pretenden contrastar las propiedades tecnológicas de los costes descritas en este capítulo, extrayendo conclusiones que permitan explicar la estructura de las industrias o el comportamiento de las empresas.

3.5.1 Procedimientos contables en la estimación de funciones de costes

Los procedimientos contables en el estudio empírico de los costes de las actividades de transporte tienen una larga tradición. La principal característica de esta aproximación consiste en utilizar los datos suministrados por la contabilidad de las empresas para construir índices e indicadores que permitan interpretar el comportamiento de las mismas.

Aunque normalmente resultan muy sencillas de aplicar, una de las principales limitaciones de este tipo de técnicas es que los costes desde el punto de vista contable no suelen coincidir con los costes de oportunidad del transporte. En la medición contable de los costes se consideran los gastos realizados para adquirir los *inputs* que se utilizan en la actividad de transporte. Esto conlleva, en una primera fase, separar los *costes directos* de los *indirectos*, siendo los primeros aquellos que pueden atribuirse o asignarse de manera directa o inmediata a productos o servicios concretos y los segundos, los costes compartidos ya mencionados en este capítulo. La segunda fase, de asignación de costes indirectos adolece de graves problemas de subjetividad ya descritos, por lo que la utilización de esta información, cualquiera que sea el procedimiento de asignación completa de costes utilizado, está sometida a restricciones de interpretación. Además, la presencia de costes hundidos supone la existencia de pagos por *inputs* sin usos alternativos, que tampoco deberían incluirse en los costes de oportunidad.

A pesar de estas limitaciones los dos métodos contables más frecuentemente utilizados en el estudio empírico de los costes de las actividades de transporte son los procedimientos basados en los centros de costes y los que se basan en el cómputo de los costes de los recursos.

Utilización de centros de coste. Un centro de costes está definido por alguna de las actividades o divisiones internas de la empresa en la cual se acumula algún tipo específico de costes. La utilización de centros de coste en el cómputo y análisis de los costes de las empresas de transporte consiste en asignar las distintas partidas de costes entre los centros previamente definidos con el fin de calcular posteriormente coeficientes de asignación que se utilizan para extrapolar y predecir costes de futuras actividades de transporte.

La relación lineal establecida por este tipo de sistemas contables de asignación de costes impone *ex-ante* algunas restricciones tecnológicas que pueden condicionar de antemano los resultados. Por ejemplo, la clase habitual de funciones de coste especificada en estos casos consideraría que el coste total de una actividad de transporte (como el transporte de viajeros en autobús) puede explicarse a través de ciertos índices de oferta de la actividad, como

$$C = c_1 L + c_2 V + c_3 I, \qquad [3.39]$$

donde L sería la longitud de las rutas servidas, V el número total de vehículos en servicio, e I algún indicador de la intensidad de uso (como los vehículos-hora o los vehículos-kilómetro). Obsérvese que la expresión [3.39] implica rendimientos constantes a escala: si L, V o I aumentan en un factor λ los costes totales de la actividad también aumentarían en dicho factor λ. Sin embargo, si el tamaño de la red (definido aquí por L) se mantuviera constante, un incremento en un factor λ en los otros dos elementos conduciría a un aumento menor en los costes totales, sugiriendo que existen economías de densidad.

Costes de los recursos. De manera alternativa, el estudio contable de los costes, utilizando técnicas de costes de los recursos, busca —a través de procedimientos basados en la ingeniería— determinar las cantidades mínimas de factores productivos necesarios para suministrar cierto nivel de servicio. A continuación, dichas cantidades o coeficientes se multiplican sus correspondientes precios (o costes unitarios), sumándose finalmente para obtener una estimación del coste total de la actividad.

Este procedimiento resulta útil siempre que los coeficientes técnicos estimados sean lo suficientemente flexibles para reflejar cambios en las condiciones económicas de la empresa, y siempre que su coste unitario o precio se exprese en las mismas unidades de medida que los parámetros técnicos.

En general, el análisis de costes mediante procedimientos contables establece una relación lineal (implícita o explícita) entre el coste total de una actividad y distintas categorías de costes asociadas a los elementos empleados para realizar dicha actividad. Esta relación lineal permite poner en relación las distintas partidas de coste de la empresa o la industria suponiendo siempre una relación proporcional entre el coste y el nivel de *output*. A partir de esta relación los métodos contables pueden resultar útiles para extrapolaciones de costes a corto plazo, pero para decisiones sobre tarificación o sobre variaciones de capacidad en el largo plazo pueden conducir a resultados incorrectos. Ello se debe a que el análisis contable de los costes no contiene una vinculación explícita entre dichos costes y el precio de los *inputs*, por lo que es incapaz de reflejar adecuadamente las posibilidades de sustitución entre éstos que se derivan de la tecnología empleada. Por todo ello, la necesidad de superar las limitaciones del análisis contable de los costes, así como poder contar con una metodología específica para abordar el estudio de las propiedades tecnológicas de los mismos ha llevado al desarrollo de un conjunto amplio de técnicas estadísticas para el estudio de los costes del transporte.

3.5.2 Estimación estadística de funciones de costes

La estimación estadística de funciones de coste en las actividades de transporte se fundamenta en las propiedades de la tecnología que caracterizan la producción de dichas actividades. Existe una relación dual entre la teoría económica de la producción y la de los costes, ya que si la primera se basa en el concepto de función de producción como mejor combinación de *inputs* para producir el máximo *output*, la segunda también busca esa mejor combinación, aunque desde el punto de vista del menor coste asociado a cada nivel de *output*. En los estudios empíricos la disponibilidad de datos técnicos sobre la producción de las empresas es normalmente menos frecuente que la disponibilidad de datos económicos, aunque sea a partir de la contabilidad de la empresa, por lo que las estimaciones de funciones de costes son más habituales que las estimaciones de funciones de producción. Las tres cuestiones más importantes relacionadas precisamente con la estimación de dichas funciones en el transporte son: la especificación funcional, el problema de la definición del *output* y los resultados existentes sobre la medición de economías de escala, alcance y densidad.

La especificación de la forma funcional. Como se ha visto en el capítulo anterior, las especificaciones "sencillas" de las funciones de producción, como la Cobb-Douglas o la de elasticidad de sustitución constante (*CES*), presentan el inconveniente de que imponen restricciones *a priori* sobre las propiedades de la tecnología en la actividad de transporte analizada. Este mismo argumento es válido para las funciones de costes que están asociadas con funciones de producción del tipo de tecnologías Cobb-Douglas o *CES,* lo que ha dado lugar a la utilización de especificaciones funcionales flexibles. Entre éstas, una de las más utilizadas en los estudios empíricos en Economía del Transporte es la trascendental-logarítmica o función *translog*.

En el caso de empresas multiproducto, con $\vec{q} = (q_1, ..., q_z)$, la especificación habitual de una función de costes *translog* es

$$\ln CT = a_0 + \sum_j a_j \ln q_j + \sum_i b_i \ln w_i + \frac{1}{2}\sum_j \sum_h b_{jh} \ln w_j \ln w_h +$$
$$+ \frac{1}{2}\sum_i \sum_j c_{ij} \ln q_i \ln w_j + \frac{1}{2}\sum_i \sum_k d_{ik} \ln q_i \ln q_k , \qquad [3.40]$$

donde w_i, w_j representan los precios de los factores productivos utilizados por la empresa. Obsérvese que al estar expresados en logaritmos, todos los coeficientes a estimar pueden interpretarse como elasticidades, lo que permite aplicar algunas de las propiedades sobre éstas definidas a lo largo de este capítulo.

La estimación de funciones flexibles del tipo [3.40] tiene como principal dificultad el elevado número de parámetros a estimar, $(a_0, a_i, b_i, b_{jh}, c_{ij}, d_{ik})$, lo cual exige disponer de una base de datos suficientemente amplia. Sin embargo, en ocasiones resulta posible utilizar algunas de las propiedades de la tecnología para simplificar y mejorar la estimación. Por ejemplo, la homogeneidad lineal de la función de costes respecto a los *inputs* permite establecer algunas restricciones adicionales sobre los parámetros:

$$\sum_i b_i = 1 \quad ; \quad \sum_i \sum_j c_{ij} = 0 \quad ; \quad \sum_j \sum_h b_{jh} = 0, \qquad [3.41]$$

mientras que, por simetría, $b_{jh} = b_{hj}$, $c_{ij} = c_{ji}$ y $d_{ik} = d_{ki}$.[6]

La aplicación del *lema de Sheppard* a la expresión [3.40] resulta particularmente útil, ya que genera tantas ecuaciones adicionales como precios de los factores incluidos en la especificación, las cuales incluyen además parte de los coeficientes a estimar. Así, la derivada del coste respecto al precio de un *input* proporciona la demanda condicional de factores. Cuando dichas variables están expresadas en logaritmos, como ocurre en la función *translog*, esta derivada es

$$\theta_j = \frac{\partial \ln CT}{\partial \ln w_j} = b_j + \sum_i a_{ij} \ln q_i + \sum_h d_{jh} \ln w_h, \qquad [3.42]$$

donde θ_j es la proporción que suponen los costes del *input* i sobre los costes totales de la actividad. Por tanto, a partir de la estimación conjunta de la especificación [3.40] con ecuaciones complementarias sobre las proporciones de costes de los factores como [3.42] puede construirse un sistema de ecuaciones que aumenta la eficiencia en la estimación de los parámetros.[7]

---

[6] El lector interesado puede encontrar una discusión más formal de las propiedades de las funciones de costes en Villar, A., *Lecciones de microeconomía*, Antoni Bosch, editor, 1999.

[7] En la función *translog*, las ecuaciones complementarias [3.42] de todos los factores productivos están ligadas entre sí por la restricción $\theta_L + \theta_K + \theta_E + ... = 1$, por lo que es necesario eliminar una de ellas si se desea construir un sistema de ecuaciones para estimar junto con [3.40].

La especificación *translog* facilita, por tanto, un conocimiento detallado de la relación de los costes con los *inputs* sin imponer *a priori* restricciones sobre la tecnología, sino permitiendo que la contrastación de éstas sea parte del problema de estimación. Esto resulta particularmente útil en transporte, donde las propiedades de escala, densidad y alcance pueden tener una influencia determinante en la forma de organizar el mercado, como se verá más adelante.

El problema de la selección de *outputs*. La especificación flexible de la forma funcional no resuelve uno de los problemas más importantes del estudio empírico de las funciones de coste, relativo a la selección de los *outputs* a considerar en el caso de actividades multiproducto. La solución más inmediata, especialmente cuando se especifican formas flexibles de la función de coste como la *translog*, consiste en introducir la totalidad de *outputs* en la forma funcional a estimar. Sin embargo, incluso cuando la riqueza en la desagregación de datos permite abordar el problema de esta manera, no siempre resulta fácil decidir cuál es el nivel de desagregación más adecuado. En los estudios sobre ferrocarriles, por ejemplo, suele separarse entre pasajeros y carga, pero esto no soluciona la necesidad de considerar la heterogeneidad existente entre distintos tipos de mercancías. En las compañías aéreas, por el contrario, resulta importante distinguir entre distintos tipos de viajeros (primera clase, negocios, turista), pero esta información no siempre está disponible.

La alternativa más habitual en estos casos consiste en construir una medida agregada de todos los *outputs* de la empresa. Este índice de *output* generalmente se construye sumando de manera ponderada los distintos productos de la empresa, utilizando como ponderaciones las proporciones sobre los ingresos o costes que representan cada uno de dichos productos. Sin embargo, cualquier agregación de *output* sobre cualquier dimensión conlleva cierta pérdida de información. Si los productos o servicios de transporte se agregan utilizando criterios especiales (corta distancia, larga distancia, por ejemplo), se pierde información sobre el contexto geográfico del sistema de orígenes y destinos al que se dirige cada tipo de transporte. La agregación del *output* a lo largo del tiempo causa distorsiones en las estimaciones de las funciones de coste si, por ejemplo, se consideran periodos con características de tráfico muy diferentes. Incluso si la agregación se produce por tipos de producto (pasajeros y carga, por ejemplo) la estimación puede ser incorrecta, ya que ignora el hecho de que el coste de cualquier actividad multiproducto no sólo depende de la cantidad de *output* sino también de la composición de dicho *output*.

A pesar de estas limitaciones, la mayor parte de los estudios empíricos sobre funciones de coste en el transporte incorporan en la estimación algún tipo de medida agregada del *output*, "corregida" con otros atributos asociados a cada uno de los productos ofrecidos por las empresas de transporte. Jara-Díaz (2000),[8] en una revisión reciente de la literatura, indica que algunas de las medidas de output más frecuentes son las toneladas-kilómetro, pasajeros-kilómetro, viajes realizados, número de expediciones u otras similares (adaptadas a cada modalidad de transporte), mientras que los factores de corrección incluyen entre otros la distancia media recorrida por los viajeros o a la que se envían las mercancías, el tamaño medio de los envíos, los factores de utilización de la capacidad, las características de tráfico y/o de la red, etc. La principal conclusión de esta revisión es que no existe una única regla para saber qué variables deben ser incluidas o excluidas en la definición empírica del *output*, por lo que debe asumirse de antemano que ninguna función de costes empírica es capaz de reflejar totalmente la heterogeneidad asociada a la multiproducción en el transporte.

La estimación de rendimientos a escala, economías de densidad y de alcance. A pesar de las limitaciones anteriores, uno de los usos más habituales de la estimación de funciones de coste en el transporte es la contrastación empírica de la existencia de economías de escala, alcance o densidad.

En el caso de las *economías de escala*, de acuerdo con las propiedades tecnológicas de los costes analizadas en este capítulo, es fácil obtener estimaciones directas a partir de los coeficientes estimados. A partir de una especificación funcional *translog* como [3.40], las derivadas de la ecuación estimada con respecto a las variables de *output* ($\ln q_j$) nos proporcionan estimadores de las elasticidades coste-producto ($\varepsilon_{C_j} q_j$) las cuales, como hemos visto en este capítulo, sirven para estudiar el grado de economías de escala y de alcance que se obtienen en una industria. Habitualmente, ésta ha sido la aproximación más frecuente en la literatura: especificar una función, estimar las elasticidades y, a partir de sus propiedades, utilizar la inversa de la suma de los valores de éstas para concluir qué tipo de rendimientos a escala existen. Otros resultados que pueden derivarse a partir de la estimación de una función de costes *translog* son las funciones de demanda de factores productivos, que se calculan tomando derivadas de la ecuación estimada con respecto a los precios de los factores ($\ln w_j$). Una vez que se dispone de estas demandas, es posible analizar sus elasticidades, así como las relaciones de sustituibilidad o complementariedad entre factores.

En relación con los resultados generalmente obtenidos sobre empresas de transporte, aunque la comparación entre los valores numéricos obtenidos no resulta posible debido a los diferentes supuestos en los que se basan los

---

[8] Jara-Díaz, S. "Transport Production and the Analysis of Industry Structure", en Polak, J. B. y Heertje, A. (eds.), *Analytical Transport Economics*, Edward Elgar, 2000.

estudios, la mayoría de los trabajos revisados por Oum y Waters (1997),[9] afirma haber encontrado rendimientos constantes a escala tanto en las funciones de coste de las compañías aéreas (7 de 10 estudios), de empresas ferroviarias (5 de 7), como de empresas de transporte terrestre de mercancías (12 de 23 trabajos). Algunos de los resultados difieren en sectores específicos de la industria o cuando se modifican ciertas características de las funciones de coste. Por ello resulta imposible aventurar una conclusión general y resulta siempre preferible interpretar cada trabajo teniendo siempre en cuenta la metodología concreta y el tipo de datos sobre *inputs* y *outputs* utilizados.

Con relación a la medición de las *economías de densidad*, su análisis en la literatura empírica ha sido siempre realizado estimando algún tipo de función de costes que incluya, además de los precios de los *inputs* y el vector de *outputs*, algún índice o variable que represente la red de transporte como un factor fijo (kilómetros de carretera o de vía férrea), o alguna "característica de red" relacionada con las operaciones (como, por ejemplo, el número de rutas o destinos servidos). A partir de estos elementos las economías de densidad se estiman utilizando la inversa de la suma de todas las elasticidades de coste obtenidas, excepto aquellas relacionadas con la red, y los resultados obtenidos varían ampliamente en los distintos estudios realizados.

Una de las razones que explica tal variabilidad es que no siempre resulta fácil aislar empíricamente los efectos que tienen sobre los costes los cambios en elementos que pueden o no estar relacionados con la red de transporte. La cuestión clave a considerar en cada caso es comprobar si efectivamente el conjunto de orígenes y destinos servidos por la empresa se modifica o no con la variable que representa dicha red o sus características operacionales. En caso afirmativo, la elasticidad del coste respecto a esa variable no está relacionada con expansiones del flujo de tráfico, sino con la adición de nuevos flujos, lo cual es un problema a tratar mediante el estudio de las economías de alcance, no de las economías de densidad.

La estimación de *economías de alcance* pretende contrastar la idea de si es preferible o no un mayor grado de especialización productiva de las empresas de transporte y depende críticamente de la existencia de datos suficientemente desagregados para poder ser llevada a cabo. Por ejemplo, si se desea evaluar la existencia de economías de alcance para una empresa ferroviaria que produce conjuntamente q_1 unidades de servicios de carga y q_2 unidades de servicios de transporte de pasajeros, es necesario disponer de información sobre los costes de producción en solitario: $(q_1, 0)$ y $(0, q_2)$. Habitualmente

---

[9] Oum, T. H. y Waters, W.G. II, "Recent Developments in Cost Function Research in Transportation", en De Rus, G. y Nash, C. (eds.), *Recent Developments in Transport Economics*, Aldershot, 1997.

este tipo de experimentos sólo puede realizarse extrapolando funciones de costes basadas en múltiples *outputs* a puntos donde uno o más de esos *outputs* es cero. Pero salvo que la muestra de datos utilizados contenga también empresas uniproducto, las extrapolaciones de este tipo siempre resultan arriesgadas.

Esta limitación ha hecho que en la mayor parte de estudios empíricos sobre economías de alcance en el transporte se hayan intentado metodologías alternativas. Una de las más frecuentes consiste en estudiar la complementariedad de costes existente entre cada par de *outputs* (por ejemplo, servicios regulares y chárter en compañías aéreas) evaluando la derivada:

$$\frac{\partial^2 C}{\partial q_i \, \partial q_j} \quad \left|\begin{array}{l} < 0 \ \ \text{Existen economías de alcance} \\ = 0 \ \ \text{Los servicios son independientes} \\ \text{con relación a su efecto en costes} \\ > 0 \ \ \text{Existen “deseconomías de alcance”} \end{array}\right.$$

a partir de una especificación *translog*, por ejemplo. Si esta derivada es negativa en la media y en cada punto de la muestra, entonces existe complementariedad de costes entre q_i y q_j, ya que el coste marginal de producir un producto disminuye cuando se produce conjuntamente con otro. Aunque este resultado sustenta la idea de economías de alcance, no la agota totalmente, ya que estas últimas pueden aparecer incluso aunque no exista la complementariedad. Algunos estudios empíricos, particularmente en el caso del transporte aéreo, han confirmado la existencia de economías de alcance en el transporte conjunto de viajeros y mercancías. La existencia de empresas de transporte especializadas en uno o pocos *outputs* se justifica sólo en sectores donde dichas economías son menos relevantes, o donde las condiciones geográficas o de regulación del mercado impongan un sesgo en esa dirección.

3.5.3 Estimación de costes y medición de productividad

Un último aspecto que conviene considerar en la estimación de las funciones de coste en el transporte es la utilización que se ha hecho de éstas para obtener resultados sobre los niveles de productividad y eficiencia de las empresas. Al igual que en el caso de las funciones de producción, las dos principales aproximaciones utilizadas en estos estudios han sido la paramétrica y la no-paramétrica.

La mayoría de las *aproximaciones paramétricas* intentan medir los cambios en la eficiencia productiva de una empresa a lo largo del tiempo o compararla entre distintas empresas con una aproximación estática (datos de corte transversal) o dinámica (con datos de panel). La especificación de la función de costes (C) en estos casos responde a una forma genérica del tipo $C = C$ (q, w, z, θ, η), donde q es el vector de *outputs*, w representa el precio de los factores productivos, z son características de la red de transporte, las infraestructuras y los mercados que puedan afectar a los costes, θ es una variable ficticia temporal o *dummy* de tendencia que representa el estado de la tecnología, mientras que η refleja finalmente el resto de variables que son específicas de la empresa (efectos fijos observables o no) o los costes que no están incluidos en el resto de argumentos de la función.

La estimación de los coeficientes asociados a θ y η permite conocer la evolución de la eficiencia productiva de la empresa en el tiempo o compararla con otras empresas similares. Sin embargo, en la práctica pueden existir algunos problemas econométricos que dificulten la interpretación de dichos coeficientes. Uno de los más frecuentes consiste en la presencia de multicolinealidad entre η y z o q, lo cual reduce la significatividad de los parámetros estimados y puede infraestimar las elasticidades de costes.

Para evitar este problema, además de la mejora en lo posible de las bases de datos, otros estudios han optado por prescindir de las variables específicas de empresa buscando otra forma de explicar su influencia sobre la productividad a partir de una descomposición econométrica de los cambios en los costes (o, de manera equivalente, en la productividad total de los factores, *PTF*) en sus fuentes. La especificación más utilizada en estos casos se corresponde con distintas variaciones sobre expresiones del tipo:

$$\dot{PTF} = \dot{q} - \dot{X}, \qquad [3.43]$$

en la que la tasa (instantánea) de crecimiento de la *PTF* se descompone en la diferencia entre la tasa de crecimiento del *output* y de los *inputs*, y para cuya estimación, como se deriva de lo visto en este capítulo, puede usarse la información suministrada por las distintas elasticidades del coste con respecto a q y a los precios de los factores.

Finalmente, la *aproximación no-paramétrica* al estudio de la productividad mediante funciones de coste en el transporte se ha centrado en la estimación de *fronteras de costes* mediante técnicas como el *análisis envolvente de datos* (DEA). En lugar de considerar que todas las empresas analizadas se encuentran realmente en la frontera determinada por su función de costes (es decir, en la combinación de *inputs* económicamente más eficientes para producir cada nivel de *output*), las aproximaciones no-paramétricas suponen que algunas de las empresas pueden no estar en dicha frontera.

Las fronteras de costes (o de producción) se caracterizan por especificar el término de error de las funciones estimadas distinguiendo dos componentes: uno, que represente el verdadero error de estimación, y otro que refleje la ineficiencia asociada a que la empresa se desvíe de su verdadera frontera de costes. Dependiendo de cómo se especifique este último término, la frontera puede ser determinística o estocástica. En el primer caso, la estimación no resulta particularmente diferente de los métodos tradicionales, mientras que en el segundo resulta necesario especificar una distribución de probabilidad seguida por el término estocástico de ineficiencia. En los estudios de Economía del Transporte este tipo de análisis todavía no son muy frecuentes, pero están ganando popularidad a medida que los investigadores disponen de mejores bases de datos.

3.6 Lecturas recomendadas

Las propiedades generales de las funciones de costes pueden consultarse en cualquier manual de Microeconomía como los ya mencionados de Varian, 2002 y Mas-Colell, *et al.*, 1995; o en Villar, A., *Lecciones de microeconomía*, Antoni Bosch, editor, 1999. Al igual que en el capítulo anterior, el lector interesado puede profundizar en conceptos adicionales relativos a los costes de las actividades de transporte en los libros de Button, 1993, y Boyer, 1998, encontrando una revisión completa en el reciente trabajo de Pels, E. y Rietveld, P., "Cost Functions in Transport", en Hensher, D. A. y Button, K. (eds.), *Handbook of Transport Modelling*, Elsevier, 2000. La importancia de las economías de densidad y de escala ha sido abordada en diversos trabajos empíricos, entre los cuales puede consultarse Caves, D. W.; Christensen, L. R.; y Tretheway, M. W., "Economies of Density versus Economies of Scale: Why Trunk and Local Service Airlines Cost Differ", *Rand Journal of Economics*, 15, 1984, págs. 471-489. Una buena referencia sobre la asignación de costes en transporte es Talley, W. K., *Transport Carrier Costing*, Gordon and Breach Science, 1998. Con respecto a la estimación de funciones de coste, debería consultarse el trabajo de Oum y Waters, 1997, ya mencionado en el capítulo anterior.

3.7 Ejercicios

Ejercicio 3.1. Considere de nuevo el ejercicio 2.1 del capítulo anterior. Suponga que la empresa ferroviaria se enfrenta diariamente a unos costes fijos (de administración general del servicio) iguales a 1.500 u.m.; además, los costes de cada locomotora son de 250 u.m. por viaje y los costes por pasajero transportado y tonelada transportada son iguales a 2 y 0,5 u.m. respectivamente. Desde el punto de vista del productor, ¿cuál es el coste total de cada tren? ¿Cuál es el coste diario de operar el servicio? Suponga que los usuarios se enfrentan a un coste de 0,15 u.m. por cada quince minutos (o fracción) de tiempo total de viaje (incluyendo los tiempos de espera), ¿cuál es el coste social total del transporte por ferrocarril entre las ciudades A y B? ¿Cómo varía ese coste si se suprime la estación intermedia existente entre A y B?

Ejercicio 3.2. Suponga que los costes anuales de explotación de un buque por una compañía naviera vienen dados por la expresión $C^O(\bar{q}) = 250.000 + 3\alpha\bar{q}$, donde $\bar{q}$ representa la capacidad total de carga, en términos de toneladas de registro bruto (TRB). Por otra parte, los costes portuarios anuales de dicho buque son $C^I(\bar{q}) = 25.000\bar{q} + 3\alpha\bar{q}^2$, e incluyen tanto los gastos de carga y descarga como los seguros y fletes por cuenta de la naviera. Obtenga las curvas de costes medios y determine el tamaño de buque con el que se minimizan los costes unitarios totales. Compruebe que para dicho tamaño las pendientes de los costes medios operativos y portuarios tienen el mismo valor absoluto.

Ejercicio 3.3.[(*)] En el anexo 1 se presentan datos de empresas de autobuses urbanos en España. Con las variables disponibles sobre producción de servicios, costes y precios de factores, es posible estimar una función de costes para estudiar este modo de transporte. Para ello, se propone una especificación de tipo *translog* (véase la ecuación [3.43] en el texto) con las siguientes ecuaciones (las definiciones de todas las variables se encuentran en el anexo 1):

(1) $\ln C = a_0 + a_1 \ln q + \beta_1 \ln w_L + \beta_2 \ln w_F + \beta_3 \ln w_K + 0,5 \beta_{11} (\ln w_L)^2$
$+ 0,5 \beta_{22} (\ln w_F)^2 + 0,5 \beta_{33} (\ln w_K)^2 + \beta_{12} (\ln w_L) (\ln w_F) + \beta_{13} (\ln w_L)$
$(\ln w_K) + \beta_{23} (\ln w_F) (\ln w_K) + \gamma \ln V$
(2) $S_L = \beta_1 + \beta_{11} \ln w_L + \beta_{12} \ln w_F + \beta_{13} \ln w_K$
(3) $S_F = \beta_2 + \beta_{12} \ln w_L + \beta_{22} \ln w_F + \beta_{23} \ln w_K$

siendo la ecuación (1) la función de costes a estimar, y (2)-(3) unas ecuaciones auxiliares. En la función de costes se ha incluido la velocidad media de circulación de los autobuses (V), con el objetivo de comprobar si esta variable tiene influencia sobre los costes.

(a) Estime el sistema de ecuaciones (1)-(2)-(3), sin imponer restricciones sobre los parámetros para garantizar homogeneidad de la función de costes. Tenga en cuenta que en las ecuaciones auxiliares los parámetros β_{ij} son los mismos que los correspondientes de la función principal (1), lo cual se indica con la notación empleada. (De forma alternativa a la estimación del sistema de ecuaciones completo, el lector con menos conocimientos de Econometría puede realizar una estimación simple por mínimos cuadrados ordinarios utilizando únicamente la ecuación (1)).

(b) A partir de la función de costes (1) que haya estimado, analice el tipo de rendimientos a escala de esta industria, e identifique las empresas que son relativamente más ineficientes, de acuerdo con la frontera de costes derivada de la estimación. También es posible estudiar las relaciones de complementariedad o sustituibilidad entre los factores de producción (trabajo L, combustible F y capital K), recordando que el lema de Sheppard permite obtener las funciones de demanda de factores a partir de una función de costes ($X_i = \partial C / \partial w_i$), y que con las elasticidades cruzadas de precios ($\varepsilon_{X_i, wj}$) se puede estudiar la relación entre dos factores.

4. LA DEMANDA DE TRANSPORTE

4.1 Introducción

Como en otras actividades económicas, la demanda de transporte puede definirse como la disposición a pagar que tienen los consumidores por hacer uso de una determinada infraestructura o servicio de transporte. Esta disposición a pagar, que refleja la valoración que hacen los usuarios de dichos servicios, se obtiene a partir de sus preferencias sobre las distintas características de los mismos en comparación con otros bienes que puedan adquirir. Esto permite establecer una relación entre la cantidad que se desea consumir y el coste de oportunidad que supone dicho consumo, por lo que la demanda de transporte también podría definirse como la cantidad de servicios y usos de las infraestructuras que se desea comprar para cada precio.

Esta relación entre precio y cantidad demandada está afectada en el transporte por cuatro características principales: su carácter derivado, su dependencia de factores heterogéneos, el papel desempeñado por el tiempo en las decisiones individuales y la necesidad de tener predicciones correctas para poder ajustar la capacidad. Estos factores son comunes a la mayoría de las actividades de servicios, pero su estudio resulta también de particular interés para entender algunos elementos diferenciadores del transporte.

La primera característica de la demanda de transporte es su *carácter derivado*. Generalmente (salvo en los viajes de ocio o placer) no se desea viajar *per se*, sino que se hace con el objetivo de realizar una actividad localizada en el espacio y en el tiempo. En la medida en que el transporte actúa como *input* o servicio intermedio para otras actividades económicas o sociales, su demanda se ve afectada por un conjunto amplio de factores, muy diferentes entre sí, que pueden alterarla o condicionarla en diversas formas.

Esta multiplicidad y *heterogeneidad de factores* determinantes constituye la segunda característica particular de la demanda de transporte con respecto a otras actividades económicas. Como muestra el cuadro 4.1, resulta posible distinguir entre determinantes de la demanda agregada y determinantes de ésta desde el punto de vista desagregado o de decisión individual. En el primer grupo, la cantidad de transporte que necesita una sociedad en un momento dado está determinada por cinco factores principales: la población, el nivel de desarrollo económico, las condiciones geográficas, la historia y la cultura de dicha sociedad y su política de transporte, o lo que es lo mismo, el grado de intervención del gobierno en la regulación de dicha actividad.

Cuadro 4.1. Determinantes de la demanda de transporte.

Demanda agregada	Demanda individual
– Población	– Precio del transporte
– Actividad económica	– Precio de otros bienes y servicios
– Geografía	– Características socioeconómicas
– Historia y cultura	– Calidad del servicio
– Política de transporte	– Tiempo de viaje

Las características demográficas de una población (tamaño, distribución por grupos de edad, tipos de empleo, etc.), junto con el nivel de actividad económica y especialmente la concentración de la misma y su estructura o grado de especialización por sectores, afectan a la demanda agregada de transporte precisamente por el carácter derivado de ésta. Una mayor cantidad de población y un mayor nivel de actividad económica suelen estar asociados a una mayor cantidad de transporte, aunque la distribución de éste por modos puede variar mucho entre países y a lo largo del tiempo.

La orografía particular de un territorio puede facilitar o dificultar la construcción de ciertas infraestructuras, haciendo que unos modos de transporte sean más demandados que otros. Asimismo, la ubicación de las fuentes de recursos productivos o de los mercados finales condiciona la localización de las empresas y de los individuos que trabajan en ellas, determinando los movimientos de personas y mercancías. Estos movimientos pueden cambiar a lo largo de la historia y también verse afectados por factores tecnológicos y culturales.

Con respecto a la regulación y, en general, la política de transporte, cuyo análisis detallado se pospone hasta el capítulo 6, se trata de un determinante de la demanda de transporte que afecta a la relación que se produce entre quienes suministran los servicios y quienes los demandan. La regulación económica establece las condiciones en las que pueden prestarse legalmente los servicios de transporte o explotarse las infraestructuras, condicionando tanto las decisiones individuales de los usuarios como la oferta de los transportistas.

Junto a estos determinantes de la demanda agregada de transporte, existe otro grupo de factores que condicionan la demanda concreta de un modo de transporte frente a otro. Al igual que en otras actividades económicas, el primero de dichos elementos es el precio, tanto del transporte como el de otros bienes y servicios alternativos. La renta del consumidor, dentro del conjunto más amplio de características socioeconómicas del individuo, como edad, sexo u ocupación, es el segundo factor relevante y no sólo explica la cantidad de transporte demandada dentro del modo elegido, sino que también puede determinar la propia elección entre distintos modos de transporte. En muchos casos los factores no monetarios, como la calidad (frecuencia, medio, horario, etc.) o el tiempo se convierten en los principales determinantes de las decisiones individuales de transporte.

La importancia del *tiempo* en la demanda de transporte merece un tratamiento más detallado y constituye la tercera característica relevante de esta industria al comparar su demanda con la de otros bienes y servicios. Como hemos visto en los capítulos anteriores, el tiempo constituye un *input* fundamental que los usuarios aportan a la producción de cualquier actividad de transporte. Una vez multiplicado por su valor unitario, este tiempo determina el coste que dichos usuarios soportan, permitiendo establecer una relación directa entre éste y la demanda de transporte.

Como decisión individual, la demanda de transporte depende por tanto de un conjunto de variables monetarias y no monetarias. En ocasiones resulta útil considerar cada una de estas variables por separado, pero a veces es preferible contar con un único índice que las resuma en un solo valor. Para cumplir esta función se utilizará el concepto de *precio generalizado*. Conocer cómo varía la cantidad demandada de transporte cuando lo hace cualquiera de los componentes de su precio generalizado nos lleva directamente al concepto de elasticidad, cuyo análisis completa el estudio de la función de demanda de transporte. La elasticidad (con respecto al precio, a la renta o al tiempo) determina cómo cambian las decisiones de los usuarios ante cambios en dichas variables, permitiendo anticipar o predecir los efectos de factores externos en el transporte.

Finalmente, la última de las características particulares de la demanda de transporte es la necesidad de contar con *predicciones correctas* de la misma, debido a la naturaleza de servicio no almacenable que tiene la oferta de transporte. Frente a ella, los flujos de demanda, tanto de pasajeros como de mercancías, varían a lo largo del tiempo. Ajustar la capacidad a estas fluctuaciones constituye, como vimos en el capítulo anterior, uno de los objetivos más habituales en la producción de transporte, ya que tanto la capacidad infrautilizada como la congestión derivada de una capacidad insuficiente para atender la demanda generan costes a la sociedad. Por tanto, el estudio de la demanda de transporte permite relacionar las decisiones de *output* y costes tomadas por los productores de transporte con las preferencias de los usuarios, tanto a nivel agregado como a nivel individual, completando así desde dos perspectivas opuestas, las propiedades básicas que diferencian a este sector de otras actividades económicas.

4.2 El concepto de precio generalizado

Cuando un viajero desea trasladarse desde un punto a otro no sólo considera cuánto le va a costar ese viaje, sino también el tiempo que tardará y las condiciones (de comodidad, de seguridad, etc.) en las que va a realizar el trayecto. Lo mismo ocurre en el transporte de mercancías, en cuya demanda no influye solamente el flete, sino también otros factores como el tiempo de viaje o de espera, las condiciones de carga y descarga o la fiabilidad o regularidad del transportista. La heterogeneidad de estos factores dificulta cualquier medición del coste de oportunidad que representa el transporte para el individuo, por lo que en lugar de analizar cada uno de ellos por separado, resulta muy conveniente comenzar dicho análisis a partir de una sola variable que incluya todos los elementos anteriores, dejando para estudios empíricos el análisis de la contribución particular de cada uno de los factores a la demanda de transporte.

Esa variable es el concepto de *precio generalizado* (*g*), definido como la suma del valor monetario de todos los determinantes de la demanda de transporte para un individuo: Se utiliza el dinero como unidad común de medida (en lugar de la satisfacción o cualquier otra variable) porque permite una comparación interpersonal más objetiva, aunque esto implica considerar también de manera implícita que todos los individuos comparten una misma valoración de la renta.

La expresión más utilizada del precio generalizado es una simple combinación lineal de tres elementos: los componentes monetarios del viaje (*p*), el valor del tiempo total empleado en el mismo (*vt*) y la valoración monetaria del resto de elementos cualitativos que intervienen en la decisión (*θ*):

$$g = p + vt + \theta .$$
[4.1]

El componente monetario o precio del viaje incluye todos los desembolsos y pagos que debe hacer el usuario con el fin de trasladarse él mismo o transportar su mercancía de un lugar a otro. En el caso del transporte por cuenta ajena, este concepto incluye fundamentalmente el precio del billete o flete pagado al transportista. En el transporte por cuenta propia el componente monetario p incluye el precio del combustible consumido, los peajes y gastos de aparcamiento, así como la parte proporcional del coste de adquisición, alquiler y mantenimiento del vehículo (incluyendo seguros, reparaciones, impuestos, etc.). Como fue discutido en capítulos anteriores, es importante observar que, a pesar de que estos gastos son abonados por el usuario del transporte, se trata en realidad de costes del productor, ya que están asociados a la producción de transporte, con la particularidad de que en el transporte por cuenta propia el productor y el usuario coinciden en la misma persona. Por esta razón, resulta preferible utilizar el término "precio generalizado", en lugar de "coste generalizado" (como se denomina a este concepto en ocasiones). Esta notación permite evitar cualquier posible confusión con los costes de los usuarios cuando se evalúan los costes del transporte.

El segundo componente del precio generalizado de un viaje según la expresión [4.1], es el valor monetario del tiempo empleado en dicho viaje. Aunque este elemento no necesariamente se traduce en un pago monetario, sí constituye siempre un coste para el usuario. Su importe se obtiene del producto del tiempo total invertido en el transporte por el valor de cada unidad de dicho tiempo. La duración total del viaje depende habitualmente de la distancia recorrida y de la velocidad a la que se viaja, y puede descomponerse a su vez en distintas etapas o trayectos más cortos (tiempo en el vehículo, tiempos de espera y tiempos intermedios). En general, el valor unitario del tiempo (v) dependerá del coste de oportunidad de éste para cada usuario y suele asociarse al salario, como veremos más adelante. También puede ser común entre usuarios o diferir entre ellos, a lo largo de distintos periodos o incluso en cada una de las etapas del viaje.

Finalmente, el tercer componente del precio generalizado del transporte es la valoración monetaria de los aspectos cualitativos de éste. A igualdad de precios y tiempos de viaje, un pasajero puede preferir un modo de transporte a otro o elegir un transportista frente a sus rivales, por factores relacionados, por ejemplo, con la comodidad o la seguridad ofrecidas. Sin embargo, suele resultar muy difícil cuantificar θ de forma objetiva con el fin de poder hacer comparaciones válidas entre individuos. Por esta razón, estos aspectos cualitativos suelen omitirse en el análisis formal de la demanda de transporte, considerando implícitamente —aunque tal vez no sea un supuesto correcto para algunos viajeros— que su impacto es insuficiente para alterar las decisiones ya basadas en p y vt. En el capítulo sobre externalidades se volverán a analizar algunas de las implicaciones de estos aspectos.

4.2.1 El modelo de decisión individual

Los fundamentos teóricos del concepto de precio generalizado y, por extensión, de la demanda individual de transporte, se encuentran en la teoría del comportamiento del consumidor. En ella se considera que cualquier individuo toma sus decisiones de consumo de manera racional, comparando distintas cestas de bienes y servicios y eligiendo finalmente aquella con la que obtiene la máxima utilidad o satisfacción personal dentro de las limitaciones o restricciones a las que esté sometido.

Al igual que ocurre con otros muchos bienes y servicios, las decisiones sobre transporte no sólo dependen de los precios y la renta, sino también del tiempo. Éste interviene de dos maneras: por un lado, realizar cualquier actividad requiere invertir cierto tiempo en ella; por otro, la renta de la mayoría de los individuos suele ser proporcional al tiempo dedicado a trabajar. De esta manera, aumentar el tiempo dedicado al trabajo, incrementa la renta, pero también reduce el tiempo disponible para realizar otras actividades. El problema del consumidor consiste en asignar sus dotaciones de tiempo y renta con el fin de obtener la máxima utilidad posible.

Formalmente, podemos considerar que la utilidad de cualquier individuo depende de las cantidades que consume de todos los bienes y servicios entre los que puede elegir (incluyendo el transporte), $U = U(x)$, donde x es una cesta de n bienes o servicios $(x_1, ..., x_n)$, perfectamente divisibles cuyos precios son $(p_1, ..., p_n)$ respectivamente. El supuesto de la divisibilidad no presenta excesivas dificultades para la mayoría de los bienes (si los medimos, por ejemplo, en kilogramos de comida, de ropa, etc.), pero no siempre resulta adecuado para las decisiones de transporte. En muchos casos estas decisiones tienen carácter discreto (utilizar o no un determinado medio de transporte, una ruta concreta, etc.), haciendo más difícil su tratamiento formal. Para evitar esta dificultad y simplificar el análisis supondremos por ahora que x es una magnitud divisible en unidades más pequeñas incluso para el transporte (toneladas-kilómetro o pasajeros-kilómetro transportados), aunque no siempre se trate de valores continuos (viajes realizados). Más adelante analizaremos las implicaciones de eliminar esta simplificación.

La elección entre cestas se enfrenta a dos limitaciones. En primer lugar, existe una restricción presupuestaria: el gasto monetario en consumo no puede superar la renta total disponible, $p_1 x_1 + ... + p_n x_n \leq m$, donde m suele descomponerse en una parte fija m_0 (por ejemplo, rentas no salariales) y una parte proporcional al tiempo de trabajo vt_w, donde v representa el valor unitario del tiempo.[1]

En segundo lugar, el individuo también se enfrenta a una restricción sobre su dotación total de tiempo T (por ejemplo, 24 horas al día), ya que debe distribuirlo entre el trabajo y el consumo: $T = t_w + t_1 + \ldots + t_n$, donde t_i es el tiempo requerido para consumir o realizar cada unidad de la actividad i.

El problema de elección del consumidor consiste por tanto en resolver:

$$\max_{x} \quad U(x)$$

$$\text{s.a} \quad \sum_{i=1}^{n} p_i x_i \leq m_0 + vt_w \qquad [4.2]$$

$$\sum_{i=1}^{n} t_i x_i + t_w = T,$$

suponiendo que x_i, p_i, t_i, t_w, v, $m_0 \geq 0$. Tanto los precios (p_i), como el salario (v) y la renta no salarial (m_0) son variables exógenas, fuera del control del consumidor. El tiempo de consumo individual de cada actividad (t_i), o el tiempo total ($T_i = t_i x_i$) tampoco dependen del individuo, aunque en algunas actividades (por ejemplo, el transporte por cuenta propia) el usuario sí podría afectar a una parte de ese tiempo. En tal caso, t_i debería interpretarse como el tiempo mínimo para realizar una actividad, sin que ello afecte a los resultados que se obtienen. Con respecto al tiempo de trabajo, t_w, éste tampoco constituye realmente una elección directa por parte del usuario en este modelo, ya que la determinación de todas las cantidades x_i, permite obtener por diferencia $t_w = T - (T_1 + \ldots + T_n)$. El tiempo de trabajo se determina calculando el tiempo total de ocio, es decir, el destinado al consumo, en lugar de a trabajar.

Sustituyendo este último valor de t_w en la restricción presupuestaria de [4.2], se obtiene

$$\sum_{i=1}^{n} p_i x_i \leq m_0 + v\left(T - \sum_{i=1}^{n} t_i x_i\right), \qquad [4.3]$$

es decir, una restricción total, completa o *generalizada* que refleja conjuntamente todas las limitaciones, monetarias y de tiempo, que condicionan la decisión individual. Reagrupando términos se obtiene:

$$\sum_{i=1}^{n} (p_i + vt_i) x_i \leq vT + m_0, \qquad [4.4]$$

---

[1] Este tipo de modelos, en los que la utilidad del individuo depende de su consumo de bienes y del tiempo tienen su origen en Becker, G., "A Theory of the Allocation of Time",

donde el lado izquierdo de esta expresión es el gasto total en consumo en términos del *precio generalizado* de cada bien o servicio. De acuerdo con la expresión [4.1] (considerando para simplificar que $\theta = 0$), este precio generalizado $g_i = p_i + vt_i$ refleja la valoración total del bien realizada por el consumidor, ya que tiene en cuenta tanto el dinero efectivamente pagado, como el valor del tiempo invertido en el consumo. Ambos elementos determinan conjuntamente la decisión de consumo del individuo.

De manera equivalente, el lado derecho de la expresión [4.4], $m = vT + m_0$, es la renta generalizada de este consumidor, es decir, la renta que éste obtendría (junto con la renta no salarial) si todo su tiempo estuviera dedicado al trabajo. Esta renta potencial delimita las posibilidades máximas de consumo de cualquier individuo y, si no existe saturación, se considera que éste determina las cantidades que consume de cada bien o servicio hasta agotar exactamente la totalidad de su renta generalizada.

4.2.2 La cantidad óptima de transporte

Matemáticamente, la solución del problema de optimización [4.2] que permite elegir la cesta óptima de consumo para el individuo requiere considerar esta restricción total o generalizada. A partir de ella puede construirse el lagrangiano

$$\ell(x,\lambda) = U(x_1,...,x_n) - \lambda\left(\sum_{i=1}^{n}(p_i + vt_i)x_i - m\right),$$ [4.5]

donde el multiplicador de Lagrange (λ) puede interpretarse como la utilidad marginal de la renta ($\lambda = \partial U / \partial m$) del individuo.

Las condiciones de primer orden asociadas a la maximización de [4.5] con respecto a λ y x son, respectivamente:

$$\frac{\partial \ell}{\partial x_i} = \frac{\partial U}{\partial x_i} - \lambda(p_i + vt_i) = 0, \quad (\text{para } i = 1,...,n)$$

$$\frac{\partial \ell}{\partial \lambda} = \sum_{i=1}^{n}(p_i + vt_i)x_i - m = 0.$$ [4.6]

La primera de estas ecuaciones resulta aplicable a cada uno de los posibles bienes y servicios entre los que tenga que elegir el individuo. Por ello, para

Economic Journal, 75, 1965, págs. 493-517. En ellos se supone implícitamente que el coste de oportunidad del tiempo es el salario, lo cual no es necesariamente cierto para todas las actividades realizadas por un individuo, como se verá más adelante.

cualquier par de actividades, (i, j), despejando λ de cada una de esas condiciones e igualándolas, se obtiene la condición de equilibrio que define la elección óptima del consumidor:

$$\frac{\left(\partial U/\partial x_i\right)}{\left(\partial U/\partial x_j\right)} = \frac{p_i + vt_i}{p_j + vt_j}.$$ [4.7]

El cociente de utilidades marginales en el lado izquierdo de esta expresión es la llamada relación marginal de sustitución entre x_i y x_j, y refleja la tasa a la que el individuo *está dispuesto* a sacrificar una unidad de un bien por una unidad del otro. El lado derecho es el cociente de precios generalizados y recoge la tasa a la que el individuo *debe* sacrificar dichas unidades. La expresión [4.7] indica que para maximizar su utilidad, el individuo debe determinar las cantidades consumidas de x_i y x_j de manera que ambas tasas coincidan.

Para analizar gráficamente cómo se produce la elección individual, consideraremos que únicamente existen dos bienes o servicios dentro de la cesta de consumo del individuo, es decir, $x = (x_1, x_2)$. En general, estas dos variables $(x_i \geq 0)$ podrían interpretarse como las cantidades demandas de transporte y otros bienes o servicios, o la elección entre dos posibles modos de transporte para viajar entre un punto y otro (eligiendo $x_i > 0$ para ambos bienes, en el caso de optar por transporte multimodal). La restricción [4.4] se expresaría ahora como $(p_1 + vt_1)\, x_1 + (p_2 + vt_2)\, x_2 = vT + m_0$, es decir, despejando x_2,

$$x_2 = \frac{vT + m_0}{p_2 + vt_2} - \left(\frac{p_1 + vt_1}{p_2 + vt_2}\right) x_1.$$ [4.8]

En la figura 4.1 se representa esta restricción generalizada como una línea recta que delimita el área $0ab$, correspondiente al máximo consumo posible de acuerdo con las restricciones monetarias y de tiempo, consideradas simultáneamente. El punto a, por ejemplo, corresponde al mayor consumo posible de x_2 si el individuo no consume nada de x_1. La pendiente de [4.8] viene dada por el cociente de precios generalizados,

$$\frac{dx_2}{dx_1} = -\frac{p_1 + vt_1}{p_2 + vt_2}.$$ [4.9]

Las curvas de indiferencia U_0 y U_1 reflejan niveles crecientes de utilidad para distintas cantidades consumidas de (x_1, x_2). Las curvas de indiferencia se construyen uniendo todas las cestas de consumo que proporcionan la misma satisfacción a un consumidor (por ejemplo, c y d en U_0) y su forma y propiedades matemáticas reflejan las características de las preferencias de éste. La pendiente de una curva de indiferencia (dx_2 / dx_1) en cualquier punto coincide con la relación marginal de sustitución que aparecía en la expresión [4.7]. Para comprobarlo, basta con diferenciar una curva de indiferencia $U_0 = U(x_1, x_2)$,

$$dU_0 = \frac{\partial U}{\partial x_1} dx_1 + \frac{\partial U}{\partial x_2} dx_2, \qquad [4.10]$$

y puesto que $dU_0 = 0$ (ya que la utilidad no varía a lo largo de una misma curva de indiferencia), se concluye que efectivamente $dx_2 / dx_1 = -(\partial U / \partial x_1)/(\partial U / \partial x_2)$.

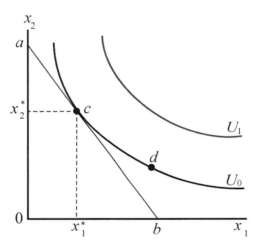

Figura 4.1. La elección individual óptima.

Gráficamente, si el consumidor desea alcanzar la máxima utilidad posible dentro del nivel de gasto generalizado que le permite su restricción [4.8] deberá situarse en la curva de indiferencia más alejada posible del origen que sea compatible con éste. En el punto c, donde se igualan las pendientes de las curvas de indiferencia y de la restricción generalizada, se satisface dicha condición. Fuera de ese punto, el individuo podría aumentar su utilidad consumiendo más del bien que sea relativamente más barato (en términos de precio y tiempo) en relación con la utilidad marginal que le genere, y menos del bien relativamente más caro.

El punto de equilibrio c determina las cantidades óptimas consumidas de ambos bienes o servicios (x_1^*, x_2^*) sin que resulte posible obtener más utilidad (con ese nivel de gasto) fuera de dicho punto. Indirectamente, también determina los tiempos totales invertidos en el consumo de cada actividad, ($T_1 = t_1 x_1{}^*$, $T_2 = t_2 x_2{}^*$), el tiempo dedicado al trabajo ($t_w{}^* = T - t_1 x_1{}^* - t_2 x_2{}^*$) y la renta salarial obtenida ($v t_w{}^*$).

A partir de los resultados anteriores es inmediato observar que cualquier modificación en el cociente de precios relativos altera la pendiente de la restricción generalizada a la que se enfrenta el consumidor. Así, si aumenta p_1 o t_1, el consumo del bien x_1 resulta relativamente más caro (en términos de precio o tiempo), por lo que, sin modificarse el punto *a* de la figura 4.1, la línea recta [4.8] tiene una mayor pendiente y encierra un área de consumo menor. Lo contrario ocurre si aumenta el precio generalizado de x_2, mientras que si p_i o t_i cambian en direcciones diferentes, su efecto sobre la pendiente resulta difícil de determinar.

Por otra parte, el efecto sobre el consumo de cambios en la renta generalizada (m) es diferente dependiendo de la fuente que genere dicho cambio: la renta no salarial o el valor del tiempo. En el primer caso, de acuerdo con [4.8], si aumenta (disminuye) la renta no salarial, m_0, la restricción generalizada se desplaza paralelamente hacia el exterior (interior), aumentando (disminuyendo) proporcionalmente las oportunidades de consumo.

Con respecto al valor del tiempo (v) resulta primero conveniente usar la simplificación $m_0 = 0$, y rescribir la restricción generalizada como:

$$x_2 = \frac{T}{\frac{p_2}{v}+t_2} - \left(\frac{\frac{p_1}{v}+t_1}{\frac{p_2}{v}+t_2} \right) x_1 . \qquad [4.11]$$

Esta expresión muestra que cuando aumenta el valor del tiempo, también lo hace el punto *a* de la figura 4.1 (como ocurría al cambiar m_0), ya que el denominador del cociente que lo define es más pequeño. Sin embargo, hay un efecto adicional: la pendiente de la restricción puede aumentar o disminuir dependiendo del cambio proporcional que se produce en cada precio generalizado (es decir $\Delta g / g$). Por ejemplo, un aumento de v reduce el precio generalizado de x_1 con relación a x_2 (y, por tanto, la pendiente) si:

$$\frac{t_1 \Delta v}{p_1 + v t_1} < \frac{t_2 \Delta v}{p_2 + v t_2}, \qquad [4.12]$$

es decir, simplificando,

$$\frac{t_1}{p_1 + v t_1} < \frac{t_2}{p_2 + v t_2}, \qquad [4.13]$$

si se cumple que la actividad x_1 es menos intensiva respecto al consumo de tiempo por unidad monetaria que la actividad x_2. Este análisis de estática comparativa, que permite deducir cómo varía la cantidad demandada ante modificaciones en los precios y la renta generalizados, da lugar a la función de demanda de transporte.

4.3 La función de demanda de transporte

La solución del problema de elección del consumidor que acabamos de analizar permite explicar cómo decide éste la cantidad que desea consumir de cualquier bien o servicio en función del precio del mismo, del precio de otros bienes y de su nivel de renta. Si denotamos ahora como q a la "cantidad" demandada de transporte, esta relación es la función de demanda individual de transporte, que puede expresarse formalmente como

$$q_i = q(g_i, g_j, m),$$ [4.14]

donde $g_i = p_i + vt_i$. La expresión [4.14] refleja cómo varía la cantidad demandada de la actividad de transporte i cuando lo hacen los precios o la renta generalizada. La cuantificación de cada una de esas modificaciones se analiza habitualmente a través del concepto de elasticidad.

4.3.1 La elasticidad de la demanda

La elasticidad de la demanda (q_i) respecto a cualquiera de las variables que la determinan (denotadas en general por y_i) puede definirse como el cociente entre el porcentaje en que cambia la cantidad demandada al cambiar alguna de las variables que influyen sobre ella, y el propio porcentaje de variación de dicha variable,

$$\varepsilon = \frac{\%\Delta q_i}{\%\Delta y_i},$$ [4.15]

aunque si las variaciones son infinitesimales, la expresión anterior se convierte en la habitual definición de la elasticidad:

$$\varepsilon = \frac{dx_i}{dy_i}\frac{y_i}{x_i}.$$ [4.16]

Si la demanda aumenta cuando disminuye la variable en cuestión, la elasticidad de la demanda es negativa. Por el contrario, si a medida que la variable aumenta, la cantidad demandada también aumenta, la elasticidad es positiva. Como consecuencia de la definición [4.15], la elasticidad de la demanda es (en valor absoluto) mayor que la unidad cuando un aumento de una variable incrementa más que proporcionalmente la cantidad demandada y es menor que la unidad en caso contrario. En el primer caso la demanda es elástica; en el segundo, inelástica.

Conocer si la demanda de transporte es más o menos elástica resulta muy útil tanto para la predicción de la misma (anticipando cómo variará la cantidad, por ejemplo si aumenta la renta), como para la evaluación del impacto de algunas políticas de transporte. Por ejemplo, es posible que una mejora en las condiciones de un servicio reduzca su precio generalizado y probablemente atraiga a más usuarios, pero también podría conllevar un mayor coste. Por ello, saber cuál es exactamente el valor de la elasticidad de la demanda respecto a tal mejora permite valorar dos cuestiones: primero, si los costes en que se incurre con la mejora se ven compensados con los ingresos derivados del aumento de la demanda; segundo, si hay otro atributo o característica del servicio o infraestructura que, con igual o menor dedicación de recursos permita obtener mejores resultados.

La elasticidad de la demanda con respecto a su propio precio. La magnitud más importante con respecto a la cual suele medirse la elasticidad de la demanda es su propio precio. Suele utilizarse el precio no generalizado p (en lugar de g) porque el impacto sobre la demanda de cambios en el tiempo de viaje suele medirse con su propia elasticidad, como se verá más adelante. De acuerdo con la definición [4.16], la elasticidad-precio de la actividad de transporte i puede escribirse como $\varepsilon_{ii} = (dq_i / dp_i)(p_i / q_i)$, y tiene signo negativo, ya que un precio mayor hace que los individuos deseen viajar menos y viceversa.

El cómputo de esta elasticidad suele estar afectado por la forma funcional de la función [4.14], ya que el primer componente de ε_{ii}, es decir, dq_i / dp_i no es más que la pendiente de dicha función. Si ésta es lineal su pendiente es constante, pero la elasticidad no lo es (depende de los valores concretos de p_i y q_i). Únicamente en los casos en los que la elasticidad-precio sea constante podrá concluirse de manera inequívoca que una función de demanda siempre es más o menos elástica que otra. Las funciones de demanda con elasticidad constante responden, en general, a una expresión del tipo:

$$q_i = A p_i^{-\eta}, \qquad\qquad [4.17]$$

donde se comprueba, de acuerdo con [4.16], que $\eta = \varepsilon_{ii}$ cualquiera que sea el valor de p_i y q_i. Este tipo de expresiones constituye la base de los numerosos estudios empíricos que han tratado de estimar econométricamente el valor de la elasticidad de la demanda a partir de datos sobre precios y cantidades demandadas. Así, tomando logaritmos en la expresión [4.17] se obtiene una expresión lineal, $\ln q_i = \beta - \eta \ln p_i + \xi$, donde $\beta = \ln A$, en la que la elasticidad-precio coincide con la pendiente y se ha añadido ξ como término de error aleatorio.

Con otras formas funcionales la expresión concreta de la elasticidad deja de ser constante. Por ejemplo, si la demanda fuera exponencial, $q_i = \exp(A - Bp_i)$, la elasticidad-precio, según [4.16], sería $-Bp_i$; mientras que si la forma funcional fuese una semi-logarítmica como $q_i = A - B\ln p_i$, entonces la elasticidad sería $-B(1 / q_i)$.

Las estimaciones empíricas de la elasticidad han optado entre estas formas funcionales o algunas de sus variantes. En el caso del transporte de viajeros resulta además habitual realizar la estimación de elasticidades-precio distinguiendo entre modos de transporte. Aunque no todos los resultados son comparables entre sí, debido a la utilización de distintas bases de datos y definiciones diferentes de las variables, la mayoría de los estudios concluyen que la demanda de utilización del vehículo privado es claramente inelástica, con valores sensiblemente inferiores a la unidad. En el transporte aéreo y ferroviario interurbano, el rango de valores obtenidos en las estimaciones presenta mayor dispersión, aunque sus magnitudes son generalmente superiores a la unidad en ambos modos. Con respecto a la elasticidad de la demanda de transporte público urbano de viajeros, las cifras obtenidas suelen encontrarse entre – 0,2 y – 0,5, aunque pueden aparecer cifras mayores dependiendo de la ciudad y del modo dominante en ella.

La elasticidad de la demanda con respecto al precio puede tomar valores muy diferentes dependiendo de cuál sea el motivo del viaje. Este hecho está relacionado con la obligatoriedad o no de realizar dicho viaje y con la posibilidad de aplazarlo o realizarlo en otro momento. En general, los viajes al trabajo o por motivos de negocio siempre presentan elasticidades inferiores a aquellos que se realizan por motivos de carácter personal (ocio, compras, etc.). También existen diferencias en la elasticidad de la demanda de transporte público respecto a su precio dependiendo de si el billete se compra directamente o se paga a través de cualquier tipo de abono. En este último caso, algunos estudios han demostrado que la demanda es menos elástica, debido a que esta forma de pago es empleada mayoritariamente por usuarios que utilizan mucho el transporte público y para los cuales hay pocas alternativas de viaje disponibles.

Finalmente, los efectos sobre la demanda producidos por cambios en los precios también pueden diferir a lo largo del tiempo. Una subida en las tarifas del transporte público puede generar una caída en la demanda de manera inmediata, pero este efecto podría suavizarse a medida que transcurre el tiempo. También podría ocurrir lo contrario. Los usuarios pueden seguir haciendo el mismo uso de los servicios debido a la existencia de restricciones de diversa naturaleza que les impiden reaccionar de forma inmediata, como la presencia de hábitos de consumo o la ausencia de alternativas con menor precio generalizado. A medida que estas restricciones van desapareciendo, el comportamiento de los individuos reflejará mejor los efectos derivados de las variaciones en los precios.

La elasticidad cruzada. La demanda de una actividad de transporte también se ve afectada por el precio y el nivel de servicio de las alternativas sustitutivas y complementarias que existan en el mismo mercado. La elasticidad cruzada mide precisamente cómo cambia la cantidad de viajeros o mercancías transportadas por un transportista (una compañía aérea, por ejemplo) o en un modo de transporte (todo el transporte aéreo), cuando se modifican los precios cobrados por otro transportista (una compañía aérea rival) o en otro modo de transporte alternativo.

Formalmente, de acuerdo con [4.16], la elasticidad cruzada de la actividad de transporte i con respecto a cambios en el precio de la actividad j puede expresarse como

$$\varepsilon_{ij} = \frac{dq_i}{dp_j} \frac{p_j}{q_i}. \qquad [4.18]$$

Cuando el valor de esta expresión es positivo, ambas actividades son sustitutivas entre sí, ya que el aumento del precio de una de ellas favorece a la otra al aumentar la cantidad de esta última. Por el contrario, existe complementariedad si el signo de [4.18] es negativo, dado que un aumento del precio de una de ellas perjudica también a la otra. El primer caso ocurre, por ejemplo, en la competencia entre compañías aéreas, mientras que el segundo se produce en el transporte multimodal. Cuando la elasticidad cruzada es cero no existe relación entre las actividades.

El procedimiento para estimar empíricamente las elasticidades cruzadas no difiere particularmente del utilizado con las elasticidades-precio. El punto de partida es una función de demanda similar a [4.17] (o a alguna de las otras variantes), a la que se añade un sumando que refleje —de manera logarítmica— la variable (o variables) con respecto a la cual se desea calcular la elasticidad cruzada.

Numerosos trabajos en la literatura han abordado este problema para la demanda de transporte de pasajeros. Como regla general, la mayoría de los valores obtenidos para las elasticidades cruzadas son muy pequeños (en muchos casos, inferiores a 0,1), especialmente en la relación entre el uso del vehículo privado y el precio de otros medios de transporte. Estos valores suelen ser tan pequeños que incluso un transporte público gratuito produciría sólo un pequeño cambio en el número de viajes realizados en transporte privado. Esto se debe a que el transporte público de pasajeros es mucho menos flexible respecto a las demandas individuales: no se trata de un servicio "puerta a puerta", sino que los viajeros tienen que adecuar sus preferencias a algunos itinerarios y horarios establecidos. Por esta razón, este tipo de transporte es menos atractivo que el transporte en vehículo privado y esto explica el escaso éxito de muchas políticas de transporte público en las que, a pesar de abaratar las tarifas y/o aumentar las frecuencias, no se ha logrado atraer a un número significativo de conductores privados.

Algunos trabajos han encontrado relaciones de complementariedad entre transporte público y privado, con valores negativos (aunque pequeños) de la elasticidad cruzada con respecto al precio. También suele ser pequeña la interrelación entre otros modos de transporte (por ejemplo, entre – 0,07 y 0,01 para el ferrocarril respecto al precio del autobús y el avión en determinadas rutas) y en otras ocasiones la relación depende de la longitud del viaje. Para distancias cortas y medias, los valores obtenidos para las elasticidades cruzadas varían entre 0,05 para el caso de la demanda de viajes en coche respecto al precio del tren, mientras que para largas distancias, un valor de referencia habitual es 0,4 cuando se compara el tren de alta velocidad respecto al precio del transporte aéreo.

La elasticidad con respecto a la renta. En el transporte de viajeros, la elasticidad-renta de la demanda se define como el cambio porcentual en el número de viajeros transportados cuando cambia un 1% la renta de estos, manteniendo constante el resto de factores:

$$\varepsilon_m = \frac{dq_i}{dm} \frac{m}{q_i}. \qquad [4.19]$$

Normalmente se utiliza la renta no generalizada analizando por separado el impacto del tiempo sobre la demanda. En general, la elasticidad-renta suele ser positiva. Si $\varepsilon_m > 1$ el número de viajes aumenta más que proporcionalmente que la renta; esto ocurre con los bienes de lujo (como los cruceros o los automóviles de gran cilindrada). Tanto en el transporte privado como en el transporte aéreo el número de viajes realizados anualmente o los kilómetros recorridos suelen ser mayores cuanto mayor es la renta de un país, y frecuentemente con valores superiores a la unidad.

El autobús y, en algunos países, el ferrocarril convencional reduce su demanda cuando la renta aumenta, por lo que el valor de la expresión [4.19] es en estos casos negativo. Sin embargo, algunos estudios han ofrecido resultados contradictorios. Esto se debe a que a medida que los usuarios disponen de mayor riqueza abandonan estos medios de transporte por otros más cómodos o flexibles. Pero, simultáneamente, entre los usuarios de más bajos ingresos, también puede ocurrir que un pequeño aumento en la renta les permita viajar más en transporte público (en lugar de utilizar la bicicleta o caminar), por lo que la elasticidad-renta podría ser finalmente positiva.

4.3.2 Demanda agregada y excedente del consumidor

La estimación de las distintas elasticidades permite conocer cuantitativamente cómo varía la demanda individual de transporte cuando lo hacen los precios o la renta de los individuos. Este mismo concepto es aplicable a la demanda de mercado, que se obtiene sumando para cada posible precio generalizado, la cantidad demandada por cada uno de los individuos que hay en ese mercado, manteniendo constante la renta y el precio de los otros bienes. Esta demanda, denotada por $q(g)$ relaciona la cantidad total de transporte (o viajes realizados diariamente, semanalmente, etc.) con el precio generalizado de realizar cada viaje, $g = p + vt$ (prescindiendo una vez más del resto de componentes cualitativos del precio generalizado).

Consideremos, por ejemplo, la demanda de un servicio de autobuses urbanos en una determinada ruta. Si suponemos que durante una determinada semana no varían la renta ni los precios generalizados del resto de bienes, la demanda de transporte público en este mercado dependerá únicamente del precio generalizado de cada viaje, $q(g) = q(p + vt)$, con $dq/dg < 0$. En otras palabras, los individuos utilizarán menos el transporte público cuanto más alto sea su correspondiente precio generalizado y viceversa. Alternativamente, la expresión anterior podría interpretarse de forma inversa, relacionando el precio generalizado, con la cantidad total de viajes en transporte público, $g(q)$.

La figura 4.2 representa esta demanda inversa como una línea recta $g(q)$. Debajo de ella se encuentra la función de demanda inversa que depende únicamente de los precios (excluyendo el valor monetario total del tiempo de tiempo de viaje, vt). Bajo el supuesto simplificador de que ni el valor del tiempo, ni el propio tiempo de viaje varían con el número de viajes realizados (es decir, $dv/dq = 0$ y $dt/dq = 0$), ambas funciones son paralelas y la diferencia vertical entre ellas para cualquier número de viajes, $g(\cdot) - p(\cdot)$, es siempre constante e igual a vt de acuerdo con la definición inicial [4.1].

La relación entre la función de demanda basada en el precio generalizado y la función de demanda ordinaria permite analizar con detalle cuál es el valor real que los individuos atribuyen a su demanda de transporte. En general, para cualquier número de viajes q_0, la distancia entre el eje horizontal y el valor de la función $p(q_0)$ representa el precio que el viajero estaría dispuesto a pagar como máximo por el último viaje que realiza en el intervalo o número de viajes comprendido entre $[0, q_0]$. De la misma manera, la altura entre un número de viajes q_0 y el valor de la función $g(q_0)$ indica lo máximo que los consumidores estarían dispuestos a "pagar" por dichos viajes en términos de precio generalizado.

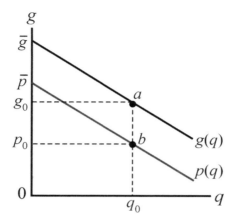

Figura 4.2. Precio generalizado y demanda de transporte.

De acuerdo con este razonamiento, la figura 4.2 muestra que el *precio de reserva* o máximo que un individuo estaría dispuesto a pagar por realizar un solo viaje sería igual a $\bar{p}$, mientras que $\bar{g}$ sería su correspondiente *precio de reserva generalizado*. Estos valores indican la valoración máxima que los consumidores conceden al hecho de realizar un único viaje. Cuando, en lugar de realizar un solo viaje, se realizan q_0 viajes, su beneficio bruto generalizado o valoración monetaria total de todos los viajes realizados es igual al área entre 0 y q_0 situada por debajo de la función $g(q)$, es decir, $0\,\bar{g}aq_0$. Sin embargo, el coste en el que los usuarios incurren realmente para realizar ese viaje viene dado por el precio generalizado "pagado" por todos ellos (g_0) y es equivalente al área $0g_0aq_0$, que incluye el pago de la tarifa $(0p_0bq_0)$ y el valor del tiempo consumido (p_0g_0ab).

La diferencia entre la valoración total del consumo de transporte realizado y el coste real que supone éste para los usuarios se denomina *excedente del consumidor* (EC). En la figura 4.2 este excedente es igual al área del triángulo $\bar{g}ag_0$, y es equivalente también al área $\bar{p}bp_0$, debido a que ambas funciones de demanda son paralelas. Formalmente:

$$EC(q_0) = \int_{g_0}^{\overline{g}} q(g)\, dg = \int_{P_0}^{\overline{p}} q(p)\, dp \,, \qquad\qquad [4.20]$$

teniendo en cuenta que la integral definida se interpreta como el área debajo de una función delimitada por los límites de integración.

Parece evidente que para la estimación del excedente del consumidor ambas aproximaciones serían idénticas. Sin embargo, si estamos interesados en evaluar el beneficio bruto de realizar un determinado número de desplazamientos, la función de demanda tradicional, $p(q)$, en realidad lo subestimaría, ya que ignora parte de lo que el usuario está dispuesto a pagar realmente, es decir, el área $\overline{g}ab\overline{p}$, que es equivalente al área g_0bap_0.

Este resultado permite establecer, finalmente, dos consecuencias importantes. En primer lugar, en la valoración de la cantidad demandada de transporte por parte de los usuarios del mismo debe utilizarse la función de demanda definida en relación con el precio generalizado, $g(q)$. Esto es particularmente relevante en los problemas de tarificación y regulación que serán analizados en los próximos capítulos, ya que de lo contrario podrían infravalorarse las decisiones de los consumidores. En segundo lugar, la pendiente de esa función de demanda puede tener más importancia en comparación con la pendiente de la demanda tradicional de lo que indica la figura 4.2. Si el tiempo o su valor cambiaran con el número de viajes ($dv / dq \neq 0$ y $dt / dq \neq 0$), ambas funciones dejarían de ser paralelas y se rompería la igualdad [4.20] en la que se basa el cálculo del excedente del consumidor. Esto hace que sea necesario un estudio más detallado de cómo afecta el valor del tiempo a la determinación del precio generalizado.

4.3.3 Demanda de transporte y decisiones discretas de consumo

Aunque muchas decisiones de demanda de transporte pueden describirse a través del modelo de decisión individual sobre bienes divisibles que hemos utilizado hasta ahora, existen otras decisiones que siempre tienen carácter discreto, es decir, de elección excluyente entre distintas alternativas disponibles. La elección del modo de transporte, de la ruta u horario preferido o incluso del origen o destino del viaje implica optar por una alternativa concreta frente a otras, sin que sea posible consumir simultáneamente más de una opción. Estas decisiones discretas son del tipo "todo o nada" por lo que no admiten cambios pequeños en las cantidades consumidas. Esto obliga a adaptar el modelo que describe el comportamiento del individuo y la consiguiente obtención de la demanda de transporte que hemos realizado a partir de él.

Consideremos de nuevo el individuo de la sección anterior, cuya utilidad dependía del consumo de una cesta de bienes y servicios. Para simplificar, supondremos ahora que dicha cesta se compone únicamente de dos tipos de bienes: transporte y "resto de bienes". Mientras que estos últimos son perfectamente divisibles (por lo que la elección de la cantidad consumida se realiza de la misma manera que fue descrita en la sección anterior), la decisión sobre transporte es de naturaleza discreta y se concreta en la elección del medio de transporte (automóvil particular o autobús) que el individuo prefiere para viajar. Denotaremos por x la cantidad de "resto de bienes" elegida por el consumidor mientras que la decisión sobre transporte se representa por dos variables, q_A y q_B tales que:

$$q_A = \begin{cases} 1 \text{ } si \text{ elige automóvil} \\ \\ 0 \text{ } si \text{ no elige automóvil} \end{cases} \qquad q_B = \begin{cases} 1 \text{ } si \text{ elige autobús} \\ \\ 0 \text{ } si \text{ no elige autobús,} \end{cases}$$

donde $q_A = 1 - q_B$ debido a que únicamente existen dos alternativas.

De manera similar a como hicimos en [4.2], la elección del individuo en este contexto puede representarse como un problema de maximización de una función de utilidad $U(q_A, q_B, x)$ sujeta a una restricción presupuestaria generalizada parecida a la descrita en [4.4], donde g_A, g_B y g son los respectivos precios generalizados y m la renta. La solución de este problema proporciona tres funciones de demanda individual,

$$\begin{aligned} q_A &= q_A(g_A, g_B, g, m) \\ q_B &= q_B(g_A, g_B, g, m) \\ x &= x(g_A, g_B, g, m), \end{aligned} \qquad [4.21]$$

aunque con la importante diferencia de que, ahora, o bien $q_A = 1$ y $q_B = 0$ o, alternativamente, $q_A = 0$ y $q_B = 1$. Es decir, las decisiones de transporte discretas son mutuamente excluyentes.

La exclusión de una alternativa de transporte frente a otra significa que el individuo, tras valorar cada una de las opciones disponibles, ha elegido finalmente aquella que le proporciona mayor utilidad o satisfacción dados los precios de cada una, la renta generalizada, así como las cantidades consumidas de otros bienes. Esta idea suele representarse a través de la llamada función de utilidad indirecta, obtenida tras sustituir las cantidades calculadas en [4.21] en la función de utilidad inicial o "directa", $U(q_A, q_B, x)$:

$$V(g_A, g_B, g, m) = U\big[q_A(g_A, g_B, g, m), q_B(g_A, g_B, g, m), x(g_A, g_B, g, m)\big].$$
$$[4.22]$$

La función de utilidad indirecta refleja la máxima satisfacción que un consumidor puede obtener al elegir una determinada cesta de bienes. De acuerdo con las propiedades de la función de demanda, esta satisfacción está relacionada positivamente con la renta del consumidor y negativamente con los precios generalizados.

Cuando las decisiones se refieren a variables discretas, la función de utilidad indirecta proporciona una forma muy útil de describir el comportamiento del consumidor. En nuestro modelo, si el individuo decide viajar en su automóvil privado en lugar de en autobús (es decir, $q_A = 1$ y $q_B = 0$) ello se debe a que

$$V_A(g_A, g_B, g, m) > V_B(g_A, g_B, g, m), \qquad [4.23]$$

donde $V_A(\cdot)$ y $V_B(\cdot)$ son respectivamente las utilidades indirectas que obtiene en cada modo. La elección del autobús frente al automóvil requerirá que la desigualdad [4.23] se satisfaga en sentido contrario.

La modificación del sentido de esta desigualdad dependerá de cambios en las condiciones que determinaron inicialmente la elección del individuo (que incluyen no sólo el precio y la renta generalizada, sino en general el resto de determinantes de la demanda individual de transporte presentados en el cuadro 4.1). Cuando se altera alguna de las variables que afectan a la decisión inicial, los consumidores no ajustan ligeramente su cantidad consumida (como ocurría con los bienes perfectamente divisibles), sino que cambian de una alternativa a otra. La demanda agregada de un modo de transporte u otro vendría entonces dada por el número total de consumidores que, para unas condiciones concretas, eligen el autobús o el automóvil privado.

Una implicación importante de esta idea es que la función de demanda agregada correspondiente a este tipo de decisiones discretas es similar a la utilizada anteriormente para bienes perfectamente divisibles. La demanda de transporte por autobús, por ejemplo, podría representarse por una expresión del tipo $q(g)$ o $g(q)$ como la vista en la figura 4.2, donde q sería el número total de individuos que optan por este medio de transporte para cada posible precio generalizado (manteniendo constante la renta y el resto de factores determinantes de la demanda). De la misma forma, el análisis del excedente del consumidor visto anteriormente también sería aplicable en este caso.

El modelo de utilidad aleatoria. Hay una segunda implicación de la desigualdad [4.23] y, en general, de la utilización de funciones de utilidad indirecta, que resulta particularmente importante en el análisis empírico de las decisiones discretas de transporte. Se trata del hecho —no considerado hasta ahora— de que las preferencias de los individuos pueden diferir notablemente entre ellos. Por ejemplo, algunos usuarios pueden sentirse más inclinados a viajar en transporte público frente al transporte privado, mientras que otros pueden preferir determinadas rutas u horarios concretos. Si todos los individuos compartiesen las mismas preferencias, todos ellos optarían por un modo frente a otro, y cambiarían todos simultáneamente de alternativa elegida cuando se alterasen significativamente las condiciones de la decisión inicial. Esto daría lugar a que alguna demanda agregada fuese cero, lo cual no concuerda con la realidad.

El modelo de utilidad aleatoria permite reconciliar el análisis teórico presentado anteriormente con la observación de que, en una muestra cualquiera de $h = 1, ..., H$ individuos, algunos de ellos eligen un modo de transporte mientras que otros optan por otro modo. Para ello, es necesario añadir a la función de utilidad indirecta del individuo h un término aleatorio que represente sus preferencias:

$$V = V(g,m) + \xi_h = V(p,v,t,m) + \xi_h . \qquad [4.24]$$

Mientras que $V(g, m)$ es la parte de la función de utilidad indirecta que depende de variables observables (precios y renta generalizada), el término ξ_h constituye un efecto individual inobservable que se distribuye de manera aleatoria entre los individuos por lo que, en el mejor de los casos, únicamente se conoce en términos de probabilidad. Por tanto, para un individuo cualquiera seleccionado al azar, la decisión discreta de qué modo de transporte elige puede representarse de manera equivalente como la probabilidad de elegir una alternativa frente a otra. De acuerdo con la expresión [4.23], esto equivale a la probabilidad de que la utilidad indirecta de una alternativa sea superior a otra, por lo que la probabilidad de elegir viajar en automóvil es, por ejemplo:

$$\text{Prob}(A) = \text{Prob}(V_A > V_B) = \text{Prob}\left[\left(V_A(g,m) + \xi_A\right) > \left(V_B(g,m) + \xi_B\right)\right], \qquad [4.25]$$

donde ξ_A y ξ_B son respectivamente las preferencias (no observadas) de individuos que han elegido automóvil y autobús. Operando en la expresión anterior puede escribirse finalmente

$$\text{Prob}(A) = \text{Prob}\left[\xi_B - \xi_A < V_A(g,m) - V_B(g,m)\right], \qquad [4.26]$$

y de manera análoga con respecto a la probabilidad de viajar en autobús, Prob(B). La expresión [4.26] constituye el principal resultado del modelo de utilidad aleatoria ya que proporciona la base para la estimación empírica de numerosos modelos de demanda de transporte, como veremos más adelante. Para ello únicamente se requiere especificar la distribución de probabilidad seguida por $\xi_B - \xi_A$ y las variables a incluir dentro de la especificación de la función de utilidad.

Finalmente, obsérvese que los conceptos de elasticidad desarrollados anteriormente siguen siendo válidos en este contexto de elecciones discretas. Para ello basta únicamente con reinterpretar los cambios en la cantidad demandada como cambios en la probabilidad de elegir un modo frente a otro en respuesta a cambios en los precios o la renta. Así, las elasticidades con respecto al propio precio y cruzadas definidas a partir de [4.16] serían:

$$\varepsilon_{AA} = \frac{d\,\text{Prob}(A)}{dp_A}\frac{p_A}{\text{Prob}(A)} \qquad \varepsilon_{BA} = \frac{d\,\text{Prob}(B)}{dp_A}\frac{p_A}{\text{Prob}(B)}, \qquad [4.27]$$

respectivamente, definiéndose de manera análoga la elasticidad-renta. Este tipo de expresiones son útiles para cuantificar el efecto total de un incremento de precios sobre todos los modos mediante, por ejemplo, una suma ponderada de las elasticidades en la que la ponderación viene dada precisamente por la probabilidad de elegir cada modo, con $\text{Prob}(A) = 1 - \text{Prob}(B)$. El efecto total de un cambio en el precio de viajar en automóvil sería entonces $\varepsilon_A = \text{Prob}(A)\varepsilon_{AA} + \text{Prob}(B)\varepsilon_{BA}$, expresión que es igual a cero si todos los viajeros perdidos por un modo de transporte se trasladan al otro y viceversa.

4.4 El tiempo en la demanda de transporte

En el análisis realizado hasta ahora hemos considerado el valor total del tiempo de viaje (*vt*) de manera agregada, como un simple sumando que se añadía a la tarifa pagada por el usuario al calcular el precio generalizado del transporte. Sin embargo, cada uno de sus dos componentes —la duración total del viaje y el valor unitario del tiempo para el usuario— requiere un tratamiento más detallado en el estudio de la demanda de transporte.

4.4.1 La desagregación del tiempo total de viaje

En primer lugar, el tiempo total invertido en cualquier desplazamiento (*t*), puede descomponerse de acuerdo con las diferentes fases o etapas del viaje. Aunque existen clasificaciones alternativas, suelen distinguirse al menos tres componentes: el tiempo de viaje en el vehículo (t_v), el tiempo de espera (t_e) y los tiempos de acceso (t_a, t'_a), de manera que:

$$t = t_v + t_e + t_a + t'_a. \qquad [4.28]$$

La figura 4.3 representa esquemáticamente cada uno de estos tiempos desde el momento en que el viajero (o la mercancía) parte de su origen hasta alcanzar su destino.

El *tiempo de viaje* en el vehículo (t_v) incluye el periodo transcurrido desde que el pasajero sube al vehículo (autobús, avión, barco o incluso el automóvil privado) hasta que lo abandona. En el caso de mercancías es el tiempo que media entre la recepción y la entrega. Si el vehículo realiza paradas o escalas antes de llegar al destino final, t_v puede descomponerse a su vez en uno (o varios) tiempo(s) de funcionamiento y uno (o varios) tiempo(s) de parada.

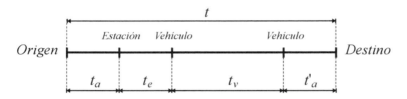

Figura 4.3. Componentes del tiempo total de viaje.

El tiempo de funcionamiento o circulación depende de la velocidad del vehículo y de la distancia existente entre paradas. Dicha velocidad puede verse afectada por las características técnicas del vehículo (por ejemplo, la potencia del motor), por razones económicas (a mayor velocidad se consume más combustible, por lo que puede resultar rentable una velocidad comercial inferior a la velocidad máxima que permita el motor), por la regulación (límites de velocidad, impuestos externamente o por el propio conductor del vehículo) o las condiciones del tráfico (existencia o no de congestión). En el transporte regular de viajeros (principalmente, en autobuses y trenes) las empresas proveedoras de servicios utilizan estos factores para estimar los tiempos de funcionamiento y deducir a partir de ellos los horarios en cada ruta, muchas veces con precisión de minutos. Si dichas estimaciones se cumplen, el viaje se realiza con puntualidad; en caso contrario, aparecen demoras o adelantos sobre el tiempo previsto.

Los tiempos de parada también deben ser incluidos en las estimaciones anteriores. Éstos dependen del número de viajeros o del volumen de carga, de las características de ambos (edad y movilidad, o fragilidad y peligrosidad, respectivamente) y de la mayor o menor facilidad de acceso a los vehículos. En el transporte de mercancías, los tiempos de carga y descarga se ven afectados por la cantidad y calidad de los recursos utilizados para dicha labor (número de cargadores, grúas, etc.).

El *tiempo de espera* (t_e) en un viaje incluye el periodo que transcurre desde que el viajero o las mercancías están dispuestas para abordar el vehículo hasta que efectivamente lo hacen. En principio, podría considerarse que el tiempo de parada (incluido en t_v) es también un tiempo de espera (mientras se reemprende el movimiento, o mientras se espera que el vehículo comience a moverse o se detenga definitivamente). Sin embargo, este último suele reservarse para actividades complementarias al propio acto de transporte, como la adquisición de billetes en las taquillas, la facturación, la propia espera en los andenes, estaciones o terminales, etc. Estas actividades tienen lugar antes de acceder al vehículo, pero en algunos casos (por ejemplo, la recogida de equipaje o los trámites administrativos tras la descarga de mercancía) tienen lugar después o incluso dentro del propio vehículo (pago directo en autobuses urbanos).

La duración de los tiempos de espera puede deberse a factores aleatorios (retrasos o adelantos no previstos sobre el tiempo estimado) o la duración mínima de ciertas actividades obligatorias (por ejemplo, el recorrido entre paradas de los ferrocarriles metropolitanos). Estas últimas dependen de la propia configuración de la red de transporte (por ejemplo, los tiempos de espera en las conexiones aéreas en un sistema *hub-and-spoke*). En el transporte regular, los tiempos de espera pueden ajustarse cambiando las frecuencias del servicio. En ocasiones, un mayor número de usuarios puede generar un aumento de frecuencias que reduzca los tiempos totales, generando el llamado "efecto Mohring" que se discutirá en el próximo capítulo. Todo esto hace que la estimación de los tiempos de espera resulte mucho más difícil que la del resto de tiempos del viaje.

El tercer componente del tiempo total son los *tiempos de acceso* (t_a), que incluye lo que se tarda desde el punto exacto de origen (casa, trabajo, otros lugares) hasta que comienza el tiempo de espera y desde que éste termina tras descender del vehículo hasta alcanzar el punto exacto de destino (casa, trabajo, otros lugares). El tiempo de acceso abarca el camino hasta el lugar donde se aborda el vehículo (una parada de autobús, una estación de tren, o donde se encuentra aparcado el coche) y desde allí hasta el destino final. La diversidad de orígenes y destinos entre distintos usuarios hace que muchas veces no se computen estos tiempos como parte integrante del viaje, y se hable en su lugar de tiempo "centro a centro" tomando un origen y destino genérico para todos los viajeros. Sin embargo, cuando las distancias totales recorridas son relativamente cortas, los tiempos de acceso tienen un peso relativo muy alto, resultando fundamentales en cualquier valoración del precio generalizado.

Finalmente, es importante observar que en muchas actividades de transporte no resulta inmediato distinguir los límites entre cada uno de los tres componentes anteriores del tiempo. En estos casos el esquema representado en la figura 4.3 puede orientarnos en la clasificación escogida: los tiempos de acceso incluyen desde el origen hasta la infraestructura y desde ésta al destino. Los tiempos de espera abarcan desde la infraestructura al vehículo y viceversa, además de los tiempos en las paradas intermedias. El resto del tiempo total del transporte será siempre tiempo en el vehículo.

4.4.2 Fundamentos teóricos del valor del tiempo

En la mayoría de las ocasiones la determinación de la cantidad total de tiempo que un usuario invierte en el transporte y la desagregación de dicho tiempo en sus distintos componentes es sólo el primer paso en el cómputo del precio generalizado que supone para ese usuario realizar tal actividad. El paso siguiente consiste en la asignación de un valor a dicho tiempo. Esta cuantificación siempre resulta difícil, porque el tiempo es un recurso limitado que puede ser asignado de forma diferente por cada persona según sus circunstancias. Estos dos elementos, la escasez y la forma de asignación, son precisamente los que determinan el valor del tiempo.

Valor del tiempo y escasez. El fundamento teórico de cualquier medición del valor del tiempo se encuentra de nuevo en el modelo de comportamiento del consumidor individual analizado en la sección anterior. El tiempo aparece en dicho modelo como un recurso escaso que debe ser distribuido entre el consumo y el trabajo. Esta escasez de la dotación inicial de tiempo (por ejemplo, 24 horas al día) impone una limitación adicional al consumidor que, junto con la habitual restricción presupuestaria, afecta a su problema de maximización de la utilidad. Ambas restricciones están relacionadas entre sí, ya que el tiempo puede ser convertido en dinero reduciendo el consumo y asignando más horas al trabajo.

Esta relación proporciona una primera valoración implícita del tiempo, que es la que hemos venido utilizando hasta ahora en este capítulo. El "precio" o valor del tiempo es simplemente el valor monetario de cada hora de trabajo, es decir, el salario (por hora). Este valor coincide con el coste de oportunidad que se genera para un individuo cuando éste decide invertir su tiempo en cualquier actividad de consumo en lugar de trabajar. El tiempo destinado a dicha actividad (de ocio) debe valorarse de acuerdo con el salario, ya que esa sería precisamente la cantidad de dinero que se habría obtenido en caso de trabajar, con la cual el individuo habría podido incrementar su consumo y, por tanto, su utilidad.

Sin embargo, en muchas ocasiones ocurre que el tiempo empleado en realizar cada actividad puede proporcionar también utilidad o desutilidad por sí mismo, dependiendo del tipo de actividad concreto que se realice. No se valora de igual modo el tiempo empleado en la cola de un supermercado, que el tiempo de proyección de una película de cine. Esto sugiere que el valor del tiempo no sólo depende de su escasez, sino también de su propia asignación entre distintas actividades: el individuo podría estar asignando más tiempo a algunas actividades en las que realmente desearía "gastar" menos tiempo y al contrario, desear "disfrutar" más de actividades a las cuales les está dedicando ahora menos tiempo del deseado.

Valor del tiempo y asignación por actividades. Para analizar cómo afecta la asignación del tiempo al bienestar de los individuos resulta necesario modificar el modelo de decisión individual presentado anteriormente. Ahora consideraremos que cada individuo deriva su utilidad no sólo del consumo de una cesta de actividades (cuyas cantidades se denotan por x_i), sino también del tiempo total (representado por t_i) que tiene que destinar a dicho consumo y a trabajar (t_w). Formalmente, el problema de decisión individual consiste en maximizar la función de utilidad:[2]

$$U(x,t) = U(x_1,...,x_n;t_1,...,t_n;t_w), \qquad [4.29]$$

sometida a varias restricciones. En primer lugar, la habitual restricción presupuestaria puede expresarse de nuevo como:

$$\sum_{i=1}^{n} p_i x_i \leq v t_w + m_0, \qquad [4.30]$$

donde el lado izquierdo corresponde al gasto total, que debe ser igual o inferior a la renta total, definida en el lado derecho como la suma de la renta salarial y no salarial del individuo.

En segundo lugar, los consumidores deben distribuir su tiempo disponible como mínimo entre las distintas actividades y el tiempo dedicado al trabajo:

$$\sum_{i=1}^{n} t_i + t_w \leq T. \qquad [4.31]$$

Finalmente, en tercer lugar, puede ocurrir que algunas actividades requieran cierto tiempo mínimo necesario para realizarlas. Estas restricciones "tecnológicas" adoptan, para cada actividad $i = 1, ..., n$, la forma genérica

$$t_i \geq a_i x_i, \qquad [4.32]$$

---

[2] Esta forma de representar la utilidad individual fue propuesta por De Serpa, A., "Theory of the Economics of Time", *Economic Journal,* 81, 1971, págs. 233-246.

donde se supone que el tiempo mínimo necesario para realizar la actividad i es directamente proporcional (mediante el coeficiente a_i) a la cantidad consumida, aunque el individuo podría destinar a ella más tiempo del mínimo necesario.

Este problema de optimización es una generalización del presentado al comienzo del capítulo para variables continuas. La principal diferencia, además de la presencia del tiempo dentro de la función de utilidad, es la desagregación de las restricciones de tiempo en [4.31] y [4.32], que permitirán determinar si el tiempo destinado a una actividad es más o menos del deseado. Además, ahora el tiempo de trabajo se determina directamente, en lugar de calcularlo por la diferencia entre el tiempo total disponible (T) y el tiempo dedicado al consumo. Este último no coincide necesariamente con el tiempo de ocio.

Matemáticamente, la resolución de este problema requiere construir un lagrangiano similar al presentado en la expresión [4.5], incorporando a él las restricciones [4.30], [4.31] y [4.32]:

$$\ell(x,t,\lambda,\mu,\phi_i) = U(x,t) - \lambda\left(\sum_i p_i x_i - v t_w - m_0\right) - \mu\left(\sum_i t_i + t_w - T\right) + \sum_i \phi_i(t_i - a_i x_i),$$
[4.33]

cuyos multiplicadores, denotados por λ, μ, y ϕ_i, se interpretan ahora, respectivamente, como las utilidades marginales de la renta, del tiempo total disponible, y de una reducción o ahorro en el tiempo mínimo que se dedica a cada actividad.

La condición de primer orden correspondiente a x_i en este problema viene dada por la expresión:

$$\frac{\partial \ell}{\partial x_i} = \frac{\partial U}{\partial x_i} - \lambda p_i - \phi_i a_i = 0,$$
[4.34]

que ahora añade a la expresión equivalente del modelo básico visto al comienzo de este capítulo la restricción tecnológica sobre el tiempo mínimo de consumo de cada actividad (a_i), ponderada según el valor del multiplicador ϕ_i.

Con respecto al tiempo de trabajo, la decisión óptima del individuo está determinada por la condición

$$\frac{\partial \ell}{\partial t_w} = \frac{\partial U}{\partial t_w} - \lambda v - \mu = 0,$$
[4.35]

que tiene en cuenta tres efectos: la utilidad marginal de dicho tiempo, el salario (valorado de acuerdo con la utilidad marginal de la renta, λ) y el efecto (negativo) de t_w sobre el tiempo total disponible (medido a través del multiplicador μ).

Las dos condiciones anteriores caracterizan las propiedades de los valores óptimos de x_i, t_w. Sin embargo, dichos valores se encuentran afectados por una tercera condición, la que permite determinar cuál es el tiempo óptimo que el individuo desearía dedicar a cada actividad en particular. Para cada $i = 1, ..., n$, este tiempo se calcula a través de la derivada:

$$\frac{\partial \ell}{\partial t_i} = \frac{\partial U}{\partial t_i} - \mu + \phi_i = 0,$$
[4.36]

de donde, dividiendo ambos lados entre λ y reordenando, se obtiene la condición de equilibrio:

$$\frac{\mu}{\lambda} = \frac{\left(\partial U \middle/ \partial t_i\right)}{\lambda} + \frac{\phi_i}{\lambda}.$$
[4.37]

La expresión [4.37] permite descubrir tres matices diferentes incluidos dentro de lo que habitualmente denominamos "valor del tiempo":

1. En primer lugar, el lado izquierdo de esta expresión es el cociente entre la utilidad marginal del tiempo disponible y la utilidad marginal de la renta. Esta relación marginal de sustitución entre tiempo y renta es el valor del tiempo *como recurso* disponible para el consumidor y podría interpretarse como el "precio-sombra" que estaría dispuesto a pagar el individuo por aumentar su tiempo disponible en una unidad. De nuevo, se trata de la idea de escasez: el tiempo tiene valor para los individuos en tanto en cuanto que éstos disponen de dotaciones limitadas del mismo, ya que si el tiempo disponible fuera infinito el multiplicador μ sería cero y el valor del tiempo también sería cero.
2. En segundo lugar, de acuerdo con la expresión [4.37] el tiempo también tiene valor para el individuo en la medida en que éste pueda asignarlo a unas actividades u otras. Ese valor del tiempo *como bien de intercambio* viene dado por el cociente entre la utilidad marginal del tiempo total asignado a cada actividad ($\partial U / \partial t_i$) y la utilidad marginal de la renta.
3. Finalmente, el último sumando de la expresión [4.37], ϕ_i / λ, refleja cuál es el *valor del ahorro de tiempo* (en relación a la utilidad marginal de la renta) cuando se realiza la actividad i. Este elemento es particularmente relevante en la demanda de transporte y está relacionado con el hecho de que se utilice en una actividad más o menos tiempo del estrictamente necesario.

El valor del tiempo en las actividades de transporte. El análisis detallado de las expresiones anteriores requiere distinguir entre las llamadas "actividades de ocio" y "actividades intermedias". Las actividades de ocio se caracterizan porque los individuos destinan a ellas más tiempo del estrictamente necesario para su consumo, porque obtienen algún tipo de utilidad o satisfacción adicional al realizarlas. En ellas la restricción "tecnológica" [4.32] no resulta vinculante, haciendo que su multiplicador sea igual a cero en el equilibrio ($\phi_i = 0$).

Según [4.37], en las actividades de ocio el valor del tiempo "como recurso" coincide con su valor "como bien de intercambio":

$$\frac{\mu}{\lambda} = \frac{1}{\lambda}\frac{\partial U}{\partial t_i}. \qquad [4.38]$$

Por lo tanto, y aunque el tiempo sigue teniendo valor (ya que es escaso), el individuo no estará dispuesto a pagar por ahorrar tiempo dedicado a una actividad de ocio, ya que no podría aumentar su utilidad con ello. Aunque el valor marginal del tiempo de ocio puede no ser nulo, el valor de ahorro de tiempo de ocio sí que lo es.

Por el contrario, en las actividades intermedias la restricción tecnológica siempre es efectiva ($\phi_i > 0$), por lo que el individuo obtendría mayor utilidad si el tiempo requerido para el consumo de este tipo de bienes fuera menor. Salvo en los viajes por placer, la demanda de transporte es una demanda derivada, que no se desea por sí misma sino para desarrollar otra actividad. Por ello, cabe considerar el transporte como una actividad intermedia, a la que el individuo está obligado a destinar más tiempo del que desearía a su consumo.

El valor del tiempo dedicado al transporte debe interpretarse realmente en términos del valor del ahorro de tiempo que pueda lograrse en dicha actividad, ya que el individuo podrá incrementar su utilidad si transfiere parte de ese tiempo hacia cualquier actividad de ocio. Formalmente, si i es una actividad de transporte, el valor monetario del tiempo ahorrado en dicha actividad que se transfiere a ocio se define como:

$$\frac{\phi_i}{\lambda} = \frac{\mu}{\lambda} - \frac{\left(\partial U \middle/ \partial t_i\right)}{\lambda}, \qquad [4.39]$$

es decir, la diferencia entre el valor total del tiempo de ocio y el valor monetario del tiempo dedicado a la actividad de transporte. Así, si se produce un ahorro de tiempo de transporte (como consecuencia, por ejemplo, de mejoras en las infraestructuras), el valor de ese tiempo ahorrado sería igual a la diferencia entre el valor total del tiempo disponible y el valor del tiempo que ya se estaba destinando al transporte. La cuantía exacta de esa diferencia dependerá de a qué se dedique exactamente el tiempo ahorrado, ya que valorar monetariamente los ahorros de tiempo definidos en la expresión [4.39] equivale a valorar la ganancia neta de utilidad del uso alternativo de este tiempo.

En la práctica, la diversidad de circunstancias que pueden afectar a dicha medición, desde las características de los propios individuos (plasmadas en las propiedades de sus funciones de utilidad), hasta las características concretas de la actividad de transporte considerada (tipo de viaje, duración, modo de transporte, etc.), sugieren que es preferible abordar esta medición de forma empírica.

4.4.3 La medición empírica del valor del tiempo

La mayoría de las aproximaciones empíricas a la medición del valor del tiempo se basan en la estimación de funciones de utilidad en las que el tiempo de viaje (o alguno de sus componentes) constituye uno de los argumentos. Sin embargo, como la "cantidad" de transporte es una variable difícil de medir, en lugar de expresiones basadas en la utilidad directa, se opta por funciones de utilidad indirecta, en las que las cantidades han sido reemplazadas por los precios, el nivel de renta y otras características del viaje.

Estimación de funciones de utilidad y valor del tiempo. Consideremos un ejemplo sencillo. En la mayoría de las ciudades, los individuos tienen la posibilidad de utilizar su automóvil particular (*A*) o el transporte público por autobús (*B*) para ir a trabajar. Imaginemos que cada una de estas modalidades de transporte está caracterizada por cuatro atributos o características diferentes: los componentes del tiempo total definidos en la expresión [4.28] (tiempo en el vehículo, t_v, tiempo de espera t_e, y el tiempo de acceso, t_a) y el coste monetario (*p*). Si (t_v^A, t_v^B) es lo que se tarda en cada medio de transporte desde casa al trabajo, (t_e^A, t_e^B) son los correspondientes tiempos de espera, (t_a^A, t_a^B) los tiempos de acceso, y (p^A, p^B) los costes monetarios soportados por el consumidor, entonces las condiciones que determinan la elección entre *A* y *B* pueden resumirse en los vectores de características de los modos de transporte $(t_v^A, t_e^A, t_a^A, p^A)$ y $(t_v^B, t_e^B, t_a^B, p^B)$.

A partir de aquí resulta posible analizar empíricamente un modelo en el que el consumidor decida utilizar su automóvil o el autobús del transporte público dependiendo de que prefiera una cesta a otra. Más concretamente, supongamos que las preferencias del consumidor medio pueden representarse mediante una función de utilidad indirecta de la forma

$$V(p, t_v, t_e, t_a) = \alpha p + \beta t_v + \delta t_e + \gamma t_a, \qquad\qquad [4.40]$$

donde los coeficientes α, β, δ, y γ son los parámetros desconocidos a estimar.

Si pudiéramos observar la conducta de una muestra suficientemente amplia de consumidores que eligen entre el automóvil particular y el autobús basándose en los valores concretos de los tiempos de recorrido, tiempos de espera, precios, etc. de cada medio de transporte, la estimación econométrica del valor de los parámetros anteriores resulta relativamente sencilla. Sustituyendo en la función de utilidad [4.40] dichos valores estimados, denotados por ejemplo por $-\alpha_0$, $-\beta_0$, $-\delta_0$ y $-\gamma_0$ (cuyo signo negativo indica que cuanto mayor es el precio generalizado el viajero obtiene menos satisfacción), puede finalmente predecirse qué viajeros utilizarán su automóvil y cuáles el transporte público.

Los coeficientes de [4.40] describen el peso que un viajero medio atribuye a cada una de las características del transporte en relación con su utilidad total. Es decir, se trata de la utilidad marginal de cada característica,

$$\frac{\partial V}{\partial p} = \alpha \quad \frac{\partial V}{\partial t_v} = \beta \quad \frac{\partial V}{\partial t_e} = \delta \quad \frac{\partial V}{\partial t_a} = \gamma \,, \tag{4.41}$$

por lo que el cociente entre un coeficiente y otro mide la relación marginal de sustitución entre una característica y otra.

Por ejemplo, si el cociente δ_0 / β_0, fuera igual a 2, esto indicaría que para un consumidor medio un minuto de tiempo de espera (t_e) resulta el doble de oneroso que un minuto de tiempo de viaje (t_v). De acuerdo con las propiedades de la condición de equilibrio en el modelo de elección del consumidor analizado al comienzo de este capítulo, para mantenerse dentro del mismo nivel de satisfacción el viajero sólo estaría dispuesto a esperar un minuto más si a cambio se le reduce su tiempo de viaje como mínimo en dos minutos.

Estas estimaciones pueden ser muy valiosas cuando se adoptan decisiones sobre el transporte público, y particularmente en el diseño de las redes de transporte. Las valoraciones de los tiempos de viaje y de espera deben incluirse en el análisis coste-beneficio de decisiones tales como la construcción de nuevas carreteras, la oferta de nuevos servicios y, en sentido contrario, el cierre o supresión de líneas o rutas.

La estimación de la función de utilidad anterior también puede utilizarse para obtener una aproximación monetaria al valor del tiempo para los individuos incluidos en la muestra. Por ejemplo, el cociente entre el coeficiente estimado del precio (α_0) y el del tiempo de viaje (β_0) indica la relación de intercambio del consumidor entre estas dos variables. Si, por ejemplo $\beta_0/\alpha_0 = 0,25$, esto indicaría que el valor monetario del tiempo de recorrido para un consumidor medio sería aproximadamente igual a 25 céntimos por minuto, equivalente a 15 euros por hora. Este valor podría compararse con el salario medio por hora de los individuos de la muestra para obtener una medición relativa de la importancia del valor del tiempo pasado en el vehículo para los usuarios. El resto de componentes del tiempo total de viaje, $t = t_v + t_e + t_a$, podría valorarse de la misma forma.

Problemas en la estimación del valor del tiempo. En la mayoría de las ocasiones, sin embargo, esta aproximación muestral a la estimación del tiempo no proporciona una estimación razonablemente válida del mismo, ya que, como se vio anteriormente, el valor del tiempo difiere no sólo entre individuos sino también dependiendo de las condiciones particulares del viaje. Por ejemplo, se puede aprovechar más el tiempo de viaje en el tren que en el autobús, por lo que debería representar un coste de oportunidad menor. Factores físicos (la comodidad o los servicios a bordo pueden hacer que el tiempo pasado en un determinado vehículo sea más o menos valorado) o incluso de tipo psicológico (el grado de angustia y/o miedo que genera un viaje) pueden afectar a dicha valoración.

Habitualmente se suele distinguir entre dos grandes categorías: los viajes realizados en horas de trabajo y los viajes realizados en horas de ocio. Cuando el motivo de viaje es trabajo, se considera que el tiempo de viaje pertenece a la jornada laboral, de tal forma que cualquier ahorro de tiempo (de viaje) que se produzca en horas de trabajo será valorado según el coste de oportunidad del uso alternativo de ese tiempo. Derivar este coste es relativamente sencillo, ya que este tiempo tiene el mercado de trabajo como referencia, a partir del cual es posible inferir su valor, que no es otro que el salario, como se vio anteriormente. Así, un incremento en la productividad (o un ahorro en el tiempo de viaje debido a una mejora de transporte) será valorado según el coste laboral de dicho trabajador, es decir, su salario bruto.

Esto es válido siempre que el trabajo no genere desutilidad. Además, el individuo debe tener flexibilidad en el número de horas que decide trabajar y, por último, el ahorro de tiempo ha de ser destinado a horas de trabajo productivas. En estos casos, el salario podría ser una aproximación bastante ajustada del valor del tiempo del viajero (como medida de su productividad marginal). Sin embargo, a medida que nos alejamos de los supuestos anteriores, tomar el salario como única referencia puede conducir a mediciones incorrectas. Una alternativa razonable podría ser comparar los valores obtenidos empíricamente con el salario de la muestra recogida o de la población relevante objeto de estudio. Si no es posible disponer de información a partir de la cual inferir las preferencias individuales sobre los atributos de transporte, el salario podría ser tomado como referencia.

Más complicado es asignar un valor al tiempo cuando el motivo de viaje es ocio y, en este caso, la aproximación empírica es la única posibilidad, ya que no existe un mercado a partir del cual inferir la valoración. En algunos estudios se ha tratado de comparar el valor del tiempo obtenido empíricamente con un porcentaje del salario medio de la muestra analizada. La ventaja de ofrecer este tipo de información es que puede ser utilizada como aproximación para el valor del tiempo en aquellas situaciones en las que no existieran estudios apropiados para derivar medidas monetarias del valor del tiempo en horas de ocio.

Sin embargo, la varianza del valor del tiempo como porcentaje del salario es relativamente amplia entre los distintos trabajos empíricos realizados y no es posible derivar un valor como medida única para aproximar este valor del tiempo, aunque en la mayoría de los casos se sitúa por debajo del 50% del salario. Además, esta variabilidad puede ser debida a las particularidades de cada estudio, como el tipo de trayecto, el modo de transporte, características de los viajeros o incluso particularidades del país en cuestión. En algunos estudios para el Reino Unido, por ejemplo, se han considerado valores del tiempo para viajes de ocio alrededor del 25% del salario medio, mientras que en EE UU y Canadá se han utilizado porcentajes superiores.

Por otra parte, algunos trabajos han tratado de buscar diferencias significativas en el valor del tiempo según el modo de transporte utilizado. Aunque los resultados no son totalmente concluyentes, en general los individuos que están menos dispuestos a pagar por ahorrar tiempo de viaje son aquellos que viajan en autobús, mientras que los usuarios que utilizan su vehículo privado en los mismos trayectos analizados valoran el tiempo de viaje 1,5 veces por encima de los anteriores. Los viajeros en tren interurbano presentan una disposición a pagar que duplica aproximadamente la de los viajeros de autobús.

No obstante, estos resultados podrían no deberse únicamente al modo de transporte elegido, ya que la obtención de valoraciones de tiempo distintas por modo puede estar afectada por otro tipo de variables, como las características de los individuos que eligen cada alternativa o el tipo de viaje realizado. El valor del tiempo también depende fuertemente de la frecuencia con que se realice el viaje. Así, se valora mucho el tiempo empleado en un viaje que se realiza todos los días, y menos aquel que se realiza una vez al año. Depende asimismo de la duración del tiempo de estancia en destino: para pasar un fin de semana se valora más el tiempo que ha de sacrificarse en el viaje, que para un viaje de mayor duración.

La evidencia empírica disponible parece confirmar que los valores del tiempo que los viajeros asignan al tiempo de espera y a pie son superiores a los valores del tiempo dentro de los vehículos. Sin embargo, destaca que la variabilidad del primero es mayor que en el resto. Aunque los resultados difieren de unos estudios a otros, es posible encontrar evidencia empírica acerca de valoraciones monetarias mayores de ahorros del tiempo de espera que del tiempo de viaje. De hecho, si no hay posibilidad de obtener empíricamente estos valores, algunos autores recomiendan valorar el tiempo de espera como el doble del tiempo de viaje.

Finalmente, es muy útil saber qué cambios experimenta el valor del tiempo estimado en un periodo a lo largo de periodos sucesivos, es decir, cómo cambia el valor del tiempo a lo largo del tiempo. La evidencia empírica parece respaldar que el valor del tiempo aumenta con el crecimiento de la renta, lo que resulta razonable de acuerdo con los fundamentos teóricos de la demanda de transporte presentados en este capítulo. El valor del tiempo varía al cambiar los salarios reales de los individuos. Este hecho resulta muy importante para valorar inversiones en infraestructuras de mayor vida útil, como veremos en el capítulo 7, en las que los ahorros de tiempo pueden fácilmente suponer el 80% de los beneficios sociales de un proyecto.

4.4.4 La elasticidad con respecto al tiempo

Una última implicación de la introducción del tiempo en el modelo de decisión individual analizado en esta sección es que ahora resulta posible extender el concepto de elasticidad al estudio de cómo varía la cantidad demandada de transporte ante modificaciones en el tiempo de viaje. En general, la elasticidad de la demanda con respecto al tiempo de viaje puede definirse como

$$\varepsilon_{it_i} = \frac{dq_i}{dt_i} \frac{t_i}{q_i},$$ [4.42]

donde t_i puede representar la duración total del viaje, de alguna de sus etapas, o incluso la elasticidad-cruzada con respecto al tiempo de otras modalidades de transporte.

La elasticidad-tiempo depende de las razones por las cuales se viaja y del tiempo de permanencia en destino. Dado que el valor del tiempo depende del coste de oportunidad de los viajeros, quienes se desplazan por motivos de negocio o trabajo suelen presentar una alta sensibilidad ante pequeños cambios en el tiempo del viaje, mientras que los viajeros por motivos de ocio asignan, como se ha visto, un menor valor a su tiempo. El tipo de ocupación del pasajero y la frecuencia con la que se viaja también pueden determinar los valores de la expresión [4.42].

Por otro lado, la elasticidad de la demanda al tiempo de viaje también está relacionada con el tiempo que se va a permanecer en el destino (lo que a su vez puede estar vinculado al motivo del viaje). Normalmente esta relación es inversa; así, si un viajero va a realizar un viaje de ida y vuelta en el mismo día o va a permanecer muy poco tiempo en un destino (esperando, por ejemplo, un vuelo de conexión) su elasticidad con respecto al tiempo será alta, mientras que en los viajes de vacaciones tardar un poco más o un poco menos no altera significativamente la decisión de viajar.

La mayoría de los estudios empíricos que intentan calcular este tipo de elasticidades agrupan a los viajeros por modos y categorías (ocio, negocios, estudiantes, jubilados, etc.), intentando establecer hasta qué punto cambios en los tiempos producen variaciones significativas en el reparto modal. Al igual que lo que ocurría con las elasticidades-precio cruzadas, los valores obtenidos en la mayoría de los trabajos son muy bajos.

Alternativamente, y especialmente en el transporte regular de pasajeros, también resulta posible medir la elasticidad con respecto al tiempo calculando la respuesta de los viajeros a cambios en la frecuencia de los servicios. En general, más frecuencia significa más demanda, por lo que el signo esperado de esta elasticidad es siempre positivo. Ello se debe a dos razones. En primer lugar, más frecuencia significa más alternativas de horarios para las personas a las que no convenían los horarios existentes. Segundo, más frecuencia significa menos tiempo de espera antes de abordar el vehículo, lo que en muchos casos puede ser percibido como un tiempo de viaje inferior para el conjunto del proceso de transporte.

La elasticidad de la demanda con respecto a la frecuencia se calcula de manera similar a la del resto de variables consideradas hasta ahora. De hecho, al igual que en otros casos, uno de los determinantes más importantes de la misma es el motivo del viaje, siendo alta en viajes por motivo de trabajo, menor en viajes por gestiones o estudios, y más baja en viajes por motivo de ocio.

4.5 Predicción de la demanda

La predicción de la demanda constituye un elemento fundamental para el funcionamiento adecuado de las distintas actividades de transporte. Aunque la estimación del valor del tiempo de los usuarios, o el cálculo de las elasticidades ante cambios en las condiciones del servicio, justificarían por sí solos un detallado análisis de la demanda de transporte, la predicción de ésta permite además ajustar a las necesidades de los usuarios la capacidad y los servicios ofrecidos, planificar las decisiones de inversión futura y valorar correctamente los beneficios y costes derivados de dichas inversiones. Las técnicas utilizadas para realizar esta predicción se fundamentan en la teoría del comportamiento del consumidor, cuyas decisiones de transporte se simplifican y dividen en otras más simples y sencillas de estudiar.

4.5.1 La importancia de la predicción de la demanda

Para organizar los servicios de transporte que operan en un área determinada, o para diseñar la capacidad de las correspondientes infraestructuras en dicha zona, es preciso conocer de la manera más exacta posible cuál será su grado de utilización en el futuro. Una predicción incorrecta de la demanda suele resultar muy negativa, aunque sus consecuencias difieren en el caso de los servicios en comparación con las infraestructuras.

Consideremos, por ejemplo, el caso de una empresa de transporte urbano de viajeros. El transportista sabe que su nivel de ocupación está afectado por el nivel de precios, la frecuencia de los servicios, los horarios, la densidad de población a la que sirve, las características socioeconómicas de ésta, etc. Este operador no suele realizar un estudio formal de su demanda, pero a lo largo del tiempo puede estimar por sí mismo las distintas elasticidades mediante las cuales sus usuarios responden ante cambios en cualquiera de las variables anteriores. Si el operador dispone de libertad para modificar libremente tarifas y/o frecuencias puede realizar cambios en ellas con el fin de aumentar sus beneficios. En caso de equivocarse (por ejemplo, si la demanda con respecto al precio resulta más elástica de lo esperado ante un incremento de las tarifas) deshacer el cambio bajo estas condiciones es relativamente fácil y conlleva un coste mínimo.

No ocurre lo mismo en el caso de las infraestructuras. La inversión en carreteras, vías férreas, puertos o aeropuertos resulta mucho más arriesgada con relación a una predicción incorrecta de la demanda. Una vez construida, una línea ferroviaria que no atraiga a la cantidad de pasajeros que se esperaba no puede trasladarse a otro lugar y la sociedad habrá gastado unos recursos de los cuales no obtendrá provecho alguno. Igualmente, si se construye una carretera cuya capacidad es inferior a la demanda, los problemas de congestión elevarán los costes de los usuarios en el futuro, haciendo incluso que la demanda rechazada deba desviarse hacia otros lugares.

La importancia de una correcta predicción de la demanda es mayor cuanto mayor sea la inmovilidad e inflexibilidad de los recursos asociados a las actividades de transporte. Como resume la figura 4.4, el desajuste entre oferta y demanda derivado de la presencia de algún factor que limite la capacidad puede generar dos tipos distintos de problemas. En el caso de que la demanda sea muy alta (por encima de las previsiones para las que se diseñó la capacidad) ésta estará sobreutilizada, generándose un problema de exceso de demanda que se manifiesta en forma de congestión.

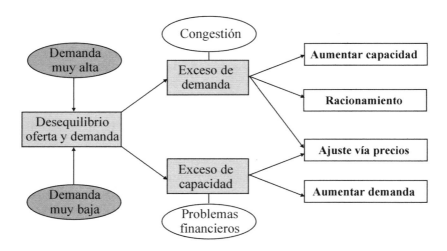

Figura 4.4. Consecuencias de una predicción incorrecta de la demanda.

Si, por el contrario, la demanda real está por debajo de las previsiones el sistema estará infrautilizado, apareciendo exceso de capacidad. Esto suele conllevar problemas financieros —particularmente en el caso de financiación privada—, ya que los ingresos generados no permitirán cubrir los costes.

Estos dos tipos de problemas suelen aparecer con relativa frecuencia en la construcción y explotación de carreteras, puertos y aeropuertos. En algunos casos, bien por crecimiento excesivo de la demanda, o por una planificación incorrecta de la capacidad (o por ambas) el nivel de tráfico (particularmente en los periodos punta) genera graves problemas de congestión y retrasos. Por el contrario, en algunos países se han construido mediante contratos de concesión algunas infraestructuras de transporte, como las carreteras de peaje, para las que durante mucho tiempo no ha habido demanda suficiente, ya sea porque los peajes eran excesivos o porque rutas paralelas proporcionaban una alternativa con menor precio generalizado. En estos casos la amortización de la inversión y los costes de mantenimiento han supuesto una carga difícil de sobrellevar y en algunas ocasiones ha sido necesario renegociar el contrato de concesión.

Existen soluciones a cada uno de estos problemas pero, al contrario que con los servicios de transporte, son costosas y difíciles de aplicar. Para eliminar la congestión, el aumento de capacidad sólo resulta posible a largo plazo (haciendo previamente una nueva predicción de demanda, para evitar incurrir en los mismos errores), mientras que a corto plazo las opciones son racionar el uso de la infraestructura (limitando la cantidad o tipo de equipo móvil admitido) o utilizar los precios (mediante tasas por congestión) para disminuir la demanda. En el caso del exceso de capacidad, una reducción de precios puede ser también una solución viable a corto plazo, ya que incrementa el nivel de ocupación (aumentando o no los ingresos en función de la elasticidad de la demanda). Una alternativa de largo plazo consiste en fomentar el crecimiento de la demanda mediante otros sistemas (publicidad, descuentos impositivos, encarecimiento de medios de transporte alternativos, etc.), pero esto no siempre resulta posible. Evidentemente, la mejor solución radica en realizar la mejor predicción posible de la demanda y ello requiere disponer de un conocimiento adecuado de las principales técnicas y modelos de predicción de demanda.

4.5.2 Técnicas y modelos de predicción de demanda

Las técnicas utilizadas actualmente para predecir la demanda de transporte tienen su origen en los años cincuenta, dentro de los estudios realizados para la expansión del transporte urbano en las grandes áreas metropolitanas de Estados Unidos. A lo largo de las últimas décadas, y a pesar del nacimiento de algunas corrientes alternativas, las técnicas principales se han ido consolidando progresivamente, aumentando el número de estudios a nivel desagregado, y mejorando su calidad a medida que lo hacían los procedimientos estadísticos, la disponibilidad de datos y las posibilidades del cálculo informático.

Durante este periodo se han producido dos cambios importantes. En primer lugar, se ha realizado un enorme esfuerzo por proporcionar un fundamento teórico sólido a la formalización de las técnicas de predicción de demanda. Frente al enfoque eminentemente práctico y aplicado de los primeros estudios en este campo, se ha intentado justificar los modelos de predicción de demanda a través de la teoría del comportamiento del consumidor, incluyendo en ella como elemento fundamental el valor del tiempo de los usuarios del transporte.

En segundo lugar, se ha producido un cambio de enfoque en el objetivo de los estudios. Los trabajos pioneros abordaban principalmente problemas de provisión de capacidad viaria, reflejando el espectacular crecimiento experimentado por el transporte privado. En los estudios actuales, la preocupación por los efectos externos del transporte y por la congestión domina muchos de los trabajos sobre predicción de demanda, de los cuales se espera obtener implicaciones prácticas desde el punto de vista de la tarificación.

Enfoques agregados *versus* enfoques desagregados. Según la distinta naturaleza que puede presentar la información empleada como *input* en un modelo es posible distinguir dos enfoques diferentes para el análisis y predicción de la demanda de transporte: el enfoque agregado y el enfoque desagregado. Aunque la mayoría de los estudios se pueden abordar desde ambas perspectivas, el nivel de agregación está condicionado por las características de la información disponible de partida y condiciona el alcance de la predicción: con datos agregados no pueden hacerse predicciones sobre el comportamiento de los individuos. Por el contrario, en ocasiones resulta posible extrapolar resultados desagregados al conjunto de la población, si previamente se ha utilizado una muestra representativa. Habitualmente, las condiciones concretas del mercado, el alcance del estudio y los recursos disponibles son los que determinan en última instancia el enfoque elegido finalmente.

En ambos casos, la metodología tradicional o enfoque clásico para la estimación de la demanda define el transporte como un proceso complejo que se subdivide en decisiones o etapas más simples: ¿viajar? ¿a dónde? ¿cómo? ¿cuándo? Cada una de estas preguntas se formula econométricamente a través de una relación funcional del tipo

$$Y = f(X_{viaje}, X_{viajeros}) + \xi,$$ [4.43]

donde Y es la variable dependiente que representa la respuesta a la pregunta en cuestión y $(X_{viaje}, X_{viajeros})$ son los conjuntos de características del viaje y de los viajeros que actúan como variables explicativas, incluyendo, además de la tarifa, elementos relacionados con el nivel de servicio y las características del medio de transporte.

En los modelos agregados Y suele ser una variable continua (por ejemplo, el total de aviones que aterrizan anualmente en los aeropuertos de un país) y está explicada, a través de una relación funcional $f(\cdot)$, por un conjunto de variables explicativas de tipo agregado o macroeconómico (PNB, tipos de cambio, número de establecimientos turísticos, etc.). Generalmente, esta relación no es exacta, por lo que resulta necesario incluir un término de error aleatorio ξ cuya minimización suele ser uno de los objetivos del proceso de estimación.

A partir de los supuestos realizados sobre la distribución de probabilidad del término de error, y una vez especificada la forma funcional $f(\cdot)$, para la estimación de la expresión [4.43] se requiere únicamente disponer de una base de datos adecuada. Cuando la relación entre las variables es de tipo lineal, la técnica más utilizada en el enfoque agregado es la de mínimos cuadrados ordinarios. Este procedimiento también es válido cuando las variables presentan ciertas relaciones no lineales, de tipo logarítmico o exponencial. En otros modelos, donde $f(\cdot)$ refleja relaciones más complejas, se aplican otros procedimientos basados en los principios de máxima verosimilitud.

Muchos modelos consideran la agregación de variables que representan factores exógenos al sector transporte. Sin embargo, cuando estos factores no se reparten de forma homogénea en la población su agregación produce considerables errores de medida. La división de la población en segmentos homogéneos reduce estos errores, pero el tamaño de la muestra requerido para realizar estas estimaciones debe incrementarse también sustancialmente, lo cual no siempre resulta factible.

Dada la naturaleza secuencial del modelo clásico de cuatro etapas, la estimación de cada una de ellas puede realizarse por separado, utilizando como *input* los resultados del proceso anterior. Son numerosos los estudios empíricos que han tratado de abordar este problema de esta manera, aunque cuando las estimaciones no son muy precisas en alguna de las etapas los errores tienden a propagarse hacia las otras etapas. Alternativamente, en la década de los ochenta alcanzaron gran popularidad los modelos de demanda directa que se caracterizaban por abordar conjuntamente las etapas de generación, elección de destino y reparto modal. Estos modelos han resultado ser adecuados en algunos contextos y gozan todavía hoy en día de gran popularidad.

Las principales limitaciones de este enfoque agregado para la predicción de la demanda radican en su escasa flexibilidad, su limitada precisión y su elevado coste con relación a la utilidad práctica de sus resultados, cuyo carácter agregado limitaba precisamente su utilización con fines de política económica. Estas críticas han favorecido el desarrollo creciente de los modelos desagregados de predicción de demanda.

4.5.3 El modelo en cuatro etapas

Tanto en el enfoque agregado como en el desagregado, el modelo de predicción de demanda en cuatro etapas intenta representar de manera secuencial o jerárquica las decisiones de transporte que toma un usuario actual o potencial del transporte. A partir de un punto de origen fijo, donde se encuentra dicho individuo, se intenta responder, de manera detallada, a las cuatro preguntas formuladas anteriormente:

1. ¿Cuántos viajes se realizarán (al día, a la semana, etc.)?
2. ¿Cuál será el destino de cada viaje?
3. ¿Qué modo de transporte se utilizará?
4. ¿Qué ruta concreta entre el origen y el destino se elegirá?

En ocasiones, la predicción de demanda puede incluir ligeras variaciones sobre las cuestiones anteriores o incluso añadir alguna nueva. Por ejemplo, preguntando "¿en qué momento del tiempo se realizará cada viaje?" podrían estimarse los periodos punta y valle del tráfico para realizar un análisis de la congestión.

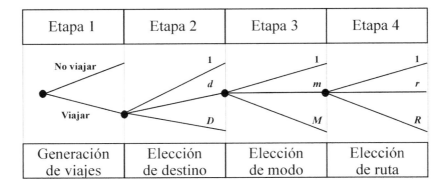

Figura 4.5. El modelo de predicción de demanda en cuatro etapas.

Como muestra la figura 4.5, cada una de las cuatro preguntas anteriores da lugar a una etapa. En la primera, *generación de viajes*, el individuo decide si desea viajar o no (o transportar mercancía o no) y cuántas veces dentro de un periodo de tiempo determinado. A continuación, en la etapa de *elección de destino*, se determina a dónde se quiere ir, eligiendo un destino d particular entre un conjunto de posibilidades 1, …, D. En la etapa de *selección del modo de transporte* (m, elegido entre 1, …, M) se decide entre coger el vehículo particular o el autobús, entre el tren o el avión, … Finalmente, en la última etapa se produce la elección de ruta (r), seleccionándola entre las diversas alternativas (1, …, R) disponibles para ir del origen al destino.

Si la muestra de individuos analizados representa suficientemente bien a la población, la agregación de las estimaciones de las respuestas anteriores nos permite obtener predicciones de la demanda agregada (por destinos, por modos de transporte, por rutas, etc.) para el conjunto de toda la población. Los datos necesarios para realizar estas estimaciones suelen proceder de encuestas realizadas a los viajeros que utilizan uno o más modos de transporte concretos. Debido a las dificultades para recopilar la información con el suficiente grado de desagregación, la mayor parte de los estudios analizan decisiones de transporte urbano, siendo menos frecuentes los de transporte interurbano y mucho menos las predicciones desagregadas para la demanda de transporte de mercancías.

La forma de recopilar estos datos y la calidad de los mismos condiciona muchas veces el tipo de explotación que puede realizarse posteriormente de los mismos. Las bases de datos utilizadas en este tipo de análisis deben incluir toda la información relevante sobre las características concretas del viaje (precio, tiempo, origen, destino, características del medio de transporte, etc.), además de las condiciones socioeconómicas de cada viajero (renta, tipo de trabajo, disponibilidad de medios de transporte alternativos, etc.), las cuales diferencian a unos de otros y permiten explicar en última instancia sus elecciones. Las variables descriptivas de los individuos (como la edad o la ocupación) pueden obtenerse con relativa facilidad, pero no siempre ocurre lo mismo con las variables de comportamiento (por ejemplo, la elección del modo de transporte), ya que éstas reflejan a menudo el resultado de una compleja interacción de preferencias que cada individuo evalúa internamente.

Existen dos tipos principales de técnicas que se pueden utilizar en estos casos: las preferencias reveladas y las preferencias declaradas. Las primeras se basan en las acciones efectivamente realizadas por el individuo, tal como las observa el investigador. Un viajero que se enfrenta a distintas alternativas de transporte y elige una concreta está "revelando" que prefiere dicha alternativa frente a otras, proporcionando información acerca de la importancia relativa de las distintas variables que influyen en su comportamiento. La información obtenida está condicionada sin embargo, a las condiciones concretas en las que se realiza la elección, por lo que suele resultar difícil extrapolar los datos cuando las condiciones de transporte cambian.

Por el contrario, las preferencias declaradas se extraen a partir de las respuestas que suministra un usuario actual o potencial cuando se le plantean distintas alternativas de transporte reales o hipotéticas, entre las cuales debe elegir u ordenar de mayor a menor grado de preferencia. Este sistema permite analizar alternativas de transporte que no existen en la actualidad facilitando la predicción de demanda cuando las circunstancias cambian (debido, por ejemplo, a la introducción o eliminación de rutas, modos de transporte, infraestructuras, etc.).

A pesar de ello, las técnicas basadas en las preferencias declaradas suelen ser muy sensibles al diseño del cuestionario y al procedimiento concreto de recogida de información. Su principal inconveniente es que, bien por engaño o por equivocación, los individuos no siempre hacen lo que dicen, haciendo necesario introducir términos de error aleatorios en la estimación de los modelos de demanda. La explotación conjunta de datos obtenidos por ambos tipos de técnicas suele presentar mejores resultados que confiar únicamente en uno solo de ellos.

Una vez construida la base de datos a partir de la información suministrada por una muestra de viajeros, la predicción de demanda en cuatro etapas se plantea responder secuencialmente cada una de las preguntas formuladas anteriormente. Para ello se requiere analizar con más detalle cada una de las distintas etapas de las que se compone este modelo.

Modelos de generación de viajes. El principal objetivo de la etapa de generación de viajes es predecir cuántos viajes se realizarán o cuál va a ser el volumen de tráfico. En cierto sentido, se trata de un análisis muy similar al que se realiza con las funciones de producción, donde el *output* en este caso sería el número de viajes realizados en promedio durante cierto periodo de tiempo (hora, día, semana, año, ...), mientras que los *inputs* vendrían dados por las características socioeconómicas de los individuos que los realizan.

Con el fin de facilitar la predicción de pautas comunes de comportamiento, tanto la población de viajeros como sus movimientos suelen dividirse en categorías homogéneas. Por ejemplo, suele distinguirse a los pasajeros por grupos de edad (estudiantes, jubilados, ...), por el motivo de su viaje (trabajo, vacaciones, educación, compras, etc.) o incluso por el momento del tiempo en el que éste se realiza (periodo punta o valle, viaje diurno o nocturno, ...). Muchas veces estas distinciones también son utilizadas por los propios operadores de transporte para la planificación de sus servicios y discriminar precios entre distintos tipos de usuarios.

Dentro de cada una de estas categorías, la generación o producción de viajes puede estimarse formalmente mediante una expresión matemática que relacione el número de viajes con las características socioeconómicas de los individuos incluidos en dicha categoría. En general, se trata de una expresión similar a [4.43]:

$$Y_i(k) = f[X(k)],$$
[4.44]

donde $Y_i(k)$ es el número de viajes o flujo de tráfico procedente del origen i realizado por la categoría de viajeros k (por ejemplo, estudiantes en periodo punta), $X(k)$ es un vector de características de los viajeros incluidos en la categoría k, y $f[\cdot]$ es una forma funcional (habitualmente de tipo lineal o exponencial). A partir de especificaciones concretas de la expresión [4.44], y dependiendo del nivel de agregación disponible en los datos utilizados, resulta posible estimar el número total de viajes "producidos" a partir de cada origen i.

La mayoría de los estudios sobre generación de viajes concluyen que el tráfico total en un área determinada o sobre una infraestructura concreta, depende fundamentalmente de las características demográficas de la población afectada (nivel de empleo, número de estudiantes y jubilados) y, particularmente, del nivel de renta y la disponibilidad o no de vehículo privado. En ocasiones resulta posible estimar modelos que permitan predecir la tasa de posesión de coches en una determinada población, incorporando o no ésta al modelo principal. La adquisición de vehículos privados suele depender del precio generalizado asociado a su uso y del nivel de renta de los individuos, aunque la utilización de variables de precio y coste de los usuarios se enfrenta muchas veces a graves problemas de medición.

Los modelos de generación de viajes requieren la fijación de un punto de origen *i*, a partir del cual se intenta predecir el número de viajes que salen de dicho punto. Cuando además se intenta estimar el número de viajes que llegan al punto *i*, el modelo no es sólo de producción de viajes, sino también de atracción de viajes, explicados de nuevo a partir de las características de los viajeros. La consideración conjunta de múltiples orígenes (*i*) y destinos (*j*) da lugar a los modelos de elección de destino o de distribución de viajes.

Modelos de distribución de viajes. En la etapa de distribución o asignación de viajes el individuo (situado en el origen *i*) selecciona a qué destino (*j*) desea viajar. Este tipo de análisis suele realizarse en el contexto del transporte urbano, o en la planificación de carreteras o redes ferroviarias cuando a partir de un punto central se consideran las posibles rutas a servir.

A diferencia de los modelos de generación de tráfico, que pueden ser explicados acudiendo a la teoría de la producción, la justificación teórica de los modelos de distribución de viajes no resulta tan inmediata. Entender qué elementos hacen que unos destinos resulten preferidos a otros requiere considerar factores no solamente económicos, sino también geográficos, culturales e incluso de tipo histórico. Esto hace que las comparaciones entre pares de origen y destino (*i*, *j*) sean muy complejas y sus resultados difíciles de predecir con fiabilidad cuando el número de alternativas es elevado.

A pesar de ello, resulta preferible disponer de alguna predicción que no tener información en absoluto, por lo que se han desarrollado diversas técnicas que permiten afrontar formalmente el problema de la elección de destinos. La mayoría de estas técnicas utilizan como punto de partida una matriz de origen y destinos, $M = \{Y_{ij}\}$, dentro de un área y periodo de tiempo determinado. A partir de ella, los modelos de distribución de tráfico se basan en el supuesto de que el número de viajes entre *i* y *j* (Y_{ij}) puede explicarse a partir de alguna combinación de las características de la zona de producción u origen (X_i), las características de la zona de atracción o destino (Z_j), y de los factores (G_{ij}) que determinan el precio generalizado de viajar entre *i* y *j* (como la distancia, el tiempo, el consumo de combustible, etc.). Este razonamiento suele concretarse formalmente en una expresión matemática del tipo:

$$Y_{ij} = f\left(X_i Z_j G_{ij}\right),$$

[4.45]

donde, al igual que en la expresión [4.44], el número total de viajes podría desagregarse en distintas categorías de viajeros, $Y_{ij}(k)$.

Aunque carece de una justificación económica adecuada, una de las especificaciones concretas de [4.45] más habituales es el llamado "modelo gravitacional" donde, por analogía con las leyes de Newton sobre atracción de dos cuerpos, se considera que el "grado de atracción" entre el origen y destino (i, j) es inversamente proporcional al cuadrado de la distancia que los separa (d_{ij}), como en:

$$Y_{ij} = \frac{\alpha X_i^{\beta} Z_j^{\gamma}}{d_{ij}^2}, \qquad [4.46]$$

donde α, β y γ, son coeficientes a estimar. En otros estudios, el modelo gravitacional ha sido modificado, incorporándole especificaciones más complejas tanto del precio generalizado como de las características de producción y atracción de tráfico por parte de i y j. Sin embargo, y a pesar de que sus predicciones pueden resultar en muchos casos consistentes a lo largo del tiempo, el fundamento teórico de la elección de la forma funcional sigue siendo débil.

Los modelos de distribución de tráfico se utilizan fundamentalmente para dos tipos de análisis. En primer lugar, dado que incorporan explícitamente elementos del precio generalizado de los usuarios, resulta posible comprobar a partir de ellos los efectos que tendrán distintas políticas de transporte (cambios en el tiempo de viaje, cambios en los precios de los billetes de transporte público, cambios en el precio de la gasolina, etc.). En segundo lugar, desde el punto de vista de la predicción de demanda, la estimación del nivel de tráfico futuro en determinadas rutas o áreas permite calcular las necesidades de inversión en infraestructuras o el diseño de la provisión de servicios de transporte que serán necesarios en dichas zonas, a partir de la evolución futura de las características de éstas como la población, la renta, la actividad económica y social, etc.

Modelos de elección modal. Una vez fijado el origen y el destino de un viaje, los modelos que intentan explicar por qué un usuario elige un modo de transporte concreto para realizar dicho viaje, suelen constituir la parte más importante de los estudios de predicción de demanda. Además, al contrario que en las etapas anteriores, este tipo de elección tiene carácter discreto y puede explicarse de una manera relativamente sencilla acudiendo a la teoría del comportamiento del consumidor basada en la función de utilidad indirecta: si se supone que los individuos toman decisiones racionalmente, su elección de modo de transporte refleja indirectamente que el modo elegido les proporciona mayor utilidad o satisfacción que cualquiera de las alternativas disponibles.

De acuerdo con la teoría de la utilidad aleatoria presentada en secciones anteriores, la función de utilidad indirecta del individuo h puede representarse como $V(X_{hm}) + \xi_{hm}$, donde X_{hm} es un vector de características del viajero (renta, edad, empleo, ...) y del modo de transporte m y ξ_{hm} es un término aleatorio que refleja sus preferencias. Según la expresión [4.26], la probabilidad de viajar en el modo de transporte m para un individuo h es equivalente a la probabilidad de que la utilidad indirecta que le proporciona dicho modo sea superior a la de cualquier otro (denotado por 0):

$$\mathrm{Prob}(m) = \mathrm{Prob}(V_m > V_0) = \mathrm{Prob}\left[\xi_0 - \xi_m < V_m(X_m) - V_0(X_0)\right]. \quad [4.47]$$

Esta expresión permite representar la elección modal como la estimación de una probabilidad. Las hipótesis planteadas sobre la variable aleatoria ξ_{hm} permiten formular distintas especificaciones econométricas concretas de la expresión [4.47]. Las más habituales son los modelos *logit*, o *probit* multinomial, en el caso en que haya varias alternativas de transporte a considerar. Cuando la comparación entre modos se realiza de manera secuencial, agrupando medios de transporte "parecidos" (por ejemplo, autobús y coche particular, frente a tren o avión) suelen utilizarse *logits* anidados o jerárquicos cuya popularidad ha crecido a medida que ha mejorado la disponibilidad de datos y los métodos de estimación.

Los modelos de elección de modo de transporte también se han beneficiado particularmente de las mejoras en las técnicas de recolección de datos —preferencias declaradas frente a preferencias reveladas— lo cual ha permitido avanzar más en los estudios sobre la predicción concreta de rutas elegidas.

Modelos de elección de rutas. Los modelos de elección de rutas se basan en técnicas de optimización matemática y se utilizan fundamentalmente en el estudio de la ordenación del tráfico en las vías urbanas e interurbanas. Supongamos, por ejemplo, que se desea analizar el tráfico en la red de calles de una ciudad. A partir de los modelos de generación y asignación de viajes descritos anteriormente, y de la elección entre los modos de transporte disponibles en dicha ciudad (agrupados, por ejemplo, en transporte público y transporte privado), los modelos de elección de rutas tratarían de estimar los itinerarios elegidos por cada viajero.

La hipótesis fundamental en la que se sustenta dicha estimación es que, una vez en la red de transporte, todos los individuos eligen su ruta intentando minimizar el precio generalizado de su viaje. La resolución de este tipo de problemas requiere la especificación de una función de precio generalizado para cada viajero, la cual se minimiza de manera iterativa o mediante simulaciones a partir de unas condiciones iniciales.

La principal limitación de este tipo de análisis radica en la dificultad de incorporar al mismo todas las interacciones que se producen entre los usuarios. Por ejemplo, cuando una o más calles se encuentran congestionadas, la elección de ruta por parte de un individuo dependerá de lo que hagan los demás. Esto implicaría tener que resolver todos los problemas de minimización de precios generalizados de manera simultánea, lo cual haría el problema intratable.

La alternativa más habitual consiste en determinar las rutas (y los periodos de tiempo) en los que existe congestión, a partir de una agregación del conjunto de viajeros y de la capacidad de las calles, suponiendo implícitamente que el tráfico tenderá a redistribuirse desde las rutas más congestionadas hasta las menos congestionadas hasta el punto en el que los precios generalizados en distintas rutas tiendan a igualarse. El análisis de cómo se llega a esta igualdad puede resultar importante para evaluar qué soluciones pueden darse al problema de la congestión.

4.5.4 Las limitaciones del modelo de cuatro etapas

Finalmente, a pesar del gran número de estudios existentes en los que la predicción de la demanda de transporte se basa directa o indirectamente en técnicas desagregadas como las que se acaban de describir, el modelo de cuatro etapas presenta algunos problemas difíciles de resolver que, de manera progresiva, han ido disminuyendo su popularidad y reduciendo su utilización generalizada como único mecanismo de predicción.

En primer lugar, al igual que ocurre en todas las técnicas estadísticas basadas en datos individuales, existe un *problema de muestreo*: ¿cuál es la relación entre la muestra de individuos para los cuales disponemos de información con el conjunto de la población a la cual deseamos extender nuestras estimaciones? Conocer el tamaño y las características de la población analizada, de manera que pueda seleccionarse una muestra suficientemente representativa, es la única solución a este problema. En ocasiones, sin embargo, la existencia de dificultades técnicas o de presupuesto impide realizar predicciones de demanda con la muestra óptima. Ello no invalida necesariamente la capacidad predictiva de los resultados, pero éstos se referirán posiblemente sólo a un subgrupo de la población objeto de estudio.

En segundo lugar, el modelo de predicción de demanda en cuatro etapas impone un *proceso de decisión de tipo secuencial* que no necesariamente se produce en todas las decisiones de transporte. La mayor parte de los individuos no elige etapa a etapa el destino, el modo y la ruta de su viaje, sino que valora las distintas alternativas disponibles que le ofrecen los proveedores de transporte de manera simultánea. Para realizar un trayecto interurbano, por ejemplo, el viajero puede consultar en una agencia de viajes o en *Internet*, los precios y horarios de las distintas compañías aéreas, ferroviarias y de autobuses, además de valorar la posibilidad de realizar el viaje en su automóvil privado. La decisión final se basa en una comparación de múltiples alternativas y no en un conjunto de procesos de selección alternativa por alternativa.

El modelo en cuatro etapas debe entenderse, por tanto, como una simplificación matemática que permite ordenar todas esas decisiones y tratarlas formalmente. En la medida que tal simplificación sea flexible (permitiendo cambiar el orden de las preguntas o la repetición de éstas) y no incurra en contradicciones con el proceso de decisión que se produce en la realidad (descartando opciones de viaje que un individuo sí consideraría), este método de predicción de la demanda seguirá siendo útil. De hecho, aparte de las dos anteriores, el resto de críticas realizadas al modelo de cuatro etapas suelen referirse a la forma concreta en la que se lleva a la práctica dicho modelo, y no a los principios teóricos que lo definen. Estos principios continúan resultando útiles para entender las decisiones de transporte de los individuos y constituyen las técnicas básicas en las que se sigue sustentando la predicción de su demanda.

4.6 Lecturas recomendadas

Los fundamentos teóricos en los que se basa el modelo de elección individual que sustenta la idea de precio generalizado se encuentran en el trabajo pionero de Becker, 1965, y en los desarrollos posteriores de De Serpa, 1971, ya mencionados en el texto. Este último trabajo también resulta fundamental en la valoración de los ahorros de tiempo de viaje, aunque los artículos de Mackie, P.; Jara-Díaz, S.; y Fowkes, S., "The Value of Travel Time Savings in Evaluation", *Transportation Research E* 37, 2001, págs. 91-106; y Jara-Díaz, S., "Time and Income in Travel Choice: Towards a Microeconomic Activity-Based Theoretical Framework", en Garling, T.; Laitila, T.; y Westin, K. (eds.), *Theoretical Foundations of Travel Choice Modeling*, Elsevier, 1998; proporcionan una perspectiva más completa y actual de los fundamentos teóricos del valor del tiempo. Con respecto a la elasticidad de la demanda, en Oum, T. O.; Waters, W. G.; y Yong, J. S., "Concepts of Price Elasticities of Transport Demand and Recent Empirical Estimates: An Interpretative Survey", *Journal of Transport Economics and Policy*, 26, 1992, págs. 139-154, se discute con detalle su importancia en el transporte y se presenta una revisión crítica de las principales estimaciones internacionales. Finalmente, existen numerosos trabajos que desarrollan cada uno de los modelos de predicción presentados en el capítulo. Especialmente recomendable es la lectura de McFadden, D., "The Measurement of Urban Travel Demand", *Journal of Public Economics*, 3, 1974, págs. 303-328; Ortúzar, J. de D. y Willumsen, L. G., *Modelling Transport*, Wiley, 1990; y el reciente trabajo de Bates, J., "History of Demand Modelling", en Hensher, D. A. y Button, K. (eds.), *Handbook of Transport Modelling*, Elsevier, 2000, que permite una comprensión conjunta de los principales métodos.

4.7 Ejercicios

Ejercicio 4.1. Suponga que la utilidad de un individuo representativo de la población de una ciudad depende únicamente de su consumo diario de dos actividades, es decir, $U(x_1, x_2) = x_1^{0,6} x_2^{0,4}$, donde x_1 representa las unidades de transporte (viajes) y x_2 las unidades del resto de bienes y servicios consumidos. Si 10 y 5 u.m. son los precios respectivos de estas actividades, y [15, 30] es el tiempo mínimo (en minutos) que se invierte en consumir cada unidad respectivamente, plantee formalmente y resuelva el problema de maximización de la utilidad que permite obtener la función de demanda diaria de transporte de este individuo. Considere que el tiempo total disponible es 24 horas, que el tiempo dedicado al trabajo es de 8 horas diarias y que el valor unitario del tiempo es 10 u.m. por hora. Una vez obtenida la demanda individual de transporte y de otras actividades, calcule la función indirecta de utilidad, así como las expresiones correspondientes a la elasticidad de la demanda con respecto a los precios, el tiempo y el valor del tiempo. De acuerdo con las expresiones obtenidas, ¿qué puede deducirse de las preferencias sobre el transporte de este individuo?

Ejercicio 4.2. Suponga que la distribución modal de viajes desde casa al trabajo en una determinada ciudad es la siguiente: el 85% de los viajes se realizan en automóvil privado, el 12% en transporte público (autobuses y metro) y el 3% restante en otros modos (caminando, en bicicleta, etc.). La distancia media recorrida por un viajero en automóvil (sólo ida) es de 8 kilómetros, con un tiempo promedio de 20 minutos y el coste privado de operar un automóvil es de 0,10 u.m. por kilómetro. En transporte público el tiempo medio de viaje es de 45 minutos y el coste de un billete (sólo ida) es de 0,06 u.m. por kilómetro. En el resto de modos de transporte la distancia media recorrida es de 5,5 kilómetros y el tiempo medio 30 minutos. Con estos datos,

¿cuál es el coste monetario por viaje en cada modo de transporte? Si el salario por hora es igual a 10 u.m., ¿cuál es el coste total por viaje de cada modo? De acuerdo con los precios por viaje calculados y teniendo en cuanta la distribución modal inicial, represente gráficamente curvas de demanda para cada modo.

Ejercicio 4.3.(*) Siguiendo el modelo de elección discreta presentado en este capítulo, la elección de un medio de transporte frente a otro puede representarse como la probabilidad de que la utilidad indirecta de una alternativa sea superior a otra. Por tanto, dados los precios generalizados (g) y la renta (m), la probabilidad de elegir viajar en automóvil (A) en lugar de en autobús (B) es

$$\text{Prob}(A) = \text{Prob}(V_A > V_B) = \text{Prob}\left[\left(V_A(g,m)+\xi_A\right) > \left(V_B(g,m)+\xi_B\right)\right],$$

donde ξ_A y ξ_B son variables aleatorias que representan respectivamente las preferencias (no observadas) de individuos que han elegido automóvil y autobús. Si la diferencia entre ξ_B y ξ_A sigue una distribución logística, desarrolle formalmente la probabilidad anterior, así como la probabilidad (complementaria) de elegir el autobús. ¿Cómo podría estimarse el correspondiente modelo de regresión? ¿Cuál sería la interpretación de los parámetros si las funciones de utilidad indirecta fuesen lineales en (g, m) y tuviesen la forma $V_A = \alpha g_A + \beta_1 m$ y $V_B = \alpha g_B + \beta_2 m$ respectivamente? *Ceteris paribus*, ¿cuál es el efecto de la variación del precio generalizado de viajar en automóvil sobre la probabilidad de elegir el automóvil como medio de locomoción? ¿Y si lo que cambiase fuese el precio generalizado de viajar en autobús? Calcule las elasticidades de la probabilidad de viajar en cada medio de transporte con respecto a los precios.

5. Criterios de fijación de precios

5.1 Introducción

Los economistas sostienen que, idealmente, los precios que pagan los consumidores por los bienes o servicios deberían reflejar los costes marginales de producirlos.[1] En el caso del transporte, podría suponerse que el precio de transportar personas o mercancías debería estar determinado por aquellos costes en los que se incurre al proveer el servicio correspondiente. Sin embargo, pueden darse tres razones por las que esta regla de que el precio se iguale con el coste marginal suele incumplirse, al menos parcialmente:

La primera razón está ligada a la dificultad práctica de determinar cuál es el coste marginal de producción, dadas las características tecnológicas de las infraestructuras y vehículos de transporte. Los altos costes fijos y las indivisibilidades descritas en los capítulos 2 y 3 hacen muy difícil determinar cuál es el verdadero coste de oportunidad de transportar un viajero o una tonelada de mercancía. Además, las empresas suelen proveer múltiples servicios que se diferencian entre sí por la distancia, velocidad, dificultad de transporte, lo que unido a las características anteriores hace prácticamente imposible determinar de forma exacta el coste unitario de los viajeros o de la carga. ¿Cuál es el coste marginal de transportar a un viajero o una tonelada de mercancías por ferrocarril? La elevada proporción de costes conjuntos e irrecuperables, y la naturaleza multiproducto de esta actividad complican la tarea de determinar los precios socialmente óptimos.

La segunda razón está vinculada a la estructura del mercado: si el operador de transporte tiene poder de mercado para fijar tarifas y no existen competidores efectivos, preferirá cobrar por los servicios que presta en función del valor de los mismos en lugar de su coste de producción. De esta manera aumentará los ingresos totales y los beneficios. Esta forma de tarifi-

---

[1] Suponiendo que no existe restricción presupuestaria.

car por parte de las empresas privadas de transporte tiene una gran tradición histórica. Así, por ejemplo, en el transporte marítimo era habitual la práctica de utilizar precios basados en el tipo de mercancía: cuanto más valiosa era la carga, más alta era la tarifa que había que pagar por su transporte. Aunque esta práctica ha perdido relevancia debido a la tendencia creciente hacia el uso de contenedores en ese modo de transporte, la idea de discriminar precios por tipo de cliente todavía sigue vigente. Otro ejemplo es el caso de las aerolíneas, empresas que tienen una proporción de costes conjuntos muy elevada en la producción de sus diferentes tipos de servicios, y que utilizan elementos de diferenciación del producto con el fin de segmentar voluntariamente a los usuarios, al fijar las tarifas de clase preferente o turista.

La tercera razón por la que los precios de los servicios de transporte no necesariamente guardan relación con los costes marginales de producción es porque la eficiencia no es ni la única referencia, ni la más importante, en la toma de decisiones públicas. La equidad y la aceptabilidad política son elementos decisivos en la formación de los precios del transporte, y por ello a las empresas públicas (o privadas reguladas) se les pide en muchas ocasiones que tarifiquen por debajo del coste marginal.[2]

La función de los precios como señales para la asignación de los recursos es esencial para que el sistema económico funcione eficientemente. El nivel y la estructura de los precios que se fijen, junto a los tiempos de desplazamiento, sirven para que el usuario decida la cantidad de transporte que quiere utilizar, así como la modalidad que utilizará. Puesto que afectan al resultado de las inversiones y a las ganancias de las empresas, los precios también influyen sobre las decisiones acerca de qué infraestructuras se construyen y qué servicios se proveen, y estas inversiones alteran los tiempos de desplazamiento, contribuyendo a reforzar o modificar los mecanismos de reparto de esta producción por modalidades de transporte y la asignación implícita de los resultados de dicho reparto en términos de bienestar de los usuarios de los servicios, de los productores de los mismos y de los contribuyentes en general.

En este capítulo se aborda desde un punto de vista normativo el problema de fijación de los precios de servicios e infraestructuras de transporte. Existen varios principios económicos o criterios que pueden utilizarse para fijar precios sobre los que el sector público posea algún grado de control. El

---

[2] Un precio inferior al coste marginal también puede estar justificado por razones de eficiencia, si en otras actividades no se tarifica según el coste marginal.

primero de estos principios es el de eficiencia económica, que consiste precisamente en elegir la mejor asignación posible de los recursos entre todas las técnicamente factibles. El segundo —al que normalmente se somete el anterior— es el de viabilidad económica, o sujeción de la elección a las restricciones presupuestarias a las que se enfrente el agente decisor.

El tercer principio es el de equidad y/o aceptabilidad política, que determina en muchos casos el nivel de provisión y las subvenciones que se requieren para hacer comercialmente viables las combinaciones de precios y niveles de servicio que socialmente se consideren adecuados, pero que no son atractivos para un operador privado. Sin embargo, se trata de un criterio más subjetivo y muy difícil de alcanzar únicamente a través del sistema de precios. Es por esta razón, por lo que centraremos la exposición en el estudio de los dos primeros principios, discutiendo puntualmente algunas cuestiones de equidad, aunque no debería olvidarse que sólo en raras ocasiones el principio de aceptabilidad política está subordinado al de eficiencia.

El análisis que se plantea en este capítulo parte de la definición del coste total del transporte como suma de los costes del usuario y del productor (los costes externos se abordan en el capítulo 8). El objetivo es mostrar que los principios económicos en los que idealmente deberían basarse los precios del transporte sobre los que el sector público mantiene algún control a través de empresas públicas o regulación sobre empresas privadas, son de validez general en todos los modos de transporte, siendo aplicables a todos los servicios e infraestructuras simplemente adaptándolos a las características concretas de cada uno de ellos.

5.2 El problema de la fijación de precios en el transporte

Desde un punto de vista normativo, dada la valoración global que los consumidores realizan de los distintos servicios de transporte y los costes en los que incurre la sociedad para proveerlos, surge la cuestión fundamental de cómo deberían determinarse los precios que los usuarios pagan por tener acceso a dichos servicios.

El problema de tarificación al que se enfrenta la sociedad en este contexto consiste en escoger unos precios que permitan poner a los usuarios en relación con los operadores de servicios e infraestructuras, de tal manera que se produzca un intercambio en el que mediante transacciones voluntarias de los agentes sociales, se consiga el mejor uso posible de los recursos disponibles de acuerdo con las preferencias sociales. Los precios que se fijen no solo influirán en el volumen de provisión de servicios de transporte sino también en la inversión en capacidad a largo plazo.

5.2.1 Coste, valor y precio en el transporte

De acuerdo con el capítulo anterior, el precio generalizado al que se enfrentan los usuarios al realizar un viaje viene dado por

$$g = p + vt + \theta.$$ [5.1]

Esta expresión reúne los tres elementos esenciales que los usuarios han de "pagar" al realizar un viaje: el coste monetario en el que incurren (p), la valoración monetaria del tiempo invertido (vt), y la valoración monetaria de los otros elementos de desutilidad asociados al viaje (θ). El usuario "paga" el coste en términos de su propio tiempo y en la desutilidad que sufre, así como en un componente monetario que será igual a la tarifa pagada en el transporte público, o al coste variable de utilización del vehículo propio.

Este coste monetario p es el que idealmente debería reflejar el valor del coste marginal de la producción del servicio. Pero en la práctica, lo más habitual es que p no represente todos los costes en los que incurre la sociedad por llevar a cabo las actividades de transporte. Esto sucede principalmente por dos tipos de motivos. En primer lugar, puede ocurrir que los costes del productor estén inadecuadamente reflejados en el precio generalizado, lo que ocurre, por ejemplo, si algunos de los componentes de los costes del productor (asociados a la construcción y mantenimiento de las infraestructuras, al equipo móvil, energía o a la fuerza de trabajo) no han sido incluidos en el precio. La inclusión o exclusión de estos costes a la hora de fijar el precio depende del tipo de modalidad de transporte, de la titularidad de la empresa y del tipo de usuario.

El segundo grupo de motivos se refiere a la falta de consideración de los costes externos generados por las actividades de transporte, los cuales con mucha frecuencia no se reflejan en el componente monetario del precio generalizado. Los costes externos producidos en el transporte pero soportados por otros miembros de la sociedad rara vez son incorporados en los precios pagados por los usuarios, aunque la tendencia actual va en la dirección de que sean pagados por quienes los generan.

Existen muchos ejemplos en los diferentes modos de transporte para ilustrar este problema de que los componentes monetarios de los costes a los que se enfrentan los usuarios no reflejan todos los costes. Así, en el transporte por carretera el usuario que viaja en su propio vehículo tiene que pagar los costes operativos del vehículo, pero generalmente no tiene que realizar un pago por el uso de la infraestructura, salvo en el caso en que use una autopista de peaje. Una carretera de libre acceso tiene costes de construcción, conservación, señalización, policía y otros que el usuario no paga, si bien es cierto que al pagar los impuestos de circulación de su vehículo y el impuesto del combustible está sufragando parte de dichos costes. Existen, por otro lado, toda una serie de costes asociados con las externalidades negativas que generan los vehículos, y que el usuario no paga directamente cuando decide realizar su viaje.

En el caso de los ferrocarriles, y especialmente en Europa, las tarifas que los usuarios pagan por ser transportados suelen ser muy inferiores a su coste total, ya que las infraestructuras son financiadas por el sector público, y gracias a ello las empresas proveedoras no tienen que generar ingresos para cubrir estos costes del productor.

Consideremos el caso de un modo de transporte en el que los usuarios compran servicios de transporte a un operador, al que deben pagar un precio que se abona en forma de billete o tarifa por cada viaje. Simplificando la expresión [5.1] para considerar únicamente el coste monetario y el tiempo, obtenemos el precio generalizado al que se enfrentan los usuarios, definido como la suma de la tarifa pagada (p) y el coste unitario de cada usuario (c_u), referido este último componente únicamente al tiempo invertido en el viaje:

$$g = p + c_u .$$ [5.2]

En la figura 5.1 se representa el valor, el precio, el coste del productor y el coste de los usuarios cuando en el mercado de transporte considerado se realizan q_1 viajes. Puede observarse cómo los usuarios demandan esa cantidad de viajes mensuales cuando el precio generalizado del viaje es g_1. Por esa cantidad de viajes, los individuos representados por la función inversa de demanda $g(q)$ están dispuestos a pagar:

$$\int_0^{q_1} g(z)\,dz ,$$ [5.3]

equivalente al área $\bar{g}dq_10$, o lo que es lo mismo, a la suma de los precios de reserva de cada viaje comprendido entre 0 y q_1.

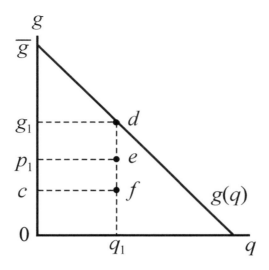

Figura 5.1. Precio, coste y valor del transporte.

La valoración total de los viajes realizados por los individuos, o disposición a pagar, engloba unos valores unitarios diferentes, más altos para algunos usuarios que para otros. El valor marginal del último viaje se corresponde con el usuario con menor disponibilidad a pagar y es igual a la altura $q_1 d$ en la figura 5.1.

Si consideramos que no existen costes externos, el coste social de realizar q_1 viajes es igual al coste del productor y al coste de los usuarios. Suponemos por simplicidad que el coste medio del productor es constante e igual a c y que todos los usuarios son idénticos en su valoración del tiempo (v), con lo cual los costes en términos de tiempo son iguales para todos ellos. Si el precio fijado es p_1, a partir de la expresión [5.2] sabemos que el coste unitario de cada usuario (c_u) es igual a $(g_1 - p_1)$. Esta diferencia es el tiempo invertido en un viaje multiplicado por su valor (ambos constantes en la figura anterior en todo el rango de viajes q).

Puesto que los individuos están dispuestos a pagar en total el área $\bar{g} d q_1 0$, y sólo pagan el área $p_1 e q_1 0$ (en dinero) más el área $g_1 d e p_1$ (en términos de tiempo invertido en los viajes), el conjunto de los usuarios obtiene un excedente del consumidor (EC) equivalente al área $\bar{g} d g_1$, que de una manera más general puede expresarse como

$$EC = \int_0^{q_1} g(z)\,dz - (p_1 + c_u)q_1.$$

[5.4]

Si comparamos la disposición a pagar por los q_1 viajes (área $\bar{g}dq_1 0$) con los costes sociales en los que se incurre para poder realizarlos (que son los costes del productor medidos por el área $cfq_1 0$ y los costes del tiempo de los usuarios dados por el área $g_1 dep_1$), se observa que el beneficio social neto restante es superior al excedente del consumidor (área $\bar{g}dg_1$) en el área $p_1 efc$. Esta diferencia constituye el excedente que obtiene el productor (*EP*), que se define como la diferencia entre los ingresos totales y los costes variables. En este caso, al no existir costes fijos, coincide además con los beneficios de la empresa:

$$EP = (p_1 - c)q_1 . \qquad [5.5]$$

Cuando el análisis se simplifica al caso de una única modalidad de transporte,[3] el problema consiste formalmente en calcular el precio, nivel de servicio y número de unidades de infraestructura que generan el máximo bienestar para la sociedad dentro de esa modalidad de transporte.

5.2.2 Reglas de tarificación

Prescindiendo de consideraciones de equidad, que serán abordadas posteriormente, la forma más habitual de expresar el bienestar social consiste en sumar el excedente de los consumidores y el excedente de los productores, $W = EC + EP$, definidos anteriormente. Dentro de esta expresión, en los costes del productor suele separarse además los costes fijos anualizados de construcción de la infraestructura $r(K)$, los gastos de mantenimiento y operación de infraestructura $c^I(q)$, y los costes operativos del equipo móvil $c^O(q)$. Por simplicidad, se supone que estos dos últimos costes unitarios son constantes, es decir, existen rendimientos constantes en la producción de servicios de transporte y en el mantenimiento y operación de las infraestructuras, de forma que $c^O(q) = c^O q$ y $c^I(q) = c^I q$.

Por otro lado, el coste unitario del usuario en términos del tiempo invertido (c_u) puede variar dependiendo de cuál sea el tamaño de la infraestructura y del volumen total de viajes que se realicen (dado que el tiempo de viaje puede verse afectado por el número de usuarios que existan). Por tanto, expresaremos este coste unitario como una función de dos variables, $c_u (q, K)$.

---

[3] Habitualmente el estudio de las tarifas óptimas se realiza para cada modo de transporte de forma independiente, si bien en aquellas situaciones en que dos o más modos sean altamente sustitutivos, a la hora de evaluar desde un punto de vista social las políticas de precios para uno de los modos idealmente debería adoptarse un enfoque multimodal para evaluar todos los costes y beneficios derivados de las decisiones de precios. A lo largo de este capítulo, todos los modelos que se presentan son unimodales, salvo en la última sección que constituye un ejemplo de consideración de efectos intermodales de tarificación.

El análisis de la fijación de precios en el transporte desde el punto de vista social consiste en determinar los valores de (q, K) que proporcionan el máximo valor a la función de bienestar social (W), es decir que resuelvan el siguiente problema de optimización:

$$\max_{q,K} W(q,K) = EC(q,K) + EP(q,K) \tag{5.6}$$

$$= \int_0^q g(z)\,dz - c_u(q,K)q - c^O q - c^I q - r(K)K \;.$$

Las condiciones de primer orden de este problema son:

$$g(q) - c_u(q,K) - q\frac{\partial c_u}{\partial q} - c^O - c^I = 0 \tag{5.7}$$

$$-q\frac{\partial c_u}{\partial K} - r(K) - K\frac{dr}{dK} = 0\;. \tag{5.8}$$

Estas dos condiciones determinan simultáneamente los valores óptimos q^* y K^*. Interpretando la primera condición obtenemos el criterio de fijación del nivel de producción de servicios de transporte que resulta socialmente óptimo (q^*), mientras que la interpretación de la segunda condición conduce a la regla que debe seguirse para alcanzar el óptimo de unidades de infraestructura (K^*). Estudiaremos cada una de ellas a continuación.

La regla que sirve para determinar el nivel de producción de servicios de transporte socialmente óptimo consiste en igualar el precio generalizado y el coste marginal social. Combinando las expresiones [5.2] y [5.7] se obtiene:

$$p = c^O + c^I + q^* \left.\frac{\partial c_u}{\partial q}\right|_{q^*,K^*}, \tag{5.9}$$

por lo que, de acuerdo con esta regla, para alcanzar un nivel de producción socialmente óptimo, el usuario de un servicio de transporte debería pagar (además del coste en tiempo invertido) un precio igual al coste marginal del productor (vehículo e infraestructura) y el coste adicional impuesto a los demás usuarios, que aparece en el último término de [5.9], el cual se halla evaluado en el punto óptimo (q^*, K^*). Este sumando adicional refleja el efecto que causa la presencia de cada usuario sobre el resto de usuarios del modo de transporte, y se calcula como el efecto marginal sobre el coste de uno de los usuarios $(\partial c_u / \partial q)$ multiplicado por el número total (q^*). Puesto que la variación del coste unitario de los usuarios, $\partial c_u / \partial q$, puede ser cero, positiva o negativa, existen tres casos particulares en el problema de fijación de precios en el transporte que detallaremos más adelante.

Como puede observarse, la expresión [5.9] puede representar también el caso de un usuario que no compra todos los servicios de transporte a terceros. En el caso de que el usuario sea a su vez el propietario del vehículo, el coste marginal operativo c^O es interno y, por tanto, al ser soportado directamente por el usuario no aparecería en la regla de tarificación óptima.

La condición que determina el nivel óptimo de inversión en capacidad (K^*) se obtiene a partir de [5.8]:

$$-q^* \left. \frac{\partial c_u}{\partial K} \right|_{q^*,K^*} = r(K^*) + K^* \left. \frac{dr}{dK} \right|_{K^*}. \qquad [5.10]$$

La interpretación económica de esta regla es la siguiente: para obtener el máximo bienestar social hay que invertir hasta que el ahorro en los costes totales de los usuarios como consecuencia de la inversión en capacidad se iguale al coste marginal de la expansión en capacidad. En el capítulo 7 se desarrolla en mayor detalle este principio para la determinación de capacidad óptima, al analizar la evaluación de inversiones en infraestructura.

La aplicación de la regla de tarificación óptima [5.9] resulta en precios superiores, iguales, o inferiores al coste marginal del productor en función de cómo varía la duración media del viaje cuando se incorporan nuevos usuarios. Cuando la presencia de nuevos usuarios no impone costes adicionales a los usuarios existentes, entonces $\partial c_u / \partial q = 0$ y la tarificación óptima consiste simplemente en igualar el precio y el coste marginal del productor. Esta es la conocida regla de tarificación de óptimo de primera preferencia (*first best*), que es idéntica a la que se obtiene para cualquier otra industria, con la particularidad en transporte de que el precio no debería reflejar sólo el coste marginal de producción de los servicios, sino también los costes que el usuario impone sobre la infraestructura (gastos de mantenimiento y explotación de los elementos fijos que utilizan los vehículos, tales como carreteras, aeropuertos, puertos, etc.).

En muchos servicios de transporte, la situación más habitual es que los usuarios se causen efectos entre ellos, de forma que la presencia de un mayor número de individuos hace que aumenten los costes soportados por el resto de los usuarios, por ejemplo por problemas de congestión, de forma que $\partial c_u / \partial q > 0$. En ese caso, desde un punto de vista social, resultaría necesario modificar la regla de tarificación haciendo que el precio óptimo se sitúe por encima de los costes marginales de producción de los servicios. Este incremento de precios (con relación al precio en una situación sin congestión) refleja esos costes adicionales causados por la presencia de nuevos usuarios y la elevación consiguiente del tiempo medio invertido en realizar un desplazamiento, como veremos más adelante.

Por otra parte, en algunas circunstancias es posible encontrar situaciones en las que $\partial c_u / \partial q < 0$, es decir, la presencia de más usuarios reduce el coste medio de utilizar el servicio. Esto ocurre cuando existen las denominadas *economías de red*, y en esos casos la regla de tarificación óptima debería internalizar este efecto externo positivo haciendo que el precio óptimo esté por debajo de coste marginal del productor. Un caso paradigmático de este tipo de economías es el denominado "efecto Mohring" que analizamos al final de este capítulo.

Aplicando la regla de tarificación óptima [5.9] se generan ingresos suficientes para cubrir los costes variables, pero ¿qué ocurre con los costes de construcción de la infraestructura? La regla de tarificación óptima contiene los costes de mantenimiento y la tasa de congestión, pero no incluye tasa alguna para recuperar los costes fijos de construcción de la infraestructura. Como se verá más adelante, bajo ciertos supuestos, puede demostrarse que en el caso de las carreteras, por ejemplo, los costes de la infraestructura se cubren si se siguen las reglas óptimas de tarificación e inversión.

5.3 Tarificación sin congestión

Consideremos el primero de los tres casos particulares del problema de fijación de precios que se acaban de describir en la sección anterior. Se trata de la situación en la que no existe congestión, es decir, los costes de los usuarios no se ven afectados por la presencia de nuevos usuarios en el sistema, de forma que $\partial c_u / \partial q = 0$, y la regla [5.9] indica entonces que el precio debe igualarse a los costes marginales del vehículo y de la infraestructura.

Con el fin de ilustrar este caso, tomemos como ejemplo el problema de fijar un precio por el uso de una carretera cuya capacidad es superior a la demanda real por parte de los usuarios, lo que puede ocurrir por una sobre-estimación del nivel de tráfico esperado al decidir el nivel de inversión, o porque, dadas las indivisibilidades en la construcción de estas infraestructuras, el tamaño mínimo técnicamente factible sea superior a la demanda.

Este es el caso representado en la figura 5.2, donde q es el número de vehículos que circulan diariamente por esta carretera y p es el peaje cobrado a cada vehículo. Para simplificar, se considera que todos los usuarios son iguales, tanto con relación a su valor del tiempo, como al tipo de vehículo que utilizan, pero tienen diferente disponibilidad a pagar por utilizar la carretera. Para cada posible peaje p, la agregación de los individuos que desean utilizar la infraestructura constituye la demanda a ese precio, que suponemos se puede representar con una función inversa $p(q)$ continua y decreciente (ya que al irse elevando el precio, habrá individuos que decidan no utilizar la carretera).

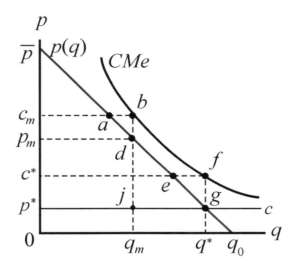

Figura 5.2. Tarificación sin congestión.

El precio máximo que los usuarios de esta carretera están dispuestos a pagar es $\bar{p}$, mientras que q_0 denota el máximo número de usuarios que desearían utilizar la carretera cuando el acceso a la misma fuese gratuito. Para introducir nuestro supuesto de que el coste de los usuarios no se vea afectado por la presencia de usuarios adicionales ($\partial c_u / \partial q = 0$) consideraremos que este volumen máximo de tráfico (q_0) se alcanza antes del volumen de tráfico para el que se considera que surgen problemas de congestión. Esto hace que, en el caso representado, la presencia de nuevos usuarios no haga aumentar el coste medio de viaje de los usuarios ya existentes.

Por el lado del productor, recordemos que hay dos tipos de costes incluidos en $C_P(q, K)$: los de construcción y los operativos. Los costes de construir una carretera de K unidades de infraestructura son fijos con respecto al volumen de tráfico diario (esto es, no dependen de q y sólo son función del tamaño K). Suponemos que existen rendimientos constantes en la construcción de infraestructuras, de forma que el coste unitario $r(K)$ es constante e igual a r.

Al contrario que los costes de construcción, consideraremos para simplificar que todos los costes de operación y mantenimiento de la infraestructura son variables con el volumen de tráfico. Al aumentar el volumen de tráfico q, se produce un mayor deterioro del pavimento, lo cual eleva los costes de mantenimiento, así como los costes operativos, ya que resulta necesario, por ejemplo, más personal para el cobro de los peajes. También consideraremos que aunque los costes totales de mantenimiento y operación aumentan con el tráfico, en términos unitarios el coste por vehículo es constante, de forma que podemos expresarlo con un único parámetro c.

Por tanto, los costes totales del operador de la carretera son $rK + cq$, por lo que el coste medio por vehículo es $CMe = c + (rK / q)$, y el coste marginal es $CMa = c$. Como puede verse en la figura 5.2, el coste medio o unitario por vehículo desciende con el volumen de tráfico, reflejando así el reparto de los costes de construcción entre un mayor número de vehículos al aumentar q.

5.3.1 El principio de eficiencia

Supongamos en primer lugar que la empresa que explota la carretera tiene libertad para fijar el peaje (siempre que éste sea único para todos los usuarios) y que su objetivo sea obtener su máximo beneficio privado, sin considerar los beneficios de los consumidores. En tal caso, para un tamaño dado de la infraestructura, el precio óptimo desde el punto de vista privado es el que resulta de resolver el problema de maximización del beneficio, definido como la diferencia entre los ingresos y los costes totales (fijos y variables) de la empresa:

$$\max_{q} \; p(q)q - cq - rK \,. \tag{5.11}$$

La condición de primer orden de este problema es:

$$q\frac{dp}{dq} + p - c = 0 \,. \tag{5.12}$$

Denotando por (p_m, q_m) los niveles óptimos de precio y tráfico que resuelven la ecuación [5.12], puede comprobarse que el precio óptimo para una empresa únicamente interesada en maximizar su beneficio privado está siempre por encima del coste marginal, ya que dp/dq es la pendiente de la función de demanda (que, por definición, es negativa):

$$p_m = c - q_m \left.\frac{dp}{dq}\right|_{q_m} > c \,. \tag{5.13}$$

En el caso representado en la figura 5.2, la empresa no cubre sus costes fijos con este precio y aunque está maximizando el beneficio en el corto plazo (que en este caso equivale a minimizar las pérdidas), cerrará en el largo plazo a menos que sea subvencionada.

Consideremos ahora que, en lugar de maximizar su beneficio privado, se le pidiera al operador de la carretera que fijase una tarifa para maximizar el bienestar social (W), definido como la suma de su excedente del productor y el excedente de los usuarios de la carretera, sin utilizar ningún tipo de ponderación al sumar ambas medidas de bienestar, esto es, dando el mismo valor a una unidad de beneficio con independencia de quién es el beneficiario. En tal caso, puede intuirse que la búsqueda de un valor mayor del excedente de los consumidores le llevaría a fijar precios inferiores a p_m, ya que con respecto a la situación analizada anteriormente habrá viajeros adicionales (por ejemplo, el $q_m + 1$) que están dispuestos a pagar por ese viaje más de lo que le cuesta a la empresa suministrarle el servicio. Bajar el precio en ese caso hace aumentar el bienestar social, ya que se permite la entrada de ese usuario adicional y la pérdida de beneficio privado que se produce al bajar el precio a todos los usuarios ya existentes sería un aumento equivalente del excedente del consumidor que ellos obtienen (y, por tanto, desde el punto de vista del bienestar social es una simple transferencia entre la empresa y los usuarios que no afecta al valor neto de W).

El principio económico a seguir es el denominado de eficiencia económica, que proporciona el siguiente criterio en la provisión de servicios de transporte: siempre que haya un usuario dispuesto a pagar por la utilización del servicio un precio superior al coste marginal de proveerlo, puede incrementarse el beneficio social permitiéndole su uso, ya que la sociedad ganará un excedente adicional que se perdería en caso de que el usuario quedase fuera del mercado. Consecuentemente, se deberá reducir el precio hasta que alcancemos el nivel de tráfico para el que no existan nuevos usuarios dispuestos a pagar como mínimo el coste marginal de su viaje.

Por el contrario, si el precio estuviese por debajo del coste marginal, la sociedad estaría suministrando un servicio a usuarios que no están dispuestos a pagar lo que realmente cuesta producir ese servicio. El bienestar social aumentaría en ese caso si se aumentase el precio y se excluyese a dichos usuarios del servicio.

En la tarificación óptima de las infraestructuras de transporte no deben olvidarse los costes de transacción derivados de la introducción de sistemas de cobro (como, por ejemplo, el tiempo extra que se obliga a invertir a los usuarios para el pago de los peajes por el uso de una autopista). En los casos de infraestructuras cuya utilización tenga un coste marginal bajo, los costes del sistema de cobro y el aumento del tiempo invertido por el usuario al pagar deben ser valorados frente a las ganancias de eficiencia esperadas. Las nuevas tecnologías de cobro electrónico reducen la magnitud del problema.

La figura 5.2 permite además comparar el excedente social asociado a la maximización del beneficio privado con el resultante de fijar el precio socialmente óptimo. El operador privado, al fijar el precio p_m determina el volumen de tráfico en q_m vehículos diarios, resultando un excedente de los consumidores equivalente al área $\bar{p}dp_m$. El excedente del productor es igual a los ingresos menos los costes variables, equivalente por tanto al área $p_m djp^*$.

Por el contrario, cuando el precio es el socialmente óptimo p^*, y el volumen de tráfico es q^*, el excedente de los consumidores es $\bar{p}gp^*$ y el excedente del productor es igual a cero. El excedente social ha aumentado por tanto en el área del triangulo dgj como consecuencia de modificar la política de precios.

De hecho, comparando el efecto de la reducción de precio desde p_m a p^*, puede observarse cómo al igualar el precio al coste marginal se produce un aumento de tráfico desde q_m hasta q^*. Este tráfico generado está constituido por el grupo de usuarios que están dispuestos a pagar el área $q_m dgq^*$, superior al coste adicional de realizar esos viajes (área $q_m jgq^*$).

No existe un precio distinto de p^* que permita obtener un excedente mayor que $\bar{p}gp^*$. Precios más altos eliminarían viajes con valor social superior al coste de oportunidad de realizarlos. Precios inferiores incentivarían viajes cuyo valor marginal no compensaría el coste social adicional que implican. La tarificación según el coste marginal es eficiente y determina que los servicios de transporte sean provistos hasta el punto en el que el beneficio adicional de la última unidad producida se iguale al coste adicional de esa unidad para la sociedad.

5.3.2 Implicaciones financieras y sociales de la regla de tarificación óptima

Cuando se tarifica de acuerdo con el principio de eficiencia, se consigue una utilización óptima de las instalaciones y los equipos de transporte, sin embargo, no hay garantía de que, con los precios resultantes, se cubran la totalidad de los costes incurridos por el operador. Este hecho se traduce en que políticas de precios eficientes no sean viables comercialmente.

Esta situación se presenta en la industria del transporte con bastante frecuencia, especialmente en aquellos modos donde los costes fijos son relativamente elevados (sobre todo cuando se necesitan activos de infraestructura que requieren fuertes inversiones) y su distribución entre un volumen creciente de tráfico hace descender progresivamente los costes unitarios.

Un ejemplo de este conflicto se representa en la figura 5.2. Como puede observarse, no existe un flujo de tráfico para el que, con precio único, puedan cubrirse los costes totales del productor. Con un precio igual al coste marginal ($p^* = c$), la diferencia negativa entre ingresos y costes es igual a los costes fijos, rK, ya que los ingresos totales (p^*q^*) sólo cubren los costes variables (cq^*).

Cobertura de costes, equidad y aceptabilidad. El conflicto entre eficiencia y viabilidad económica se resuelve, o bien con subvenciones o exigiendo al operador la cobertura de costes. En este último caso, se trata de buscar aquellas políticas de precios que generen el máximo valor en la función de bienestar social pero que, a la vez, generen suficientes ingresos para hacer frente a la totalidad de los costes. No siempre resulta sencillo alcanzar este equilibrio y, en muchas ocasiones, puede llegar a plantear dilemas de elección entre varias alternativas posibles.

Cuando existen múltiples políticas de precios alternativas que cumplen con el principio de cobertura de costes, es muy probable que sus efectos sobre los individuos difieran. En estas circunstancias, el principio de equidad interviene como el tercer principio en la fijación de precios en el transporte: se trata de buscar aquellas soluciones que hacen que mejore el bienestar de algunos individuos que, de acuerdo con algún criterio objetivo, se considere están desfavorecidos. Por ejemplo, si la sociedad considera que la distribución de la renta debería tender hacia la igualdad entre los individuos, se pueden fijar precios de transporte que favorezcan a las personas de rentas más bajas. En otras ocasiones, las tarifas reflejan la disparidad en la localización geográfica, y se trata de que todos los individuos tengan garantizado un derecho a la movilidad dentro de un país a precios razonables, con independencia de su lugar de residencia.

A diferencia de los dos anteriores —eficiencia y viabilidad económica— el de equidad es un principio de carácter subjetivo, ya que puede diferir entre distintas sociedades y cambiar a lo largo del tiempo. Además, resulta muy difícil conseguir objetivos de equidad utilizando únicamente los precios, ya que los usuarios de un mismo servicio no necesariamente son homogéneos en características personales y renta. La equidad puede entrar en conflicto con la eficiencia económica (los precios más equitativos, aquellos que tienen un impacto deseable sobre el objetivo de distribución de renta, no son necesariamente los más eficientes), pero también con la cobertura de costes (con precios equitativos pueden no cubrirse los costes sociales).

Este conflicto hace que muchas veces el criterio de equidad adopte la forma más pragmática de simple aceptabilidad política, definiendo las circunstancias mínimas en las que determinadas políticas de precios sean preferibles a otras. Una de las formas de definir tal aceptabilidad consiste en identificar a los beneficiarios potenciales de determinadas políticas.

En la figura 5.2, por ejemplo, podemos ver que, aunque para cualquier volumen de tráfico los ingresos generados son insuficientes para cubrir los costes, $pq < cq + rK$, la existencia de la carretera es socialmente deseable, aunque la rentabilidad social de la inversión no es independiente del peaje que vaya a establecerse. Cuando el precio es igual al coste marginal, la valoración total de los consumidores $\bar{p}gq^*0$ supera a los costes totales, $0c^*fq^*$, y el excedente social es positivo dado que $\bar{p}ec^* > efg$.

Pese a que el servicio sea socialmente deseable, su estructura de costes produce pérdidas para el productor si se tarifica al coste marginal, e igualmente en la figura 5.2 puede observarse que también se producen pérdidas tarificando de acuerdo con el coste medio, ya que no existe ningún precio que permita al operador cubrir sus costes (al no cortarse las curvas de demanda y de coste medio).

En estos casos no es posible el equilibrio financiero con una tarifa única para todos los usuarios, y se requiere la búsqueda de soluciones para conseguir ingresos adicionales con el fin de garantizar la supervivencia del servicio dentro del marco de aceptabilidad social definido. Si el sector público dispone de recursos para aportar subvenciones, una primera alternativa es mantener la regla de tarificación eficiente, haciendo que los precios que paguen los usuarios estén determinados por el coste marginal de producción del servicio, y pagando subvenciones para la cobertura de costes fijos. En caso de que existan restricciones presupuestarias que impidan esta solución, existen otros mecanismos alternativos a la tarificación eficiente que analizaremos a continuación.

Subvenciones al transporte. En muchas ocasiones, el pago de subvenciones a la industria del transporte se justifica únicamente con argumentos de equidad, vinculados con la necesidad de garantizar unas condiciones mínimas de acceso y movilidad a personas y mercancías.

Tarificar según el coste marginal en aquellos modos de transporte con altos costes fijos y recurrir a los fondos públicos para cubrir las pérdidas, puede resultar teóricamente sugerente, si bien un análisis detallado sobre las consecuencias económicas de la financiación pública arroja dudas sobre el recurso indiscriminado a esta fórmula de solución a los problemas de cobertura de los costes fijos.

Cuando los fondos públicos son escasos, el recurso a las subvenciones no está exento de costes para el resto de la economía, al ser necesario incrementar los impuestos o reducir otros gastos públicos para financiar el déficit de las empresas de transporte. En aquellos casos en los que la tarificación según el coste marginal no cubra los costes fijos, la utilización de subvenciones simplemente traspasaría el coste fijo del transporte a los contribuyentes, lo cual, además de tener implicaciones redistributivas discutibles, plantea el problema de si los usuarios, al pagar exclusivamente el coste evitable del servicio, están dispuestos a pagar el coste fijo, es decir, si es socialmente deseable incurrir en la inversión en capacidad.

Otro problema adicional está relacionado con la pérdida de incentivos que supone para una empresa de transporte el hecho de tener garantizada la cobertura de sus costes mediante financiación pública de su déficit. Estos efectos han sido estudiados en las diferentes industrias de transporte con resultados que muestran que las subvenciones no alcanzan en un cien por cien su objetivo final (que el usuario pague una tarifa lo más cercana posible al mínimo coste marginal factible de acuerdo con la tecnología de producción), sino que pueden filtrarse hacia remuneración de factores y pérdidas de productividad.

Una última cuestión importante al analizar las subvenciones públicas a la industria del transporte son las fórmulas a través de las cuáles se realizan los cálculos de los pagos a realizar en concepto de subvención, ya que se pueden generar efectos no deseados sobre los incentivos de las empresas. Considérese el caso de la subvención al transporte aéreo de viajeros que algunos países conceden a las aerolíneas con el fin de garantizar la accesibilidad y movilidad de los habitantes de determinadas regiones periféricas. En este tipo de situación, la motivación para la existencia de estas subvenciones no estaría basada en la necesidad de cobertura de costes fijos, sino en razones derivadas del principio de equidad antes enunciado, pero ilustra igualmente el problema de la distorsión que puede introducirse por parte del sector público con el pago de subsidios a empresas de transporte.

Una posible forma de instrumentar la subvención a las aerolíneas para que las tarifas a este tipo de pasajeros estén por debajo de los costes unitarios de producción del servicio consiste en pagar a los operadores s unidades monetarias por cada viajero transportado, en cuyo caso, el precio final sería igual a $c_p - s$. Alternativamente, es frecuente encontrar subsidios *ad valorem*, calculados como un porcentaje del coste del productor, y en los que el precio es igual a $c_p (1 - s)$, donde $0 < s < 1$.

¿Son iguales ambos mecanismos? Lo serían en el caso de que exista una única compañía aérea. Sin embargo, desde el momento en que haya dos o más compañías, compitiendo entre ellas con diferentes tarifas, el mecanismo de subsidio *ad valorem* tiene implicaciones negativas en términos de incentivos y de política de competencia.

Al calcularse la subvención como un porcentaje fijo del precio de cada compañía, aquella que tenga costes más altos obtiene mayor subvención por pasajero. Al contrario de lo que ocurriría si se fijase una subvención fija por pasajero e igual para todas las compañías: la más eficiente obtendría ventajas competitivas.

5.3.3 Otras alternativas de tarificación

Cuando existen problemas para la cobertura de costes fijos si se aplica la regla de tarificación eficiente (o las empresas de transporte tienen pérdidas derivadas de políticas de tarifas basadas en el criterio de equidad), la opción de las subvenciones sólo es posible cuando existen fondos públicos disponibles. En presencia de restricciones presupuestarias para el gobierno, hay que buscar mecanismos alternativos para que las empresas puedan recuperar su equilibrio financiero.

Todos los mecanismos alternativos de tarificación que puedan diseñarse están basados en la idea de buscar unos precios que, desviándose de la regla óptima del coste marginal, permitan a las empresas cubrir sus costes con el menor impacto sobre el bienestar social en términos de pérdidas de eficiencia. Se trata de resolver entonces un problema de óptimo de segunda preferencia (*second best*): dado que conseguir llegar a un valor máximo para el bienestar social generaría desequilibrios financieros, el objetivo pasa a ser tarificar por encima del coste marginal de tal manera que la pérdida de bienestar social que se deriva de elevar los precios sea mínima.

Analizaremos a continuación varias fórmulas alternativas a la tarificación eficiente: fijación de precios al coste medio, discriminación de precios, tarifas Ramsey, tarifas en dos partes y subsidios cruzados

Tarificación de acuerdo al coste medio. Si la tarificación al coste marginal no resulta factible desde el punto de vista financiero, tal y como sucedía en el ejemplo presentado en la figura 5.2, una primera alternativa manteniendo una tarifa única igual para todos los usuarios es escoger un precio que sea igual al coste medio de producción del servicio ($p_{CMe} = c + rK / q$, en el caso anterior). Si se elige una solución de este tipo, la empresa obtendría un beneficio cero, lo cual hace que ésta sea una alternativa viable desde el punto de vista financiero.

Claramente, en términos de bienestar, la opción de tarificar al coste medio produce un menor valor para la función objetivo (*W*) que la tarificación eficiente al coste marginal, ya que el precio escogido es ahora superior al óptimo ($p_{CMe} > p_{CMa} = c$). Dado que la empresa obtiene un valor nulo para el excedente del productor, el bienestar social se hace igual al valor que tome el excedente del consumidor, que será el área triangular determinada por la curva de demanda y el precio p_{CMe} que resulte de aplicar este criterio. En algún caso, puede suceder que existan varios precios alternativos que verifiquen la regla de tarificación al coste medio (suponga, por ejemplo, en la figura 5.2 que la curva de coste medio tuviese dos puntos de corte con la curva de demanda). En esa situación, la mejor opción sería aquella con un precio p_{CMe} más bajo, ya que así se conseguiría un mayor excedente del consumidor, y con ello un mayor bienestar social.

A pesar de que la tarificación al coste medio pueda parecer una opción sencilla y atractiva al problema de cobertura de costes fijos derivado de la imposibilidad de utilizar precios eficientes, presenta dos limitaciones importantes. La primera de ellas es que, como sucede en la figura 5.2, no siempre existe una solución con un precio p_{CMe}, ya que para ello es necesario que exista al menos un punto de corte entre la curva de demanda y la de coste medio. La segunda limitación es que las pérdidas de eficiencia que ocasiona este mecanismo de tarificación pueden ser mayores que en otras soluciones alternativas en las cuales no se mantenga como una restricción el que deba existir una tarifa única igual para todos los usuarios.

Discriminación de precios. Si la utilización de tarifas distintas para diferentes usuarios es técnicamente factible y políticamente aceptable, resulta posible diseñar una estructura de precios que, elevando los ingresos de la empresa para permitirle la cobertura de sus costes, genere una pérdida de eficiencia menor que cuando se tarifica según el coste medio.

En el caso representado en la figura 5.2, una empresa privada no proveería servicios de transporte a menos que el regulador autorizase la discriminación de precios. Como puede verse, no existe un volumen de tráfico para el que el precio (único) que los usuarios estén dispuestos a pagar sea mayor o igual al coste medio. No obstante, como se discutía anteriormente, si se toman como referencia el coste marginal c y el volumen de demanda que existiría con tarificación eficiente (q^*), se observa que la disponibilidad a pagar por esos servicios por parte de los usuarios es igual al área $\bar{p}gp^*0$, mayor que los costes totales de producción de ese nivel de servicio (dados por el área c^*fq^*0). Por tanto, puede comprobarse en este ejemplo cómo, teóricamente, sería posible cubrir el coste total si parte del excedente del consumidor se transfiere a la empresa privada.

Discriminando precios entre los usuarios pueden cubrirse los costes. En general, tanto para el transporte como en otras industrias, existen diversas formas de diseñar estructuras de precios con diferencias entre usuarios, que tradicionalmente se clasifican en tres categorías: (a) discriminación de *primer grado*, o perfecta, que consiste en cobrar un precio diferente a cada usuario, de acuerdo con su máxima disponibilidad a pagar; (b) discriminación de *segundo grado*, que se basa en ofertar precios más bajos a aquellos usuarios que realizan un mayor consumo; y (c) discriminación de *tercer grado*, que consiste en cobrar precios distintos por grupos de usuarios, de acuerdo a alguna característica que sea observable (edad, renta, etc.).

La discriminación de primer grado raramente se observa en la práctica, ya que implica disponer de un conocimiento por parte de las empresas de las disponibilidades a pagar de todos los usuarios, y generalmente las asimetrías de información impiden que esto sea posible. Pese a ello, algunos mecanismos de tarificación basados en la oferta de numerosos precios distintos para un servicio prácticamente homogéneo persiguen aproximarse a la idea de discriminación perfecta, haciendo que cada usuario pague el máximo precio de acuerdo con lo que valora el servicio. La oferta de tarifas diferenciada por clases que realizan las aerolíneas (preferente, turista, etc.) se orienta en esta línea, y es una práctica de discriminación de precios destinada a aumentar sus ingresos.

En cuanto a los otros tipos de discriminación, en los servicios de transporte resulta frecuente encontrar ejemplos de su aplicación, ya que la reventa del servicio es difícil y la aceptación social de este tipo de política de tarifas es elevada. Las tarjetas multiviaje y los abonos mensuales se basan en la discriminación de precios de segundo grado, ya que el precio unitario por viaje de los usuarios frecuentes es menor que la tarifa normal, que va destinada a los usuarios de tipo ocasional. El cobro de precios diferentes en el tráfico marítimo en función del volumen de demanda del importador o exportador de mercancías es también característico en ese modo de transporte. Los descuentos para estudiantes y jubilados, que constituyen una práctica habitual en los servicios de autobús y ferrocarril, serían ejemplos de discriminación de tercer grado, y en muchas ocasiones se combinan también con discriminación de segundo grado (si se les aplican, además de tarifas diferenciadas por sus características personales, descuentos por ser usuarios frecuentes).

A continuación vamos a examinar dos fórmulas generales de tarificación que constituyen casos concretos de discriminación de precios que, desde el punto de vista teórico, minimizan la pérdida de bienestar social con respecto a la tarificación eficiente al coste marginal: tarifas de tipo Ramsey y tarifas en dos partes.

Tarificación de tipo Ramsey. En el caso de una infraestructura con costes fijos elevados y un bajo coste marginal, suele defenderse una estructura de tarifas de tipo Ramsey como la mejor opción para cubrir los componentes del coste fijo. La tarificación tipo Ramsey es similar a la discriminación de precios de tercer grado (ya que los precios se fijan de forma inversamente proporcional a las elasticidades de la demanda) aunque el objetivo y las combinaciones precios-cantidades difieren. Con una estructura de precios Ramsey se persigue maximizar el beneficio social bajo restricciones presupuestarias, mientras que generalmente la discriminación de precios de tercer grado busca maximizar el beneficio privado.

Consideremos el caso de un operador de transporte en régimen de monopolio cuyo objetivo es maximizar el bienestar social. Los servicios ofertados por este operador tienen unos costes totales iguales a $C(q)$, donde q representa la demanda total que se obtiene sumando las demandas de los distintos consumidores, q_i. Dichas demandas son independientes entre sí. Supongamos que al tarificar al coste marginal se producen pérdidas y que al operador se le impone la restricción de cubrir costes.

Bajo estas condiciones, el problema de la empresa es maximizar el bienestar social, definido como suma del excedente de los consumidores y los beneficios de la empresa, con la restricción de que se cubran todos los costes y no sea necesario el pago de subvenciones. Formalmente:

$$\max_{q_1,\dots,q_n} \; \sum_{i=1}^{n}\left(\int_0^{q_i} p_i(z_i)dz_i - p_i(q_i)q_i\right) + \left(\sum_{i=1}^{n} p_i(q_i)q_i - C(q)\right)$$

$$\text{s.a} \; \sum_{i=1}^{n} p_i(q_i)q_i - C(q) = 0. \qquad [5.14]$$

El conjunto de condiciones de primer orden (para $i = 1, \dots, n$) de este problema tiene la forma:

$$p_i - \frac{dC}{dq}\frac{\partial q}{\partial q_i} + \lambda\left(q_i \frac{dp_i}{dq_i} + p_i - \frac{dC}{dq}\frac{\partial q}{\partial q_i}\right) = 0. \qquad [5.15]$$

Reordenando la expresión [5.15], y observando que al ser la producción total de servicio la suma de las demandas individuales es $(\partial q / \partial q_i) = 1$, se obtiene:

$$\frac{p_i - \dfrac{dC}{dq}}{p_i} = -\frac{\lambda}{1+\lambda}\frac{1}{\varepsilon_{ii}}, \qquad [5.16]$$

donde $\varepsilon_{ii} = (dq_i / dp_i)(p_i / q_i)$ representa la elasticidad de la demanda q_i con respecto a su precio correspondiente p_i. Las tarifas que resultan de aplicar [5.16] se denominan "tarifas Ramsey" y se obtienen desviándose del coste marginal de forma diferente para cada servicio o segmento de mercado, de manera inversa al valor absoluto de la elasticidad de la demanda en el servicio o mercado correspondiente.

Aunque hemos obtenido una regla de tarificación óptima con restricción presupuestaria, su aplicación encierra problemas no triviales de equidad y aceptabilidad, ya que una elasticidad baja podría estar asociada a la ausencia de sustitutivos cercanos y a una necesidad elevada del servicio de transporte por parte de los usuarios.

Tarifas en dos partes con autoselección. Una tarificación de tipo no uniforme ofrece nuevas posibilidades de recuperar costes sin los problemas asociados a los precios Ramsey. La discriminación de segundo grado consiste en distinguir entre distintos consumidores en función de la intensidad de sus preferencias, pero al no poder identificar quiénes son los de mayor o menor disposición a pagar se utiliza la cantidad consumida como aproximación y se discrimina en función de la cantidad comprada. Con tarificación no uniforme con autoselección puede conseguirse una mejora paretiana respecto a la tarificación con un único precio, ya que algunos ganan y nadie pierde.

La forma básica de tarificación no uniforme es la tarifa en dos partes, que consiste en una cuota de entrada (A) independiente de la cantidad consumida (q), y un precio (p) por unidad comprada. Las tarifas en dos partes pueden ser obligatorias (o no discriminatorias) u opcionales (discriminatorias con autoselección). En el primer caso el usuario sólo tiene la opción $A + pq$, mientras que en el segundo puede elegir entre comprar a un precio por unidad $p_0 > p$ tanta cantidad como quiera o a un precio menor p pero pagando una cuota de entrada A previamente como condición para beneficiarse de comprar a $p < p_0$.

El problema de las tarifas en dos partes obligatorias es la posibilidad de que algunos consumidores salgan del mercado. Este es el caso en que p es igual al coste marginal y A es mayor que el excedente del consumidor para algunos usuarios, calculándose la cuota de entrada como el cociente entre el coste fijo y el número de consumidores.

La discriminación de precios de segundo grado a través de una tarifa en dos partes es la base de los bonos mensuales de viaje en autobús y ferrocarril en los que p es igual a cero. La figura 5.3 muestra el caso de una tarifa en dos partes con autoselección en un caso más general ($p > c > 0$, donde c es el coste marginal).

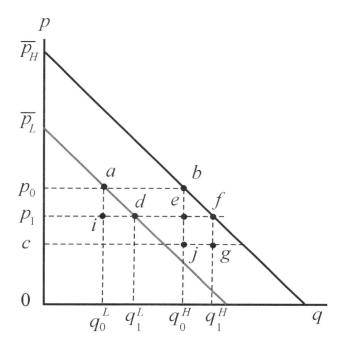

Figura 5.3. Tarifas en dos partes con autoselección.

En la figura 5.3 se representan dos tipos de usuarios que podrían identificarse, por ejemplo, con los distintos tipos de viajeros de una compañía de autobuses. Los viajeros de tipo L son usuarios menos intensivos o frecuentes que los de tipo H. Si inicialmente la empresa cobra un único precio p_0, los individuos tipo L realizan q_0^L viajes anuales, mientras que los de tipo H consumen q_0^H viajes. Consideremos ahora la introducción de una tarifa en dos partes opcional consistente en una cuota de entrada (por ejemplo, el coste de adquisición de un carnet de usuario) igual a p_0bep_1 y un precio por unidad igual a p_1. Los dos sistemas de precios alternativos disponibles para los viajeros son: pagar la tarifa p_0 o comprar el mismo servicio a una tarifa inferior p_1, que puede conseguirse a través del pago de una cuota fija equivalente al área p_0bep_1.

De la figura 5.3 se deduce que los usuarios de tipo L seguirán viajando con la tarifa p_0, porque el régimen de tarifa en dos partes no les ofrece ninguna mejora, ya que el incremento en el excedente del consumidor p_0adp_1 no compensaría el pago de la cuota de entrada, incurriendo en una pérdida de *abed*. Por el contrario, los viajeros de tipo H preferirán la tarifa p_1 y pagarán la cuota de entrada porque su excedente del consumidor es p_0bfp_1 y la cuota de entrada es sólo p_0bep_1, resultando en un incremento del excedente del consumidor equivalente a *bfe*.

La empresa también mejora con la introducción de una tarifa en dos partes opcional. Un aumento en las ventas de $q_1^H - q_0^H$ cuesta menos que su ingreso incremental, así que los beneficios aumentan en *efgj*. Esta tarificación da lugar a una mejora para la empresa y para los usuarios de tipo *H*, dejando a los viajeros de tipo *L* indiferentes.

Subsidios cruzados. Otra manera de cubrir las pérdidas de servicios deficitarios consiste en recurrir a los denominados subsidios de tipo cruzado entre diferentes mercados (también denominados en ocasiones como "subvenciones cruzadas"). Estos subsidios aparecen cuando una misma empresa oferta distintos servicios de transporte, y fija precios por encima de los costes marginales en algunos de dichos servicios con el fin de poder cobrar precios por debajo del coste marginal en otros, los cuales resultan "subsidiados" por aquellos usuarios que pagan tarifas por encima del coste marginal.

Este mecanismo de tarificación es utilizado frecuentemente por empresas de transporte público urbano o interurbano que tienen concesiones amplias englobando líneas muy distintas en cuanto a su demanda y velocidad de circulación. También era una fórmula habitualmente empleada por las compañías aéreas de bandera antes de la desregulación. Cuando se introduce libertad de entrada en una industria anteriormente regulada, si el mercado es perfectamente competitivo, los precios tenderán a acercarse a los costes de producción y los subsidios cruzados se reducirán a mínimos compatibles con los costes de transacción de eliminarlos por completo.

Veamos en qué consisten los subsidios cruzados con más detalle y cuáles son sus consecuencias económicas. Considere el caso representado en la figura 5.4 de una empresa de autobuses que opera en régimen de concesión exclusiva en una zona en la que provee dos tipos de servicio. La línea *A*, en el panel izquierdo, es un servicio de bajo coste unitario (c_A) debido, por ejemplo, a que tiene alta velocidad relativa, mientras que la línea *B* es un servicio de mayor coste unitario (c_B), destinado, por ejemplo, a zonas rurales de menor densidad demográfica. De acuerdo con el principio de eficiencia económica una estructura de precios óptima requeriría que $p_A^* = c_A$ en el mercado *A* y $p_B^* = c_B$ en el mercado *B*, obteniéndose así un volumen de tráfico óptimo en ambos mercados y, bajo el supuesto de que los costes medios son constantes, se cubren los costes totales, aunque, como se observa gráficamente, cobrando precios mayores a los usuarios de las zonas rurales.

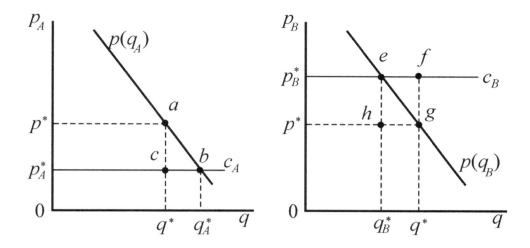

Figura 5.4. Efectos de los subsidios cruzados.

¿Qué ocurre si se considera que esta tarificación no es socialmente aceptable y se decide introducir un precio único (p^*) en ambos mercados? Suponiendo que p^* permita cubrir costes globalmente, y que no se requiera por
tanto el cierre de ninguna línea, tendríamos un nuevo equilibrio, en el que
los usuarios del servicio A estarían pagando un precio superior a su coste
marginal, mientras que los del servicio B estarían pagando un precio inferior
a su coste.

Gráficamente, este subsidio cruzado entre los dos mercados hace que
se modifique el excedente total de los consumidores en una cuantía
igual a

$$\Delta EC = -p^*acp_A^* - abc + p_B^*ehp^* + egh, \qquad [5.17]$$

y no alteraría globalmente el excedente del productor, ya que el precio p^* se
calcula para que la empresa no vea alterada su posición y, por tanto,

$$\Delta EP = p^*acp_A^* - p_B^*ehp^* - egh - efg = 0. \qquad [5.18]$$

Sumando las expresiones [5.17] y [5.18] se obtiene el cambio inducido
en el bienestar social:

$$\Delta W = -abc - efg. \qquad [5.19]$$

La existencia de un subsidio cruzado en este ejemplo induce a una asignación ineficiente de recursos, ya que incentiva en el mercado *B* la realización de viajes por los cuales los usuarios no están dispuestos a pagar su coste social de oportunidad y al mismo tiempo desincentiva la realización de viajes en *A*, a pesar de que el coste incremental de los viajes suprimidos sea menor que su beneficio bruto.

La financiación de los usuarios del mercado *A* a los usuarios del mercado *B* hace posible el mantenimiento de esta política que generará pérdidas de bienestar a menos que los costes de transacción que ahorra la utilización de un precio único y sus efectos redistributivos compensaran la ineficiencia en la asignación de recursos representada por las áreas *abc* y *efg*.

En ocasiones, los subsidios cruzados son defendidos como una manera de sostener servicios estructuralmente deficitarios a precios inferiores al coste que, estando socialmente justificada su permanencia, encuentran dificultades de financiación externa. A pesar de que, en determinadas circunstancias, este tipo de argumento pueda resultar válido, las virtudes redistributivas de los subsidios cruzados son más que discutibles, ya que a veces los usuarios de menos renta son los que financian servicios deficitarios de zonas de mayor renta. Por otro lado, se trata de un sistema de redistribución no transparente que no hace públicas las consecuencias fiscales encubiertas que implica.

5.4 Tarificación en presencia de restricciones de capacidad

En todo el análisis realizado en la sección anterior se han ignorado los problemas de capacidad que suelen estar asociados a la oferta de transporte. De manera implícita, se suponía que la demanda resultante de aplicar distintos regímenes tarifarios siempre podía ser atendida con la capacidad instalada. En esta sección introducimos restricciones de capacidad y al mismo tiempo plantearemos en qué circunstancias es socialmente deseable expandir la capacidad o reducirla. Las limitaciones de capacidad pueden surgir tanto al hablar de infraestructuras de transporte (carreteras, vías férreas, puertos y aeropuertos) como al considerar los servicios de transporte, donde los límites de capacidad vienen dados por la flota disponible de vehículos en un momento dado.

Los límites de capacidad pueden ser un problema de corto plazo, solucionable en el largo plazo mediante ampliaciones. Pero, por otro lado, también existe un problema de largo plazo a la hora de modificar la capacidad si las infraestructuras o el equipo móvil presentan indivisibilidades significativas, que pueden impedir que las decisiones de ampliación o reducción de capacidad se tomen de forma óptima al tener que escoger entre tamaños fijos predeterminados.

El problema de corto plazo es la consecuencia de una subestimación de la demanda. Si la demanda real es superior a la prevista, en el corto plazo nos encontraremos con la dificultad de atender a un número de usuarios mayor que el número de plazas disponibles, o de tener que dar servicio a un volumen de vehículos superior a la capacidad de la infraestructura donde se realizan los movimientos.

A continuación analizamos el problema de la fijación de precios con capacidad fija en un contexto de corto y largo plazo, si bien es en el capítulo 7 donde las cuestiones de las ampliaciones de largo plazo de la capacidad se tratarán de manera específica.

5.4.1 El largo plazo frente al corto plazo

Para analizar el problema de fijación de tarifas óptimas con problemas de capacidad, examinemos el caso de una empresa que explota una autopista de peaje. Suponiendo que la capacidad de la autopista sea perfectamente divisible y que no existan problemas de congestión hasta alcanzar la capacidad límite, la tarifa óptima desde un punto de vista social se obtendría al maximizar el bienestar social generado por la utilización de esta infraestructura,

$$\max_{q} \quad \int_0^q p(z)dz - (c + c_k)q \qquad [5.20]$$

considerando que c es el coste variable por vehículo de utilizar la infraestructura, y que c_k es el coste fijo medio de la capacidad instalada.

La condición de primer orden que se obtiene al resolver el problema anterior conduce a tarificar igualando el precio al coste marginal, el cual coincide en este caso con el coste medio a largo plazo:

$$p = c + c_k. \qquad [5.21]$$

La figura 5.5 permite ilustrar gráficamente estas ideas. De acuerdo con la función de demanda representada en el gráfico, el precio es igual a $c + c_k$, la capacidad óptima es $\bar{q}$, la cantidad demandada es igual a la capacidad, y además se cubren los costes totales. Esta situación ideal cambia en cuanto situamos el análisis en el corto plazo y admitimos errores en la predicción de la demanda.

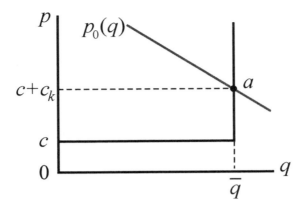

Figura 5.5. Tarificación con capacidad fija.

Cuando el análisis se realiza en el corto plazo resulta necesario modificar la expresión [5.20] para incorporar las limitaciones de capacidad. En el corto plazo, la capacidad $\bar{q}$ está dada, de forma que los costes fijos que genera no se pueden cambiar, y además el nivel de servicio de la autopista no puede superar esa capacidad, de forma que debe ser $q \leq \bar{q}$. Por ello, el problema de elección de la tarifa para maximizar el bienestar social se transforma en el corto plazo en:

$$\max_{q} \quad \int_0^q p(z)dz - cq - c_k\bar{q}$$

$$\text{s.a} \quad q \leq \bar{q}. \tag{5.22}$$

Denominando λ al multiplicador de Lagrange asociado a la restricción del problema anterior, la condición de primer orden permite obtener la tarifa óptima a corto plazo:

$$p = c + \lambda. \tag{5.23}$$

El valor del multiplicador de Lagrange λ determina el nivel de tarifa óptimo que debe fijarse. En el caso en que no existan problemas de capacidad, esto es, si el nivel de tráfico q^* que resulta al resolver el problema [5.22] se halla por debajo de la capacidad máxima ($q^* \leq \bar{q}$), entonces $\lambda = 0$, y la tarifa óptima es igual al coste marginal a corto plazo (c). Por el contrario, en un caso en el que la restricción de capacidad limite el flujo de vehículos ($q^* = \bar{q}$) el multiplicador se hace positivo, indicando que la tarifa óptima debe estar por encima del coste marginal c. La intuición económica asociada a estos resultados se representa gráficamente en las figuras 5.6 y 5.7.

En la figura 5.6, la demanda de transporte para una capacidad instalada $\bar{q}$ es relativamente baja y al cumplirse que $q^* \leq \bar{q}$ el precio óptimo es igual a c. La lógica económica de cobrar sólo el coste marginal de corto plazo puede verse en la figura. Con un precio igual a c, en el corto plazo, todos los usuarios que están dispuestos a pagar el coste de oportunidad tienen acceso al servicio (cantidad demandada igual a q_0), por lo que el excedente del consumidor que obtienen es igual al área $\bar{p}bc$. Por su parte, la empresa cubre sus costes variables (área $0cbq_0$) con los ingresos de las tarifas cobradas a los usuarios, pero no puede cubrir los costes fijos de la capacidad ($c_k\bar{q}$). Por tanto, el bienestar social asociado a la tarifa c es $W = $ (área $\bar{p}bc$).

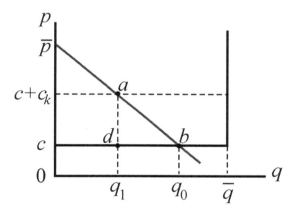

Figura 5.6. Capacidad fija y demanda baja.

Si se fijara un precio igual a $c + c_k$, la empresa podría cubrir al menos parte del coste de la infraestructura, pero desde el punto de vista social esto no resulta óptimo, ya que supone unas pérdidas de eficiencia equivalentes al área abd. Para una tarifa $c + c_k$ el volumen de tráfico cae hasta q_1 y los usuarios ven reducido ahora su excedente al área $\bar{p}a(c + c_k)$. La empresa cubre ahora sus costes operativos y parte de sus costes fijos, área $0(c + c_k)\,aq_1$, con lo cual sus pérdidas se reducen a $c_k\,(\bar{q} - q_1)$. Pero, al sumar los excedentes del consumidor y el productor, se comprueba que el bienestar social que se obtiene (definido por el área $\bar{p}adc$) resulta inferior al conseguido con la tarifa $p = c$, siendo la diferencia entre ambos valores igual al área abd como antes se señalaba.

En una situación con una demanda mayor, tal y como se recoge en la figura 5.7 la demanda es superior a la oferta disponible si se cobrase un precio igual a c. Cuando la demanda de transporte es superior a la capacidad instalada $\bar{q}$ se cumple que $q^* = \bar{q}$ ya que es imposible atender a un número mayor de usuarios que las plazas disponibles, o transportar más contenedores que la capacidad máxima del buque. Si sólo se cobrase el coste variable medio habría que recurrir a un racionamiento de la capacidad distinto al de precios, por ejemplo, dejando que se formen colas.

Tanto si se raciona mediante el mecanismo de los precios como si se hace por otro procedimiento, el número de usuarios efectivamente atendidos será el mismo, sin embargo, quiénes son los usuarios que utilizan el servicio de transporte varía con el sistema de racionamiento. Racionando el servicio con colas, por ejemplo, no hay garantía de que los usuarios que valoran más el servicio tengan acceso al mismo.

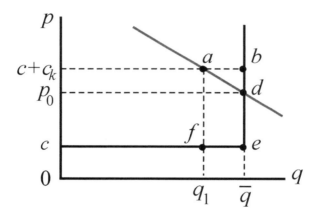

Figura 5.7. Capacidad fija y demanda alta.

El valor concreto de λ que debe utilizarse en la expresión [5.23] depende de dónde corta la demanda a la oferta inelástica. En la figura 5.7 esto ocurre en el punto d, con lo que el precio óptimo es p_0, y todos los que tienen un precio de reserva superior a p_0 tienen acceso al servicio de transporte. Como se observa en el gráfico, no es posible cubrir costes en ningún caso y, por tanto, la mejor alternativa es escoger un precio $p = p_0$. Si se escogiera una tarifa igual a $c + c_k$ para tratar de cubrir los costes de infraestructura, la demanda cae hasta q_1 y se genera una pérdida de eficiencia equivalente al área $adef$.

Fijar precios de acuerdo con el principio de eficiencia en las situaciones representadas en las figuras anteriores es claramente incompatible con la cobertura de los costes totales, a menos que la demanda corte a la oferta en el punto *b* de la figura 5.7. ¿Significa esto que una tarificación eficiente está inevitablemente asociada a pérdidas y subvenciones? La respuesta es no.

El análisis anterior se realizó en un contexto de corto plazo, de capacidad fija; sin embargo, la decisión eficiente de largo plazo en las situaciones anteriores consiste en reducir capacidad hasta el punto *a*. Si esto no fuese posible porque la dimensión técnicamente factible de la infraestructura o el vehículo está sujeta a indivisibilidad habría que preguntarse si es socialmente rentable cerrar dicha actividad. En el caso de que convenga continuar produciendo pero no se disponga de fondos para otorgar una subvención en la cuantía requerida, habrá que recurrir a la tarificación con restricción presupuestaria.

5.4.2 Periodos punta y valle

Una de las características más generales de las actividades del transporte es la acusada estacionalidad de la demanda. En el transporte urbano de viajeros la demanda presenta picos y valles estrechamente correlacionados con la actividad de la ciudad. Esto no es diferente a lo que ocurre con la electricidad, pero en transporte tiene el inconveniente añadido de la congestión que supone la interacción directa de los distintos usuarios utilizando la misma infraestructura, elevando el coste medio de los desplazamientos.

Los operadores de transporte se enfrentan con el problema de tener que diseñar la capacidad para los "picos" de demanda y tener ociosa dicha capacidad durante los "valles". Mientras que en otras industrias las fluctuaciones de la demanda generan un problema de almacenamiento con su correspondiente coste que se añade al precio final del producto, en transporte la situación es diferente, porque la cantidad ofertada por periodo de tiempo (plazas-kilómetro, toneladas-kilómetro) que no es utilizada se pierde. Esta característica juega un papel importante en la tarificación cuando la demanda no es uniforme a lo largo del año, los días de la semana o las horas del día.

Las figuras 5.6 y 5.7 vistas anteriormente pueden utilizarse para analizar la tarificación en periodos punta y valle. Basta con considerar que se trata de dos periodos idénticos de seis meses, uno de menor intensidad de la demanda (figura 5.6) y otro de mayor intensidad (figura 5.7). Los costes marginales son iguales y los costes fijos sólo han de tenerse en cuenta en el periodo punta, para evitar la doble contabilización.

Obsérvese que siguiendo el principio de eficiencia y fijando el precio igual al coste marginal, los usuarios del periodo valle (los cuales no utilizan toda la capacidad disponible) deberían pagar como peaje únicamente el coste marginal de operación y mantenimiento asociado a su viaje. Por el contrario, los usuarios en periodo punta deberían pagar en función de su uso de la capacidad, el cual depende de dónde se sitúe concretamente la demanda en periodo punta con relación a la capacidad instalada (precio p_0).

Es importante subrayar el efecto que un precio más alto en el periodo punta tiene sobre la demanda en dicho periodo. Algunos viajes correspondientes a usuarios con menor valoración marginal del servicio dejarán de realizarse o cambiarán de periodo, con la reducción de presión consiguiente sobre la inversión en capacidad.

Resulta interesante observar que los precios que surgen de aplicar criterios de eficiencia y el resultado financiero asociado a dichos precios están estrechamente vinculados a las creencias que tenía el operador sobre la demanda futura cuando realizó la inversión en capacidad.

Si la predicción de la demanda realizada por la empresa antes de construir la infraestructura es correcta, la capacidad instalada debería ser suficiente para satisfacer la demanda en periodo punta, añadiendo unidades de infraestructura hasta que en la suma de la diferencia entre el precio y el coste marginal en ambos periodos sea igual a c_k. Con indivisibilidades esto es más difícil de conseguir.

Si la demanda predicha en el momento de decidir cuánta capacidad construir no coincide con la demanda real, la política de tarificación descrita debe ser modificada, y los resultados comerciales de la empresa se verán afectados. Existen actividades, tales como los servicios de transporte urbano, en las que la desinversión es rápida y relativamente barata. Sin embargo, en ferrocarriles, puertos y aeropuertos, una inversión insuficiente o excesiva en capacidad implica costes sociales elevados.

La aplicación práctica de estos criterios puede encontrarse con varios obstáculos. Al cobrar un precio mayor en horas punta pueden generarse problemas de equidad o de aceptabilidad, ya que los usuarios de las horas punta pagan los costes fijos correspondientes a la capacidad requerida, mientras que los usuarios de horas valle sólo pagan los costes variables. Por otra parte, cuando la congestión se acumula gradualmente, la percepción del usuario es que paga más cuando el servicio tiene menor calidad, creando nuevamente resistencia social.

5.5 Límites de capacidad y tarificación con congestión

En el tratamiento de la tarificación con limitaciones de capacidad realizado en la sección anterior se obvió el problema de cómo se ven modificados los costes de los usuarios cuando la demanda crece y se aproxima a la capacidad disponible. En todos los desarrollos formales de dicha sección se ha trabajado con el supuesto implícito de que el tiempo medio de desplazamiento es constante, y en consonancia el coste medio del usuario no cambia hasta que se alcanza la capacidad máxima. En el mundo real, lo habitual es que el coste medio cambie con el número de usuarios a partir de cierto umbral en el que, sin haber alcanzado la capacidad máxima, la entrada de nuevos usuarios eleva el tiempo medio de desplazamiento.

5.5.1 Escasez y congestión

A veces ocurre que la restricción de capacidad no se resuelve inicialmente mediante la formación de colas, sino a través de un procedimiento administrativo de asignación. Considere el caso de los aeropuertos, en los que al contrario de lo que ocurre con las carreteras de libre acceso, no se permite entrar al sistema a más aeronaves que la capacidad existente. La correspondencia entre oferta y demanda se consigue mediante la concesión de los denominados *slots* o franjas horarias, sin los cuales no se podría utilizar el aeropuerto para despegar o aterrizar, salvo emergencias.

A pesar de no permitir la entrada libre de aviones a la infraestructura aeroportuaria, es bien conocido que el problema de congestión también afecta a la aviación y que los retrasos sobre el horario previsto son frecuentes en los principales aeropuertos del mundo.

La congestión aeroportuaria supone costes en tiempo para los usuarios y también en dinero al reducir la competencia entre compañías aéreas, por ser la infraestructura un factor limitante esencial para la entrada al mercado de nuevos operadores. Además, las compañías aéreas también incurren en sobrecostes que acabarán repercutiendo en subidas de precios o en una reducción de los beneficios según el grado de competencia en el pasillo de tráfico concreto.

En el análisis económico del fenómeno de limitación de capacidad en aeropuertos es útil distinguir entre los conceptos de *escasez* y *congestión*. En primer lugar, la capacidad debe entenderse como el número máximo posible de aterrizajes y despegues que pueden realizarse por hora. Esta capacidad está determinada por el factor más escaso entre los esenciales: pista, control de tráfico aéreo, zonas de aparcamiento de aviones, salas de embarque, etc. Si la demanda excede la capacidad máxima disponible se dice que hay *escasez*, asignándose la capacidad disponible mediante algún procedimiento administrativo con mayor o menor racionalidad económica.

Una vez asignadas las franjas horarias, los aterrizajes y despegues de aeronaves se van ajustando al plan previsto si no surgen problemas; sin embargo, existen múltiples razones por las que se produce sobrecarga en el sistema y aparece el fenómeno de la *congestión* aérea: mal tiempo, llegada con retraso del avión para el siguiente despegue, problemas con el equipaje, etc. Cuando se producen estas incidencias y los vuelos programados para una hora se retrasan, en la siguiente hora se produce congestión.

Para discutir los conceptos de escasez y congestión y el papel del mecanismo de los precios utilizaremos la figura 5.8, que representa el caso de un aeropuerto con capacidad disponible $(\overline{q}_0)$ expresada en movimientos (aterrizajes y despegues) por hora, y un coste por movimiento de avión igual a c. Para simplificar el análisis que se va a realizar, obviaremos los costes de construcción de la infraestructura (bajo el supuesto de que son asumidos por el sector público), de forma que c se refiere sólo a los costes de operación del aeropuerto y mantenimiento de la infraestructura. El precio p que aparece en el eje vertical se corresponde con las tasas aeroportuarias que el aeropuerto cobra a las líneas aéreas por la utilización de la infraestructura. Esta tarifa p influye sobre la demanda que las aerolíneas realizan de la infraestructura del aeropuerto, que es un reflejo a su vez de la demanda que las compañías reciben por parte de los usuarios finales para realizar vuelos.

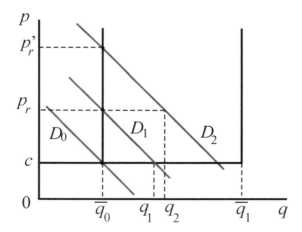

Figura 5.8. Escasez y congestión.

En la figura 5.8 puede observarse cómo, para una demanda D_0 y un precio igual al coste c, no existen problemas de escasez ni de congestión y, además, se cubren todos los costes operativos. Considere ahora que, manteniendo la capacidad constante en $\overline{q}_0$, la demanda de uso del aeropuerto crece hasta D_1, siendo este aumento provocado porque se ha incrementado el número de personas que desean viajar, y las compañías tratan de responder incrementado el número de vuelos. Existen dos opciones posibles para hacer frente al problema del exceso de demanda $(q_1 - \overline{q}_0)$, aunque ambas son equivalentes en sus efectos a un incremento hasta p_r de la tasa por el uso del aeropuerto. La primera opción consiste en que el aeropuerto eleve el precio de los *slots* hasta p_r. Las compañías aéreas trasladarían ese incremento de sus costes a sus propias tarifas, lo cual haría que se redujese la demanda de servicios de transporte aéreo de los viajeros hasta que el número de vuelos se igualase a la capacidad $\bar{q}$ del aeropuerto.

La segunda forma de ajustar la demanda a la capacidad consiste en que el aeropuerto mantenga las tasas aeroportuarias en c, y el exceso de demanda $q_1 - \bar{q}_0$ no pueda ser atendido. En el mercado de servicios de transporte aéreo, esto llevará a que existan más pasajeros que quieren volar en la hora representada en la figura 5.8 que plazas disponibles. Ante ese exceso de demanda, las compañías aéreas podrán elevar sus tarifas, lo cual hace que la demanda de viajes se reduzca (de nuevo hasta que el número de vuelos se haga igual a $\bar{q}_0$), y por tanto el efecto final será como si el precio del aeropuerto hubiese subido hasta p_r. La única diferencia entre esta situación y la anterior es quién se apropia del excedente que se genera por la existencia de una demanda de uso del aeropuerto que supera la capacidad: mientras en el caso anterior es el aeropuerto quien puede apropiarse del beneficio extraordinario $(p_r - c)\bar{q}_0$, en este segundo escenario ese mismo beneficio lo captan las aerolíneas. Esta renta extraordinaria que se ha generado se puede atribuir al problema de *escasez* que presenta este aeropuerto ante la demanda D_1.

Una vez resuelta la cuestión de la escasez haciendo que la demanda de movimientos en el aeropuerto esté ajustada a la capacidad existente $\bar{q}_0$ mediante el precio p_r, bien sea éste cobrado por el aeropuerto a las aerolíneas, o por éstas a sus clientes, pueden darse además problemas de *congestión*. Esto sucede si en un momento puntual del día se produce en el aeropuerto una sobrecarga del sistema que desplaza la demanda hasta D_2, ya que los vuelos previstos para la hora $t - 1$ no pudieron realizarse. Al precio p_r existe en ese momento puntual un exceso de demanda dado por $q_2 - \bar{q}_0$ y aunque existe un precio p'_r que racionaría la capacidad existente, el carácter ocasional y muchas veces imprevisible de la sobrecarga hace inevitable la congestión.

La cuestión fundamental en este contexto es si el nivel de congestión es el socialmente óptimo. El problema de la congestión aeroportuaria surge porque las aerolíneas tienen cuadros de servicios excesivamente ajustados, con tamaños de flota de aeronaves y plantillas de dimensiones limitadas, y también porque los aeropuertos están más intensivamente utilizados de lo que sería socialmente deseable. Para reducir la congestión en los aeropuertos podrían dedicarse más recursos a las infraestructuras y servicios de este modo de transporte, ampliando la capacidad de los aeropuertos y haciendo que las compañías ampliasen sus flotas y plantillas. Si se desea examinar hasta qué punto esto es deseable, hay que comparar el coste de estos recursos extra con los beneficios que se generarían: el ahorro de los costes de la congestión que sufren tanto los usuarios finales del transporte aéreo como las propias compañías aéreas (excesos de costes derivados del tiempo extra empleado por su personal y aviones en los aeropuertos).

Para analizar esta cuestión, podemos suponer que la demanda de los servicios de transporte aéreo se representa mediante una función inversa de demanda $g(q)$, donde g es el precio generalizado de realizar un viaje (tarifa más valor del tiempo de viaje) y q es el número de usuarios. Como hemos visto, existe una correspondencia directa entre el número de viajeros que desean volar en una ruta y el número de vuelos que se realizan entre los aeropuertos correspondientes, por lo que podría considerarse q como el número de vuelos (al igual que se hacía antes en la figura 5.8).

Dada esa demanda $g(q)$, para cada nivel de la tarifa p cobrada por las aerolíneas, el excedente del consumidor que obtienen los viajeros vendrá dado por:

$$EC(q) = \int_0^q g(z)dz - \left[(p - \phi)q + vtq + \gamma q\right], \qquad [5.24]$$

donde ϕ es la compensación pagada por la compañía al usuario si existe un retraso, t es el tiempo de viaje, v es el valor unitario del tiempo y λ es un parámetro que sirve para representar costes derivados de distintos grados de seguridad, fiabilidad y confort de los servicios de transporte aéreo. Por su parte, las aerolíneas obtienen un excedente del productor que es igual a:

$$EP(q) = pq - (c + \phi)q . \qquad [5.25]$$

El bienestar social se calcula de acuerdo a la definición habitual, como suma del excedente de los usuarios y los productores del servicio.

$$W(q) = \int_0^q g(z)\,dz - (c + vt + \gamma)q . \qquad [5.26]$$

En la expresión [5.26] puede observarse cómo tanto las tarifas que pagan los usuarios (pq) como las compensaciones monetarias recibidas por los retrasos (ϕq) no tienen ninguna influencia en el bienestar social, ya que se trata de meras transferencias entre productores y usuarios. La variable fundamental para valorar el problema de la congestión de aeropuertos es considerar cuál es el coste total para la sociedad de los recursos empleados en la provisión de los servicios, que podemos denominar coste social, y que sería igual al término que entra con signo negativo en la expresión del bienestar social $W(q)$:

$$C_S = (c + vt + \gamma)q . \qquad [5.27]$$

A partir de esta expresión, podemos obtener el coste marginal social que supone aumentar el número de usuarios de transporte aéreo en una determinada ruta:

$$\frac{dC_S}{dq} = c + q\frac{\partial c}{\partial q} + v\left(t + q\frac{\partial t}{\partial q}\right) + \gamma + q\frac{\partial \gamma}{\partial q}.$$ [5.28]

Cuando se produce congestión las tres derivadas parciales de la expresión [5.28] tienen signo positivo. Sin embargo, la compañía aérea que provoca un retraso en un aeropuerto que genera un problema de congestión no paga por los costes que impone a los usuarios y a otras compañías. El resultado es una congestión aeroportuaria excesiva. Si la compañía aérea o el aeropuerto no tienen que pagar los costes que imponen a los demás usuarios del sistema, diseñarán sus cuadros de servicios con mayor riesgo de sobrecarga o tendrán un personal contratado demasiado escaso.

Para tratar de corregir estos efectos negativos, se puede introducir una tasa por congestión igual a la diferencia entre el coste marginal social y el coste medio privado. Restando el coste medio privado $(c + vt + \gamma)$ de [5.28], obtenemos la tasa de congestión óptima:

$$\left(\frac{\partial c}{\partial q} + v\frac{\partial t}{\partial q} + \frac{\partial \gamma}{\partial q}\right)q.$$ [5.29]

La dificultad práctica de aplicar esta tasa de congestión no está tanto en determinar su cuantía, sino en localizar a los agentes responsables de los problemas de congestión aeroportuaria. Muchas veces el retraso de un avión en despegar no se debe a problemas en el aeropuerto de origen, sino a la existencia de congestión en el aeropuerto de destino. Cuando hay mal tiempo y se producen retrasos, es difícil distinguir entre congestión inevitable y responsabilidad de los distintos agentes.

5.5.2 Peaje óptimo en infraestructuras viarias

Consideremos ahora el problema de congestión que se produce en las carreteras. Como vimos en el capítulo 3, puede considerarse que una carretera se encuentra congestionada desde el momento en que el número de usuarios supera cierto umbral, a partir del cual cada nuevo usuario adicional eleva el tiempo medio de desplazamiento de todos los usuarios existentes. En este caso sería socialmente óptimo introducir una tasa de congestión, de acuerdo con la expresión [5.9] obtenida al principio de este capítulo, y manteniendo el supuesto de ausencia de costes externos.

El principio de eficiencia nos indica que en el caso de que la carretera no estuviera congestionada, la tarificación óptima se correspondería con la regla de igualar el precio al coste marginal del productor. Sin embargo, cuando existe congestión, al coste marginal del productor hay que añadir el efecto de congestión que se deriva del aumento de tráfico.

Para centrar el análisis únicamente en el efecto de la congestión, vamos a suponer en el resto de esta sección que el coste marginal del productor sea cero, y que los desplazamientos sólo tienen un coste en tiempo para los usuarios. Con estos supuestos, el precio socialmente óptimo, de acuerdo con [5.9] es:

$$p = \left(\frac{\partial c_u}{\partial q}\right) q \,, \qquad\qquad [5.30]$$

con lo que se consigue que cada usuario pague el coste que genera, medido por el efecto del cambio en el coste medio del usuario cuando un conductor adicional utiliza la carretera, multiplicado por el número de conductores afectados. Tarificar de acuerdo con la expresión [5.30] tiene como función incentivar un uso eficiente de la infraestructura. El usuario, al pagar dicha tasa por congestión internaliza el coste social que implica su decisión de viajar.

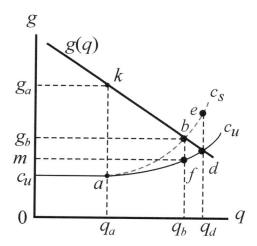

Figura 5.9. Tarificación con congestión.

Para ilustrar con más detalle las consecuencias económicas de introducir la tasa de congestión, en la figura 5.9 se representa el caso de una carretera, en la que inicialmente existe libre acceso y en la que posteriormente introducimos un precio. Suponemos que cada usuario realiza un solo viaje y que todos los usuarios son idénticos en su valoración v del tiempo empleado en el mismo, aunque difieren entre sí en la disponibilidad a pagar por viajar (en términos de la utilidad que les supone), lo cual hace que al elevarse el tiempo de viaje algunos de ellos decidan no usar la carretera. Esto es lo que justifica la existencia de una curva inversa de demanda $g(q)$ decreciente como la representada en la figura 5.9. Recuérdese que, para cada nivel de tráfico, la altura de esta función con respecto al eje horizontal refleja la valoración total del viaje del último usuario que entra en la carretera, es decir, lo máximo que ese usuario está dispuesto a pagar por un viaje.

En la misma figura se representan también el coste medio c_u, de los usuarios, que únicamente recoge el valor del tiempo invertido (bajo el supuesto de que el resto de costes del viaje son nulos), y el coste marginal social c_S de cada viaje. Como vimos en el capítulo 3, para la sociedad en su conjunto cada viaje adicional en la carretera tiene un coste medio que siempre coincide con c_u por definición, pero no sucede así con el coste marginal social de ese viaje adicional.

Tal como se representa en el figura 5.9, el coste marginal social c_S coincide con c_u mientras que el flujo de tráfico sea inferior al nivel en el que aparece la congestión ($q \leq q_a$). A partir de q_a nos encontramos sin embargo con que $c_S > c_u$, ya que c_S recoge el mayor coste de tiempo impuesto a los demás, $(\partial c_u / \partial q)q > 0$, a causa de la congestión. Este componente del coste marginal social aumenta con el volumen de tráfico y es ignorado por los individuos en sus decisiones individuales de desplazamiento.

Si se dejase a los individuos decidir libremente el número de desplazamientos que desean realizar (sin ningún precio por el uso de la carretera), la situación de equilibrio corresponde al punto d, donde para un flujo de tráfico q_d se realizan todos los viajes cuya valoración por parte de los individuos es mayor o igual que el coste medio privado c_u de los viajes. Sin embargo, esta situación de equilibrio no es socialmente óptima, ya que el coste marginal social es superior a la disposición a pagar por dicho viaje, lo cual puede observarse gráficamente, dado que en el punto de equilibrio d se verifica que $eq_d > dq_d$.

El nuevo automovilista que se incorpora a la carretera ignora $(\partial c_u / \partial q)q$ al tomar su decisión, es decir, no considera el aumento del tiempo medio de viaje que supone para el resto de los usuarios el hecho de su incorporación a la carretera. Parece, por tanto, evidente que el volumen de tráfico de equilibrio (q_d) es socialmente ineficiente, ya que hay un número de viajes ($q_d - q_b$) que los usuarios valoran por debajo de su coste social (en términos de áreas, $q_b b d q_d < q_b b e q_d$).

Por el contrario, el flujo de tráfico socialmente óptimo es igual a q_b, ya que en ese punto $g(q) = c_S$. Es decir, lo que el usuario marginal está dispuesto a pagar por utilizar la carretera coincide con el coste marginal social de su utilización. Para que esto ocurra hay que introducir una tasa de congestión igual a bf, ya que el coste marginal privado en tiempo es sólo fq_b.

Esta tasa sería equivalente a la diferencia $c_S - c_u$, o lo que es lo mismo, $(\partial c_u / \partial q)q$ tal como habíamos anticipado en [5.30]. La pérdida social de eficiencia que se evita con la introducción de esta tasa es igual al área *bed*. No obstante, antes de introducir una tasa de congestión, debe tenerse en cuenta que el cobro de la misma requerirá la inversión de algunos recursos en equipo técnico y personal, que deben compararse con la ganancia de eficiencia que se genera. Por tanto, puede existir un cierto grado de congestión para el que socialmente no sea óptimo incurrir en los costes de transacción de tratar de eliminarla, pero desde el momento en que el área *bed* supere a esos costes, la sociedad mejoraría su bienestar agregado con un mecanismo de tarifas para corregir la congestión de la carretera.

5.5.3 Tasa de congestión y tasa de infraestructura

El criterio de tarificación utilizado en la sección anterior responde a la aplicación del principio de admitir a nuevos usuarios siempre que lo que están dispuestos a pagar sea mayor o igual que el coste de oportunidad social, tal como se recoge en [5.9] simplificando el análisis a que no había costes del productor. La pregunta ahora es qué ocurre con los costes de construcción de la infraestructura si se tarifica de acuerdo con [5.9], esto es, cuando se cobra el coste variable del productor y la tasa de congestión.

Bajo el supuesto de una infraestructura perfectamente divisible, si las decisiones de ampliar capacidad se llevan a cabo siempre que los ahorros de tiempo de los usuarios compensen los costes del productor de llevar a cabo dicha ampliación y se tarifica según el coste marginal social, se cubrirán costes sin necesidad de imponer una tasa adicional para la infraestructura. Si se introduce el supuesto simplificador de que los costes de operación del equipo móvil son nulos ($c^O = 0$), de forma que los únicos costes variables son los de mantenimiento y operación de infraestructura ($c^I > 0$), la aplicación de la regla de tarificación óptima [5.9] resulta en unos ingresos totales para cubrir el coste de infraestructura iguales a:

$$c^I q^* + (q^*)^2 \left.\frac{\partial c_u}{\partial q}\right|_{q^*, K^*}, \qquad [5.31]$$

es decir, cubren los costes variables y se generan ingresos adicionales iguales a $(q^*)^2(\partial c_u / \partial q)$. Con los ingresos reflejados en [5.31], netos de costes variables de mantenimiento de la infraestructura, se cubren los costes fijos de capacidad, $r(K)K$, siempre que el nivel de inversión en capacidad sea el socialmente óptimo (K^*) y existan rendimientos de escala constantes asociados a la construcción de la infraestructura.

La razón que explica esta idea crucial de la tarificación con congestión se extrae precisamente de la expresión [5.8], y del hecho de que los costes de los usuarios no son independientes de la capacidad construida. Mayor capacidad supone menores costes para los usuarios (en términos de tiempo) y mayores costes para la empresa (en términos de construcción). Menor capacidad implica lo contrario. La capacidad socialmente óptima se alcanza cuando ambos efectos se equilibran.

En el caso de la figura 5.9, si se estableciese una tasa de congestión óptima de importe *bf*, los ingresos obtenidos serían equivalentes al área $g_b bfm$. Esta recaudación vendría determinada por el resultado de igualar el coste generalizado $g(q)$ y el coste marginal social c_s. Si la tarificación al coste marginal del productor implicaba pérdidas iguales a los costes fijos, al añadir la tasa por congestión podrán cubrirse los costes de construcción y financiación de la autopista si la capacidad de ésta ha sido calculada de acuerdo con las condiciones de optimización.

Por tanto, el problema de fijación de precios en transporte y la aplicación de los principios de eficiencia y cobertura de costes hace que las decisiones de inversión en infraestructura y tarificación de los servicios no sean nunca independientes cuando los costes de los usuarios se ven afectados por la presencia de usuarios adicionales.

Con el fin de demostrar este interesante resultado, obsérvese que el coste fijo de la infraestructura puede expresarse de forma general como una función del tamaño de la misma y del coste unitario:

$$C(K) = r(K)K, \qquad [5.32]$$

con lo cual, cada unidad adicional de infraestructura tiene un coste marginal dado por:

$$\frac{dC}{dK} = r(K) + K\frac{dr}{dK}. \qquad [5.33]$$

De acuerdo con la regla óptima de inversión obtenida en [5.10], este coste marginal debe igualarse al beneficio marginal que derivan los usuarios por la introducción de esa unidad adicional de infraestructura:

$$\frac{dC}{dK} = -q^{\ast} \left.\frac{\partial c_u}{\partial K}\right|_{q^{\ast},K^{\ast}}.$$ [5.34]

Por otra parte, como ya sabemos, el coste unitario de los usuarios depende del volumen global de tráfico, pero también es una función del tamaño de la infraestructura, de forma que se tiene una función $c_u(q, K)$. Esta función generalmente verificará la propiedad de ser homogénea de grado cero: si se aumenta tanto el nivel de tráfico como el tamaño de la infraestructura en la misma proporción, el tiempo que cada usuario tiene que emplear en un viaje no se verá afectado por esos cambios, esto es, $c_u(\lambda q, \lambda K) = c_u(q, K)$.

Por el Teorema de Euler, cualquier función homogénea de grado cero cumple la propiedad de que la suma de sus derivadas parciales, ponderada por los valores que toman las correspondientes variables es igual a cero, lo que en el caso de la función $c_u(q, K)$ se traduce en la siguiente ecuación:

$$\frac{\partial c_u}{\partial q} q + \frac{\partial c_u}{\partial K} K = 0,$$ [5.35]

la cual nos permite expresar la tasa óptima de infraestructura obtenida anteriormente, $(\partial c_u / \partial q)q$, en términos del efecto de la infraestructura sobre el coste de los usuarios (medido por la derivada $\partial c_u / \partial K$, la cual tendrá generalmente signo negativo ya que al incrementar el tamaño de la carretera se generan ahorros de tiempo), ponderado por el tamaño de la infraestructura (K). Sustituyendo esta relación en la expresión de la tarifa óptima [5.9], se tiene que:

$$p = c^I - K \frac{\partial c_u}{\partial K}.$$ [5.36]

Si despejamos la derivada $(\partial c_u / \partial K)$ de las expresiones [5.33] y [5.34] y sustituimos en [5.36], la tarifa óptima queda como:

$$p = c^I + K \left(\frac{r(K) + K \dfrac{dr}{dK}}{q} \right).$$ [5.37]

El supuesto de rendimientos constantes a escala en la construcción de infraestructuras hace que el coste unitario sea constante, $r(K) = r$, y con ello $dr / dK = 0$. Por tanto [5.37] se puede simplificar a:

$$p = c^I + \frac{rK}{q}\,.$$ [5.38]

La expresión [5.38] indica cuál debe ser la tarifa óptima para corregir los problemas de congestión, ya que, como hemos visto, simplemente hemos expresado la tasa óptima $(\partial c_u / \partial q)q$ en términos de parámetros relativos a la infraestructura. Pero, si evaluamos los ingresos totales que se van a percibir con esta tarifa, se comprueba el resultado indicado de que se logran cubrir todos los costes de infraestructura:

$$pq = c^I q + rK\,.$$ [5.39]

A pesar de lo atractiva que resulta esta idea de que el cobro de una tasa por congestión permita financiar los costes de construcción de la infraestructura, debe tenerse en cuenta que el resultado se ha obtenido a partir de una serie de supuestos que en la práctica no tendrían necesariamente que verificarse (fundamentalmente los rendimientos constantes a escala asumidos para hacer $r(K) = r$, y el grado de homogeneidad de la función de costes del usuario $c_u(q, K)$), por lo que no estaríamos seguros de que la recaudación vaya a coincidir siempre exactamente con los costes $r(K)K$. Si bien esta nota de cautela a la hora de interpretar el resultado es necesaria, la posibilidad de introducción de una tarifa óptima para corregir problemas de congestión y que simultáneamente permite obtener una financiación extra para la ampliación de la infraestructura debe ser tenida en consideración a la hora de la planificación de inversiones.

5.6 Tarificación con economías de red: el *efecto Mohring*

Frente al principio general de fijar el precio igual al coste marginal del productor, o corregirlo al alza introduciendo tasas de congestión, un tercer caso relevante de tarificación en el transporte en ausencia de costes marginales externos ocurre cuando la presencia de nuevos usuarios en el sistema reduce el coste unitario soportado por cada uno de ellos, $(dc_u / dq) < 0$.

Una de las situaciones en las que se presenta este efecto con mayor claridad ocurre en algunos servicios de transporte público en los que existen las llamadas economías de densidad definidas en el capítulo 3, y que aparecen cuando la incorporación de usuarios adicionales a una red de transporte reduce el coste medio que soporta cada uno de ellos. Cuando sucede esto, se produce un efecto similar al caso de la congestión analizado en la sección anterior, pero de signo contrario: la presencia de *más* viajeros es algo que beneficia al usuario (en lugar de perjudicarle como sucede cuando hay problemas de congestión). En Economía del Transporte, este tipo de externalidad positiva suele denominarse como *efecto Mohring*, ya que fue este autor el primero en señalar su existencia, en el contexto de los servicios de transporte de autobuses urbanos.[4]

Con el fin de ilustrar cómo debería realizarse una tarificación óptima en presencia de costes del usuario decrecientes con el volumen de servicio q, y siguiendo el análisis de Mohring, consideraremos el caso de una línea de transporte público urbano. Supongamos que para producir un cierto flujo de plazas por hora el operador incurre en un coste C, que es función del número de autobuses en servicio (denotado por E) en esa ruta ($C = wE$, donde w es el coste por hora de un autobús en servicio).

El coste medio por pasajero para el productor (c) es igual a wE / q. Para el usuario, el precio generalizado que afronta para realizar un viaje es igual a la tarifa (p) más el coste c_u, que representa el valor monetario del tiempo invertido caminando, esperando y permaneciendo en el interior del vehículo (que se define como $t_a v_a + t_e v_e + t_v v_v$ bajo el supuesto de que cada uno de estos tiempos pueda tener un valor distinto para el usuario). Uniendo los costes del productor y del usuario, el coste social por hora de transportar a q pasajeros es igual a $wE + c_u q$.

Supongamos ahora que la empresa se encontraba ofreciendo una frecuencia de tres viajes por hora en esa ruta (un vehículo cada 20 minutos), y que la demanda se dobla, respondiendo la empresa a este cambio duplicando E. De esta forma el coste total del productor se duplica ($C = 2wE$), mientras que su coste medio permanece constante.

Veamos ahora qué ocurre con el coste del usuario. Tanto t_a como t_v permanecen constantes, pero t_e decrece con el aumento de la frecuencia. Suponiendo que los pasajeros llegan de forma aleatoria a la parada de autobús, el tiempo de espera varía de 0 a 20 minutos ($0 < t_e < 20$), con una media de 10 minutos. Al duplicar E doblamos la frecuencia y el tiempo de espera se reduce a la mitad. Consecuentemente el coste del usuario se reduce ($dc_u / dq < 0$), por lo que, si fijamos los precios de acuerdo al coste marginal social, deberá introducirse un subsidio unitario de ($dc_u / dq)q$. De acuerdo

[4] Mohring, H., "Optimization and Scale Economies in Bus Transportation", *American Economic Review*, 62, 1972, págs. 591-604.

con los criterios desarrollados en este capítulo, el precio por pasajero debe ser
igual a:

$$p = \frac{wE}{q} + \frac{dc_u}{dq}q \, . \qquad\qquad [5.40]$$

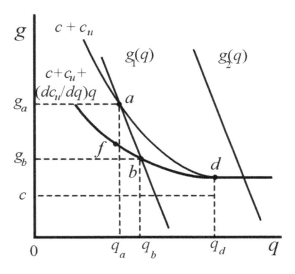

Figura 5.10. Tarificación con economías de densidad.

La figura 5.10 ilustra la argumentación anterior, suponiendo que
existan rendimientos constantes a escala en la producción de los servicios de autobús y, por tanto, que el coste medio del productor sea constante, $wE / q = c$. Suponiendo que la empresa cubre costes, la tarifa que
pagan los usuarios vendrá dada por ese valor c, y por tanto el precio generalizado que debe pagar un usuario al utilizar el servicio de autobús
es $c + c_u$. Tal como se representa en la figura, este precio generalizado es
decreciente, reflejando así que el aumento del número total de usuarios
consigue ahorros de tiempo.

En la figura 5.10 se han representado también dos posibles niveles de
demanda de mercado para los servicios de autobús, $g_1(q)$ y $g_2(q)$. Estas curvas de demanda inversa representan la relación entre el precio generalizado
y el número total de usuarios que van a utilizar los servicios y, al igual que
sucedía en la sección anterior con las demandas para el uso de una carretera, reflejan el hecho de que no todos los usuarios tienen la misma disponibilidad a pagar por los viajes.

Tomemos inicialmente como referencia la demanda $g_1(q)$. Si el conjunto de usuarios potenciales está representado por esa curva, el equilibrio se va a producir en el punto a, que es donde el último usuario que decide utilizar el autobús iguala su valoración del viaje, $g_1(q)$ al precio generalizado que le supone el mismo $(c + c_u)$.

Sin embargo, desde un punto de vista social este equilibrio con un número de viajes q_a no resulta óptimo, ya que el viaje que ha realizado el último usuario tiene un menor coste social que el que utiliza el usuario para tomar su decisión de viajar. Para ver este efecto, necesitamos obtener la curva de coste marginal social de los viajes, la cual puede calcularse fácilmente, como en el caso del análisis de congestión, como la derivada del coste total del conjunto de los usuarios:

$$\frac{dC_s}{dq} = c + c_u + \frac{dc_u}{dq}\, q \qquad [5.41]$$

Dado que $dc_u / dq < 0$, la curva de coste marginal social de los viajes va a estar por debajo de la curva $c + c_u$. En el equilibrio anterior (q_a, g_a) se observa por tanto que el coste social del último viaje realizado es igual a la distancia fq_a, que resulta inferior al coste aq_a con el que se ha tomado la decisión de viajar. Por tanto, en el punto a se está produciendo una pérdida de eficiencia desde el punto de vista social, ya que existen $q_b - q_a$ usuarios para los cuales su valoración de los viajes en autobús (área $q_a abq_b$) es superior al coste de esos viajes (área $q_a fbq_b$). La pérdida de eficiencia se puede evaluar como el área abf.

¿Cómo puede corregirse esta ineficiencia? De forma simétrica a lo que sucede en el caso de la congestión, la idea es introducir una corrección en la tarifa que paga el usuario para que internalice el efecto positivo que está generando sobre los demás usuarios $(dc_u / dq)q$ y que él no tiene en cuenta al no recibir ningún beneficio por ello.

En este caso, la política adecuada es ofrecer un subsidio, que se calcularía de nuevo de acuerdo con la regla [5.9], esto es, haciendo que el usuario pague los costes del operador descontándole el subsidio $(dc_u / dq)q$. Aplicando esta regla, en el caso anterior el equilibrio se produciría en el punto b, realizándose entonces la cantidad socialmente óptima de viajes q_b.

La importancia del subsidio para internalizar efectos de tipo Mohring depende del volumen total de viajeros que se encuentran en un momento dado utilizando un servicio. Así, en la figura 5.10 puede observarse cómo la distancia entre las curvas $c + c_u$ y $c + c_u(dc_u / dq)q$ se va haciendo menor a medida que el número de viajeros se incrementa. Esto refleja el hecho de que al principio, cuando existen pocos usuarios, la entrada de un individuo adicional que hace que la frecuencia de los autobuses aumente produce un gran impacto sobre los tiempos de espera del conjunto de usuarios. Por el contrario, cuando hablamos de un servicio con un nivel alto de frecuencia, el impacto de un usuario marginal se hace menor, y eventualmente desaparece.

En la figura 5.10, puede comprobarse que a partir del punto d, el efecto Mohring ya no existe, y la entrada de más usuarios no consigue ningún ahorro de costes. Dado que en esa situación se tiene que $dc_u / dq = 0$, el subsidio desaparece y los usuarios deben pagar completamente los costes del operador. Para una demanda de servicios tal como $g_2(q)$, el equilibrio de mercado ya sí resulta socialmente óptimo, ya que las curvas $c + c_u$ y $c + c_u(dc_u / dq)q$ coinciden.

5.7 Tarificación óptima y efectos intermodales

Hasta ahora hemos estudiado la aplicación de los principios de tarificación óptima a los mercados de transporte considerados por separado. En muchas ocasiones, sin embargo, esta aproximación resulta excesivamente simplificadora, ya que el sistema de transporte es percibido como un todo por los usuarios, quienes toman decisiones basándose en la sustituibilidad y complementariedad existente entre distintos modos.

Por ello, si una política de precios incentiva o desincentiva el uso de una determinada alternativa de transporte (por ejemplo, a través de las subvenciones cuando existen economías de densidad o a través de tasas cuando existe congestión) los efectos también afectan a otros modos de transporte. En esta sección se analizan las implicaciones intermodales de la tarificación óptima, simplificando las diferencias entre modos a las diferencias de coste monetario y de tiempo.

Consideremos un determinado trayecto, en el que el usuario puede optar por utilizar el tren o su vehículo privado. Denotaremos por q_T el número total de usuarios que deciden viajar en tren y por q_C a los viajeros que deciden utilizar la carretera. Para mantener la simplicidad de la exposición podemos asumir que el coste marginal del operador de los servicios ferroviarios es constante e igual a c_T, mientras que el coste marginal de operar la carretera se denota por $c_C < c_T$. Suponemos que no existen otros costes o que son iguales en ambos modos de transporte.

De acuerdo con [5.1], el coste generalizado que para un usuario supone realizar un viaje es igual a $p + c_u$, donde p es el precio pagado por el viaje (igual al coste marginal) y $c_u = vt$ representa coste del tiempo. El valor v es constante para todos los modos, mientras que t varía de acuerdo con la elección del modo que se realice. Así, t_T denota el tiempo empleado realizando el trayecto en tren y t_C es el tiempo utilizando el coche. Mientras que t_T no se ve afectado por la congestión, el tiempo de viaje por carretera es una función creciente del número de usuarios, es decir, $t_C = t_0 + \alpha q_C$, donde $t_0 < t_T$ representa el tiempo de viaje sin congestión y α que es mayor que cero, refleja, en términos de tiempo, lo que varía el coste medio del usuario al incorporarse al tráfico un usuario adicional.

Dado que suponemos que sólo existen dos modos de transporte, resulta útil conocer cuál es el reparto intermodal (q_T, q_C) asociado a una tarificación óptima y averiguar qué factores determinan dicho reparto. Si la demanda total de viajes es inelástica, el número total de usuarios, que denotaremos por $q = q_T + q_C$ no varía en ningún caso, y el análisis que se plantea es estudiar las dos posibilidades de asignación de los mismos por modos de transporte: la que eligen los viajeros privadamente y la que resulta más deseable desde el punto de vista del conjunto de la sociedad.

En primer lugar, desde el punto de vista privado de cualquier consumidor, su criterio de decisión es claro: elegirá aquel modo que tenga un precio generalizado menor, en términos tanto de coste (tarifa o coste el automóvil) como de valor monetario del tiempo invertido en el viaje. Si ambos modos de transporte son usados, la asignación intermodal de equilibrio requiere que ningún viajero desee modificar su elección de modo de transporte. Esto implica que se debe cumplir en equilibrio la condición de igualdad de precios generalizados:

$$c_T + v t_T = c_C + v(t_0 + \alpha q_C) . \qquad [5.42]$$

Resolviendo para q_C, se obtiene que, cuando los usuarios deciden privadamente, el número de viajeros por carretera en equilibrio es

$$q_C^p = \frac{(c_T - c_C) + v(t_T - t_0)}{\alpha v} , \qquad [5.43]$$

mientras que el número de usuarios de tren se obtendría restando q_C^p de q.

La expresión anterior establece las relaciones básicas que determinan el reparto intermodal cuando los precios son iguales a los costes marginales privados en todos los modos de transporte. En particular, el número de viajeros por carretera crece cuando la diferencia entre los costes marginales del tren y la carretera se hace mayor, o la diferencia de tiempos entre ambos modos aumenta, y disminuye cuando aumenta el efecto de la congestión o el valor del tiempo del usuario.

La distribución modal obtenida cuando los viajeros deciden privadamente qué modo utilizar no siempre resulta socialmente óptima, ya que no se están internalizando los costes de la congestión. Para ilustrar esta idea, consideremos cuál sería la mejor asignación intermodal desde el punto de vista social. Evidentemente, en lugar de decidir en función de los costes generalizados de cada individuo, se trataría de buscar aquella distribución modal para la que los costes totales fuesen los más bajos posibles, ya que con ello se conseguiría el máximo beneficio social.

Formalmente, la solución óptima social se obtiene resolviendo el siguiente problema:

$$\min_{q_T, q_C} \ (c_T + vt_T)q_T + \left[c_C + v(t_0 + \alpha q_C)\right]q_C \qquad [5.44]$$
$$\text{s.a} \quad q_T + q_C = q,$$

de donde se obtiene el número óptimo de viajes a realizar por carretera (y por diferencia con q se obtienen los viajes óptimos en tren):

$$q_C^* = \frac{(c_T - c_C) + v(t_T - t_0)}{2\alpha v}. \qquad [5.45]$$

El equilibrio que se deriva de la expresión [5.45] es una situación en la cual se están igualando los costes marginales sociales de ambos modos, e indica que la elección privada (que no considera los costes sociales asociados a la congestión) conduce a que demasiados usuarios elijan la carretera frente al tren. El número de viajeros por carretera óptimo desde el punto de vista social es menor (en este caso, exactamente la mitad) que el número de viajeros con elección privada ($q_C^* < q_C^p$) y lo contrario sucedería con el número de usuarios del tren ($q_T^* > q_T^p$).

El análisis anterior se resume en la figura 5.11, donde se determinan, a partir de los costes generalizados los niveles óptimos de tráfico por carretera (e, implícitamente, de viajeros en tren), tanto desde el punto de vista privado como social. En el eje horizontal se representa el tráfico por carretera (y por diferencia con respecto a q, el número de viajeros en tren).

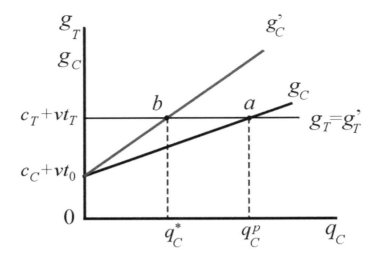

Figura 5.11. Tarificación óptima y distribución intermodal.

Como puede observarse, el precio generalizado de viajar en tren, $g_T = c_T + vt_T$ resulta siempre constante para cualquier valor de q_C, por lo que, además, el coste medio es igual al marginal ($g_T = g'_T$). El precio generalizado de viajar por carretera, g_C, comienza en $c_C + vt_0$, pero crece debido a la congestión. De hecho, el precio generalizado marginal (g'_C) aumenta por encima del coste medio de los demás usuarios.

Tal como hemos visto, la determinación del nivel de tráfico óptimo desde el punto de vista privado requiere igualar ambos precios generalizados, $g_T = g_C$, obteniéndose q_C^p en el punto a, que es el resultado de la expresión [5.43]. Para determinar el volumen de tráfico socialmente óptimo, de acuerdo con [5.45], debe buscarse aquel punto en el que se igualan los costes sociales marginales, o lo que es lo mismo, donde se minimizan los costes generalizados de todos los usuarios. Esto se produce en el punto b. Sólo así se consigue internalizar el efecto de la congestión y reducir el volumen de tráfico por carretera al nivel socialmente óptimo.

5.8 Lecturas recomendadas

Los capítulos 4 y 5 del libro de Rees, R., *Public Enterprise Economics,* Weidenfeld-Nicolson, 1984; cubren la tarificación según el coste marginal en situaciones de capacidad fija e indivisibilidad. Para profundizar en la tarificación con congestión pueden consultarse: Winston, C., "Efficient Transportation Infrastructure Policy", *Journal of Economic Perspectives,* 5, 1991, págs. 113-127;

Newbery, D. M., "Cost Recovery from Optimally Designed Roads", *Economica*, 56, 1989, págs. 165-185; y Vickrey, W., "Congestion Theory and Transport Investment", *American Economic Review*, 59, 1969, págs. 251-260. Para la tarificación óptima del transporte público, Jansson, J. O., "Marginal Cost Pricing of Scheduled Transport Services", *Journal of Transport Economics and Policy*, 13, 1979, págs. 268-294; y Nash, C. A., "Management Objectives, Fares and Service Levels in Bus Transport", *Journal of Transport Economics and Policy*, 12, 1978, págs. 369-376. Una aplicación de los principios teóricos de este capítulo en el debate de la fijación de precios en la práctica se encuentra en Nash, C. y Sansom, T., "Pricing European Transport Systems: Recent Developments and Evidence from Case Studies", *Journal of Transport Economics and Policy*, 35, 2001, pág. 363-380.

5.9 Ejercicios

Ejercicio 5.1. Las líneas de autobús A y B de una empresa de transporte público son utilizadas por unos usuarios cuyas funciones de precios generalizados vienen dadas por las expresiones $g_A = 20 - 0,01q_A$; y $g_B = 15 - 0,01q_B$ respectivamente. En ambas rutas el coste medio del usuario es idéntico y siempre igual a 5 u.m. por viaje. El coste del productor está representado por la función $C_P = 2.500 + 2q_A + 6q_B$, donde 2.500 son costes conjuntos de ambas líneas, independientes del nivel de servicio aunque evitables si no se produce.

(a) Calcule el número de usuarios en cada ruta, los beneficios comerciales y el excedente social si el precio es único e igual a 5 u.m.

(b) Determine los precios que corresponden a la maximización del excedente social. Calcule el beneficio comercial y el excedente social y compararlos con los obtenidos con precio único.

(c) Suponga ahora que hay que cubrir costes. ¿Qué precios satisfacen la restricción presupuestaria con la menor pérdida de excedente social? Compare los resultados con los obtenidos en los apartados anteriores.

Ejercicio 5.2. Considere el caso de una carretera en la que viajan q usuarios al día. Todos realizan el mismo trayecto y comparten el mismo valor del tiempo, diferenciándose en su disposición a pagar por los viajes. El coste medio del usuario en términos del tiempo empleado en el viaje es igual a $\alpha_1 + \alpha_2 q$. La demanda de viajes varía de acuerdo con la siguiente expresión: $q = 400 - 5g$, siendo g el precio generalizado que tiene que pagar el usuario por la utilización de la carretera.

(a) Calcule el número de usuarios de la carretera si la entrada es libre, cuando $\alpha_1 = 20$ y $\alpha_2 = 0,2$.

(b) Determine el volumen de tráfico óptimo, la tasa de congestión para alcanzarlo y la recaudación que se obtiene.

(c) ¿Cuál es la ganancia de eficiencia que se obtiene tras la introducción de la tasa de congestión?

Ejercicio 5.3. La demanda de servicios de autobús en una determinada línea viene dada por $g = 80 - q$, siendo g el precio generalizado del viaje (tarifa + coste del tiempo total de viaje) y q el número total de usuarios. El valor del tiempo se considera unitario para todos los individuos. El tiempo de viaje, o coste del usuario, varía de acuerdo con el número total de pasajeros (efecto Mohring), de acuerdo con la expresión $c_U = 30 - 0,1q + (250 / q)$. La empresa que oferta los servicios de autobús tiene unos costes totales $C_P(q) = 15q$, y se halla regulada, de forma que tiene que fijar una tarifa p igual al coste marginal.

(a) Compruebe que si la empresa debe cubrir sus costes, y no hay ningún tipo de subsidio a los usuarios, existen dos posibles equilibrios privados. Compruebe que uno de ellos, que denominaremos equilibrio (q_0, g_0), proporciona un mayor bienestar a los usuarios.

(b) Calcule cuál sería el equilibrio óptimo (q^*, g^*) en esta línea de autobús desde el punto de vista social, y la ineficiencia total que con respecto a (q^*, g^*) se produce en el equilibrio (q_0, g_0). Obtenga también el subsidio por usuario que el regulador tendría que aportar para que se consiguiera el volumen de demanda socialmente óptimo.

6. LA REGULACIÓN ECONÓMICA DEL TRANSPORTE

6.1 Introducción

En el capítulo anterior hemos presentado los principios básicos en los que, desde el punto de vista de la maximización del bienestar social, deberían estar basados los precios de los servicios y las infraestructuras de transporte. Los dos resultados fundamentales sobre tarificación óptima son: (*a*) en condiciones perfectas, los precios deben ser iguales a los costes marginales sociales, para de ese modo servir como señales tanto a los usuarios como a los productores; y (*b*) las decisiones de inversión en infraestructuras también deben estar guiadas por los costes marginales de las ampliaciones de capacidad y los beneficios marginales que reciben los usuarios, teniendo en consideración en los cálculos de costes y beneficios los efectos medioambientales y otras externalidades que se puedan generar.

La industria del transporte presenta características que hacen difícil que estos resultados se vean plasmados en la práctica a través del funcionamiento de los mercados. Por un lado, existen motivos tecnológicos que hacen que en los mercados de transporte el número de competidores generalmente sea bajo. Cuando se considera el caso de las infraestructuras, dado que este tipo de activos difícilmente pueden ser replicados por cada productor, la propiedad de activos estratégicos (estaciones, vías, terminales, etc.) otorga posiciones de privilegio a las empresas que los poseen. Por otra parte, como se discutirá más adelante en el capítulo 8, existen varios tipos de externalidades importantes asociadas con las actividades de transporte, cuyos costes difícilmente son tenidos en cuenta si se aplican puras reglas de mercado.

Por tanto, la provisión de servicios e infraestructuras de transporte a través del mercado no garantiza de forma general que los precios pagados por los usuarios de servicios e infraestructuras de transporte vayan a estar determinados por los costes. Y, además, para algunos determinados modos como puede ser el caso del transporte urbano, en ocasiones el principio de equidad orienta las decisiones sobre cuál es la producción social óptima de servicios y qué tarifas deberían pagar los usuarios. Este tipo de consideraciones son las que llevan a las autoridades a imponer en algunos mercados las denominadas "obligaciones de servicio público" a las empresas proveedoras, como una forma de hacer accesible el transporte a todos los individuos de una sociedad. Bajo este tipo de regulación, las empresas están obligadas a producir una serie de servicios que no son comercialmente atractivos, y que son financiados a través de fórmulas de subsidios cruzados o mediante el pago de subvenciones.

Este conjunto de motivos —tecnología, externalidades y consideraciones de equidad— hace que prácticamente en todos los mercados de transporte exista algún tipo de regulación, y que raramente la provisión de servicios se realice por la libre interacción de oferta y demanda. En este capítulo, se discute la necesidad de regulación *económica*, que fundamentalmente se da en tres tipos de situaciones: (*a*) cuando hay empresas que tienen poder de mercado; (*b*) cuando el equilibrio al que llega un mercado competitivo no es socialmente aceptable; y (*c*) cuando una empresa es propietaria de una infraestructura importante a la que se quiere dejar acceso a otros competidores (caso, por ejemplo, del ferrocarril). Tras revisar estos tres escenarios, se explica posteriormente en detalle el funcionamiento de los mecanismos más habituales para llevar a cabo la regulación económica, que son la imposición de límites sobre la tasa de rentabilidad de una empresa y la fijación de precios máximos, y se estudian algunos efectos que pueden derivarse de cada uno de ellos.

Hay otros tipos de regulación diferentes a la regulación económica. Entre ellos se incluyen los aspectos relativos a la calidad de los servicios, a la seguridad y a los efectos medioambientales del transporte. Aunque todos están altamente ligados con el control que establece el sector público sobre las variables económicas de las empresas de transporte, en este capítulo únicamente discutiremos de forma breve estos otros tipos de regulación, mientras que los aspectos relativos a la intervención pública para la corrección de externalidades son tratados en mayor detalle en el capítulo 8.

6.2 La necesidad de regulación económica del transporte

La necesidad de que exista regulación económica en algunos modos de transporte se deriva en muchas ocasiones de sus características tecnológicas particulares. Para determinar las situaciones en las que es deseable algún tipo de intervención pública, resulta útil plantear dos preguntas: ¿es posible que exista competencia entre diversos proveedores de servicios o infraestructuras de transporte? y, por otra parte, ¿es deseable dicha competencia?

Las respuestas afirmativas o negativas a estas dos preguntas nos proporcionan cuatro posibles situaciones diferentes. En la primera de ellas, cuando la competencia sea posible y además deseable socialmente (escenario *A*), no sería necesario ningún tipo de regulación. Así sucede para el transporte de mercancías por carretera en muchos países, donde la intervención del gobierno se reduce a la emisión de algún tipo de licencia para las empresas y la fijación de unos estándares mínimos de seguridad a los vehículos, pero no se introducen límites a la entrada de empresas a dar servicios, ni se regulan sus tarifas.

Por el contrario, puede suceder que la competencia sea deseable, pero existan problemas para que se produzca de manera efectiva (escenario *B*). Puede suceder que las empresas que operan en el mercado estén llevando a cabo acciones que hagan que la entrada de competidores sea difícil o no sea factible en absoluto, y en ese caso sí que estaría justificada la intervención de un regulador. Este tipo de situaciones es relativamente frecuente en los mercados de transporte, existiendo numerosos casos documentados de prácticas contrarias a la competencia, por ejemplo, en el sector aéreo y entre empresas de autobuses.

En otras situaciones, se podría producir un caso completamente opuesto al anterior: puede que la competencia entre empresas efectivamente se produzca, pero con un grado que no la haga socialmente deseable (escenario *C*), y puede que se mejore el bienestar social con alguna regulación sobre las empresas. Un ejemplo de esta situación es la industria del taxi, que en la mayor parte de las ciudades del mundo está sometida a un control por parte del sector público en cuanto al número de operadores existentes, y normalmente también con una regulación sobre sus tarifas.

La última de las cuatro situaciones posibles se da cuando hay dificultades para que en un mercado haya más de un operador, pero además socialmente no resulta interesante que exista más de una empresa (escenario *D*). Este caso se presenta con mayor frecuencia al analizar infraestructuras de transporte que en el caso de los servicios. Si una empresa construye, por ejemplo, una carretera de peaje entre dos ciudades, técnicamente es poco probable que pueda aparecer otra empresa competidora con una infraestructura similar. Por otro lado, seguramente no será socialmente deseable que se duplique dicha carretera, debido al derroche de recursos y el impacto medioambiental que supondría. Por ello, en este caso nos encontramos ante una situación de monopolio natural, donde resulta interesante que una sola empresa tenga exclusividad para dar el servicio de transporte o explotar la infraestructura de que se trate.

En resumen, se observa que aquellas situaciones donde parece deseable que se realice algún tipo de regulación sobre las empresas de transporte son los escenarios (*B*), (*C*) y (*D*), donde los resultados que se alcanzarían a través de las reglas del libre mercado no son óptimos. La razón principal que subyace a la necesidad de regulación suele ser la tecnología de producción de cada sector: la existencia de unos costes fijos muy elevados, o la posibilidad de cerrar el acceso a otras empresas por las características de industrias de red, son factores que otorgan fácilmente a las empresas instaladas posiciones de privilegio frente a posibles competidores.

Para entender mejor por qué conviene imponer alguna regulación en las situaciones (B), (C) y (D), vamos a desarrollar cada una de ellas por separado en mayor detalle, antes de describir los mecanismos de regulación que se emplean en la práctica para limitar el comportamiento de las empresas.

6.2.1 Existencia de barreras de entrada y prácticas anticompetitivas

La primera variable a examinar para determinar si la competencia entre empresas se va a producir de la forma deseada desde el punto de vista social es el número de competidores. La existencia de pocas empresas proveedoras de un mismo servicio puede ser una señal de que es probable que estas empresas posean poder de mercado.

Incluso en casos en los que el número de productores sea bajo, no puede concluirse que las propias empresas estén limitando la competencia. La presencia de pocas empresas puede deberse a dos razones: bien que existan motivos tecnológicos que hagan que ésa sea una estructura de mercado de equilibrio, o bien que las empresas instaladas estén utilizando algún tipo de estrategia de generación de barreras de entrada u otro tipo de prácticas anticompetitivas que eviten la entrada de empresas rivales.

Como se discutió en el capítulo 3 al analizar los costes de las empresas, la tecnología de cada modo de transporte puede hacer que existan economías de escala, de densidad o de alcance en la producción. ¿Qué implicaciones tiene desde el punto de vista de la regulación la existencia de este tipo de economías? Este tipo de razones tecnológicas señalan que una empresa de mayor tamaño puede tener ventajas en relación a sus competidores por beneficiarse de ahorros de costes, pero ello no implica de forma automática la existencia de poder de mercado para dicha empresa. La única conclusión que puede extraerse de forma general del análisis del tipo de rendimientos a escala de la industria es que el grado de competencia que puede darse en una industria podrá ser mayor o menor. La competencia efectiva que finalmente se establezca puede verse afectada por otros aspectos que será necesario examinar en cada caso. En particular, resulta más importante estudiar si la falta de competencia se puede atribuir a conductas activas de las empresas proveedoras de servicios, más que a razones tecnológicas que puedan potencialmente crear diferencias entre empresas rivales.

En la industria del transporte, pueden señalarse varios tipos de situaciones en las que va a ser socialmente deseable algún tipo de regulación por este tipo de estrategias anticompetitivas de las empresas. Entre ellas, se pueden destacar las siguientes: barreras de entrada por uso de infraestructura; uso de las frecuencias o las tarifas para limitar la competencia, y otras prácticas anticompetitivas.

Barreras por el uso de las infraestructuras. Con relación al primer tipo de barreras, el hecho de tener que utilizar determinadas infraestructuras compartidas a la hora de dar servicios de transporte —como terminales portuarias, pistas de aterrizaje o estaciones de autobuses— introduce la necesidad de utilizar criterios para repartir el espacio o las franjas horarias de uso entre las distintas empresas. Esta característica de la industria del transporte es, para determinados modos, un elemento clave que impone una limitación a la competencia por razones tecnológicas: no puede existir una infinidad de pequeñas empresas que utilicen la infraestructura necesaria y lograr que todas ellas dispongan exactamente de las mismas condiciones de uso.

Aunque este factor restringe la competencia, no la elimina por completo. La capacidad óptima de las infraestructuras debería determinarse en función de la demanda existente y, una vez que la infraestructura se diseñe y construya con dicha capacidad, la utilización de ésta puede repartirse entre distintos operadores que compitan entre sí. Los problemas asociados a las barreras por uso de infraestructura surgen cuando las empresas instaladas llevan a cabo prácticas para evitar la entrada de nuevas empresas.

Así sucede en el transporte ferroviario cuando la propiedad de la infraestructura básica (vías y estaciones) está en manos de una empresa que también oferta los servicios, como era el caso en la mayoría de los países del mundo bajo el modelo de organización con una gran empresa pública monopolista. Cuando el mercado de servicios se liberaliza, abriendo la posibilidad de que otros operadores utilicen las mismas vías, surgen dificultades para determinar las *condiciones de acceso* a la infraestructura, así como las *tarifas de acceso*. Si estos dos parámetros básicos para la competencia son fijados libremente por la empresa propietaria, la posibilidad de un uso estratégico de estas variables surge de forma inmediata. Por ello, resulta necesaria la intervención de una autoridad externa que fije las reglas de uso de la infraestructura común, para que dentro de lo posible todas las empresas competidoras actúen en igualdad de condiciones, y se imponga algún límite a las tarifas de acceso para evitar un abuso de posición dominante por parte de la empresa propietaria.

Una situación similar se produce frecuentemente en el transporte aéreo, cuando una nueva aerolínea desea entrar a competir con otras en una ruta ya existente, o desea crear un nuevo servicio. Si bien en ese caso las compañías instaladas no son las propietarias de la infraestructura básica (aeropuertos y sistemas de ayuda a la navegación), los problemas de falta de capacidad en muchos aeropuertos se convierten de hecho en ventajas competitivas. El reparto de la capacidad aeroportuaria se realiza a partir de los denominados *slots* horarios, que son derechos de aterrizaje y despegue por franjas horarias. Las fórmulas de reparto de estas franjas suelen basarse en derechos de antigüedad, de forma que una aerolínea que usa unos determinados *slots* tiene derecho a mantenerlos indefinidamente, y además suele disponer de prioridades a la hora de repartir derechos nuevos, en caso de ampliaciones de capacidad.

Estas prácticas limitan severamente la competencia y, de hecho, se está tratando de ir hacia fórmulas más flexibles, como la posibilidad de creación de mercados de *slots*, en los cuales las compañías puedan comprar o vender los derechos de aterrizaje, o la reserva de una determinada capacidad a compañías pequeñas. En Estados Unidos ya existe este tipo de mercados en los cuales pueden comprarse y venderse *slots* entre compañías, con algunas restricciones.

Uso anticompetitivo de frecuencias o tarifas. En aquellos modos de transporte regular, donde las salidas de los vehículos se realizan de acuerdo a un horario preestablecido, la política de cada empresa al diseñar dichos horarios puede ser utilizada como arma frente a la competencia. Así, por ejemplo, se han detectado casos en los cuales alguna empresa de tamaño medio o grande ha tratado de forzar la salida de un rival de menor tamaño mediante la oferta de los mismos servicios en idénticos horarios. Este tipo de prácticas se da, por ejemplo, entre aerolíneas y empresas de autobuses, que son modos de transporte que utilizan infraestructuras comunes, y en los cuales resulta sencillo captar viajeros con la introducción de servicios equivalentes, disponibles algunos minutos antes que los de una empresa rival.

Mientras que la competencia entre las empresas por la captación de usuarios se mantenga dentro de límites razonables, no es un aspecto preocupante desde el punto de vista de la regulación. No obstante, si se detecta que este tipo de práctica persigue de forma explícita la eliminación de empresas rivales (como puede suceder, por ejemplo, cuando una empresa pequeña fácilmente entra en dificultades financieras si pierde un volumen considerable de viajeros), es recomendable la intervención de un regulador para garantizar que la competencia se produzca en términos de igualdad de condiciones.

Para realizar un análisis formalizado de esta utilización de los niveles de servicio como barrera de entrada, considérese el caso de una empresa que provee un servicio de transporte (una aerolínea o una empresa de autobuses, por ejemplo) que, en un momento dado del tiempo, es el único oferente en un mercado. Supongamos para simplificar que la demanda del servicio viene dada por una función (inversa) lineal $p(q) = \alpha - \beta q$, siendo p la tarifa y q el volumen total de pasajeros-kilómetro transportados. Habitualmente, en ausencia de regulación económica, esta empresa monopolista establecerá el nivel de servicio que le permita obtener el máximo beneficio.

Para simplificar, vamos a suponer que el factor de ocupación (ratio demanda/oferta) para esta compañía sea igual al 100%, de forma que es equivalente hablar de pasajeros-km realizados o plazas-km ofertadas y, por otro lado, que su coste marginal por plaza-km (c_0) sea constante.[1] La empresa tratará entonces de maximizar su beneficio, resolviendo el problema:

$$\max_{q} \; \Pi(q) = (\alpha - \beta q)\, q - c_0 \, q \, . \qquad [6.1]$$

De la condición de primer orden de este problema se obtiene la solución óptima para un monopolista en términos del nivel de servicio:

$$q_0^m = \frac{\alpha - c_0}{2\,\beta} \, , \qquad [6.2]$$

y los correspondientes beneficios se calculan sustituyendo [6.2] en la función objetivo:

$$\Pi_0^m = \frac{(\alpha - c_0)^2}{4\beta} \, . \qquad [6.3]$$

Supongamos ahora que se produzca la entrada de un competidor (empresa 1) en el mercado en el que opera la empresa inicial (empresa 0). Esta nueva empresa puede tener unos costes de operación en principio diferentes a los de la empresa 0 ($c_1 \neq c_0$) y tendrá que asumir unos costes fijos de entrada que denominaremos A (compra de flota, gastos de publicidad, etc.). Para analizar la decisión de entrada al mercado de la empresa 1 consideraremos que si opta por dar un nuevo servicio adicional al ya existen-

---

[1] En caso de no utilizar el supuesto de equivalencia entre oferta y demanda, la única diferencia es que la oferta de plazas-km debería ser $(1+\lambda)q$, siendo q el volumen de pasajeros-km, $\lambda > 0$, y el factor de ocupación $1/(1 + \lambda) < 1$. En la función de beneficios [6.1], esto sólo afectaría a los costes, que pasarían a ser $c_0(1 + \lambda)q$. Como puede observarse, formalmente esto equivale a considerar un coste marginal c_0 más alto, pero mantiene inalterados todos los resultados que se desarrollan a continuación.

te, las dos empresas determinarán su nivel de oferta de forma independiente, como en un modelo tradicional de Cournot de competencia en cantidades.[2]

De acuerdo con este modelo, cada empresa tratará de maximizar su beneficio de forma condicionada a la oferta de plazas-kilómetro que realice el rival, teniendo en cuenta que deben repartirse entre ambas la demanda total que exista en equilibrio. La empresa 0 ahora resuelve el problema

$$\max_{q_0} \quad \Pi(q_0, q_1) = (\alpha - \beta q)q_0 - c_0 q_0$$
$$\text{s.a} \quad q = q_0 + q_1$$

[6.4]

mientras que el problema de la empresa 1 es el simétrico a [6.4], añadiendo los costes de entrada A, los cuales no afectan a la solución de la cantidad óptima a ofertar por la empresa entrante, ya que una vez que ha incurrido en ellos, los costes de entrada tienen el carácter de costes fijos (algunos de ellos no recuperables). De la solución de los problemas de las empresas se obtienen las denominadas "funciones de reacción".

$$q_0(q_1) = \frac{\alpha - \beta q_1 - c_0}{2\beta}$$

[6.5]

$$q_1(q_0) = \frac{\alpha - \beta q_0 - c_1}{2\beta}$$

[6.6]

Como puede observarse en la expresión [6.5], la oferta de la empresa instalada (q_0) depende del volumen de servicios que ponga en el mercado la empresa entrante (q_1), de sus propios costes de producción (c_0), y de los parámetros que definen la función de demanda (α, β). Por su parte, la empresa 1 toma una decisión simétrica en función de sus costes y de la oferta del rival, llegando a una oferta dada por [6.6]. Si se considera que las dos empresas tienen una visión de corto plazo sobre sus decisiones de producción y entrada, el equilibrio de Nash en esta situación vendría dado por el punto de corte entre las dos funciones de reacción anteriores, tal y como se representa en la figura 6.1 (punto e^*).

---

[2] Para ver en mayor detalle la resolución de un modelo de Cournot puede consultarse cualquier manual de Microeconomía o Economía Industrial.

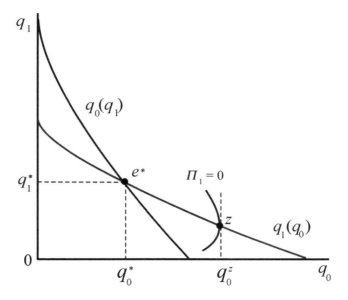

Figura 6.1. Barreras a la entrada por uso de frecuencias.

Si en el eje horizontal aparece la oferta de la empresa instalada y en el vertical la oferta del entrante, ambas funciones de reacción son decrecientes, como puede observarse en [6.5] y [6.6], reflejando que la conducta óptima de cada empresa para maximizar su beneficio sería adaptar su volumen de plazas-kilómetro a la oferta de la otra empresa. En el equilibrio de Nash con elección simultánea de servicios a ofertar, el volumen de oferta de cada empresa vendría determinado por sus costes de producción, y por los costes de la empresa rival:

$$q_0^* = \frac{\alpha - 2c_0 + c_1}{3\beta} \qquad q_1^* = \frac{\alpha - 2c_1 + c_0}{3\beta}. \qquad [6.7]$$

Los beneficios respectivos de ambas empresas en este equilibrio son:

$$\Pi_0^* = \frac{(\alpha - 2c_0 + c_1)^2}{9\beta} \qquad \Pi_1^* = \frac{(\alpha - 2c_1 + c_0)^2}{9\beta} - A. \qquad [6.8]$$

Es inmediato comprobar que la entrada del competidor reduce los beneficios de la empresa instalada, en comparación con la situación anterior, cuando la empresa 0 era la única suministradora del servicio ($\Pi_0^* < \Pi_0^m$), y los usuarios se verán beneficiados, al producirse un aumento de la oferta total en el mercado, ya que ($q_0^* + q_1^* > q_0^m$). De acuerdo con la expresión [6.8], la decisión de entrada de la empresa 1 depende exclusivamente de sus costes de producción del servicio en comparación con los de la otra empresa, y de los costes de entrada, A. En estas condiciones, la empresa 1 decidirá entrar en este mercado de transporte solamente si $\Pi_1^* \geq 0$, y no entrará en caso contrario.

Este equilibrio de corto plazo no es necesariamente la mejor solución para la empresa instalada. Si le fuera técnicamente posible, y a pesar de que con ello su beneficio de corto plazo no alcanzaría el nivel máximo, la empresa 0 podría aumentar su producción de servicios de transporte por encima de q_0^*, haciendo que los beneficios de la empresa rival sean menores que Π_1^*. Dependiendo de los costes de las empresas y del tamaño de la demanda, puede existir una cantidad de oferta q_0 suficientemente alta (punto z, en la figura 6.1) en el que los beneficios de la empresa entrante se harán nulos, y si la empresa 0 decide hacer una oferta superior a q_0^z, la empresa 1 comienza a tener pérdidas. Si la empresa instalada dispone de algún tipo de ventaja de costes, es muy posible que esta decisión de aumentar su oferta le deje un beneficio positivo. No obstante, incluso si la empresa 0 obtuviera también pérdidas, la estrategia "elevar el nivel de servicio" puede ser interesante a medio plazo, si se logra el objetivo de forzar la salida o evitar la entrada del competidor.

En la figura 6.1 también puede observarse que la empresa instalada podría optar por "tolerar la presencia" de la empresa entrante simplemente escogiendo como nivel de servicio el valor q_0^z, con el cual la empresa 1 se quedaría en el mercado aunque con beneficio nulo.

Este modelo ilustra las dificultades que puede tener en la práctica la identificación de este tipo de conductas anticompetitivas, ya que solamente en casos muy evidentes será posible demostrar claramente la intención de una empresa de limitar la competencia (por ejemplo, si se comprueba que no está cubriendo los costes del servicio ofertado, aceptando pérdidas a corto plazo para poder elevar en el futuro sus beneficios tras eliminar a sus competidores).

Una forma alternativa con la que una empresa de transporte puede generar una barrera de entrada, o forzar la salida de un rival, puede ser la utilización de tarifas bajas en lugar de utilizar las frecuencias de los servicios. Este tipo de estrategia basada en tarifas deliberadamente bajas para dificultar la competencia suele denominarse *predación de precios*. Estas prácticas suponen de hecho una potente barrera de entrada, ya que si tienen éxito y se logra expulsar del mercado a otras empresas, sirven como mecanismo de reputación para la empresa instalada frente a posibles futuros entrantes.

La idea de los precios predatorios es sencilla desde el punto de vista teórico. Una empresa debe cubrir su coste total para mantenerse en el mercado. Por tanto, si la empresa instalada fija unas tarifas muy bajas, que se sitúen por debajo del nivel del coste medio, la empresa entrante se hallará en una situación insostenible a medio y largo plazo, ya que irá acumulando pérdidas en todos los periodos.

En un entorno competitivo, todas las empresas deberán seguir la política de precios de la empresa más agresiva a la hora de bajar sus tarifas. En caso contrario, los viajeros optarán por utilizar los servicios de la empresa más barata, con lo cual todas las empresas con tarifas altas se quedarán sin demanda. Una compañía de tamaño grande, con recursos financieros suficientes para poder asumir pérdidas durante varios ejercicios, podría optar por bajar las tarifas por debajo del coste del servicio. Este tipo de política le supondría pérdidas a corto plazo, pero forzaría a sus rivales a tener que seguir la misma política y, finalmente, a tener que salir del mercado por no poder sostener los precios bajos durante mucho tiempo, y con ello saldría ganando a medio plazo. Una vez lograda la eliminación de los rivales, la empresa podría elevar de nuevo sus tarifas hasta obtener un nivel de beneficios más alto, que compensara las pérdidas del periodo de precios bajos.

La posibilidad de utilización de precios predatorios depende de las circunstancias del mercado y de los posibles costes de entrada que puedan existir, ya que si dichos costes fueran nulos, la empresa instalada no podría elevar sus tarifas tras la salida de los competidores, ya que éstos encontrarían atractivo de nuevo volver a operar los mismos servicios.

Desde el punto de vista práctico de la regulación de estos comportamientos, no es sencillo identificar políticas de tarifas aplicadas por las empresas que puedan calificarse de forma automática como predatorias. La reducción de precios ante la entrada de un rival es una señal indicativa de una reacción competitiva, pero no es suficiente para concluir que la empresa instalada busca activamente la salida del mercado del rival. Únicamente si se consigue demostrar que las tarifas se han fijado por debajo del coste medio de producción del servicio, y que la empresa instalada está obteniendo pérdidas podría probarse que su objetivo es inducir a que la otra empresa también tenga que enfrentarse a pérdidas en el corto plazo y eventualmente tenga que salir del mercado.

Otras prácticas anticompetitivas. En muchas actividades de transporte, además de las barreras de entrada por el uso de infraestructuras compartidas y del uso estratégico de frecuencias y tarifas, existen muchas otras estrategias que las empresas que ofertan servicios en un mercado pueden utilizar para limitar la competencia. No resulta sencillo tratar de realizar una enumeración exhaustiva, pero entre ellas pueden destacarse:

1. Acuerdos entre las empresas de un mismo mercado para elevar conjuntamente todas sus tarifas, o reducir el nivel global de servicios (cartel de empresas).
2. Reparto de rutas o zonas geográficas, entre las empresas proveedoras de un mismo tipo de servicio, para no competir entre sí (ejemplos: autobuses, transporte de carga).
3. Utilización estratégica de los agentes de viajes, a partir de comisiones sobre volumen de ventas para que vendan con preferencia los servicios de algunas compañías, en detrimento de otras.
4. Manipulación de los sistemas de información sobre la oferta disponible de un determinado servicio (programas informáticos de gestión de reservas), de forma que favorezcan la presentación de los datos de algunas empresas.

Esta última práctica de obtención de ventajas fue empleada durante años por algunas grandes aerolíneas en detrimento de compañías menores, en los inicios de los actuales sistemas informatizados de reservas. La solución impuesta por los reguladores consistió en obligar a los propietarios de los sistemas a eliminar los privilegios de determinadas empresas a la hora de presentar la información en las pantallas de los agentes de ventas (o actualmente en las de los propios usuarios que compran billetes a través de Internet).

Esta garantía estricta de acceso en igualdad de condiciones a todas las aerolíneas a los sistemas de información tiene sentido en la actualidad, cuando dichos sistemas se hallan ya muy avanzados. No obstante, hay que señalar también que los sistemas de reservas fueron desarrollados en sus orígenes con recursos aportados por las grandes aerolíneas, por lo que la permisividad inicial de las prácticas mencionadas podía tener cierta justificación como una forma de dar incentivos para el desarrollo de este tipo de sistemas informáticos de reservas que después se han convertido en un bien semipúblico dentro del sector de transporte aéreo.

6.2.2 Limitación a la competencia por interés social

En algunos mercados de transporte, la libre competencia entre empresas puede ser factible desde un punto de vista tecnológico, pero puede resultar socialmente interesante que se introduzca alguna limitación a la competencia. Esto es así porque, en determinados modos de transporte (por ejemplo, en los casos de autobuses urbanos y taxis), la libertad de entrada y salida de empresas conduce a equilibrios precio-nivel de servicio que no son necesariamente los más adecuados desde un punto de vista social.

En el caso de los autobuses urbanos se considera que en un mercado completamente libre se puede producir fácilmente un exceso de competencia, o "competencia destructiva", con lo cual se puede mejorar el equilibrio de mercado con la intervención de un regulador. Además de este exceso de competencia, otro efecto que suele producirse en mercados liberalizados de servicios de autobuses urbanos es la tendencia de las empresas a concentrar la oferta de servicios en determinadas zonas o rutas donde existe mayor demanda, dejando abandonadas otras zonas menos rentables desde el punto de vista comercial.[3] Dada la importancia social del transporte, motivos de equidad llevan a tratar de resolver este problema a través de límites a la competencia, con imposiciones de las denominadas "obligaciones de servicio público". Analizaremos a continuación estas situaciones en mayor detalle, así como las soluciones habituales utilizadas por parte de las instituciones de regulación.

Competencia destructiva. Continuando con el ejemplo de los autobuses urbanos, la tecnología de producción de este modo de transporte es muy simple, ya que la infraestructura necesaria (vías urbanas de circulación) está en principio disponible para cualquier empresa que decida ofertar servicios, y no suele tener un coste asociado a su uso. Por otro lado, el equipo móvil no tiene unos costes excesivamente elevados, en comparación con otros modos de transporte (marítimo o aéreo).

Si bien *a priori* este mercado parece presentar las características adecuadas para que se produjera un equilibrio entre oferta y demanda, la experiencia de numerosos países muestra que una situación de libre mercado no produce necesariamente resultados óptimos, especialmente en grandes ciudades. La competencia entre empresas por captar viajeros no se produce únicamente en las tarifas, sino también en la velocidad media de los autobuses por llegar a las paradas a recoger viajeros. En el transporte urbano, especialmente en horas punta, la frecuencia de los vehículos no es regular por las condiciones del tráfico, y por ello los viajeros no esperan a la llegada del vehículo de una determinada empresa, sino que utilizan aquel que primero llega a la parada. Debido a esta característica de la demanda, en un mercado libre pueden producirse "carreras" entre empresas en las vías urbanas

---

[3] En la literatura anglosajona se denomina *cream-skimming* (descremar) a esta situación, reflejando este término la esencia del problema: los proveedores de servicios separan las mejores partes del mercado del resto, y se concentran únicamente en atender a las primeras.

para captar más viajeros, lo cual se traduce en un aumento de los accidentes.

Por otra parte, otro hecho constatado es que, en ausencia de regulación, la calidad media de los vehículos puede llegar a deteriorarse notablemente por la fuerte competencia en costes entre los operadores. Esta es la situación, por ejemplo, del transporte urbano en muchas grandes ciudades de Latinoamérica. La aparición de una multitud de microempresas que trabajan con precios muy bajos, gracias a que operan con autobuses muy antiguos y con condiciones mínimas de calidad y seguridad, hace que las empresas de tamaño mediano y grande desaparezcan por efecto de la competencia destructiva, ya que estas microempresas no tienen costes fijos relevantes y por ello pueden ofertar tarifas muy bajas. El equilibrio final que se alcanza es que el servicio en el conjunto de la ciudad se deteriora, ya que sólo se atienden las rutas rentables y el resto se abandona. Por otro lado, la concentración de autobuses en las vías urbanas principales provoca problemas de congestión de tráfico y agrava la contaminación atmosférica.

En este tipo de situaciones, la intervención del mercado por parte del sector público fácilmente puede alcanzar un equilibrio con mayor bienestar social. La solución es precisamente contraria a la que veíamos anteriormente en industrias con barreras de entrada o estrategias anticompetitivas: en lugar de favorecer la competencia, debe procurarse en este caso *limitar* dicha competencia, promoviendo la existencia de pocos operadores y, en lo posible, de tamaño mediano o grande para que dispongan de recursos financieros que les permitan disponer de una flota de vehículos modernos que se renueve periódicamente.

Pese a las ventajas que puede generar una limitación de la competencia en un mercado de transporte, realizada por parte del sector público, este tipo de intervenciones siempre debe estudiarse con cuidado, ya que la falta de competencia suele ir ligada a problemas de incentivos para que las empresas sean eficientes en costes, y la competencia siempre es un buen mecanismo para la búsqueda de eficiencia. En otros mercados de transporte en entornos urbanos, como puede ser el caso de los taxis en ciudades de tamaño grande, un exceso de celo por parte del sector público por supervisar la competencia en el sector puede llevar a limitar de forma inadecuada la entrada de operadores, haciendo que se alcancen equilibrios con combinaciones de precio-nivel de servicios subóptimas.

Por ejemplo, un mercado con tarifas reguladas bajas y pocos taxis en servicio (para garantizar que las empresas existentes tengan suficiente demanda y cubran sus costes) puede llegar a un equilibrio peor que un mercado libre con más operadores, en el que algunos cobren precios altos, asociados a un nivel de calidad elevado, y otros compitan con tarifas bajas. Si los usuarios son heterogéneos en sus preferencias por el servicio y se toman en consideración sus costes C_U (tiempos de espera para conseguir un taxi), es fácil que este segundo equilibrio sea socialmente preferible al de un mercado regulado de forma muy estricta para evitar problemas de competencia destructiva.

Obligaciones de servicio público. La regulación de mercados de transporte donde potencialmente pueda producirse una competencia destructiva entre empresas consiste en introducir barreras legales a la entrada de empresas a dar servicios en el mercado, unidas a un control de las tarifas de aquellos operadores que son autorizados y, en ocasiones, también de los niveles de servicio (horarios, rutas, frecuencias, etc.).

En este modelo de organización pública de un mercado de transporte, suele ser frecuente la imposición a las empresas de obligaciones de dar determinados servicios que en principio pueden resultar comercialmente poco atractivos. Estas obligaciones de servicio público se apoyan en criterios de equidad, y persiguen que el transporte sea un servicio accesible a todos los individuos de una ciudad/región, con independencia de cuáles sean sus niveles de renta y dónde se localicen sus lugares de residencia.

¿Cómo se lleva a cabo la imposición de obligaciones de servicio público? Dado que se está forzando a las empresas a producir unos servicios con unos costes que no van a ser recuperados en su totalidad, naturalmente hay que preocuparse de garantizar un equilibrio financiero. A pesar de que se estén imponiendo este tipo de obligaciones a empresas que se hallan protegidas de la competencia por monopolios legales, las tarifas reguladas se sitúan normalmente en niveles muy bajos, por lo que la rentabilidad que obtienen los operadores no es alta. Si a este escenario le añadimos la obligación de atender a usuarios que no cubren sus costes, la empresa regulada probablemente preferiría abandonar el mercado.

Como ya vimos en el capítulo anterior al hablar de tarificación óptima sin problemas de congestión ni capacidad, básicamente existen dos fórmulas para garantizar el equilibrio financiero de empresas a las que se imponen obligaciones de servicio público: (*a*) permitirles el uso de subsidios cruzados, esto es, obtener ingresos extraordinarios de algunas rutas para poder cubrir los costes de las rutas deficitarias; y (*b*) pagar subvenciones directas.

El mecanismo de los subsidios cruzados debe utilizarse con precaución, ya que se está introduciendo una distorsión en los mercados rentables, al autorizar el cobro de una tarifa por encima del mínimo factible. Por tanto, estamos ante una solución de óptimo de segunda preferencia. El pago de subvenciones directas es en principio más atractivo en cuanto a la no distorsión del mecanismo de precios, pero se requiere disponer de suficientes fondos públicos.

Por otro lado, las condiciones de información asimétrica que normalmente prevalecen en la relación entre las empresas reguladas y los reguladores hacen que sea difícil evaluar con precisión los costes de provisión de los servicios no rentables, por lo que puede anticiparse que las empresas con obligaciones de servicio público pueden tratar de extraer algunas rentas extraordinarias (presentando al regulador costes más altos que los reales).

Competencia por el mercado. La fórmula más utilizada para que la limitación a la competencia que introduce el sector público no reduzca los incentivos de las empresas a ser eficientes en la producción de los servicios y éstas traten de que sus costes (y con ello las tarifas que pagan los usuarios) sean lo más bajas posibles, consiste en tratar de introducir lo que se denomina "competencia por el mercado".

En situaciones en las que no resulta socialmente deseable que las empresas compitan entre sí en el mercado, existe una alternativa para tratar de replicar los resultados socialmente óptimos que consiste en establecer mecanismos de competencia entre las empresas para lograr ser los operadores autorizados por el regulador.

En el transporte urbano por autobús, la forma más empleada es otorgar a las empresas contratos de concesión, que tienen validez por un periodo determinado de tiempo, en los cuales se fijan las condiciones de los servicios a prestar y la regulación que se les impone sobre las tarifas.

Para que las empresas compitan para conseguir estos contratos, suelen utilizarse subastas en las cuales se realizan ofertas sobre variables predeterminadas (tarifas, nivel de servicio, canon a pagar al sector público, etc.). El objetivo de estas subastas es seleccionar a las empresas más eficientes para proveer los servicios de transporte, para que las tarifas que pagan los usuarios sean socialmente óptimas. La renovación periódica de estos contratos de concesión mediante subastas cada cierto tiempo, en las cuales la empresa proveedora puede ser sustituida por otra que realice una mejor oferta es un mecanismo que trata de replicar la competencia real entre las empresas, haciendo que las empresas autorizadas a dar servicios tengan algún tipo de presión competitiva por parte de compañías rivales.

Una de las variables determinantes del éxito del sistema de competencia por el mercado es el plazo concesional. En el caso de los autobuses, el plazo medio de las concesiones que generalmente se utilizaba antes de la reforma que se introdujo en el Reino Unido a principios de los años ochenta (la cual tuvo un impacto importante, y ha servido de modelo para otros países) era excesivamente largo. Un plazo concesional largo desnaturaliza el principal objetivo del sistema de concesiones públicas de líneas de autobuses: elegir al concesionario más eficiente y mantenerlo incentivado para que los usuarios paguen las tarifas más bajas posibles.

6.2.3 Monopolio natural

Además de la preocupación por las barreras de entrada estratégicas, las prácticas anticompetitivas y las situaciones potenciales de competencia destructiva, el último caso donde se justifica la existencia de algún tipo de regulación económica es el caso del monopolio natural.

La industria del transporte ha sido utilizada tradicionalmente para buscar ejemplos de mercados donde la existencia de una sola empresa era considerada como el único equilibrio posible. En algunos modos, como por ejemplo el ferrocarril o los puertos, las empresas necesitan utilizar una infraestructura con unos costes fijos muy elevados, y de difícil duplicación, y por ello no resulta sencilla la aparición de competidores una vez que una compañía dispone de la infraestructura necesaria.

Esto se debe a que, como se discutía en el capítulo 3, una situación en la que los costes medios de producción son continuamente decrecientes al ir aumentando la producción —como sucede con una empresa de transporte que debe asumir elevados costes de infraestructura— conduce de forma natural a la concentración de empresas. Un monopolio natural puede caracterizarse como un caso límite de mercado en el que, por las características tecnológicas de la producción, solamente cabe una única empresa. En este tipo de situaciones, la libre organización del mercado otorgaría a la empresa que explotase los servicios o las infraestructuras una posición dominante sobre los usuarios, quienes estarían "cautivos" de esta empresa, y por ello resulta socialmente deseable la limitación de su poder de mercado.

No obstante, antes de que las autoridades reguladoras impongan una regulación sobre empresas de transporte en mercados donde aparentemente existan condiciones de monopolio natural, debe estudiarse si existe competencia efectiva por parte de otros modos de transporte. Así, por ejemplo, pese a que una empresa de ferrocarril sea el único proveedor de servicios en una ruta, si los viajeros o las empresas que envían mercancías disponen de otras alternativas (transporte por carretera, marítimo, o aéreo), la competencia intermodal hace en ese caso que la posición de dominio de la empresa de ferrocarril quede automáticamente eliminada, y la necesidad de regulación disminuya o desaparezca por completo.

Otro aspecto a valorar en las situaciones de monopolio natural es la evolución de la tecnología. En el caso de los puertos, por ejemplo, las mejoras del transporte terrestre han limitado considerablemente la posición de monopolio natural que históricamente cada puerto disfrutaba respecto a su *hinterland* o zona económica de influencia. Actualmente, los exportadores e importadores de una región pueden tener acceso a otros puertos más distantes, en condiciones similares de tiempos de acceso y calidad de las conexiones. Esto hace que cada puerto tenga que competir con otros, y se pierde de este modo su posición de monopolio natural.

Igualmente, antes de optar por la regulación de un monopolista en una industria de transporte, debe valorarse la posibilidad de separar las diferentes actividades que realiza la empresa, y considerar si se puede introducir competencia en aquellas en las que sea factible. Este es el caso de la industria del ferrocarril, donde en algunos países se ha optado por un modelo con competencia en la provisión de los servicios, separando la parte correspondiente a las infraestructuras (vías y estaciones), que permanecen como un monopolio de tipo público, o son explotadas por una empresa privada regulada. Con este modelo, se persigue eliminar las condiciones de monopolio natural que se generan si una empresa es propietaria de la infraestructura y además presta los servicios ferroviarios. En cualquier caso, la competencia entre operadores ferroviarios independientes es limitada, por las restricciones tecnológicas, al tener que compartir una infraestructura común. Por ello, incluso en el modelo de desintegración vertical de la industria ferroviaria, no se elimina por completo la necesidad de la regulación, aunque se reduce considerablemente.

6.3 Mecanismos de regulación

La regulación económica del transporte cuenta con una larga tradición, ya que algunos modos de transporte, como el caso del ferrocarril, han estado desde su origen sometidos a la supervisión de autoridades públicas. En cada país se han empleado tradicionalmente modelos regulatorios con características diferentes en cuanto a los tipos de variables que son controladas, con relación a quién realiza la supervisión del cumplimiento de las obligaciones, a cuáles son los mecanismos de sanción y penalización, o a cómo se realiza la resolución de conflictos entre empresas reguladas y autoridades públicas.

Atendiendo a la variable de control, los modelos de regulación económica más utilizados en el transporte se pueden clasificar en dos grandes grupos: los que imponen *límites sobre la tasa de rentabilidad* y los que establecen directamente *límites sobre los precios* cobrados a los usuarios. Dentro de cada uno de estos dos grupos podemos encontrar varias fórmulas diferenciadas, pero a grandes rasgos éstas son las dos formas de control que pueden ejercerse sobre una empresa que goce de una posición de poder de mercado. Con el objetivo de evitar que la empresa imponga unas tarifas excesivamente altas o unos niveles de servicio no satisfactorios, el gobierno le impone unas limitaciones, si bien un sistema regulatorio debería permitir simultáneamente que la empresa pueda tomar iniciativas comerciales y tenga los incentivos adecuados para ser eficiente en cuanto a la reducción de sus costes y la incorporación de innovaciones tecnológicas.

Un análisis formalizado de los distintos tipos de regulación permite entender mejor cuáles son sus diferencias y las implicaciones que tiene cada uno de ellos sobre las decisiones de las empresas. Un elemento común a todos los sistemas regulatorios van a ser las necesidades de información: el regulador va a necesitar utilizar información contable sobre costes para determinar la situación de la empresa a la hora de fijar las tarifas o los niveles de servicio, y se va a encontrar habitualmente en una situación de asimetría: las empresas reguladas conocen siempre mejor sus costes y las condiciones de la demanda que el regulador.

Consideremos el siguiente marco de referencia para estudiar los mecanismos de regulación de una empresa de transporte. Como se describió en el capítulo 2, la tecnología utilizada por el productor de la actividad de transporte se puede representar a través de una función de producción

$$q = f(L, K, E, F),$$

[6.9]

donde q sería el nivel de servicio, y los factores productivos utilizados serían trabajo (L), infraestructura y otros activos fijos tales como oficinas, talleres y lugares de estacionamiento de los vehículos (K), equipos móviles (E), y energía (F).[4]

La interpretación de la producción q dependerá de cada modo de transporte: así, para servicios de transporte de pasajeros y mercancías, se medirá en plazas-km o toneladas-km ofertadas, mientras que para empresas proveedoras de infraestructuras puede tener la interpretación de capacidad ofertada, medida ésta en términos de máximo volumen potencial de vehículos, como por ejemplo el número de buques en el caso de un puerto, o el volumen de tráfico para el caso de una empresa que explote una autopista de peaje.

La empresa sometida a regulación puede ser la propietaria de la infraestructura, en aquellos servicios en los que existe integración vertical (ferrocarril o una naviera que sea propietaria de la terminal portuaria con la que

---

[4] Obsérvese que, en comparación con el capítulo 2, la función de producción no incluye ahora el tiempo (t), pues éste era un *input* aportado por los usuarios, y por tanto estamos ahora considerando la función de producción únicamente desde el lado del productor de los servicios. Igualmente prescindimos en la función de los recursos naturales (N).

opera), mientras que en servicios no integrados la parte del factor capital K correspondiente a la infraestructura básica que utilizan los vehículos puede ser propiedad de terceros. Este sería el caso, por ejemplo, de empresas de autobús, que utilizan carreteras y vías urbanas que no son de su propiedad, o las aerolíneas, que hacen uso de aeropuertos que pertenecen al sector público.

La función de producción definida en [6.9] contiene la información relevante sobre la tecnología, y se le suponen las propiedades habituales de ser creciente y cóncava en cada uno de los factores, cuyos productos marginales (PMa_i) representaremos ahora por $f_i > 0$, con $i = \{L, K, E, F\}$, donde el subíndice hace referencia al *input* con respecto al cual estamos derivando. Asumiremos además que se cumple la ley de los rendimientos decrecientes ($f_{ii} < 0$) y que los signos de las derivadas cruzadas f_{ij} no están determinados *a priori*, sirviendo para cada modo de transporte como indicadores para determinar si existe complementariedad ($f_{ij} > 0$) o sustituibilidad ($f_{ij} < 0$) entre los factores productivos. Los precios de los factores son exógenos y se denotarán por w_L, w_K, w_E, y w_F para trabajo, capital físico, equipo móvil y energía, respectivamente.

Dada una demanda para los servicios o infraestructuras de transporte definida por la función inversa $p(q)$, una empresa proveedora de servicios de transporte que trabaje en condiciones de poder de mercado (esto es, que pueda fijar libremente el precio a cobrar a los usuarios sin que ello suponga la entrada de otra empresa competidora o una reacción por parte de otras empresas en otros modos de transporte alternativos), y sin ningún tipo de regulación, tratará de maximizar sus beneficios.

Como ya hicimos en el caso analizado anteriormente de la entrada de una empresa a un mercado (véase la expresión [6.1]), vamos a suponer para simplificar el análisis formal que el factor de ocupación en el mercado que estamos analizando sea igual al 100%, de forma que la oferta de plazas-km o toneladas-km sea utilizada en su totalidad. Con este supuesto, el problema que la empresa resuelve para determinar el nivel de servicio a ofertar y las cantidades de factores a adquirir puede escribirse como:

$$\max_{q, L, K, E, F} \quad p(q)\, q - w_L L - w_K K - w_E E - w_F F$$

$$\text{s.a} \quad q = f(L, K, E, F). \qquad [6.10]$$

Sustituyendo la restricción dada por la tecnología de producción dentro de la función de beneficios, el problema anterior se puede escribir únicamente en términos de elección de las cantidades de factores:

$$\max_{L,K,E,F} \quad p\big[f(L,K,E,F)\big]f(L,K,E,F) - w_L L - w_K K - w_E E - w_F F .$$

[6.11]

Las cuatro condiciones de primer orden del problema [6.11] tienen la misma forma:

$$\left[\frac{dp}{dq}q + p\right]f_i - w_i = 0 \quad ; \quad i = \{L, K, E, F\},$$

[6.12]

siendo f_i la productividad marginal de cada uno de los factores, $f_i = (\partial f / \partial x_i)$ con $x_i = \{L, K, E, F\}$, y siendo w_i su precio correspondiente. Observando que el término $(dp / dq)q + p$ que aparece en las condiciones de primer orden es el ingreso marginal y es común para todas ellas, se obtiene la regla óptima para la determinación de las cantidades de factores a adquirir por la empresa: deben contratarse factores hasta que sus productividades marginales ponderadas por sus precios respectivos se igualen:

$$\frac{f_L}{w_L} = \frac{f_K}{w_K} = \frac{f_E}{w_E} = \frac{f_F}{w_F}.$$

[6.13]

La expresión [6.13] sirve como punto de referencia para analizar cuál es el efecto que se produce con los distintos sistemas de regulación sobre una empresa de transporte.

6.3.1 Límites sobre la rentabilidad

Este mecanismo de regulación consiste en imponerle a la empresa un límite máximo sobre la tasa de rentabilidad (también denominada tasa de beneficio) que ésta puede obtener. La rentabilidad de una empresa se mide con los beneficios netos obtenidos, expresados en términos relativos a la inversión en capital.

La definición de cuáles son los activos a incluir en la base para medir la rentabilidad es un problema no trivial desde un punto de vista práctico para los reguladores. Desde un enfoque teórico el análisis resulta relativamente sencillo, ya que podemos utilizar los factores K y E como los activos en los que está invertido el capital de las empresas. En el caso de una compañía proveedora de servicios de transporte que tenga integrada la infraestructura dentro de la propia empresa, la base de capital podría definirse como K (o, alternativamente, como $K + E$), mientras que en una empresa no integrada, el capital estaría formado básicamente por los equipos móviles (*E*) con los que opera la empresa (de forma estricta, también deberían incluirse infraestructuras complementarias como pueden ser edificios de oficinas o talleres). Para simplificar, podemos suponer que en una empresa de transporte integrada la base de capital esté constituida por el factor *K*, mientras que para una empresa de servicios de transporte que no posea la infraestructura dicha base sea el factor *E*.

La regulación de la tasa de rentabilidad (o tasa de beneficio), por tanto, consiste en imponer una restricción que determina el nivel máximo de beneficios para la empresa. Dado que el regulador únicamente comprobará la rentabilidad *ex-post* de la empresa, ésta sigue disponiendo del control para fijar el nivel de servicio *q* y las cantidades de factores a utilizar.

Considerando el caso de una empresa de transporte integrada verticalmente, en el cual la regulación consista en una limitación de la tasa máxima de beneficios, definidos sobre la base de capital definida por los activos de infraestructura (*K*), el problema que resuelve la empresa es ahora:

$$\max_{L,K,E,F} \; p\big[f(L,K,E,F)\big]f(L,K,E,F) - w_L L - w_K K - w_E E - w_F F$$
$$\text{s.a} \;\; p\big[f(L,K,E,F)\big]f(L,K,E,F) - w_L L - w_E E - w_F F \le \varphi K \qquad [6.14]$$

La tasa máxima de rentabilidad (*φ*) es el parámetro fijado por el regulador, con el objetivo de que la empresa no eleve excesivamente sus precios.[5] Una elevación de las tarifas (que, en este contexto en el que la empresa dispone de poder de mercado, está asociada implícitamente a una reducción del nivel de servicio) que llevase a un aumento de los beneficios haría que la empresa sobrepasase la rentabilidad permitida, incurriendo con ello en algún tipo de penalización.

Denominando $R(q) = p(q)q$ al volumen total de ingresos percibidos, el lagrangiano del problema [6.14] puede escribirse como:

$$\ell(q,\lambda) = (1-\lambda)R(q) - (1-\lambda)(w_L L + w_E E + w_F F) - (w_K - \lambda\varphi)K, \qquad [6.15]$$

siendo *λ* el multiplicador de Lagrange asociado a la restricción de la tasa de beneficios determinada por el regulador.

---

[5] Obsérvese que, de acuerdo a cómo se ha formulado [6.4], *φ* es en realidad una remuneración bruta por unidad de capital pero, conocido el precio exógeno ω_K fijar *φ* es equivalente a determinar la tasa de beneficio permitida.

Las condiciones de primer orden del problema de maximización [6.14], que determinan la demanda de factores que realizará la empresa vienen dadas, bajo regulación de la tasa de beneficio, por las expresiones:

$$\frac{dR}{dq} f_i - w_i = 0 \quad ; \quad i = \{L, E, F\} \tag{6.16}$$

$$(1 - \lambda) \frac{dR}{dq} f_K - (1 - \lambda) w_K + \lambda (\varphi - w_K) = 0. \tag{6.17}$$

En las expresiones anteriores, el parámetro λ tomará un valor mayor que cero, si la regulación tiene algún efecto sobre la empresa. En el problema de optimización [6.14], el multiplicador de Lagrange λ mide el cambio en el nivel de beneficios netos que obtiene la empresa si se le permite una variación en el volumen de beneficios brutos (antes de deducir la remuneración al factor capital), medidos como φK. Es decir, $\lambda = \partial \Pi / \partial (\varphi K)$, y si la regulación es efectiva, al autorizar un aumento de beneficios brutos deberían aumentar los beneficios netos, luego $\lambda > 0$. En el caso en que fuese $\lambda = 0$, ello indicaría que la empresa consigue el máximo beneficio posible satisfaciendo la restricción impuesta por el regulador.

Por otra parte, de la condición [6.17] asociada al factor capital K puede obtenerse:

$$\lambda = \frac{w_K - \dfrac{dR}{dq} f_K}{\varphi - \dfrac{dR}{dq} f_K}, \tag{6.18}$$

y dado que para que la regulación tenga significado económico debe ser $\varphi > w_K$, se deduce que el parámetro λ debe ser inferior a uno.

Si se relaciona la condición de primer orden [6.17] relativa a la infraestructura K, con una cualquiera de las otras tres condiciones [6.16] puede observarse el efecto que va a causar la regulación de la tasa de beneficio sobre las decisiones de compra de factores productivos. Tomando, por ejemplo, la condición relativa al factor trabajo L (el análisis es exactamente el mismo para cualquiera de los otros dos factores E y F):

$$\frac{f_K}{f_L} = \frac{w_K}{w_L} - \frac{\lambda (\varphi - w_K)}{(1 - \lambda) w_L} < \frac{w_K}{w_L}. \tag{6.19}$$

La desigualdad que aparece en la expresión [6.19] se deduce a partir del rango de valores factibles para λ, que según se analizaba anteriormente debe ser $0 < \lambda < 1$. Dado que, en ausencia de regulación, la empresa maximizaría sus beneficios a partir de la condición [6.13], es decir, igualando el cociente de productividades marginales de los factores a sus precios relativos, el hecho de que bajo regulación se observe que $(f_K / f_L) < (w_K / w_L)$, indica que la productividad marginal relativa de aquel factor ligado a la base de capital con la que se determina la tasa de beneficio máxima (infraestructura K en este caso), es más bajo que en el punto óptimo para la empresa.

La interpretación de este resultado es que la empresa regulada va a hacer un mayor uso del factor ligado a la base de capital con el que se calcula su rentabilidad, y por ello se produce un descenso de la productividad marginal de este factor (bajo el supuesto de que la productividad marginal del factor es decreciente, es decir, $f_{KK} < 0$). La justificación económica es que al disponer de una base de capital K más amplia, el volumen total de beneficios que obtiene la empresa puede ser mayor, cumpliendo a la vez la regulación impuesta por el regulador, en el sentido de limitar su tasa de beneficio. Este es el denominado *efecto Averch-Johnson*, que predice una tendencia a la "sobrecapitalización" de las empresas reguladas, esto es, a un uso del factor capital (infraestructuras, edificios, etc.) superior al que sería óptimo.

Dado que este resultado indica que la regulación va a introducir una distorsión en el esquema de producción de la empresa (la cual no estará minimizando sus costes, al no utilizar la mejor combinación posible de *inputs*), una cuestión que puede plantearse es si desde el punto de vista social se consigue una mejora de bienestar con la regulación o al elevarse los costes se puede pasar a una situación peor.

Un resultado que puede demostrarse de forma relativamente sencilla es que la imposición de *alguna* regulación es en principio deseable desde un punto de vista social. Pero la limitación de la rentabilidad de la empresa como mecanismo de regulación no garantiza que en todos los casos se consiga una mejora de bienestar, debido a este efecto encontrado anteriormente de distorsión de los costes.

Para comprobar estas dos afirmaciones, supongamos que el regulador quiere maximizar el bienestar social, definido como la suma de los beneficios de los usuarios y los beneficios de la empresa, con ponderaciones iguales para ambas magnitudes. Los beneficios de los usuarios pueden medirse como el excedente del consumidor calculado a partir de la función de demanda $p(q)$, y que se define gráficamente como el área por debajo de la curva de demanda hasta el nivel de servicio que constituya el equilibrio del mercado, menos los pagos por tarifas que realizan los usuarios. Formalmente, dado un nivel de servicio cualquiera q_0, el excedente del consumidor se calcula cómo:

$$EC(q_0) = \int_0^{q_0} p(q)dq \ - \ [p(q_0)q_0].$$
[6.20]

Por otro lado, los beneficios de la empresa para ese nivel q_0 son:

$$\Pi(q_0) = p(q_0)\,q_0 - [w_L L(q_0) + w_K K(q_0) + w_E E(q_0) + w_F F(q_0)],$$
[6.21]

siendo $L(q_0)$, $K(q_0)$, $E(q_0)$ y $F(q_0)$ las cantidades de factores necesarias para la producción del nivel de servicios q_0. La función de beneficio social que trata de maximizar el regulador, por tanto, se define como $W(q_0) = EC(q_0) + \Pi(q_0)$.

Dado que, para cada valor que se fije para el parámetro φ que limita los beneficios de la empresa, la solución al problema de optimización [6.14] será distinta, y estará formada por unas cantidades de factores $L(\varphi)$, $K(\varphi)$, $E(\varphi)$ y $F(\varphi)$ que cambian con el valor de φ, y con la producción asociada $q(\varphi) = f [L(\varphi), K(\varphi), E(\varphi), F(\varphi)]$, se puede definir una función de bienestar social $W[q(\varphi)]$ que en realidad sólo depende del nivel del parámetro de regulación φ que escoge el regulador. Por tanto, puede construirse una función $W(\varphi)$ definida como:

$$W(\varphi) = EC(\varphi) + \Pi(\varphi) = \int_0^{q(\varphi)} p(q)dq - [w_L L(\varphi) + w_K K(\varphi) + w_E E(\varphi) + w_F F(\varphi)]$$
[6.22]

Para responder a la pregunta de si se mejora el bienestar social introduciendo alguna regulación sobre la empresa, se puede analizar el efecto de cambios en φ sobre la función $W(\varphi)$, a partir de su correspondiente derivada:

$$\frac{dW}{d\varphi} = \sum_i \left[(pf_i - w_i)\frac{dx_i}{d\varphi} \right]; \quad x_i = \{L, K, E, F\}.$$
[6.23]

Si se evalúa esta derivada en el punto en el que no exista ninguna regulación, tendremos que utilizar un valor φ_m que sería la tasa de beneficio que obtiene la empresa cuando maximiza sus beneficios libremente, con sus demandas asociadas de factores $L(\varphi_m)$, $K(\varphi_m)$, $E(\varphi_m)$, y $F(\varphi_m)$. En dicha situación, de las condiciones de primer orden [6.12] del problema de maximización de beneficios de la empresa sin regulación puede obtenerse que:

$$p\,f_i - w_i = -\frac{dp}{dq}\,q\,f_i \quad ; \quad i = \{L, K, E, F\}. \tag{6.24}$$

Sustituyendo [6.24] en la expresión [6.23] de la derivada tenemos que:

$$\left.\frac{dW}{d\varphi}\right|_{\varphi_m} = -\frac{dp}{dq}\,q\,\sum_i f_i \frac{dx_i}{d\varphi} < 0 \quad ; \quad x_i = \{L, K, E, F\}. \tag{6.25}$$

La expresión anterior tiene signo negativo, lo cual se deduce a partir de que la pendiente de la función de demanda es negativa ($dp/dq < 0$), las productividades marginales de todos los factores son positivas, $f_i > 0$, y el efecto de la tasa de beneficio sobre la demanda de factores es negativo, ($dx_i/d\varphi < 0$), ya que para valores de φ en el intervalo definido por [w_K, φ_m], al hacer menor el valor de φ se obliga a la empresa a aumentar su producción, lo cual implica una mayor demanda de factores. Por tanto, partiendo del punto de no regulación (φ_m), la imposición de una limitación a los beneficios de la empresa fijando una tasa $\varphi < \varphi_m$ supondrá una ganancia de bienestar social, ya que al reducir φ se consigue que aumente $W(\varphi)$.

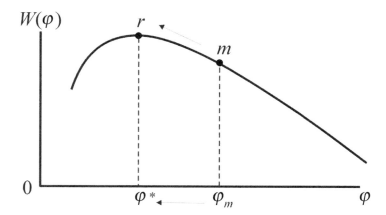

Figura 6.2. Regulación sobre rentabilidad y bienestar social.

La figura 6.2 ilustra el resultado que acabamos de obtener. La función de bienestar social $W(\varphi)$ tendrá una forma determinada en cada caso particular, dependiendo de cómo sean la función de demanda $p(q)$ y la estructura de costes de la empresa. Pero, independientemente de la forma de $W(\varphi)$, se puede afirmar que existe algún valor φ que socialmente será mejor que φ_m, por lo que con algún tipo de regulación sobre los beneficios de la empresa se mejora el equilibrio que se obtiene en ausencia de control. Dado que se ha demostrado que $W(\varphi)$ tiene pendiente negativa en φ_m, ello implica que algún punto φ a la izquierda de φ_m logra alcanzar un nivel más alto para la función $W(\varphi)$ (aunque ésta no tenga por qué presentar necesariamente un único máximo como sucede en el ejemplo de esta figura).

Idealmente, si se conociese de manera exacta la función de bienestar social $W(\varphi)$, sería factible encontrar una tasa de beneficio regulado φ^* que permitiese alcanzar el máximo valor posible de bienestar (punto r en la figura 6.2). A partir de la expresión [6.23] de la derivada de $W(\varphi)$ se puede buscar el punto óptimo que corresponde al valor que hace $dW / d\varphi = 0$, de donde se obtiene la condición que define el punto óptimo de regulación:

$$p\sum_i f_i \frac{dx_i}{d\varphi} = \sum_i w_i \frac{dx_i}{d\varphi} \quad ; \quad x_i = \{L, K, E, F\} . \qquad [6.26]$$

El lado izquierdo de la igualdad en la expresión [6.26] representa la variación del excedente del consumidor, en términos marginales, ante un cambio en la tasa de regulación φ. Mientras, el lado derecho mide los costes adicionales que supone para la empresa dicha variación, igualmente evaluados en términos marginales. El nivel óptimo de regulación de la tasa de rentabilidad (φ^*) se alcanza cuando ambas magnitudes se igualan.

Problemas de la regulación sobre rentabilidad. No resulta sencillo en la práctica determinar φ^*. En ausencia de estimaciones precisas sobre la forma de la función de demanda para un servicio de transporte, y con asimetría de información en cuanto a los costes de producción de dicho servicio, la regulación económica basada en limitar la tasa de rentabilidad de una empresa podría no alcanzar el objetivo de mejorar el bienestar en comparación con la situación de ausencia de regulación, y ello se debe a la distorsión que se está generando sobre los costes de la empresa con este mecanismo de regulación.

La figura 6.3 ilustra este efecto. Considerando que la regulación sobre la tasa de beneficio desplace la curva de coste marginal de la empresa en la forma representada, la imposición de la regulación consigue una mejora de bienestar social solamente si esta distorsión en los costes no resulta "excesiva".

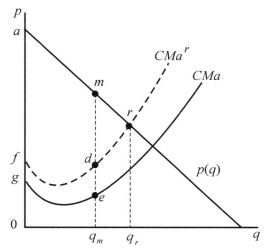

Figura 6.3. Distorsión de la eficiencia productiva y aumento del bienestar social.

¿Cómo podemos valorar si la distorsión generada por la regulación es excesiva o no? Considerando que la empresa sin regulación se situara en el punto m de la figura 6.3, la producción de servicios sería q_m y el bienestar social correspondiente vendría dado por el área *ameg*. Supongamos que, bajo regulación, el equilibrio se produce en el punto r, donde la tarifa que cobra la empresa regulada se iguala con su coste marginal efectivo (CMa^r), definido éste una vez que se toma en cuenta la distorsión que causa la regulación sobre la eficiencia productiva (este supuesto implícitamente equivale a considerar que la regulación de la tasa de rentabilidad está logrando el objetivo de que el precio se iguale al coste marginal).

En ese nuevo equilibrio, la producción va a aumentar, $q_r > q_m$, y el bienestar social vendrá dado por el área *ardf*. Como puede comprobarse, la introducción de la regulación supone una mejora en el bienestar social, a pesar de la distorsión causada sobre la empresa, siempre que se verifique que la ganancia de bienestar supere a la pérdida de eficiencia, o gráficamente, si el área *mrd* es mayor que *fdeg*. Pero esto no tiene por qué suceder en todos los casos: si la distorsión de costes es excesiva, podría provocarse que el bienestar social final tras imponer la regulación fuese menor que el nivel inicial que se obtenía con el monopolio sin regulación. En el caso particular anterior representado en la figura 6.2, una situación como esta podría darse si la regulación es excesivamente estricta, y el equilibrio se produce en un punto φ_e a la izquierda del óptimo φ^*, con $W(\varphi_e) < W(\varphi_m)$.

Aspectos dinámicos: el problema de incentivos. Desde una perspectiva dinámica, las limitaciones de la regulación de la tasa de rentabilidad adquieren aún una dimensión más perversa, y ésta es la falta de incentivos por parte de la empresa para el control de sus costes. Dado que, de acuerdo con este mecanismo de regulación, la única variable que se va a observar para determinar si la empresa abusa de su posición de dominio en el mercado son los beneficios obtenidos, para la empresa resulta relativamente poco importante su nivel de costes. En caso de que los costes aumentasen mucho de un año a otro, bajo un sistema de regulación de tasa de beneficio sería factible para la empresa trasladar ese aumento de costes a los usuarios a través de tarifas más altas. Unos precios elevados podrían estar justificados fácilmente ante el regulador por los aumentos de los costes.

Los usuarios, por ello, podrían verse finalmente más perjudicados que beneficiados por una regulación que limitase únicamente la tasa de beneficios, sin prestar atención a los incentivos de la empresa de cara a reducir sus costes. La condición necesaria para esta situación sería que el coste marginal de una empresa regulada ineficiente fuese superior a la tarifa que fijaría una empresa monopolista que fuese más eficiente en costes, a pesar de que la regulación se establezca con un criterio de optimalidad social y no haya problemas de observabilidad de los costes o incertidumbre en la demanda.

Esta situación se representa en la figura 6.4, donde por simplicidad se han considerado costes marginales constantes. Como puede observarse, si el coste marginal asociado a la empresa regulada, que no tiene incentivos al control de sus costes, es mucho mayor que el de la misma empresa sin regulación ($c_r >$ c_m), la tarifa que se determinaría bajo regulación podría resultar más alta que la tarifa libre de la empresa sin regulación (es decir, $p_r = c_r > p_m$), y el nivel de servicios ofertados podría incluso llegar a resultar más bajo ($q_r < q_m$).

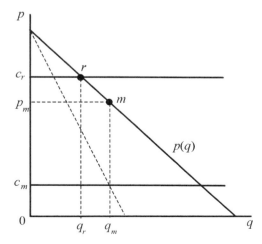

Figura 6.4. Problemas de incentivos en la regulación sobre rentabilidad.

Determinación de la base de capital para la regulación. Un problema de mayor relevancia para la regulación de la tasa de beneficio, desde un punto de vista práctico, es la determinación de los activos que se van a incluir en la base de capital sobre la cual se va a fijar la tasa de beneficios regulada. Como se mencionaba anteriormente, las inversiones de las empresas integradas en las infraestructuras de transporte necesarias para la producción de los servicios constituyen la parte más importante de su capital, mientras que en empresas no integradas (aerolíneas, empresas de autobuses, etc.), el equipo móvil constituye su inversión principal.

Aparte de la selección de los activos a incluir/excluir, para el caso de las infraestructuras surge otra cuestión importante, y es el criterio de valoración de las mismas. Existen básicamente cuatro criterios que pueden utilizarse para calcular el valor de un activo de infraestructura (por ejemplo, una terminal aeroportuaria, un muelle de un puerto, o una estación ferroviaria): valor contable, valor de mercado, valor de reposición y coste de oportunidad.

Ninguno de estos criterios es completamente satisfactorio desde el punto de vista de los objetivos de la regulación de la tasa de beneficio de empresas con poder de mercado, y es importante conocer las implicaciones que tiene cada uno de ellos. El criterio contable depende de las reglas de amortización que aplique la empresa, en función del régimen fiscal existente, y de su propia política de amortizaciones. El valor actual de los activos en el mercado parece un mejor criterio para evaluar la tasa de rentabilidad, pero no obstante presenta un problema de cálculo. El valor de unos activos de infraestructura que sean propiedad de una empresa regulada depende de la regulación que se aplique sobre la misma, con lo cual al tratar de utilizar dicho valor para fijar un límite a la tasa de beneficio se entra en un problema circular. El valor de mercado de un activo es igual a la suma descontada de la corriente de beneficios que éste va a generar en el futuro, pero estos beneficios serán mayores si la regulación es poco estricta que si dicha regulación es más restrictiva. Una regulación muy estricta reduce el valor de los activos, lo cual recorta la base de capital, y ello hace que el nivel absoluto de los beneficios que se permite obtener a la empresa sea todavía menor (manteniendo constante la tasa máxima autorizada).

El valor de reposición de los activos o su coste de oportunidad son en principio mejores alternativas que las anteriores para determinar el valor de la inversión de una empresa. No obstante, deben aplicarse con precaución, ya que, por ejemplo, para el primero de ellos, la reposición de activos de infraestructura puede hacerse con diversas tecnologías, y es posible que al evaluar el valor de una carretera, un muelle portuario o una pista de aterrizaje, el tipo de materiales y las técnicas constructivas hayan evolucionado considerablemente desde la fecha de construcción original del activo. La estimación correcta del coste de reposición puede implicar, en algún caso, llevar a cabo estudios completos de proyectos de construcción de nuevos activos, lo cual puede tener asociado un coste importante para realizar el cálculo de la base de capital sobre la que se va a establecer la regulación.

El coste de oportunidad se presenta generalmente como el mejor criterio desde el punto de vista económico para determinar los costes asociados al uso de activos. Para el caso de infraestructuras, no obstante, debe tenerse en consideración que muchos de los costes asociados con los activos son costes hundidos, por su característica de inmovilidad. Por tanto, de forma estricta, en muchos casos las infraestructuras de transporte tendrían un coste de oportunidad cero o cercano a cero (el valor de los activos sería nulo para cualquier otro uso alternativo al que están dedicados), con lo que la aplicación estricta de este criterio a empresas privadas reguladas supondría vulnerar derechos de propiedad, y comprometería las inversiones en capacidad a largo plazo.

6.3.2 Límites sobre las tarifas

La otra familia de mecanismos de regulación económica que puede aplicarse sobre empresas con poder de mercado, alternativa a limitar su rentabilidad, es poner directamente límites máximos a las tarifas que pagan los usuarios por los servicios. Mediante esta fórmula, el poder de mercado de las empresas queda automáticamente limitado por el regulador, quien tratará de fijar las tarifas lo más cercanas posible a los costes marginales de producción, de acuerdo con la regla socialmente óptima discutida en el capítulo anterior.

La fijación de tarifas máximas para la empresa puede limitarse a determinar el nivel de precios y dejar que la compañía escoja libremente el volumen de servicios que quiere proporcionar (por ejemplo, si la empresa determina sin ninguna restricción las frecuencias de salidas en un modo de transporte regular como en el caso de una aerolínea o una empresa naviera), o bien puede ir acompañada simultáneamente de la obligación de dar servicio a todos los usuarios que deseen utilizar el medio de transporte al precio fijado (como, por ejemplo, si se analiza el caso de una empresa de autobús urbano), esto es, con alguna obligación de servicio público. Las implicaciones de una y otra situación son diferentes desde el punto de vista productivo, como puede comprobarse si se formulan los problemas de optimización de la empresa regulada en cada caso.

Regulación exclusiva de tarifas con libertad de frecuencias. Utilicemos de nuevo el modelo teórico de una empresa con poder de mercado que oferta un único tipo de servicio q, el cual se produce utilizando trabajo, infraestructura, equipos móviles y energía, de acuerdo con la función de producción $q = f(L, K, E, F)$ definida en [6.9]. Si la empresa es libre de escoger el nivel de servicio q a ofertar a un precio p^* prefijado por el regulador, para maximizar su beneficio deberá determinar las cantidades de factores a contratar y el nivel de servicio a ofertar. De nuevo, el problema se puede reducir a la elección de las cantidades de factores, ya que el volumen de producción q estaría ligado a esas cantidades a partir de la función de producción $f(L, K, E, F)$:

$$\max_{L,K,E,F} \; p^* f(L,K,E,F) - w_L L - w_K K - w_E E - w_F F. \qquad [6.27]$$

Las condiciones de primer orden de este problema de optimización bajo regulación de precio máximo son:

$$p^* f_i - w_i = 0 \quad ; \quad i = \{L, K, E, F\}. \qquad [6.28]$$

Si se comparan las condiciones [6.28] con las condiciones [6.12] obtenidas anteriormente en la situación de la empresa sin regulación, $(dR/dq)f_i - w_i = 0$, puede comprobarse que si el precio fijado por el regulador se halla por encima del ingreso marginal que obtiene la empresa en la situación sin regulación, $p^* > (dR/dq)$, la productividad marginal de cada uno de los factores será menor en la situación con regulación que sin ella (lo cual implica que la empresa habrá contratado más cantidades de factores). Expresado en otros términos: la producción de servicios de la empresa se habrá incrementado gracias a la regulación, lo cual beneficiará a los usuarios.

Hay que señalar, no obstante, que pese a que comparativamente se haya producido una mejora de bienestar para los usuarios, este tipo de regulación que fija únicamente la tarifa no garantiza que todos los usuarios que deseen utilizar los servicios de transporte al precio p^*, dispongan de dicho servicio, ya que puede suceder que la solución del problema anterior para la empresa lleve a un equilibrio con $f[L(p^*), K(p^*), E(p^*), F(p^*)] < q(p^*)$, es decir, la producción que decide sacar la empresa al mercado sea menor que la demanda total existente a esa tarifa. Esta situación de exceso de demanda se correspondería con un servicio de transporte en el que es difícil conseguir un billete porque el número de plazas disponibles es limitado, y se produciría un racionamiento de la demanda vía colas, o se desviaría a parte de los usuarios hacia otros modos de transporte alternativos.[5]

---

[5] Tal como se ha planteado formalmente, el problema [6.27] se refiere únicamente a este tipo de situación, ya que si la empresa encuentra óptimo a la tarifa p^* atender a toda la demanda existente, el problema de maximización de beneficios se transforma en la situación analizada más adelante en [6.29].

La figura 6.5 ilustra este tipo de situación, representando dos posibles situaciones de una empresa que tiene una regulación sobre la tarifa a cobrar a los usuarios, pero puede determinar libremente el volumen de servicios ofertados. En el mismo gráfico se representa también la situación de la empresa en ausencia de regulación, para la cual el equilibrio se produce en el punto m donde se igualan el coste marginal y el ingreso marginal, obteniendo como resultado un nivel de servicios q_m que tiene asociado un precio p_m. Si la tarifa fijada por el regulador fuese igual a p_1^*, para la empresa sería óptimo atender a toda la demanda existente para ese precio $q_1 = q(p_1^*)$, ya que el precio que paga el último usuario (p_1^*) es mayor que el coste marginal asociado a esa producción de servicios.

Por el contrario, si la tarifa se fijara en un nivel inferior, tal como p_2^*, la empresa preferiría en ese caso poner en el mercado un nivel de servicios inferior a la demanda existente, $q_2 < q(p_2^*)$, dado que en este caso si se ofertase $q(p_2^*)$ habría usuarios cuyo coste marginal se hallaría por encima de su ingreso marginal.

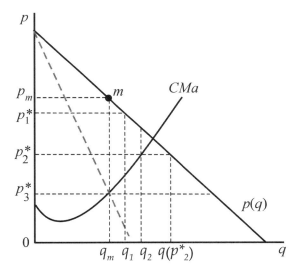

Figura 6.5. Regulación de tarifas con libertad de determinación de frecuencias.

Puede comprobarse, como se observaba anteriormente a partir de la comparación de las condiciones de primer orden de los problemas de la empresa con y sin regulación, que si la tarifa fijada por el regulador se bajase hasta $p_3^* = (dR / dq)$, es decir, hasta el nivel del ingreso marginal en el caso sin regulación, la empresa regulada ofertaría la misma cantidad que en el caso de monopolio, $q_3 = q_m$. La imposición de la regulación únicamente haría entonces que los usuarios pagasen tarifas más bajas, lo cual supondría un aumento del bienestar para ellos, pero no se lograría la introducción de usuarios nuevos al no cambiar la empresa el nivel de frecuencias del servicio en comparación con lo que hace sin regulación. En este caso, se puede observar que la simple fijación de una tarifa, pero sin efectuar un control sobre la cantidad de servicio, no está resolviendo el problema de producción insuficiente de servicios del monopolio, y únicamente se está llevando a cabo una transferencia de renta entre el monopolista y el grupo de usuarios que utiliza el servicio.

Regulación de tarifas y frecuencias. Analicemos ahora el caso de una empresa a la cual se le regula la tarifa p^* que puede cobrar a los usuarios, y simultáneamente se le obliga a dar servicios de transporte a toda la demanda existente a dicho precio (representando así situaciones de contratos de concesión con obligaciones de servicio público, que suelen observarse en modos de transporte urbano y en algunas líneas de transporte aéreo). En esta nueva situación, la empresa no dispone de ningún poder de decisión sobre su nivel de ingresos: la opción escogida por el regulador para el nivel de tarifas hace que exista un punto determinado sobre la curva de demanda donde se va a tener que situar. El problema al que se enfrenta esta empresa regulada, por tanto, se reduce a realizar la producción fijada por el regulador a los menores costes factibles, dada la tecnología de producción existente.

El problema, por tanto, puede formalizarse en este caso como un problema de minimización de los costes de llevar a cabo la producción de servicios $q(p^*)$:

$$\min_{L,K,E,F} \quad w_L L + w_K K + w_E E + w_F F$$
$$\text{s.a} \quad f(L, K, E, F) = q(p^*). \tag{6.29}$$

Utilizando la misma notación anterior, las condiciones de primer orden de este problema tienen la forma:

$$w_i - \lambda f_i = 0 \quad ; \quad i = \{L, K, E, F\} \tag{6.30}$$

siendo λ el multiplicador de Lagrange, cuya interpretación es ahora el valor del coste marginal asociado al nivel de producción $q(p^*)$. Por tanto, para realizar una comparación con los casos anteriores, debe relacionarse el valor de λ con la tarifa p^* fijada por el regulador y con el ingreso marginal de la situación sin regulación (dR / dq). Si se observa un caso en el que $\lambda > p^* >$

(dR / dq) la producción de servicios de la empresa con regulación de precios y frecuencias será mayor que en el caso en que sólo se regulan precios, y mayor que la producción de monopolio. Esta situación se correspondería con un nivel de tarifas tal como p_2^*, en la figura 6.5 anterior.

Este tipo de regulación con tarifa máxima y obligación de atender a toda la demanda, en el que se determina implícitamente por parte del regulador el volumen de ingresos que va a percibir la empresa, requiere disponer de información relativa a los costes de producción del servicio. Esta información es vital para el regulador, dado que si se atiende al principio de equidad y se fija un nivel de servicio elevado y unas tarifas bajas para elevar el bienestar de los usuarios, se puede estar haciendo a la empresa incurrir en quiebra, al no percibir ingresos suficientes para cubrir sus costes. Con información detallada de los costes del servicio, es posible para el regulador evaluar el desequilibrio financiero que se le puede estar imponiendo a una empresa de transporte regulada, y la necesidad de subvención que requerirá para poder satisfacer las obligaciones de servicio público.

Comparación entre regulación sobre tarifas y regulación sobre rentabilidad. En la práctica, la regulación con tarifas máximas es ampliamente utilizada en la industria del transporte. Los límites máximos sobre los precios se calculan en referencia a unos niveles de rentabilidad normal para las empresas. Por tanto, a la hora de determinar la tarifa máxima que se va a autorizar a una empresa con poder de mercado, un regulador necesita solicitar información relativa a los costes, para calcular la tarifa p^* que haga que la empresa obtenga un nivel normal de beneficios. Como vemos, por tanto, la regulación con un límite sobre la tasa de rentabilidad y la regulación con un límite sobre el precio serían teóricamente equivalentes en el momento en que se fijan las tarifas máximas, ya que el punto en el que se está situando a la empresa sería el mismo.

No obstante, dado que con el mecanismo de fijación de tarifas máximas no se está solicitando a la empresa información contable exhaustiva en todos los periodos para determinar el límite sobre los precios, existen diferencias muy importantes entre los dos mecanismos de regulación.

La primera diferencia es que, como se discutía anteriormente, la regulación por tasa máxima de rentabilidad introduce una distorsión en las decisiones de contratación de factores por parte de la empresa regulada, de forma que hay un sesgo hacia una mayor utilización de aquellos factores que constituyan la base de capital sobre la que se calculan los beneficios de la empresa. Por el contrario, la regulación de precio máximo no altera los precios relativos de los factores, de forma que la empresa seguirá utilizándolos en las mismas proporciones que en la situación sin regulación, es decir, de una forma óptima desde el punto de vista de la eficiencia productiva.

En particular, de las condiciones de primer orden de los problemas de la empresa con regulación de tarifas máximas desarrolladas anteriormente puede comprobarse que:

Con libertad de fijación de frecuencias: $\dfrac{f_L}{w_L} = \dfrac{f_K}{w_K} = \dfrac{f_E}{w_E} = \dfrac{f_F}{w_F} = \dfrac{1}{p^{\bullet}}$

$$[6.31]$$

Con obligación de atender toda la demanda: $\dfrac{f_L}{w_L} = \dfrac{f_K}{w_K} = \dfrac{f_E}{w_E} = \dfrac{f_F}{w_F} = \dfrac{1}{\lambda}$

$$[6.32]$$

En ambos casos, los factores productivos se combinan de forma que sus productividades marginales ponderadas por sus precios relativos respectivos se igualan, como sucede también con las demandas de factores en el caso en el que la empresa no tenga ninguna regulación. Esta es la regla para conseguir una asignación óptima de factores, desde el punto de vista de la minimización de los costes de producción del servicio.

Una segunda diferencia fundamental entre la regulación por límites máximos de precios y por límites en la tasa de rentabilidad es el distinto nivel de riesgo que se hace recaer sobre las empresas. Así, mientras que en el caso de la regulación sobre los beneficios si se producen variaciones en los costes de la empresa (subidas o bajadas), ello no afecta en principio a la rentabilidad obtenida por la empresa, ya que bajo ese mecanismo es factible trasladar esas variaciones a las tarifas que pagan los usuarios, con la regulación de tarifas máximas esa posibilidad de traslado de los costes queda completamente eliminada. No obstante, como veremos más adelante, es posible utilizar variantes del mecanismo de tarifas máximas que admiten parcialmente algún reparto del riesgo entre usuarios y empresas.

Problemas de la regulación sobre tarifas. Al igual que sucede con la regulación de la tasa de beneficio, el cálculo de las tarifas óptimas que deberían ser impuestas como límite máximo a la empresa regulada constituye la principal dificultad que en la práctica tiene la regulación de precios. Para llevar a cabo su labor, el regulador necesita disponer de la información de costes de la empresa, con el objetivo de que las tarifas fijadas sean las óptimas desde el punto de vista social, teniendo en cuenta el bienestar de los consumidores pero a la vez tratando que los costes de producción de los servicios de transporte sean los mínimos posibles.

Como ya se ha analizado, la imposición de una tarifa p^* muy baja acompañada de discrecionalidad por parte de la empresa para determinar el nivel de servicio puede generar una situación con exceso de demanda, ya que la empresa puede encontrar óptimo para mejorar su cuenta de resultados no atender a todos los usuarios. La existencia de una demanda insatisfecha constituye una situación que se da en la práctica en algunos modos de transporte donde no resulta extraño tener dificultades para realizar una reserva de plaza pese a la existencia de regulación por parte del sector público. Este tipo de situaciones puede solventarse de dos formas: elevando la tarifa regulada, de forma que la demanda disminuya y una parte de los usuarios utilice modos alternativos de transporte, o bien obligando a la compañía a aumentar sus frecuencias.

La combinación de tarifas bajas y frecuencias elevadas puede poner a la empresa regulada en dificultades financieras para cubrir los costes de provisión del servicio o, en determinadas circunstancias, hacer que sea completamente inviable desde un punto de vista comercial la combinación precio/frecuencias escogida por el regulador. En estos casos, si se considera que la tarifa debe estar situada al nivel escogido (por consideraciones, por ejemplo, de distribución de renta o de corrección de externalidades), será necesaria la utilización de subvenciones como complemento a la regulación impuesta a la empresa.

En el caso de empresas de transporte multiproducto, con una multiplicidad de servicios, la regulación de tarifas conlleva la determinación de una serie de precios para cada uno de dichos servicios. En este caso, la regla óptima de fijación de tarifas sigue siendo la determinación de acuerdo al coste marginal de cada servicio, si bien existen dos dificultades asociadas a esta regla. En primer lugar, el cálculo de estos costes marginales es complejo si se trata de una empresa integrada que posea la infraestructura y produzca los servicios de transporte, por la existencia de muchos costes comunes para todos los servicios, cuya asignación generalmente no podrá realizarse con un criterio único. En segundo lugar, incluso si los costes marginales se calculan adecuadamente, surge el problema de que la aplicación de tarifas iguales a los costes marginales no generaría recursos para financiar los activos de infraestructura, por lo que, como se discutía en el capítulo 5, la regulación debería acompañarse con financiación por parte del sector público de la infraestructura, para garantizar la viabilidad comercial de los servicios o, alternativamente, pueden emplearse soluciones de óptimos de segunda preferencia (*second-best*) para obtener recursos, como sería la aplicación de precios Ramsey o tarifas en dos partes.

6.3.3 Regulación con tarifas máximas e incentivos

Durante los últimos años, un aspecto particularmente importante considerado en la regulación por tarifas máximas de las empresas de transporte ha sido el proporcionar suficientes incentivos a la empresa regulada para que ésta sea eficiente en costes. La comparación con la regulación mediante límites a la tasa de rentabilidad es en este punto en principio favorable al mecanismo de tarifas máximas, ya que si el regulador determina un nivel de precio máximo p^* (con o sin obligación simultánea de un nivel determinado de frecuencias), a la empresa le interesará llevar a cabo la producción de los servicios al mínimo coste posible, ya que todos los ahorros de costes son beneficios adicionales. Por el contrario, si la regulación es sobre la tasa de rentabilidad, un ahorro de costes se reflejaría en un mayor nivel de beneficios, y podría hacer que la empresa tuviera que bajar sus tarifas para cumplir con la restricción impuesta por el regulador.

Hay que tener en cuenta que el análisis de la regulación debe realizarse no sólo desde un punto de vista estático, sino también ver cómo va a evolucionar a lo largo del tiempo. En el mecanismo de regulación de tarifas máximas, el regulador llevará a cabo inicialmente un análisis de la rentabilidad que obtiene la empresa, para determinar las tarifas fijadas de acuerdo con los costes de producción. En los años posteriores, la regulación basada en tarifas máximas no realiza ese análisis de rentabilidad periodo tras periodo, sino que se lleva a cabo una actualización de las tarifas máximas p^* autorizadas inicialmente, mediante algún índice de precios que refleje la inflación general de la economía. Generalmente, no se llevará a cabo nuevamente una evaluación de la rentabilidad obtenida por la empresa hasta pasado un determinado número de periodos (3-5 años serían valores razonables para las revisiones tarifarias con análisis de costes).

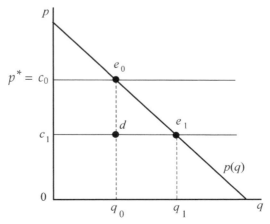

Figura 6.6. Regulación de tarifas máximas con incentivos.

Entre cada revisión de las tarifas máximas autorizadas, todos los ahorros de costes que logre la empresa serán beneficios adicionales que no serán apropiables por el regulador. No obstante, si una empresa tiene éxito en la reducción de sus costes, en la siguiente revisión tarifaria el regulador bajará las tarifas de acuerdo con los nuevos costes de la empresa.

En la figura 6.6 se representa un caso para ilustrar este tipo de razonamiento. Supongamos que inicialmente el coste marginal de producción de un servicio es igual a c_0 y que existen rendimientos constantes a escala, por tanto, este coste unitario no cambia con el nivel de producción q. Esta información es conocida por el regulador, quien, de acuerdo con la regla óptima, fijará la tarifa máxima en ese nivel $p^* = c_0$, dejando a la empresa con un beneficio nulo, correspondiente a un nivel normal de beneficio contable.

Si la empresa realiza un esfuerzo de control de sus costes, consideremos que puede aumentar su eficiencia productiva y reducir el coste marginal hasta un nivel c_1. Si el regulador no revisa la tarifa máxima hasta transcurridos varios periodos, en todo ese tiempo la empresa podrá obtener un beneficio extraordinario igual al área $c_0 e_0 d c_1$.

Transcurrido el periodo entre revisiones de tarifas, el regulador volvería a solicitar información de costes a la empresa, y podría introducir una revisión a la baja de la tarifa máxima haciendo $p^* = c_1$, y haciendo con ello que los usuarios se beneficiasen de la mejora de eficiencia productiva de la empresa (al pasar del equilibrio del punto e_0 a un nuevo equilibrio e_1). La empresa se encontraría de nuevo en una situación de beneficio nulo, que podría volver a tratar de cambiar si es posible lograr aún menores costes de producción.

Este ejemplo ilustra cómo es necesario proporcionar a la empresa incentivos para llevar a cabo el esfuerzo de mejorar su eficiencia, ya que en caso contrario —como sucede en la regulación de la tasa de rentabilidad— los costes de producción no serán los mínimos factibles. Los incentivos en este caso son las rentas extraordinarias que se permite a la empresa obtener entre las revisiones de tarifas, que son el excedente del consumidor que la empresa puede extraer a partir de su posición de dominio del mercado.

¿Debería el regulador evitar la existencia de estas rentas? Considérese, por ejemplo, que en el caso de la figura 6.6 el regulador realizara una revisión tarifaria en cada periodo. En ese caso, la empresa no sería capaz de conseguir el beneficio extraordinario detallado anteriormente, pero los consumidores no estarían necesariamente mejor en ese caso, ya que al no existir incentivos para la mejora en costes, la empresa no se movería del nivel c_0 de coste marginal, y el equilibrio e_1 nunca sería alcanzable. Si no se proporcionan incentivos a la empresa, se estaría produciendo una pérdida de bienestar social potencial dada por el área $c_0 e_0 e_1 c_1$ que no se obtendría al no realizar la empresa el esfuerzo por reducir sus costes.

Existe, por tanto, una relación de equilibrio entre los incentivos para la reducción de costes por parte de la empresa, y la apropiabilidad de esos beneficios por parte de los usuarios. Cuanto más corto sea el periodo de revisión de las tarifas, la empresa tendrá menos incentivos a ser eficiente, ya que sabe que todas las reducciones de costes que se alcancen se traducirán de forma rápida en bajadas de tarifas. Por el contrario, si el periodo de revisión de tarifas se alarga, la empresa tendrá más incentivos al aumentar sus posibilidades de obtener beneficios extraordinarios, pero serán los usuarios del servicio quienes se verán perjudicados. Durante el periodo en el que se permite a la empresa tener un beneficio extraordinario $c_0 e_0 d c_1$ se está produciendo una pérdida de bienestar $e_0 e_1 d$, pero esta pérdida debe asumirse durante varios periodos, ya que de lo contrario la pérdida potencial ($c_0 e_0 e_1 c_1$) se hace mayor. La labor de un regulador que aplique un mecanismo de tarifas máximas será buscar un equilibrio entre estos dos elementos (incentivos para la empresa, traslado de las ganancias de eficiencia para los usuarios), para determinar la duración óptima del periodo entre revisiones.

Conviene observar que, al igual que sucede con las reducciones de costes que suponen beneficios extraordinarios para la empresa, si se producen incrementos de costes durante el periodo entre revisiones de las tarifas, esto genera reducciones de beneficios para la empresa. Una aplicación estricta de los límites de tarifas podría, en determinadas situaciones en las cuales algunos de los costes de la empresa se disparasen por causas exógenas (como una rápida subida de los precios del combustible), hacer que incluso la empresa pudiera entrar en pérdidas.

Una forma de buscar ese equilibrio entre proporcionar incentivos a la empresa regulada y simultáneamente trasladar a los consumidores los beneficios que se generan con las reducciones de costes puede ser realizar ajustes parciales de las tarifas reguladas. Siguiendo con el ejemplo anterior en el que una empresa con costes marginales constantes tiene inicialmente un coste c_0 y la tarifa regulada se fija en ese nivel, $p^* = c_0$, consideremos ahora que en la siguiente revisión tarifaria el regulador utiliza el siguiente criterio para determinar la tarifa máxima:

$$p^* = c_1 + \gamma(c_0 - c_1), \qquad [6.33]$$

siendo c_1 el coste marginal que la empresa tenga efectivamente en el momento de la revisión, y γ un parámetro fijo con un valor entre 0 y 1.

Si estamos en un caso en el que $c_1 < c_0$, es decir, si la empresa ha logrado ahorros de costes al mejorar su eficiencia, al permitir que la nueva tarifa regulada no baje hasta el coste marginal sino hasta un valor algo superior (obsérvese que en ese caso la regla [6.33] haría que $p^* > c_1$), se está proporcionando un cierto nivel de beneficios extraordinarios, como incentivo a que la empresa realice los esfuerzos en alcanzar los ahorros de costes. Y, simultáneamente, se están trasladando parte de esas ganancias a los usuarios, quienes obtienen un ahorro por reducción de la tarifa de $(1 - \gamma)(c_0 - c_1)$ por unidad de servicio utilizado.

Puede apreciarse que el parámetro γ determina el reparto de las ganancias obtenidas entre la empresa regulada y los usuarios. Tomando valores de γ cercanos a uno hacen que la tarifa prácticamente no cambie, lo cual beneficia fundamentalmente a la empresa si han bajado los costes. Por el contrario, valores del parámetro γ próximos a cero ajustan la nueva tarifa prácticamente al nivel del verdadero coste marginal, luego se trasladan los beneficios a los usuarios de forma casi inmediata.

La interpretación de estos resultados es diferente si pasamos a considerar el escenario opuesto en el que los costes marginales de la empresa hayan aumentado entre los dos periodos, ya sea por motivos exógenos como la subida de precios de algún factor productivo, o por una pérdida de eficiencia. En ese caso, $c_1 > c_0$, y la regla de ajuste [6.33] indica que si el parámetro γ se halla cercano a uno la empresa se ve perjudicada, ya que la tarifa se va a mantener próxima a c_0, mientras que los costes son mayores, pudiendo hacer que la empresa entre en pérdidas. Mientras, si se toma un valor de γ próximo a cero, las subidas de costes no suponen un problema para la empresa, porque la tarifa se actualizaría prácticamente en línea con c_1.

La regla de ajuste de las tarifas reflejada en la expresión [6.33] resulta muy interesante, ya que nos permite interpretar los mecanismos de regulación basados en límites sobre la tasa de rentabilidad y aquellos otros basados en límites sobre las tarifas como dos casos extremos de toda una familia de posibles mecanismos de regulación que dependerían del valor que tome el parámetro γ en dicha expresión.

En particular, podemos ver el caso $\gamma = 0$ como una forma de representar la regulación mediante una tasa máxima de beneficio, ya que la tarifa dependerá de los verdaderos costes de la empresa, y se ajustará a la baja o al alza de acuerdo con la evolución de dichos costes. Mientras, si se fija un valor $\gamma = 1$, esto es equivalente a mantener una tarifa $p^* = c_0$ durante un periodo determinado de tiempo durante el cual, todos los ahorros de costes que obtenga la empresa se traducirán en beneficios extraordinarios que puede obtener, pero también se está asumiendo el riesgo de que si los costes aumentan, la tarifa no es revisada al alza, luego la empresa puede ver reducidos sus beneficios o incluso tener pérdidas. Mecanismos de regulación basados en valores intermedios para el parámetro γ significarían un reparto tanto de las ganancias como de los riesgos entre empresa y usuarios.

Esta interpretación de la regla [6.33] nos permite observar nítidamente las diferencias fundamentales entre los dos mecanismos extremos que han sido analizados en detalle anteriormente, y que se resumen en el cuadro 6.1.

Cuadro 6.1. Diferencias entre la regulación sobre rentabilidad y sobre tarifas.

	Incentivos para eficiencia en costes	Riesgo de aumentos exógenos de costes	Necesidades de información
Límite tasa de rentabilidad [(1)] $p^* = c_1$	Nulos	Asumido por usuarios	Altas, en cada periodo es necesaria información costes
Tarifa máxima [(2)] $p^* = c_0$	Altos	Asumido por la empresa	Bajas, solo necesaria información de costes en revisiones

Notas: [1] Poner una tasa máxima de beneficio equivale a fijar la tarifa de acuerdo con el verdadero coste marginal de la empresa (c_1).

[2] En este caso, c_0 puede interpretarse como un valor exógeno para la tarifa máxima que el regulador mantiene constante durante algunos periodos (o actualiza con alguna regla automática sin revisión de costes).

6.3.4 Regulación de tarifas con incentivos para empresas multiproducto

En la práctica, para la regulación de empresas de transporte que produzcan una diversidad de servicios, existen varias fórmulas alternativas para la fijación de las tarifas máximas autorizadas para cada servicio $(p_1^*, p_2^*, ..., p_n^*)$ desde una perspectiva dinámica y que proporcionan incentivos para que la empresa logre reducciones de costes.

Mecanismos basados en información de costes. Una primera idea para regular a una empresa de transporte multiproducto se deriva de un mecanismo teórico propuesto por Vogelsang y Finsinger.[6] Supongamos que los niveles de producción para cada servicio, y los costes de la empresa regulada pueden ser observados por el regulador para algún periodo $(t-1)$ anterior al cual se van a limitar las tarifas, tomando los valores $q^{t-1} = (q_1^{t-1}, q_2^{t-1}, ..., q_n^{t-1})$ y $C(q^{t-1})$, respectivamente. Conocidos todos estos parámetros, se le

[6] Vogelsang, I. y Finsinger, J., "A Regulatory Adjustment Process for Optimal Pricing by Multiproduct Monopoly Firms", *Bell Journal of Economics*, 10, 1979, págs. 157-171.

puede plantear a la empresa una regulación en la que se permite que elija libremente los precios del periodo t, con la única restricción de que el gasto total para los usuarios de adquirir los niveles de servicios q^{t-1} a los nuevos precios que fije la empresa sea menor que el coste $C(q^{t-1})$, es decir:

$$\sum_{i=1}^{n} p_i^t q_i^{t-1} \le C\left(q^{t-1}\right).$$ [6.34]

De esta forma, se permite que la empresa pueda determinar libremente qué servicios desea proveer a un precio mayor, con la restricción de que en ningún caso se podrá llegar a un grado excesivo de extracción del excedente de los usuarios. Puede demostrarse formalmente que la aplicación repetida de este mecanismo de regulación durante varios periodos acabaría teóricamente llevando a la empresa a aplicar las reglas de tarificación óptimas de precios Ramsey, aplicando precios en forma inversa a la elasticidad de la demanda de cada uno de los servicios.

Sin embargo, no es fácil que se verifiquen en la práctica los supuestos en los que se apoya este resultado, ya que se requiere que no haya cambios técnicos significativos durante el periodo de regulación y que la empresa no adopte comportamientos estratégicos. A lo largo del tiempo, la empresa regulada puede observar que los ahorros de costes obtenidos acaban convirtiéndose rápidamente en restricciones más estrictas sobre las tarifas para el siguiente periodo, lo cual puede llevar a incurrir en gastos innecesarios.

Mecanismos de regulación basados en índices de tarifas: el sistema *IPC-X*. Una idea similar a la del mecanismo anterior (que como hemos visto se basa en una restricción única sobre un conjunto de tarifas), y con mayor potencial para ser utilizada en la práctica, es imponer a la empresa un límite expresado como un tope máximo calculado a partir de un índice de Laspeyres de sus tarifas, tomando como ponderaciones las cantidades producidas en un periodo anterior $t-1$. Con esta fórmula alternativa, se elimina la necesidad de que la regla de regulación haga referencia a los costes (información de la empresa que puede ser más difícil de conseguir), y todas las variables en las que se apoya son observables.

El mecanismo funcionaría del siguiente modo: en el periodo t la empresa podría fijar libremente las tarifas $(p_1^t, p_2^t, ..., p_n^t)$ de sus diferentes servicios, con la restricción de que en conjunto verificasen:

$$\sum_{i=1}^{n} p_i^t q_i^{t-1} \le \sum_{i=1}^{n} p_i^{t-1} q_i^{t-1},$$ [6.35]

siendo $(p_1^{t-1}, p_2^{t-1}, ..., p_n^{t-1})$ el vector de precios correspondiente que se aplicó en un periodo anterior $(t-1)$, y $(q_1^{t-1}, q_2^{t-1}, ..., q_n^{t-1})$ los servicios ofertados en dicho periodo.

La libertad que este tipo de mecanismo deja a la empresa para escoger sus tarifas llevará de nuevo como en el caso anterior hacia soluciones óptimas en las cuales se apliquen precios de tipo Ramsey, y simultáneamente se consigue que la empresa no pueda elevar excesivamente las tarifas de aquellos precios con demanda más inelástica, ya que en caso contrario los mayores ingresos obtenidos con esa política harían que se violase la restricción regulatoria.

La expresión [6.35] indica que la restricción impuesta a la empresa por el regulador únicamente le exige que los precios en el periodo t no suban demasiado en comparación con los fijados en el periodo $t-1$. Pero si el regulador desea promover una política de reducción de tarifas, dejando en cualquier caso que sea la empresa quien libremente fije los precios de cada tipo de servicio, es factible hacer la restricción anterior más estricta añadiendo algún factor que reste en el lado derecho de la expresión.

Esta variante de la regulación de una cesta de tarifas a partir de topes sobre un índice es la base del denominado mecanismo de regulación *IPC-X*, que ha sido aplicado en la práctica sobre todo por reguladores de varias industrias en el Reino Unido,[7] y que presenta buenas propiedades en el sentido de simplicidad de aplicación e incentivos para las empresas. La idea del mecanismo *IPC-X* es que las tarifas que aplica una empresa multiproducto en un periodo t no puedan en su conjunto tener un aumento superior a un límite máximo determinado por el nivel general de inflación de la economía (que se mide por un índice de precios al consumidor, tipo *IPC*), menos un factor X que determina discrecionalmente el regulador.

Este mecanismo de regulación tuvo su origen a finales de los años ochenta, en el contexto de las privatizaciones de empresas públicas de diversas industrias —telecomunicaciones, energía, agua, transporte— llevadas a cabo en el Reino Unido. Los reguladores de cada una de estas industrias disponían de información *a priori* que indicaba que los costes de las antiguas empresas públicas eran bastante superiores a los mínimos posibles, y que por tanto las empresas privatizadas iban a ser capaces de lograr aumentos notables de eficiencia a corto plazo.

Con el objetivo de lograr que las empresas tuvieran incentivos a realizar estas mejoras de costes, y simultáneamente los usuarios también se beneficiaran del aumento de eficiencia, se optó por este sistema de regulación que, en esencia, persigue el objetivo que se señalaba anteriormente en la fi-

[7] En la literatura anglosajona sobre regulación, este mecanismo es conocido como *RPI-X*, ya que se apoya en el índice de precios minoristas denominado *RPI = Retail Price Index*.

gura 6.6: conceder a las empresas la posibilidad de obtención de beneficios extraordinarios durante algunos periodos como incentivo para la mejora de la eficiencia, y traslado periódico de las ganancias a los usuarios.

En este mecanismo, el valor asignado al factor X trata de reflejar las potenciales mejoras de eficiencia que pueden conseguirse, y cuanto mayor sea su valor, indica que el regulador está siendo más estricto en la restricción sobre las tarifas de la empresa (al autorizar aumentos de las tarifas menores a la inflación, de hecho se obliga a que las tarifas reguladas bajen en términos reales). Es perfectamente posible en algún caso utilizar valores negativos para el factor X, lo cual supone de hecho autorizar aumentos de tarifas, si se considera oportuno, por ejemplo, si existen fuertes necesidades de inversión. El factor X se fija en un momento del tiempo y, al igual que en todos los mecanismos de tarifas máximas, existe un periodo durante el cual no es revisado, haciendo así que las mejoras de costes que logre la empresa supongan aumentos de beneficios. El periodo de revisión utilizado en la práctica por los reguladores británicos varía entre sectores, pero suele situarse alrededor de cinco años.

Un ejemplo de aplicación del mecanismo *IPC-X* a la industria del transporte es el caso de la empresa que gestiona los aeropuertos británicos, tras su privatización (*British Airports Authority, BAA*). A esta compañía, desde 1987 se le aplica un mecanismo de regulación *IPC-X* sobre algunas de sus tarifas, si bien otros precios de servicios comerciales pueden ser fijados con completa libertad. El factor X utilizado por el regulador ha ido variando a lo largo del tiempo, con valores entre 1 y 8, y para su determinación se ha tenido en cuenta el aumento de eficiencia de los aeropuertos, pero también sus necesidades de inversión. La revisión del mecanismo de regulación (determinación de X) se realiza cada cinco años, si bien el regulador contempla la posibilidad de realizar revisiones intermedias en caso de aumentos extraordinarios de los costes (correcciones de tipo *cost-passthrough*). Así, por ejemplo, por las circunstancias extraordinarias derivadas de la necesidad de aumento de la seguridad en los aeropuertos británicos durante la Guerra del Golfo, se autorizó que el 95% de los costes ligados a la seguridad se trasladaran a las tarifas.

6.3.5 Regulación por comparación (competencia referencial)

Existe un mecanismo de regulación que es posible aplicar en situaciones en las que un mismo regulador tiene que supervisar diversas empresas de la misma industria que trabajan en mercados separados. En la regulación del transporte, este tipo de escenario puede darse, por ejemplo, si una autoridad de transporte debe regular la actividad de las empresas de autobuses urbanos de distintas ciudades dentro de una región, o un regulador de ferrocarriles a nivel nacional se encarga de supervisar a empresas que operan en redes independientes en diferentes regiones.

En este tipo de situaciones, los problemas de asimetría de información entre regulador y empresas reguladas pueden ser solventados en gran parte promoviendo un tipo especial de competencia entre las empresas a través de la regulación. Este tipo de mecanismos regulatorios por comparación entre empresas son conocidos como de "competencia referencial" (*yardstick competition*).

Para analizar estos mecanismos de regulación, consideremos un modelo en el que existan n empresas independientes que producen un servicio de transporte similar, y que trabajan en mercados completamente separados (por ejemplo, servicios urbanos de autobús en distintas ciudades). Estas empresas no tienen contacto entre sí, y todas ellas están sometidas a regulación por una misma institución.

Cada empresa tiene un coste marginal constante c_i por unidad de servicio, no existen costes fijos relevantes y el servicio puede estar subvencionado a través de un pago fijo S_i que cada empresa recibe para cubrir sus costes (en caso necesario, si la tarifa p_i se fija por debajo del coste marginal). El propietario de cada empresa puede realizar un esfuerzo z_i en reducir sus costes, de forma que se puede relacionar el coste marginal de la empresa con este esfuerzo a través de una función $c_i(z)$, con $dc_i/dz_i < 0$. Por simplicidad, se supone que el esfuerzo z_i está expresado en unidades monetarias, de forma que en cada periodo, el propietario asume un coste z_i adicional al coste de producción para lograr que el coste unitario del servicio sea $c_i(z_i)$. De este modo, el beneficio que obtiene la empresa en cada periodo, con una demanda $q_i(p_i)$ para sus servicios, será:

$$\Pi_i(p_i, z_i, S_i) = [p_i - c_i(z_i)]q_i(p_i) - z_i + S_i. \qquad [6.36]$$

Si tanto los costes como el esfuerzo de la empresa fuesen variables observables para el regulador, la solución óptima desde el punto de vista social para la fijación de tarifas se derivaría de un problema de maximización del bienestar social, definido como la suma del excedente de los consumidores más los beneficios de la empresa:

$$\max_{p_i, z_i, S_i} \int_{p_i}^{\infty} q_i(p)dp + \Pi_i(p_i, z_i, S_i) \qquad [6.37]$$
$$\text{s.a} \quad \Pi_i(p_i, z_i, S_i) \geq 0,$$

cuya solución óptima (p_i^*, z_i^*, S_i^*) viene dada por las siguientes condiciones:

$$p_i^* = c_i(z_i^*) \tag{6.38}$$

$$-\frac{dc_i}{dz_i}\bigg|_{z_i^*} q_i\left(p_i^*\right) = 1 \tag{6.39}$$

$$S_i^* = z_i^*. \tag{6.40}$$

La interpretación del resultado óptimo en condiciones de información perfecta es clara: el regulador debería fijar la tarifa igual al coste marginal de la empresa. Dicho coste marginal sería el resultado de elegir el esfuerzo óptimo de la empresa en alcanzar la eficiencia, que se derivaría de la condición [6.39]: el valor z_i^* es aquel que hace que el beneficio marginal que obtienen los usuarios por la reducción de costes (y por tanto, de la tarifa que pagan) es igual al coste marginal que supone el esfuerzo para el propietario de la empresa (igual a uno en este modelo donde z_i son costes monetarios). Por otro lado, la subvención óptima S_i^* pagada por el regulador a la empresa cubre exactamente los costes z_i^*, luego la empresa obtiene un beneficio nulo, correspondiente a una rentabilidad normal.

El problema de regulación es más complejo cuando el esfuerzo z_i en lograr eficiencia en costes es una variable no observable por el regulador, como es el caso habitual en la práctica. En esa situación, la función $c_i(z_i)$ no puede ser identificada, y el mecanismo de regulación no puede basarse más que en los costes c_i, que suponemos sí son observables por el regulador, y la subvención S_i que recibe la empresa. En este caso, si se trata de replicar la solución óptima social fijando la tarifa al nivel del coste marginal observado ($p_i = c_i$) y pagando a la empresa una subvención para que no tenga pérdidas ($S_i = z_i$), no se obtiene el resultado deseado. Como el propietario de la empresa va a recibir un beneficio nulo en cualquier caso, y el valor de z_i no es observable, la solución que se adoptará será el nivel más bajo de esfuerzo, haciendo $z_i = 0$ y con ello que el coste marginal y la tarifa sean altos.

Una posibilidad para el regulador para resolver el problema de información asimétrica es utilizar el siguiente mecanismo. La tarifa p_i se fija a partir de un coste marginal de referencia $\bar{c}_{-i}$, calculado como la media de los costes marginales de todas las empresas menos la empresa i, y por otra parte se le ofrece un pago de una subvención también calculada a partir de una media de las subvenciones que recibe el resto de las empresas. Los beneficios de i pueden expresarse como:

$$\Pi_i(z_i) = \left[\bar{c}_{-i} - c_i(z_i)\right] q_i(\bar{c}_{-i}) - z_i + \bar{z}_{-i} \tag{6.41}$$

siendo $\overline{c}_{-i} = \sum_{j \neq i} c_j/(n-1)$ el coste marginal de referencia, y $\overline{z}_{-i} = \sum_{j \neq i} z_j/(n-1)$, la subvención que va a recibir la empresa.

Dado que ahora existe posibilidad de obtener un beneficio extraordinario si se logra reducir el coste marginal de la empresa por debajo de $\overline{c}_{-i}$, el propietario de la empresa elegirá z_i para maximizar [6.41]. El nivel de esfuerzo elegido vendrá dado por la condición:

$$-\frac{dc_i}{dz_i}\, q_i(\overline{c}_{-i}) = 1 \qquad [6.42]$$

Como puede comprobarse, comparando las condiciones [6.42] y [6.39], la solución que se alcanza con este mecanismo hace que el propietario elija el esfuerzo z_i de acuerdo con la misma regla que en el óptimo social, igualando su coste marginal con el beneficio marginal que obtienen los usuarios. Puede comprobarse que los incentivos que tienen todas las empresas por ser más eficientes que la media del resto de empresas hacen que se alcance un equilibrio de Nash en el que todas ellas realizan un nivel de esfuerzo $z_i = z_i{}^*$ como en el óptimo, por lo cual los costes marginales de todas las empresas y las tarifas también son los mismos que en el caso analizado cuando no había problemas de información, es decir, $c_i = c_i{}^*$, $p_i = p_i{}^*$.

Naturalmente, la aplicación práctica de este mecanismo de regulación por comparación no resulta tan sencilla como en el modelo teórico. En primer lugar, raramente las condiciones de producción van a ser exactamente iguales para todas las empresas reguladas por una misma autoridad, ya que pueden influir múltiples factores externos que hagan que los costes no sean directamente comparables, como por ejemplo las diferencias en los niveles de congestión de las rutas o el trazado de las líneas en el caso del transporte urbano. No obstante, esta dificultad es salvable introduciendo las correcciones necesarias para el cálculo de los valores medios de referencia a aplicar a cada empresa. Una dificultad mayor surge del supuesto de no comunicación entre las empresas, que es necesario para garantizar que no haya problemas de colusión entre los regulados, que hagan que el equilibrio alcanzado se separe de los niveles de esfuerzo y tarifas óptimas. Si la regulación se establece sobre pocas empresas, este problema afectaría seriamente a la posible aplicación del mecanismo de competencia referencial, si bien para un grupo relativamente grande de empresas reguladas, los problemas de colusión serían menores por la dificultad que supondría para cada empresa recopilar toda la información relativa a costes y subvenciones del resto de empresas que manejaría el regulador para fijar sus tarifas.

6.4 Regulación de tarifas de acceso

Un tema altamente relevante a la hora de analizar la regulación en la industria del transporte, es la regulación de las condiciones y tarifas de acceso a una infraestructura de utilización común para dar servicios. El caso más claro lo constituye el modelo de organización de un mercado ferroviario con separación de infraestructura y operaciones, y con varios operadores independientes utilizando de forma compartida unas vías y estaciones que serán propiedad del sector público en algunos países, pero que pueden estar en manos de empresas privadas en otros. Además del ferrocarril, esta situación puede aparecer en cualquier otro modo de transporte en el que sea necesario compartir la infraestructura básica (puertos, aeropuertos, estaciones de autobuses, etc.).

Si la infraestructura es de propiedad pública, o la empresa que explota la misma no trabaja también como operador de servicios, no existen problemas de regulación, más allá de asegurar que el acceso a la infraestructura se ofrece en las mismas condiciones a todas las empresas que desean utilizarla, es decir, no se produce ninguna situación de discriminación, por ejemplo, a favor de las empresas más grandes, que puedan aprovechar esa circunstancia para disponer de una ventaja competitiva en el mercado.

Cuando la infraestructura es explotada por una empresa (pública o privada), que a la vez oferta servicios, la situación es diferente, ya que el propietario de la infraestructura dispone de una posición privilegiada frente a sus competidores, a los que directamente puede negar el acceso a utilizar los activos de infraestructura, o cobrarles unas tarifas que de hecho se conviertan en un arma estratégica en el mercado de servicios a los usuarios finales. Como se discutía anteriormente en este capítulo, las barreras de entrada por el uso de infraestructura constituyen una de las situaciones más características de la industria del transporte en las que es necesario que se introduzca algún tipo de regulación para garantizar la competencia.

La pregunta clave que surge a la hora de plantear una regulación es cómo deben determinarse las tarifas de acceso. Para analizar esta cuestión, podemos utilizar un modelo planteado por Laffont y Tirole[8] para un caso simplificado en el que solamente existan dos empresas (1 y 2), por ejemplo operadores de ferrocarril, siendo una de ellas (la empresa 1) a la vez propietaria de la infraestructura básica de utilización compartida. Supongamos que los costes de dicha infraestructura vengan dados por un componente fijo rK y por un coste marginal constante c_0 por cada unidad de tráfico que utilice las vías (puede pensarse en la práctica en c_0 como el coste de mantenimien-

[8] Laffont, J. J. y Tirole, J., "Access Pricing and Competition", *European Economic Review*, 38, 1994, págs. 1.673-1.710.

to y reparación por el uso ordinario de las vías y en rK como los costes de inversión en su construcción).

La empresa 1 explota la infraestructura, pero además oferta servicios de transporte a los usuarios ofertando una tarifa p_1 que dará como resultado un nivel de demanda q_1. Los costes de provisión de los servicios son únicamente variables y vienen definidos por un coste marginal c_1. Por su parte la empresa 2 solamente es operador de servicios, con unos costes formados por el coste variable de operación (definido a partir de un coste marginal c_2), y el pago que deba realizar a la empresa 1 por el uso de la infraestructura. Este pago se calcula en función del tráfico que mueva la empresa 2, que denotaremos como q_2, con una tarifa de acceso unitaria denotada por a. La tarifa que la empresa 2 cobra a sus usuarios finales es p_2.

Las dos empresas compiten entre sí en el mercado de servicios de transporte, y se considera que los productos que ofertan son distintos, aunque pueden tener algún grado de sustituibilidad para los usuarios. Por ejemplo, para el caso propuesto de la industria del ferrocarril, puede considerarse que la empresa 1 únicamente oferta servicios de trenes rápidos de pasajeros, mientras que su rival oferta servicios mixtos de pasajeros y carga. Cada empresa tiene su propia demanda, $q_i (p_i, p_j)$, $i = \{1, 2\}$, pero estas demandas están influidas en algún grado por la oferta de tarifas de la empresa rival. Los beneficios de las empresas vendrán dados por las expresiones:

$$\Pi_1 = (p_1 - c_1)q_1(p_1, p_2) + aq_2(p_1, p_2) - c_0[q_1(p_1, p_2) + q_2(p_1, p_2)] - rK$$
$$\Pi_2 = (p_2 - c_2 - a)q_2(p_1, p_2).$$

[6.43]

La solución que garantiza un uso eficiente de la infraestructura sería que el regulador fijara la tarifa de acceso a de acuerdo con el coste marginal de uso, es decir $a = c_0$. Con ello se garantizaría que la empresa 2 calcularía su demanda de infraestructura internalizando correctamente los costes que genera. No obstante, como sabemos por el análisis de tarificación óptima realizado en el capítulo 5, esta solución haría que no se recuperaran los costes de inversión rK (al menos aquella parte que debería financiar la empresa 2 por estar haciendo uso de la infraestructura).

Si no es posible financiar los costes rK a partir de recursos públicos (a través de impuestos), una alternativa para que los servicios de ferrocarril sean ofertados es que los usuarios paguen la infraestructura a través de las tarifas. En el caso de la empresa 1, la propia empresa diseñaría su propia estrategia para p_1, de forma que pudiera recuperar los costes de infraestructura. Pero, en el caso de la empresa 2, la cuestión que se plantea para el regulador es calcular la tarifa de acceso óptima para trasladar a los usuarios q_2 la parte de los costes de infraestructura que deben pagar.

Una primera solución es pensar en una tarificación de acceso tomando como referencia el coste medio de la infraestructura por unidad de tráfico. Es decir, una vez conocido el volumen total de demanda, se puede fijar $a = c_0 + rK / (q_1 + q_2)$, haciendo así que la empresa 2 deba realizar un pago que cubre los costes de mantenimiento que genera y una parte de los costes de infraestructura,[9] proporcional a su tráfico q_2.

No obstante, esta solución no es la óptima desde un punto de vista social. Si se considera que un regulador tiene poder para fijar las tarifas de acceso (a) y también las tarifas a los usuarios finales de servicios (p_1, p_2), la solución óptima puede calcularse maximizando el bienestar social, que se define como una suma de los excedentes de los consumidores q_1 y q_2, y los beneficios de las dos empresas, con la restricción de que las empresas obtengan un determinado nivel de beneficio agregado ($\Pi_1 + \Pi_2 \geq S$). Esta última condición puede interpretarse como una restricción presupuestaria del gobierno, que puede ofrecer un volumen de transferencias S a las empresas en concepto de subvención asociada a la regulación, pero que no puede ser sobrepasado.

La solución al problema de optimización del bienestar social conduce a una fijación de las tarifas p_1 y p_2 de acuerdo con criterios de precios Ramsey:

$$\frac{p_1 - c_0 - c_1}{p_1} = \frac{\lambda}{1 + \lambda} \frac{1}{\varepsilon_1^c}$$

$$\frac{p_2 - c_0 - c_2}{p_2} = \frac{\lambda}{1 + \lambda} \frac{1}{\varepsilon_2^c}$$

[6.44]

En las expresiones anteriores, los parámetros ε_1^c y ε_2^c son las elasticidades de las demandas q_1 y q_2 con respecto a sus respectivos precios (una versión de las elasticidades habituales $\varepsilon_{qi, pi}$, pero corregidas por el grado de sustituibilidad entre los dos tipos de servicios), mientras que el parámetro λ es el multiplicador de la restricción presupuestaria del gobierno. Puede observarse que, si la restricción no fuera vinculante, o lo que es lo mismo, el gobierno pudiera hacerse cargo de la financiación de la construcción de la infraestructura, sería $\lambda = 0$, y las expresiones en [6.44] indican que las tarifas óptimas serían fijadas por el regulador de acuerdo con los costes marginales de cada servicio ($p_1^* = c_0 + c_1$; $p_2^* = c_0 + c_2$). Por el contrario, si $\lambda > 0$, las tarifas se elevan por encima de dichos niveles de referencia, para hacer que

---

[9] En la práctica, el cálculo de la tarifa de acceso no debería hacerse con el volumen completo de los costes de inversión rK, si se piensa en q_1 y q_2 como los tráficos, por ejemplo, de un año, pero puede interpretarse rK como la parte proporcional de los costes fijos asignada a uno de los años de vida útil de·la infraestructura.

se obtengan ingresos suficientes para cubrir los costes fijos, y esto se hace utilizando una tarificación de tipo Ramsey, a partir de la información sobre las elasticidades de demanda de ambos servicios.

La tarifa de acceso óptima que debería fijar el regulador para la empresa 2 puede obtenerse observando que en el óptimo resulta conveniente dejar a esta empresa con beneficio nulo, por lo que el precio de acceso a puede calcularse usando los beneficios extraordinarios que obtiene la empresa 2 a partir de la tarifa regulada que se deduce de [6.44], netos de sus costes de operación. Es decir, para hacer que $\Pi_2 = 0$, debe cumplirse que $a = p_2 - c_2$, de donde:

$$a^* = c_0 + \frac{\lambda}{1+\lambda} \frac{p_2}{\varepsilon_2^c}. \qquad [6.45]$$

Se observa, por tanto, que la tarifa óptima de acceso se situará por encima del coste marginal c_0, haciendo que los usuarios de servicios de la empresa 2 paguen parte de los costes de infraestructura. Ese pago no se hace de forma proporcional al volumen de tráfico de la empresa, $q_2 / (q_1 + q_2)$, como se hacía en la anterior tarificación de acceso a coste medio, sino que tiene en cuenta las características de la demanda q_2, medidas a través de la elasticidad ε_2^c, y el precio-sombra que tienen las transferencias S que recibe la empresa 1 del gobierno, medido dicho precio-sombra por el parámetro λ. En el caso $\lambda = 0$, la solución óptima sería que la empresa 2 pagase únicamente el coste de mantenimiento de infraestructura que genera su volumen de tráfico.

Una tercera fórmula para determinar las tarifas de acceso a la infraestructura ferroviaria sería la denominada "regla de tarificación de componentes eficientes" (*efficient component pricing rule*)[10] o "regla del margen", y resulta de aplicación cuando la sustituibilidad entre los servicios que ofertan las empresas que comparten la infraestructura es muy alta, de forma que estamos en un único mercado en el que debe verificarse en equilibrio que $p_1 = p_2 = p$, es decir, las empresas tienen que mantener el mismo precio por el servicio para no perder clientes en favor del rival. Además, se supone que existe libertad de entrada y salida para cualquier otra empresa, y para dar el servicio no existen costes fijos de carácter hundido (no recuperables).[11]

---

[10] Baumol, W. J., "Some Subtle Issues in Railroad Regulation", *International Journal of Transport Regulation*, 10, 1983, págs. 341-355.

[11] Estos son supuestos habituales que se emplean en la teoría de los "mercados atacables" (*véase* una breve discusión sobre esta teoría en la última sección de este capítulo).

Bajo estos supuestos, la regla óptima para la fijación de la tarifa de acceso sería:

$$a = p - c_1 = c_0 + (p - c_0 - c_1).$$
[6.46]

La interpretación de la tarifa de acceso dada por [6.46] es la siguiente: la empresa propietaria de la infraestructura debería cobrar una tarifa a la empresa 2 que le generara, por cada unidad de tráfico q_2 que mueva la empresa rival, un ingreso que le permita cubrir el coste variable de la infraestructura de esa unidad (c_0) y el margen de beneficio que la empresa 1 hubiera obtenido si ella hubiese vendido el servicio al usuario final ($p - c_0 - c_1$). De este modo, los ingresos que pierde la empresa 1 por dejar que el rival capte parte de los usuarios se recuperarían a través de la tarifa de acceso, haciendo que el propietario de la infraestructura no tuviera incentivos a no permitir el acceso a la misma.

Por otra parte, de cara a potenciales entrantes, esta tarifa de acceso estaría enviando una señal de que únicamente aquella empresa que fuese al menos tan eficiente como la empresa 1 podría conseguir algún beneficio positivo. Para que ese mercado sea atractivo para la empresa 2, debería verificarse la condición $p \geq c_2 + a$, lo cual indica que debe ser $c_2 \leq p - a = c_1$.

Pese a su aparente atractivo y simplicidad de cálculo, la tarifa de acceso basada en la regla de componentes eficientes resulta controvertida para su posible aplicación práctica. En primer lugar, porque cuando la empresa que posee una infraestructura disfruta de una posición de privilegio, esta forma de permitir el acceso a competidores no proporciona ningún beneficio a los usuarios, ya que la renta de monopolio de la empresa se mantendría intacta. En segundo lugar, porque bajo el supuesto planteado de alta sustituibilidad de los productos, esta regla daría generalmente lugar a soluciones extremas: si la empresa 2 es más eficiente que la empresa instalada, resultaría óptimo que atienda todo el mercado final y que la empresa 1 quedase simplemente como propietaria de la infraestructura, o bien si la empresa 2 es menos eficiente tendría que salir del mercado, y la empresa instalada se quedaría como monopolista.

Por otro lado, los supuestos empleados para el cálculo de esta tarifa de acceso no son especialmente adecuados para la industria del transporte, donde precisamente los costes hundidos son una de las características más relevantes para algunos modos, y el grado de sustituibilidad de los servicios no suele ser perfecto. Esta tarifa de acceso tiene una mayor aplicación en otras industrias donde los bienes y servicios tienen un mayor grado de homogeneidad, como puede ser el caso de las telecomunicaciones.

6.5 Regulación sobre otras variables: calidad y seguridad

De forma complementaria a la regulación económica que se ha discutido en este capítulo, debe tenerse en cuenta que existe toda una serie de otras variables que también deben ser consideradas al diseñar la regulación de una empresa proveedora de servicios de transporte. Como en cualquier otra industria, la limitación del comportamiento de las empresas que introduce el regulador, especificada en variables observables tales como los beneficios o las tarifas, hace que los beneficios de estas empresas queden limitados (si el regulador logra su objetivo). Una forma de mejorar las cuentas de resultados de las empresas es cumplir nominalmente con las obligaciones impuestas por el regulador, pero tratando a la vez de reducir los costes haciendo, por ejemplo, que la calidad de los servicios sea menor.

Estos aspectos de calidad son extremadamente importantes en el transporte, ya que existen muchas dimensiones en las cuales las decisiones de una empresa pueden hacer que los usuarios reciban servicios en condiciones mucho peores que antes de la regulación (vehículos más antiguos, descuido en el mantenimiento de infraestructuras, fallos en la puntualidad, etc.), que incluso pueden llegar a comprometer la seguridad.

Resulta interesante observar que el tipo de regulación económica que se escoja para limitar el poder de mercado de las empresas puede tener influencia en el comportamiento de cara a estas dimensiones complementarias que son cruciales para la industria del transporte. Así, por ejemplo, si el mecanismo de regulación se basa en límites a la tasa de beneficio, como se ha analizado anteriormente, las empresas tienen un incentivo a "sobrecapitalizarse", para conseguir así ampliar la base de activos sobre la que después se calculan los beneficios máximos que pueden obtener.

En esa situación, si los vehículos y otros activos de equipamiento son incluidos entre los activos de capital, el efecto Averch-Johnson puede resultar positivo para los usuarios, en el sentido de que la empresa puede optar por utilizar una flota mayor y más moderna de vehículos. La calidad de los servicios se vería en ese caso positivamente afectada por la regulación, si bien hay que tener en cuenta que socialmente puede que muchos de los gastos realizados por la empresa sean innecesarios para la provisión de los servicios, o que el nivel de calidad obtenido sea superior a lo que los usuarios desearían al considerar el precio que deben pagar por dicha calidad.

Por el contrario, con una regulación sobre tarifas, los incentivos de las empresas a recortar la calidad son evidentes, ya que todos los ahorros de costes que se consigan son en ese caso beneficios extraordinarios para la empresa. Dado que estamos considerando situaciones en las que generalmente las empresas tienen poder de mercado y, por tanto, los usuarios son dependientes de las mismas, el abandono de las variables de calidad (envejecimiento de la flota, malas condiciones de limpieza, etc.) no supondría una pérdida sustancial de demanda, por lo que los usuarios se verían perjudicados por la limitación impuesta por el regulador sobre las tarifas de la empresa.

Para evitar que las empresas de transporte reguladas "escapen" a la regulación económica a partir de este tipo de dimensiones complementarias, es necesario que el regulador imponga simultáneamente a la limitación de los beneficios o las tarifas de una empresa una serie de obligaciones relativas a diversos aspectos que podemos separar en dos bloques: calidad de los servicios y seguridad. Otros elementos importantes son los relacionados con aspectos medioambientales de la producción de servicios de transporte, que serán tratados en mayor detalle en el capítulo 8.

6.5.1 Calidad

No es una tarea sencilla definir con precisión cuáles son todos los parámetros que deberían tenerse en cuenta para determinar la calidad de un servicio de transporte, ya que, por definición, esta es una característica subjetiva que puede depender del tipo de usuario que evalúe un servicio. Algunos usuarios pueden conceder una importancia clave a la disponibilidad de servicios y al cumplimiento de los horarios con puntualidad, mientras que otros pueden estar más preocupados por el espacio disponible y el confort de los vehículos utilizados por las empresas (para servicios de pasajeros).

En la práctica, la fijación de unos estándares mínimos de calidad suele reducirse a establecer cláusulas en los contratos de cesión de derechos de explotación de servicios en las que se fijan edades máximas de los vehículos a emplear (de forma individual, como tope para cada vehículo, pero también en ocasiones como valores medios para el conjunto de una flota). En modos de transporte regular, se pueden incorporar algunos índices de puntualidad de los servicios a través de los cuales se pueden fácilmente fijar estándares mínimos que la empresa deba satisfacer (por ejemplo, puntualidades superiores al 90-95%).

Para empresas proveedoras de infraestructuras de transporte, como puede ser el caso de una compañía que disponga de una concesión para la construcción y explotación de una autopista de peaje o puertos operados por empresas privadas, los indicadores de calidad utilizados por los reguladores se basan en índices de accidentes, variables que miden el grado de mantenimiento realizado por la empresa, y tiempos de espera de los usuarios para entrar a utilizar la infraestructura (colas en las cabinas de peaje de las autopistas, tiempos de espera de los buques para la entrada en un puerto, etc.).

6.5.2 Seguridad

Una característica muy importante en todos los modos de transporte es la existencia de una asimetría de información entre los usuarios de los servicios y las empresas proveedoras, en relación a los gastos realizados en el mantenimiento y la supervisión de los vehículos utilizados.[12] Estos gastos tienen un efecto directo en la reducción de los índices de accidentes sufridos por las empresas, pero no es sencillo para un agente externo a la empresa disponer de información exhaustiva sobre el detalle del mantenimiento realizado a cada uno de los vehículos.

Con objeto de tratar de reducir al mínimo esta asimetría de información, y, al igual que sucede con las variables relativas a la calidad, para evitar que al imponer una regulación económica a una empresa de transporte, ésta descuide aspectos cruciales relativos a la seguridad de los pasajeros y las mercancías transportadas, resulta de vital importancia que se establezcan obligaciones estrictas sobre el mantenimiento adecuado de los equipos, y que se supervise el cumplimiento de las mismas.

Dependiendo de cada modo de transporte, las exigencias relativas a la seguridad son diferentes, ya que el grado posible de control sobre el mantenimiento de los vehículos es diferente. Así, por ejemplo, para empresas de autobuses o de transporte de mercancías por carretera, la regulación impuesta a las compañías está dentro del marco general de revisión periódica obligatoria que suele establecerse por los gobiernos para todos los vehículos que emplean las carreteras (privados y públicos). Mientras, en otros modos de transporte, como en el caso de las aeronaves, los requerimientos en materia de seguridad son mucho más estrictos, y la supervisión de los niveles de mantenimiento es realizada por inspectores independientes y los estándares son fijados por la Organización de Aviación Civil Internacional (OACI).

6.6 Costes de regulación

Para finalizar la exposición de los temas de regulación de empresas de transporte, debe abordarse una cuestión muy importante: los costes asociados a la regulación. Como hemos descrito a lo largo de este capítulo, el objetivo que se persigue con cualquier mecanismo de regulación es que una empresa

---

[12] En el capítulo 8 se desarrolla un modelo formalizado en un contexto de asimetrías de información, con el que se amplía la discusión de los problemas de regulación de aspectos de seguridad de las empresas de transporte.

que dispone de una posición de dominio del mercado, no explote dicha ventaja en detrimento de los usuarios o de otras empresas. El resultado que se pretende alcanzar al imponer alguna limitación a la empresa es que en el nuevo equilibrio al que se llegue se alcancen mejores resultados que en la situación sin regulación, teniendo en cuenta el bienestar social agregado (beneficios de la empresa y excedente de los consumidores).

No obstante, para valorar si la situación con regulación es mejor que el equilibrio de libre mercado, deben incluirse también los costes que supone poner en marcha un mecanismo de regulación. Existen, por una parte, unos costes directos explícitos que son aquellos gastos en los que incurre la institución que lleve a cabo la regulación, y que incluyen costes de personal, equipos, desplazamientos, etc. Igualmente, para las empresas reguladas se generan unos costes directos, derivados del tiempo necesario para recopilar la información contable y de otro tipo que sea requerida por la institución reguladora.

Si bien estos costes directos ya pueden constituir un volumen importante de recursos que hay que valorar, existe una serie de costes indirectos que muchas veces son ignorados en la evaluación del incremento del bienestar social que se logra con la regulación, y que pueden incluso ser más elevados que los costes directos.

6.6.1 Efectos sobre el coste de capital

Uno de estos costes indirectos más relevantes lo constituye la elevación del coste de capital que puede suponer para una empresa el mecanismo de regulación que se le imponga. Como se ha visto anteriormente, una regulación basada en una aplicación estricta de tarifas máximas (no permitiendo ningún tipo de revisión de dichos límites por elevaciones de costes que pueda sufrir la empresa), hace que la empresa regulada esté asumiendo un mayor nivel de riesgo que cuando no tiene ninguna regulación.

Esto es así porque, en ausencia de regulación, la variabilidad que pueden tener los costes de una empresa a lo largo del tiempo puede ser compensada por oscilaciones en las tarifas, de forma que sus beneficios pueden mantenerse en un nivel medio relativamente estable. Por el contrario, con limitación de tarifas, los ingresos pueden oscilar mucho menos, por lo cual cualquier *shock* externo que la empresa pueda sufrir en sus costes (elevación del precio de un factor, accidentes que obliguen a gastos extraordinarios, etc.) se traslada a oscilaciones en sus beneficios.

Este mayor riesgo que asume la empresa bajo una regulación de tarifas es valorado por los agentes económicos que aportan financiación externa a través de bonos o préstamos, y se traduce en un coste financiero más elevado para la empresa, ya que los inversores exigirán unas primas adicionales en función del riesgo percibido, que pueden traducirse en décimas o incluso puntos adicionales sobre los tipos de interés de la financiación externa que podrían conseguir en ausencia de regulación. Este aumento de los gastos de financiación puede resultar extraordinariamente costoso para empresas de transporte, especialmente para aquellas que tienen integrada la infraestructura básica.

Este tipo de distorsiones que genera la regulación sobre el funcionamiento del mercado, y los costes asociados a ella, son ejemplos utilizados frecuentemente por algunos detractores de la regulación. Se plantea que la competencia es un mecanismo mucho más eficaz para que las empresas no abusen de su posible poder de mercado, y a la vez no se introducen rigideces en el funcionamiento de los mercados, que hacen que los recursos no sean asignados correctamente.

6.6.2 La teoría de los mercados atacables ("contestabilidad")

Un argumento extremo en esta línea de defensa de los mecanismos de mercado frente a la regulación es la base de la teoría de la "contestabilidad",[13] o de los "mercados atacables" desarrollada a principios de los años ochenta por varios autores.[14] De acuerdo con esta teoría, en una industria en la que los costes de entrada y salida sean muy bajos, de forma que una empresa pueda decidir producir un bien o servicio de forma rápida, o retirarse del mercado si considera que no es rentable, las empresas instaladas deberán autolimitar sus beneficios a niveles muy reducidos. La conclusión de esta teoría, llevada al caso límite en el que los costes de entrada y salida fueran completamente nulos, y el tipo de bien producido fuese completamente homogéneo, es que no sería necesaria *ninguna* regulación incluso sobre una empresa monopolista: la simple existencia de competencia potencial haría que las tarifas y los niveles de producción se fijaran al nivel de una empresa competitiva.

Dentro del transporte, la industria aérea fue considerada por los autores de la teoría de los mercados atacables como un ejemplo paradigmático de aplicación de su modelo. Se argumentaba que las aerolíneas que ofertan servicios en una determinada ruta no gozan de una posición de dominio del mercado, incluso en el caso en que no haya competidores. Los costes de entrada y salida, de acuerdo con la visión de esta teoría, serían prácticamen-

---

[13] El término utilizado en inglés para denominar esta teoría es *contestability*, cuya traducción literal al castellano se ha generalizado para hablar de esta teoría. La terminología de mercados atacables o disputables recoge mejor el significado original del término.

[14] Baumol, W. J.; Panzar, J. y Willig, R., *Contestable Markets and the Theory of Industry Structure*, Harcourt Brace Jovanovich, 1982.

te nulos (para un entrante que dispusiera de la flota de aviones y plantilla de personal necesaria, bastaría con anunciar el servicio a los usuarios, o cancelarlo a corto plazo en el caso de que no fuera interesante para la empresa), y no habría costes fijos importantes irrecuperables para las nuevas empresas. Las condiciones de este mercado, por tanto, parecían adecuarse bien a los supuestos de la teoría de los mercados atacables.

Esta teoría tuvo mucha influencia en el debate sobre desregulación del transporte aéreo de Estados Unidos de los años setenta. Con anterioridad a esa fecha, los servicios de transporte aéreo de pasajeros habían estado sometidos a una fuerte regulación que determinaba tarifas, volumen de servicio, y limitaba el número de operadores en cada ruta. La situación en el mercado doméstico cambió radicalmente tras la desregulación, pasándose a una apertura completa a la competencia (entre empresas nacionales). La predicción de los economistas para este mercado era que se observaría un aumento de la competencia entre empresas, con el consiguiente incremento de la oferta y reducción de costes y tarifas. De acuerdo con la teoría de los mercados atacables, esta propia competencia haría innecesaria cualquier regulación.

Transcurridos más de veinte años tras la desregulación del mercado aéreo norteamericano —y añadiendo también la posterior desregulación del espacio aéreo europeo y de otras regiones del mundo— los resultados observados no se corresponden con las predicciones derivadas de la teoría de los mercados atacables. Si bien es cierto que, en los primeros años tras la desregulación, se produjo la creación de numerosas pequeñas empresas con un ámbito de producción regional, y se observaba una fuerte actividad de nuevos entrantes en los mercados, la tasa de supervivencia de estas empresas ha sido generalmente muy baja. Las grandes aerolíneas que ya se hallaban instaladas ofertando servicios en las rutas han permanecido de una forma bastante estable como los principales operadores en las rutas claves (si bien se han producido quiebras o absorciones de algunas compañías importantes).

Aunque parecen detectarse efectos positivos derivados de la desregulación, en el sentido de que los costes de producción han bajado y la oferta de las aerolíneas se ajusta mejor que antes a la demanda de los usuarios, y éstos se benefician de una mayor diversidad de servicios y tarifas, la estructura de mercado y los niveles de beneficios no se han alterado completamente con respecto a la situación anterior a la desregulación. El grado de concentración que se observa en la mayoría de rutas es muy alto (uno o dos operadores en cada ruta suele ser la norma habitual, salvo en corredores con una densidad de pasajeros muy elevada).

¿Qué factores hacen que en esta experiencia del sector aéreo no se cumpla la teoría de los mercados atacables? Si bien, sobre el papel, este sector sería un buen ejemplo para la inexistencia de costes de entrada para las empresas, en la práctica existen numerosos mecanismos por los cuales las empresas instaladas pueden "protegerse" de la competencia de empresas entrantes. Entre ellos pueden señalarse los problemas de falta de espacio en los aeropuertos principales, los sistemas de reservas por ordenador, o la utilización por parte de las aerolíneas de los programas de puntos para viajeros, que son un instrumento para tratar de "fidelizar" al cliente con la compañía.

No debe concluirse que la situación actual del transporte aéreo haga necesaria una vuelta a la regulación que existía con anterioridad a la liberalización de los mercados. Los beneficios que se han derivado para los usuarios de una respuesta más flexible de las compañías superan en este caso a las desventajas derivadas de una regulación muy rígida sobre las empresas, que no mejoraba necesariamente el bienestar público.

Este ejemplo ilustra cómo es necesario evaluar las características particulares de cada modo de transporte, antes de tomar decisiones en cuanto a la necesidad de regular a las empresas que ofertan servicios o infraestructuras. El criterio para optar por soluciones con regulación debería ser siempre comparar las ganancias netas de bienestar social que pueden obtenerse al limitar la actividad de las empresas, teniendo en cuenta los costes que se generen, en comparación con el equilibrio que se alcance sin ninguna regulación. En muchos de los modos de transporte, como se ha discutido, las características tecnológicas hacen que la competencia entre empresas vaya a ser siempre débil, pero de ello no debe concluirse necesariamente que sea imprescindible introducir regulación en cualquier modo de transporte en el que haya pocas empresas.

Por el contrario, la experiencia más reciente de desregulación y liberalización de muchos mercados ha demostrado que cuando es factible cierto grado de competencia, se pueden alcanzar incluso mejores equilibrios que cuando se regula a las empresas para evitar que exploten su poder de mercado. Y, en aquellos modos en los cuales resulta socialmente interesante la existencia de un solo operador o proveedor de infraestructura, existen otros mecanismos como la competencia intermodal o la competencia por el mercado que anulan en gran medida la posibilidad de explotación de su posición de privilegio por parte de las empresas, reduciendo, por tanto, la necesidad de una regulación estricta.

6.7 Lecturas recomendadas

Una panorámica general de los mecanismos de regulación económica y los impactos que generan puede verse en Joskow, P. L. y Rose, N. L., "The Effects of Economic Regulation", en R. Schmalensee y R. D. Willig (eds.),

Handbook of Industrial Organization, vol. II, North Holland, 1989. La experiencia regulatoria británica en muchas industrias constituye una base imprescindible para aprender sobre regulación. Dos referencias excelentes que contienen un tratamiento teórico detallado de modelos de regulación y su aplicación a industrias británicas son los libros de Vickers, J. y Yarrow, G., *Privatization: an Economic Analysis,* MIT Press, 1988; y de Armstrong, M.; Cowan, S. y Vickers, J., *Regulatory Reform: Economic Analysis and British Experience*, MIT Press, 1997. Para el caso español, resulta muy interesante la lectura de Lasheras, M. A., *La regulación económica de los servicios públicos*, Ariel, 1999. Para un análisis formalizado del mecanismo *IPC-X*, puede consultarse Schmalensee, R., "Good Regulatory Regimes", *Rand Journal of Economics*, 20, 1989, págs. 417-436. Sobre la teoría de la competencia referencial, uno de los primeros trabajos es el de Shleifer, A., "A Theory of Yardstick Competition", *Rand Journal of Economics,* 16, 1985, págs. 319-327. La teoría de los mercados atacables que estuvo en el origen de la desregulación aérea está ampliamente descrita en Baumol, Panzar y Willig (1982) citado en el texto.

6.8 Ejercicios

Ejercicio 6.1. Una empresa de autobuses utiliza trabajo L y capital K para producir servicios de acuerdo con la tecnología $q = 10\ L^{0,3}\ K^{0,5}$. Los precios de los *inputs* son, respectivamente, $w_L = 1$ y $w_K = 2$, y la oferta q se mide en asientos-km. La demanda viene dada por la función $q(p) = 10.000 / p^2$, que por simplicidad se hace depender únicamente de la tarifa p por asiento-km. La empresa no tiene ningún competidor y para evitar que explote esa posición de privilegio, a usted le nombran regulador de los servicios de autobuses.

(a) Determine la tarifa p_m y la producción q_m que la empresa escogería si no existiera ninguna regulación. Compruebe que la tasa de rentabilidad, medida como Π / K es $\tau = 4,8$, es decir, la empresa de autobuses obtiene un beneficio neto de todos sus costes (Π) del 480% sobre su inversión en capital. Su primera tarea como regulador es proponer un valor arbitrario τ_0 que le parezca razonable como límite a la tasa máxima de beneficio autorizada a la empresa. Calcule el nuevo equilibrio $p(\tau_0)$, $q(\tau_0)$ que se alcanzará y analice cómo cambia el ratio K / L de la empresa en comparación con la situación anterior. (Obsérvese que la tasa de rentabilidad τ, a diferencia del parámetro φ que se emplea en el análisis del texto, se expresa en términos de beneficios netos de coste de capital).

(b) Dado que disponemos de toda la información relevante para llevar a cabo una regulación óptima de tasa de beneficio, calcule cuál sería el valor τ^*

para maximizar el bienestar social $W(q) = EC(q) + \Pi(q)$ (véase la ecuación [6.22]). Compare el valor τ_0 que propuso en el apartado anterior con τ^*, utilizando como referencia la figura 6.2.

Ejercicio 6.2. Con la regulación de tasa máxima τ^* que usted impone a la empresa del ejercicio anterior la tarifa se sitúa en $p = 1,88$, pero los usuarios no están satisfechos porque en una ciudad vecina los servicios de autobús son más baratos (1,25 por asiento-km).

(a) Analice cuál sería el equilibrio alcanzado si se cambia a una regulación basada en una tarifa máxima autorizada, escogiendo $p_{max} = 1,25$ pero permitiendo que la empresa decida libremente la cantidad de servicios a ofertar (véase ecuación [6.27]).

(b) Los costes totales de la empresa regulada dependen de la cantidad q de servicios producidos de acuerdo con la expresión $C(q) = 0,109\ w_L^{0,375}\ w_K^{0,625}\ q^{0,25}$ (como ejercicio complementario puede comprobarse que efectivamente ésta es la función de costes $C(w_L, w_K, q)$ de la empresa). Utilice esta información y la figura 6.5 para determinar cuál sería la tarifa p^* óptima a fijar a la empresa para maximizar el bienestar social. Calcule en esta nueva situación el ratio K / L, así como el nivel de bienestar social W y compárelos con la solución alcanzada con la regulación óptima de tasa de beneficio con τ^* del ejercicio anterior.

(c) A pesar de que la tarifa máxima p^* que acaba de calcular sería la mejor solución desde el punto de vista del principio de eficiencia económica, de acuerdo con criterios de equidad el alcalde de su ciudad decide finalmente que debe fijarse $p_{max} = 1,25$ y que la empresa debe atender a toda la demanda existente a esa tarifa. Calcule la subvención que habrá que pagar a la empresa para que ésta alcance el equilibrio financiero.

Ejercicio 6.3.(*) Suponga ahora que es usted el regulador de empresas de autobuses independientes de varias ciudades. Utilizando los datos del anexo 1, se propone analizar los resultados del siguiente mecanismo de regulación por comparación (competencia referencial). Para perseguir el objetivo de situar en un plazo de varios años a todas las empresas en valores similares de tarifas por plaza-km, se decide pagar a todas ellas la misma subvención S_0 por plaza-km (calculada como la media de la industria con los datos del año $t = 0$ del anexo 1), sin que el regulador tenga obligación de cubrir el déficit que se pueda generar a determinadas empresas. La tarifa de cada empresa i se irá ajustando a lo largo del tiempo de acuerdo con la regla: $p_t^i = p_{t-1}^i - 0,10\ (p_{t-1}^i - \bar{p}_{t-1})$, siendo $\bar{p}_{t-1}$ la tarifa media de todas las empresas en el año $t - 1$, y tomando como tarifa inicial de referencia p_o^i, es decir la tarifa que efectivamente tiene cada empresa i en el año $t = 0$.

Las empresas tienen la posibilidad de ajustar sus costes unitarios por plaza-km, de acuerdo con el siguiente esquema:

$$c_t^i = \begin{cases} c_{t-1}^i \quad ; \quad \text{si } (p_{t-1}^i + S_0 - c_{t-1}^i) \geq 0 \\ c_{t-1}^i + 0{,}25 \, (p_{t-1}^i + S_0 - c_{t-1}^i); \text{ caso } \textbf{contrario} \end{cases}$$

siendo c_t^i, c_{t-1}^i los costes unitarios de la empresa i, y S_0 la subvención por plaza-km que recibe. Para simplificar, se puede suponer que todas las plazas-km ofertadas se venden a la tarifa p_t, y que la demanda de cada empresa es constante en el tiempo, es decir, las plazas-km ofertadas por cada empresa no cambian, $q_t^i = q_{t-1}^i$.

Utilizando una hoja de cálculo y los datos del anexo 1, simule el impacto de este mecanismo sobre las empresas para 10 años, y analice cómo cambian los costes totales de provisión del servicio y los ingresos percibidos por el pago de tarifas para el conjunto de la muestra.

7. Inversión en infraestructuras de transporte

7.1 Introducción

Las infraestructuras desempeñan un papel fundamental en las actividades de transporte. La inversión que se realiza en ellas constituye en muchas ocasiones el punto de partida y el condicionante principal de los servicios de transporte, ya que afectan a la forma en que éstos son producidos, a sus costes, a la demanda, a las reglas de tarificación y a los mecanismos de regulación.

Las inversiones que se realizan en infraestructuras de transporte tienen dos tipos de motivación. Las inversiones que realizan los agentes privados responden a la búsqueda de beneficios privados, que recaen sobre el agente que efectúa la inversión. Las inversiones que realiza el sector público tienen como principal finalidad la búsqueda de beneficios para el conjunto de la sociedad y no sólo para el promotor u otros agentes directamente implicados en el proyecto. Esta diferencia fundamental es la que distingue el tradicional análisis financiero de ingresos y gastos, que se lleva a cabo en el ámbito privado, de la evaluación económica de proyectos y políticas en el sector público.

La existencia de beneficios como consecuencia de la inversión en infraestructuras y equipo móvil de transporte es condición necesaria para decidir la ejecución del proyecto. Sin embargo, de igual manera que el empresario privado compara la magnitud de los beneficios esperados con los costes en los que hay que incurrir para conseguirlos, el sector público debe comparar los beneficios sociales con los costes sociales que implican. Los economistas han tratado de dotar de algún tipo de racionalidad colectiva a la toma de decisiones de inversión en capacidad en el ámbito del sector público.

Las indivisibilidades que presentan las infraestructuras de transporte tienen implicaciones prácticas en el proceso de decisión de inversión en ampliación de capacidad. Un aeropuerto cuya utilización se acerca a su capacidad máxima, porque la pista alcanza el máximo de movimientos (aterrizajes y despegues) diarios tiene que construir una segunda pista. La indivisibilidad no permite "ampliar" la pista en proporción al aumento de la demanda, teniendo que decidir ampliar la capacidad a una segunda pista, es decir el doble de la capacidad existente.

A veces se presentan otras posibilidades, pero en la mayoría de las infraestructuras de transporte la ampliación de capacidad se parece más al caso del aeropuerto descrito que a una hipotética situación de aumentos pequeños y graduales de capacidad de acuerdo con los cambios en la demanda. La ampliación de la capacidad se decide y construye en el presente para que se utilice en el futuro. Es decir, se realiza sin certeza de cuál será el volumen de tráfico que habrá que atender una vez construida. Esta característica, unida a los saltos discretos que se producen en las ampliaciones de capacidad, obliga a evaluar cuidadosamente los proyectos de inversión, calculando los beneficios y costes que generarán en el futuro.

Determinar cuál es la magnitud de los beneficios y costes futuros requiere estimar la demanda para la que se construye la capacidad. La predicción de tráficos de mercancías y de viajeros debe realizarse para los periodos en los que se espera que las infraestructuras sigan siendo útiles. Esta predicción es tan difícil como importante, ya que —como vimos en el capítulo 4— tanto la sobreestimación como la subestimación de la demanda imponen costes a la sociedad. El primer error es costoso porque conlleva el comprometer más recursos de los necesarios; el segundo porque introduce costes de congestión o incluso la imposibilidad de atender las demandas de empresas y particulares. Generalmente, las empresas y los consumidores son más sensibles a estos últimos costes, especialmente cuando no se paga directamente por el uso de las infraestructuras.

Las infraestructuras de transporte están compuestas de activos específicos, muy costosos, con pocos usos alternativos y cuya vida útil fácilmente supera los treinta años. Además, gran parte de las infraestructuras de transporte son públicas, por lo que las decisiones de ampliación, cierre o modificación han de sostenerse sobre un modelo de decisión diferente al financiero, ya que raramente los ingresos reflejan el beneficio social, ni tampoco los costes, cuando se evalúan a precios de mercado, reflejan el coste de oportunidad de los recursos.

El análisis coste-beneficio es el método de evaluación más utilizado por los economistas para respaldar la decisión sobre la aceptación o rechazo de un proyecto de inversión pública. En las distintas modalidades de transporte el análisis coste-beneficio ha encontrado un terreno muy apropiado para su desarrollo. La existencia de datos de tráfico y la posibilidad de cuantificar los beneficios que en una elevada proporción son ahorros de tiempo, ha favorecido la extensión del análisis y su utilización por los gobiernos que deciden sobre la construcción de carreteras, ferrocarriles, puertos y aeropuertos.

Aunque existen otros métodos de evaluación, especialmente el análisis multicriterio y el análisis coste-eficacia, en este capítulo nos ocupamos del análisis coste-beneficio. Esta técnica de evaluación social de proyectos de inversión ayuda a la identificación y medición de los beneficios y los costes de la inversión proyectada y a su comparación. Igual que en el análisis financiero, se trata de expresar el valor del proyecto en una única cifra, el valor actual neto social.

7.2 La decisión de invertir en capacidad

Como obtuvimos en el capítulo 5, el nivel de inversión óptimo en infraestructuras desde un punto de vista social se consigue invirtiendo siempre que los costes del productor de realizar dicha inversión sean inferiores a los beneficios que los usuarios obtienen como consecuencia de la nueva capacidad disponible o de la mejora de la existente.

En esta sección abordamos el problema de la ampliación de capacidad desde otra perspectiva, poniendo el énfasis en la minimización de costes de provisión de capacidad y de los problemas que surgen cuando existe incertidumbre de demanda cuando se toman las decisiones de inversión. Se trata, por tanto, de una aproximación complementaria que muestra las dificultades del proceso de decisión de inversión en infraestructuras, subrayando la importancia de realizar la evaluación económica *ex-ante* (es decir, antes de construir la infraestructura).

7.2.1 El modelo básico de inversión en infraestructuras

La demanda de utilización de una infraestructura de transporte está sujeta a diversos factores externos, tales como la evolución demográfica y económica, o *shocks* imprevistos, como la aparición de conflictos domésticos o internacionales. Por ello, cualquier estimación que se realiza del volumen futuro de tráfico o el número de usuarios esperados siempre está sometida a incertidumbre. Pese a esta dificultad, la predicción de la demanda de una infraestructura resulta crucial para decidir si la inversión en capacidad está justificada con las expectativas de tráfico. Esto no sólo es aplicable a la evaluación de inversiones para la construcción de nuevas infraestructuras, sino también a las que persiguen ampliar la capacidad de las ya existentes. La ampliación de capacidad puede ser necesaria para ir acomodando el crecimiento del tráfico, de manera que se evite el despilfarro que supone un nivel de congestión subóptimo. Sin embargo, también pueden producirse ineficiencias si la capacidad es superior a la que se requiere para satisfacer el nivel de demanda real. En ambos casos, se trata de comprometer recursos con información incompleta de demanda.

Como vimos en el capítulo 5, la función inversa de demanda, $p(q)$, proporciona información sobre la valoración del consumo por parte de los individuos, lo cual resulta esencial para la evaluación de proyectos de inversión. Esta información es de dos tipos; por un lado, el producto del precio por la cantidad demandada (es decir, el ingreso de la empresa) refleja el gasto monetario realizado por los usuarios para consumir una determinada cantidad. Por otro lado, el excedente del consumidor se corresponde con un ahorro de dinero que los usuarios estaban dispuestos a pagar, pero no pagan debido a que el precio es más bajo que su precio de reserva. Por tanto, una vez determinada la cantidad demandada, puede estimarse la disposición *total* de los usuarios a pagar por ella mediante la suma de esas dos cantidades, o lo que es igual, mediante el cálculo del área debajo de la función inversa de demanda.

Aunque no podemos dar aquí cuenta detallada sobre la información que recoge la función de demanda con respecto a la utilidad que los usuarios obtienen de la utilización de los servicios e infraestructuras de transporte,[1] supondremos que el área debajo de la función inversa de demanda es una buena aproximación a la valoración social que tienen los consumidores con respecto a la actividad de transporte objeto de evaluación. Esta disposición a pagar es habitualmente considerada en el análisis coste-beneficio como el beneficio bruto que los consumidores obtienen por utilizar el transporte. El excedente de los consumidores se obtiene, por tanto, restando a este beneficio bruto los ingresos brutos (con los impuestos indirectos incluidos) que las empresas reciben al vender sus servicios.

Para analizar formalmente el problema de inversión en capacidad, consideremos una actividad de transporte (por ejemplo, un aeropuerto, un puerto o una carretera) que requiere dos factores productivos —unidades de infraestructura (K) y factor variable (por ejemplo, trabajadores, L)— para producir q unidades de *output* (medido en aterrizajes y despegues, atraques, número de automóviles, etc.) durante dos periodos consecutivos. Supongamos que en el periodo inicial ya se ha producido una cantidad q_0 con K_0 unida-

---

[1] El lector interesado puede revisar en cualquier libro de Microeconomía avanzada los conceptos de demanda marshalliana, demanda compensada, variación compensatoria y variación equivalente, para entender las limitaciones de la medición que se realiza con datos de mercados reales. Una discusión rigurosa de estos temas desde una óptica aplicada puede encontrarse en Just, R. E.; Hueth, D. L.; y Schmitz, A., *Applied Welfare Economics and Public Policy*, Prentice-Hall, 1982.

des de infraestructura y L_0 trabajadores y que en el siguiente periodo se producirán q_1 unidades de *output*. Si $p(q)$ representa la función de demanda y los mercados de estos factores son competitivos, ¿en qué cantidad debe expandirse la capacidad existente (pasando de K_0 a K_1) y cómo debe elegirse la nueva plantilla de trabajadores (L_1) si se desea maximizar el bienestar de la sociedad?

La respuesta a esta pregunta requiere considerar los beneficios y costes asociados a la inversión en capacidad y puede formularse matemáticamente como:

$$\max_{K_1, L_1} \ W(K_1, L_1) = -r(K_1 - K_0) + \frac{1}{1+i}\left(\int_0^{q_1} p(z)dz - wL_1 \right), \qquad [7.1]$$

donde w y r son los precios de los factores e i representa la tasa social de descuento.[2] Como puede apreciarse, la decisión de invertir en capacidad se realiza en el periodo 0 y los beneficios que se derivan de dicha inversión (netos de los costes variables, wL_1) se disfrutan en el periodo 1. Los beneficios que la sociedad obtiene de la construcción de la infraestructura están reflejados en la expresión anterior por la integral definida entre 0 y q_1, es decir, por la cantidad total que los individuos están dispuestos a pagar por la nueva producción de la infraestructura.

Si reemplazamos la restricción $q_1 = f(K_1, L_1)$ en [7.1], que implica que la oferta es igual a la demanda, las condiciones de primer orden del problema anterior son:

$$\frac{\partial W}{\partial L_1} = \frac{1}{1+i}\left(p\frac{\partial f}{\partial L_1} - w \right) = 0, \qquad [7.2]$$

$$\frac{\partial W}{\partial K_1} = -r + \frac{1}{1+i}\left(p\frac{\partial f}{\partial K_1} \right) = 0. \qquad [7.3]$$

La interpretación de estas condiciones es inmediata en términos de equilibrio competitivo en el mercado de factores: la empresa debe contratar unidades adicionales de factores hasta que el coste marginal de cada factor se iguale al valor de su producto marginal. Pero, además, despejando el precio $p(q_1)$ en [7.2] y [7.3], se obtiene la condición de expansión óptima de la capacidad:

---

[2] Utilizaremos la notación i para referirnos indistintamente a la tasa social de descuento y al tipo de interés privado (cuando el descuento es realizado por agentes privados).

$$\frac{\dfrac{w}{1+i}}{\dfrac{\partial f}{\partial L_1}} = \frac{r}{\dfrac{\partial f}{\partial K_1}}.$$ [7.4]

Como vimos en el capítulo 3, esto equivale a elegir aquella combinación de factores para la que la relación técnica de sustitución (RTS) se iguala al cociente de precios relativos de los factores, es decir, gráficamente, donde la isocuanta correspondiente a q_1 es tangente a la recta isocoste definida por $rK_1 + [w / (1 + i)]L_1$.

La expresión [7.4] indica cómo debe expandirse la capacidad cuando hay otros factores variables con el fin de alcanzar el máximo bienestar social. El lado izquierdo es el coste marginal de aumentar el volumen de tráfico mediante un aumento de factor variable, mientras que el segundo término hace frente al aumento de tráfico mediante una ampliación de la capacidad. Por tanto, la decisión de aumentar el factor variable o la capacidad depende del coste que suponen ambas opciones.

El análisis anterior presenta un elemento esencial en la evaluación social de inversiones: mientras que la utilización del factor variable puede aumentarse o reducirse en el segundo periodo, la capacidad tiene que decidirse en el periodo inicial aunque su objetivo sea atender la demanda del periodo 1. Predecir la demanda futura es determinante para elegir el tamaño adecuado de la infraestructura que se va a construir.

7.2.2 Inversión e incertidumbre de demanda

Si la decisión de invertir en una infraestructura se toma en un periodo anterior al que ésta se va a utilizar y existe incertidumbre sobre la demanda futura es posible que se invierta más o menos de lo socialmente óptimo, haciendo que la oferta de capacidad no coincida con la demanda. La figura 7.1 representa el mapa de producción y las correspondientes funciones de costes medios y marginales, permitiendo analizar esta idea gráficamente.

Por ejemplo, situados en el punto a del panel (a) se observa que se cumple la condición de tangencia [7.4], maximizándose el bienestar social con la cantidad L_0 de factor variable y una capacidad determinada por K_0 unidades de infraestructura, suponiendo claro está que el nivel de q_0 producido ha sido el correspondiente al óptimo. En esta situación, correspondiente al equilibrio inicial, si se fijara el precio igual al coste marginal (de acuerdo con los principios de tarificación del capítulo 5) todos los individuos que están dispuestos a pagar por encima del coste de oportunidad utilizan la infraestructura.

El punto *a* del panel (a) en la figura anterior corresponde al punto *a* del panel (c), donde se observa que el nivel de tráfico q_0 se produce al coste medio más bajo posible. Si suponemos que la función de producción presenta rendimientos constantes a escala, produciendo q_0 en *a*, el coste marginal y medio a corto y largo plazo coinciden y se cubren los costes totales.

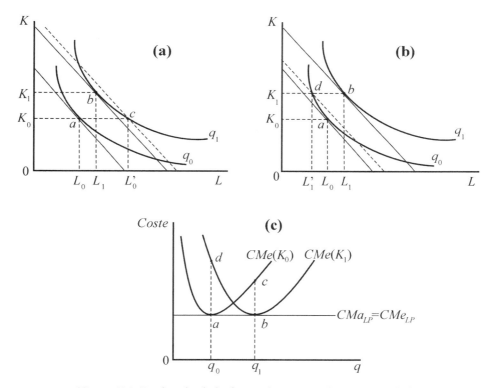

Figura 7.1. Predicción de la demanda e inversión en capacidad.

En el periodo inicial se tiene una expectativa de demanda para el periodo 1 que determina la decisión de inversión. Supongamos que se espera que la demanda aumente a q_1. En ese caso lo óptimo desde el punto de vista de la sociedad es tener una capacidad determinada por K_1 unidades de infraestructura en el periodo 1; para ello habrá que invertir $(K_1 - K_0)$ en el periodo 0 y producir en el punto *b* en el periodo 1. Puede observarse que en el caso de que la demanda real sea igual a la esperada, la expansión de la producción se está produciendo de manera óptima y, por tanto, el paso de q_0 a q_1 se consigue manteniendo el nivel más bajo de coste medio, es decir, pasando de *a* hasta *b* en el panel (c).

¿Qué ocurre cuando la demanda esperada no es igual a la demanda efectiva? Veamos los dos errores posibles y sus consecuencias económicas. Situados en el punto a inicial la empresa espera que la demanda no varíe y, por tanto, mantiene el nivel de capacidad en K_0 (en el mundo real, invertiría sólo en reposición). Pasamos al periodo 1 y la demanda efectiva es igual a q_1, nivel de tráfico que ahora sólo puede atenderse incrementando el factor L hasta L_0', ya que el factor K es fijo en el corto plazo. Aunque es técnicamente posible producir q_1 con un nivel de capacidad por debajo del óptimo, el coste es superior como muestra la recta isocoste que pasa por el punto c. El coste de la subestimación de la demanda se aprecia mejor en el panel (c), donde se puede cuantificar la magnitud del error de predicción (distancia de b a c multiplicada por q_1).

Finalmente, en el panel (b) se ilustran las consecuencias económicas de la sobrestimación de la demanda. En el periodo inicial se esperaba una demanda q_1, por tanto en el periodo 0 se invirtió en capacidad la cantidad $K_1 - K_0$. Situados en el periodo 1 la demanda permanece en el nivel q_0 por lo que habrá que atenderla con exceso de capacidad. Los costes totales serán mayores (línea discontinua que pasa por d) que los técnicamente posibles (línea continua que pasa por a). El coste unitario del exceso de capacidad queda reflejado en la distancia vertical ad en el panel (c). Basta con multiplicar dicha distancia por la cantidad q_0 para obtener el coste del error de predicción de la demanda.

7.2.3 Inversión, financiación y tarificación

En el modelo anterior de inversión en capacidad se han supuesto rendimientos de escala constantes y, por tanto, cuando la predicción de la demanda coincide con la demanda real se cubren costes tarificando según el coste marginal. Sin embargo, la mayoría de las infraestructuras de transporte suelen presentar fuertes indivisibilidades y costes medios decrecientes. En estos casos, como se vio en el capítulo 5, la fijación de precios de acuerdo con el coste marginal no permite el equilibrio financiero de la explotación.

Cuando no existen limitaciones presupuestarias, el análisis que hemos realizado anteriormente no necesita ser modificado ya que la maximización del bienestar social es compatible con la presencia de déficits de explotación que serán financiados con fondos públicos mediante subvenciones. La afirmación anterior supone que las transferencias desde los contribuyentes a los usuarios se realizan a coste cero para la economía.

En el caso frecuente de limitaciones presupuestarias, a la expresión [7.1] hay que añadir una restricción adicional: que las subvenciones recibidas (S), más los ingresos netos de explotación sean suficientes para financiar la inversión:

$$\frac{S + p(q_1)q_1 - wL_1}{1+i} \geq r(K_1 - K_0).$$ [7.5]

Formalmente, el efecto de esta restricción sobre el problema de maximización del bienestar social que hemos visto es convertir la función objetivo de [7.1] en el lagrangiano:

$$\ell(K_1, L_1, \lambda) = -r(K_1 - K_0) + \frac{1}{1+i}\left(\int_0^{q_1} p(z)dz - wL_1\right)$$
$$+ \lambda\left[\frac{S + p(q_1)q_1 - wL_1}{1+i} - r(K_1 - K_0)\right],$$ [7.6]

donde de nuevo $q_1 = f(K_1, L_1)$. Obsérvese que la interpretación del multiplicador $\lambda \geq 0$ es inmediata en términos del precio-sombra (actualizado) de los fondos públicos.

La resolución de este problema requiere obtener las condiciones de primer orden con respecto a K_1 y L_1, tal como se hizo anteriormente. Sin embargo, es inmediato deducir que la condición de equilibrio [7.4] no va a cambiar. Si la restricción presupuestaria no se satisface como igualdad, entonces $\lambda = 0$, repitiéndose el resultado anterior. Pero si la restricción se satisface como igualdad en el nuevo equilibrio, entonces $\lambda > 0$ y la subvención sirve para cubrir la diferencia entre los ingresos netos de explotación y los costes de inversión. Si esto es así, ¿por qué querría la empresa modificar los niveles de (K_1, L_1) que ya resultaban socialmente óptimos antes? La respuesta es que no los cambia, ya que los precios relativos de los factores no se han visto alterados en el nuevo contexto. La regla de atender la demanda expandiendo la capacidad y el factor variable de manera que se minimicen los costes totales sigue siendo válida.

Veamos con un poco más de detalle cómo afecta la restricción presupuestaria a la construcción de capacidad adicional. Observando de nuevo el panel (a) de la figura 7.1 se aprecia que la condición [7.4] se cumple en los puntos de tangencia de la isocuanta y la recta isocoste. Esto sucede tanto en el punto *b* como en el punto *a*; por tanto, la restricción [7.5] además de elevar el precio, implica que la condición [7.4] se satisface en un punto más cercano al origen (menor inversión en capacidad necesaria). Este resultado advierte de la importancia de saber qué precios se van a cobrar por la utilización de la infraestructura antes de decidir sobre su dimensión. El modelo [7.1] habrá que calcularlo en distintos escenarios, según los precios que vayan a aplicarse ya que $K_1 - K_0$ será mayor o menor, dentro de las posibilidades tecnológicas en función de la demanda.

La modificación del precio tiene otros efectos. Al elevar el precio por encima del coste marginal con la finalidad de cubrir los costes puede modificarse la relación capital/factor variable. El aumento de precio, especialmente en presencia de indivisibilidades, puede alterar la configuración óptima de la infraestructura. Al pasar de q_1 a q_0 en la figura 7.1 las proporciones de capital fijo y factor variable pueden verse alteradas según la tecnología de la actividad de que se trate. En el caso de los puertos, por ejemplo, distintos niveles de tráfico requieren tipos de terminales de carga y descarga con diferentes proporciones entre factores. Cuando un puerto con una terminal polivalente aumenta su tráfico por encima de un determinado umbral, no suele construir dos terminales polivalentes, sino que construye una especializada para contenedores con bienes de equipo muy especializados y costosos.

Las implicaciones para la evaluación de inversiones de introducir la restricción presupuestaria son muy interesantes, ya que la elevación de precios para satisfacer la nueva restricción [7.5] disminuye la demanda y, por tanto, afecta al tamaño de la inversión a realizar. Este problema tiene consecuencias prácticas de primera importancia, ya que indica que la capacidad que se decida para el periodo *uno* no es independiente del nivel de precios que se van a cobrar a los usuarios. Si la demanda es sensible al precio, la evaluación de inversión en capacidad requiere previamente conocer cuál va a ser el nivel y la estructura de precios que se aplicarán una vez construida la infraestructura.

7.3 Evaluación económica de las inversiones

En la práctica habitual de la evaluación de inversiones en infraestructuras de transporte nos encontramos a menudo con diversas características que obligan a modificar el análisis anterior. Fundamentalmente, se trata de la existencia de indivisibilidades en la ampliación de capacidad, la larga vida de los activos, pocos usos alternativos de las infraestructuras, precios de los factores que no reflejan los costes de oportunidad, presencia de impuestos y subvenciones y/o externalidades.

A partir del modelo básico anterior hemos visto cómo era posible aumentar el tamaño de la infraestructura marginalmente. En la expresión [7.1] la función de producción es continua y derivable. Es posible realizar aumentos infinitesimales en la capacidad. En un sentido estricto esto no es posible, una carretera puede tener dos o cuatro carriles, o si un ferry de pasajeros está completo, la manera de atender nueva demanda es invirtiendo en la compra de otro. Podría ocurrir que el número de aterrizajes y despegues en un aeropuerto aumentase en uno más al día, reduciendo el intervalo de espera entre cada movimiento gracias a una nueva regulación aérea que se adapta a las tecnologías existentes; sin embargo, en este capítulo cuando nos referimos a ampliaciones de capacidad nos estamos refiriendo a cambios en la infraestructura existente que se consiguen por medio de inversiones.

Cuando se admite la existencia de indivisibilidades y la vida útil se extiende a T en lugar de a dos periodos, el criterio de expansión marginal de la capacidad derivado en el capítulo 5, o la propia argumentación que se deriva de la expresión [7.1] en este capítulo requieren una adaptación para hacerlas operativas. En este caso la formulación general para la evaluación de inversiones se basa en el *valor actual neto social* (VAN$_S$):

$$\text{VAN}_S = -I_0 + \sum_{t=1}^{T} \frac{B_t - C_t}{(1+i)^t}, \qquad [7.7]$$

donde:

I_0: inversión realizada en el periodo 0 (denotada por $r(K_1 - K_0)$ anteriormente),
B_t: beneficios sociales en el periodo t,
C_t: costes sociales en el periodo t,
i: tasa social de descuento,
T: vida útil de la infraestructura.

En la expresión anterior el problema de evaluación de inversiones se formula como la estimación del beneficio social actual neto, restando a la suma actualizada de los beneficios netos anuales esperados durante la vida de la infraestructura, su coste inicial de construcción. Debemos subrayar que para el cálculo de los beneficios y costes se requiere predecir la demanda y, por tanto, aplicar alguna de las políticas de precios discutidas en el capítulo 5.

La inversión I_0 es elevada y suele caracterizarse por tener una larga vida útil y pocos usos alternativos; por tanto, el problema de incertidumbre de demanda adquiere una mayor importancia: hay que predecir el flujo de tráfico para cada uno de los periodos. Los beneficios que se derivan de la utilización de la infraestructura y equipo móvil no se reducen a los ingresos, hay que incluir también el excedente del consumidor y algunos beneficios indirectos. Los costes son los de oportunidad, que no siempre coinciden con los precios de mercado de los factores. Finalmente, para el descuento de la corriente de beneficios netos se emplea una tasa social de descuento que no tiene por qué coincidir exactamente con el tipo de interés de mercado.

Una parte de los beneficios y costes sociales de la construcción de carreteras o de líneas ferroviarias son los denominados efectos externos o externalidades. En general pueden ser de dos tipos, tecnológicas y pecuniarias. Las primeras, como la congestión o el ruido, no se producen por transacciones voluntarias entre los agentes, sino que la acción de un agente produce el efecto externo sobre otro agente que no participaba en la transacción de mercado. Las externalidades tecnológicas se analizan en el capítulo siguiente y los costes sociales que implican tienen que incluirse en el análisis coste-beneficio mediante su cuantificación a través de las técnicas existentes para la valoración de bienes para los que no hay mercado. Las externalidades pecuniarias sí se producen en transacciones de mercado, pero en aquellas en las que los precios de los bienes y los factores no reflejan los beneficios y costes sociales. Estas externalidades son, en general, más difíciles de incluir en la evaluación económica convencional, y la cuestión fundamental —como veremos más adelante— es responder a la pregunta de qué sesgo introduce su exclusión en el análisis coste-beneficio convencional.

7.3.1 La evaluación económica de las inversiones en transporte

El objetivo de la evaluación económica de inversiones en transporte es el de fundamentar el proceso de toma de decisiones, con el fin de construir aquellas infraestructuras que *ex-ante* son socialmente rentables. Para que este criterio se satisfaga, los beneficios sociales esperados deben ser superiores a los costes sociales proporcionando un VAN_s positivo. Para alcanzar dicho objetivo es fundamental el análisis del problema a resolver y la valoración de las alternativas relevantes.

Un requisito previo a la aplicación de las técnicas y métodos de evaluación económica consiste en el análisis de las distintas alternativas disponibles para alcanzar el objetivo. Por muy rigurosa que sea la aplicación de métodos y técnicas, un análisis inadecuado de las diferentes alternativas disponibles puede inducir a error. Analizar un proyecto de manera aislada, sin compararlo con las alternativas relevantes y sin ver su función dentro de la política más amplia de la que forma parte, también puede conducir a conclusiones erróneas.

Por ejemplo, la evaluación de un proyecto de inversión consistente en la construcción de un nuevo puerto situado a veinte kilómetros de otro ya existente requiere previamente responder a la pregunta de cuál es el problema al que nos enfrentamos, ya que puede que una ampliación del existente o una ampliación de la carretera para servir la zona situada en el área de influencia del puerto existente sea una solución menos costosa para la sociedad.

En la evaluación económica del proyecto hay que evitar el error de comparar el proyecto que se evalúa con una alternativa irrelevante. Por ejemplo, si se compara con la situación anterior a la realización del proyecto, el valor actual neto puede ser elevado, pero puede estar ocultando el hecho de que, sin el proyecto, esa situación estaba en proceso de transformación por políticas de mantenimiento o de renovación del equipo, etc. Así, la evaluación de la construcción de una línea ferroviaria de alta velocidad con duración de treinta años no puede compararse con la situación presente en la que se considera constante el nivel y la calidad del servicio anterior, como si la alternativa relevante fuese no hacer nada ni introducir mejoras sobre la vía convencional.

Comparar con la situación anterior se conoce como un análisis "antes y después" del proyecto, mientras que lo que se debe hacer es un análisis "con y sin" el proyecto. *Sin* el proyecto habrá una alternativa razonable de mínima intervención caracterizada por cambios derivados de la propia naturaleza de la infraestructura existente; mientras que *con* el proyecto se introducen todos los cambios que supone el mismo. Sólo de esta manera la comparación arrojará resultados más realistas.

La rentabilidad social de la construcción de infraestructuras de transporte y de la provisión de servicios de pasajeros o mercancías puede en algunos casos (especialmente cuando la demanda es muy baja) ser compatible con un resultado financiero negativo. Sin embargo, lo habitual es que no existan fondos públicos ilimitados. El límite a la inversión en proyectos públicos de transporte no es sólo un problema de equidad sino también de eficiencia, ya que el mundo real está caracterizado por restricciones presupuestarias severas en el seno de las administraciones públicas, lo cual obliga a asignar un coste al uso de los fondos públicos en relación al de los fondos privados.

Cuando este coste relativo o "precio-sombra" de una unidad monetaria de fondos públicos es mayor que uno, resulta necesario evitar el error de calcular un único valor actual neto social sin explorar los resultados de aplicar precios diferentes. Es frecuente que proyectos que admiten la posibilidad de cobrar a sus usuarios presenten diferentes combinaciones posibles de VAN social y VAN financiero (incluyendo en este último sólo ingresos y gastos), entre las que la sociedad deberá elegir en función de la disponibilidad de fondos y otros objetivos políticos.

Por ejemplo, una carretera se puede construir y explotar con acceso libre de los usuarios o cobrándoles un peaje. En este último caso existen además varias estructuras de precios posibles: se puede discriminar según el periodo temporal, el tipo de vehículo o la intensidad de la utilización. Cuando no

hay congestión, es muy probable que el beneficio social total de la utilización de la infraestructura se reduzca al cobrar peaje, ya que disminuye la
demanda; sin embargo, los ingresos recaudados pueden financiar su construcción, mantenimiento y operación, y esto puede ser decisivo si no hay
fondos públicos disponibles o si su precio-sombra es suficientemente alto.
Para informar el proceso de toma de decisiones en una agencia pública es
muy conveniente facilitar el resultado económico y el resultado comercial de
las alternativas.

7.3.2 Criterios para la medición de los beneficios y costes

El cálculo del valor actual neto social de cualquier política económica requiere
la estimación de los beneficios y costes sociales que genera la ejecución de
dicha política. Pueden utilizarse dos aproximaciones para cuantificar los beneficios y costes. La primera, consiste en calcular y sumar los excedentes de
los contribuyentes, consumidores, trabajadores y productores. La segunda,
concentra la atención en los cambios de recursos reales, ignorando por tanto
las transferencias entre agentes.

Ambos procedimientos son equivalentes. El primero es necesario si se
desea conocer quiénes son los ganadores y perdedores, así como la magnitud de sus ganancias y pérdidas. El segundo es más sencillo pero genera
menos información. Si los efectos redistributivos de la política —que analizaremos al final de este capítulo— no son significativos, la segunda aproximación es relativamente más sencilla. En cualquier caso, sea cual sea la
aproximación elegida, y con el fin de evitar errores, debe evitarse su utilización simultánea.

Veamos ambos procedimientos, evaluando la reducción de la tarifa en
una red de transporte público con precios regulados donde se emplean tres
factores: unidades de infraestructura (K), cuyo precio es igual a la unidad
($r = 1$); equipo móvil (E) con precio unitario igual a w_E, y trabajadores (L) cuyo
salario es igual a w_L. La empresa cobra inicialmente un precio (p_0) fijado externamente, que le permite cubrir sus costes totales ($K + w_E E + w_L L$). Supongamos ahora que el gobierno decide bajar el precio de manera que los
usuarios sólo paguen los costes variables ($w_E E + w_L L$).

Para analizar gráficamente la evaluación de esta política situémonos en
el punto a del panel (a) de la figura 7.2, donde se representa la función inversa de demanda $D_0 = p(q)$ de transporte. La empresa cobra a los usuarios
el precio p_0, y a dicho precio se realizan q_0 desplazamientos. El tiempo medio por desplazamiento es de t horas y no existe congestión. En los mercados de factores —que consideramos perfectamente competitivos y cuya oferta y demanda se representan en los paneles (b) y (c)— se contrata la canti-

dad E_0 de equipo móvil y L_0 de factor trabajo, a unos precios de w'_E y w'_L respectivamente. Por el momento supondremos que no existen impuestos. En el punto a el precio es igual al coste total medio $K / q_0 + (w'_E E_0 + w'_L L_0) / q_0$, por lo que la empresa cubre todos sus costes.

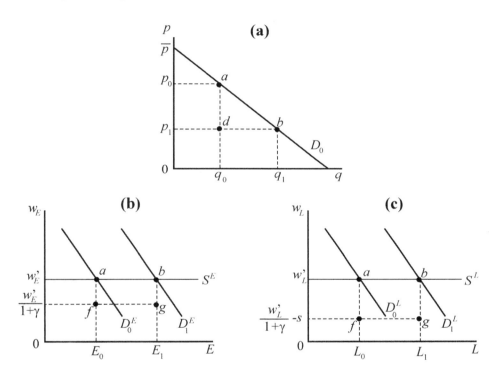

Figura 7.2. Medición de beneficios y costes sociales.

Al reducir el precio a p_1, igual al coste variable medio $(w'_E E_0 + w'_L L_0) / q_0$, la demanda aumenta hasta q_1 y se requiere un aumento del factor E y L, tal como reflejan los desplazamientos de las funciones de demanda de factores, desde D_0 hasta D_1, en los paneles (b) y (c) de la figura anterior. Supondremos que el tiempo medio de desplazamiento no varía.

Al precio inicial p_0, el ingreso total es igual a $p_0 a q_0 0$ y el coste total es igual a los costes variables, equivalentes al área $p_1 d q_0 0$, más el coste fijo K (área $p_0 a d p_1$). En el mercado de factores los proveedores de equipo móvil reciben w_E' por cada unidad demandada de E, por lo que sus ingresos equivalen al área $w'_E a E_0 0$, mientras que los trabajadores ingresan salarios equivalentes al área $w'_L a L_0 0$. ¿Qué cambio se produce en el bienestar social cuando el regulador decide bajar el precio hasta el coste marginal?

Medición basada en el cambio del excedente social. Se trata de estimar los cambios en los excedentes producidos por la reducción del precio. En este caso el aumento en el bienestar social es igual al cambio en el excedente del consumidor, que es positivo (p_0abp_1), más el cambio en el excedente del productor, que es negativo en este caso e igual a p_0adp_1, más el cambio en el excedente de los proveedores (nulo porque se trata de un mercado competitivo en el que el precio es igual al coste marginal) y el cambio en el excedente de los trabajadores (nulo en este caso porque reciben su coste de oportunidad). Se ignora aquí el excedente de los contribuyentes, ya que se supone que no se compensa a la empresa privada después de bajar el precio a pesar de que ahora pierde todos los costes fijos. El resultado es una ganancia social neta equivalente al área abd (determinada por la diferencia entre p_0abp_1 y p_0adp_1).

Medición basada en el cambio de recursos. La otra vía para estimar los beneficios y costes es mediante los cambios en las cantidades de recursos, ignorando las transferencias. El único cambio real de recursos experimentado por la economía como consecuencia de la reducción del precio desde p_0 hasta p_1 es el aumento del número de usuarios ($q_1 - q_0$) y el aumento de la utilización de equipo móvil ($E_1 - E_0$) y del factor trabajo ($L_1 - L_0$). El valor social del aumento en la cantidad de viajes es lo que los consumidores están dispuestos a pagar por ella —el área abq_1q_0 en el panel (a)—, menos el valor de los recursos empleados para obtener este beneficio social, es decir, $w'_E(E_1 - E_0) + w'_L(L_1 - L_0)$ en los paneles (b) y (c), respectivamente.

De nuevo, la diferencia entre las áreas abq_1q_0 y ($abE_1E_0 + abL_1L_0$) es igual al área abd, ya que sabemos que $dbq_1q_0 = abE_1E_0 + abL_1L_0$ por construcción. Conviene recordar que si estuviésemos evaluando un proyecto de inversión en infraestructura o de compra de material móvil, a estos beneficios sociales brutos habría que restarle los costes de inversión iniciales de puesta en marcha del proyecto, con el fin de obtener el beneficio social neto.

7.3.3 La presencia de impuestos y subvenciones

Supongamos ahora que en ambos mercados de factores se paga un impuesto consistente en un porcentaje (γ) sobre el precio del factor. Adicionalmente, en el mercado laboral los trabajadores sin empleo reciben un subsidio de desempleo de cuantía fija (s). ¿Cómo afectan estos hechos a la estimación del valor actual neto social?

Como hemos visto, la oferta de ambos factores tiene una elasticidad infinita, ya que suponemos que el mercado de factores es perfectamente competitivo. Sin la política de disminución de precios, la demanda del factor E está representada por D_0^E y el mercado está en equilibrio para el precio w'_E y la cantidad E_0. La reducción del precio del transporte desplaza la demanda hasta D_{1}^{E}, aumentando la cantidad contratada de factor hasta E_{1} sin que el precio varíe. En el caso de no existir impuestos, el precio de mercado w'_{E} sería un fiel reflejo del coste de oportunidad del recurso y el área $abE_{1}E_{0}$ representaría el coste social de utilización del factor.

Sin embargo, la presencia de un impuesto porcentual γ sobre el precio del factor impide utilizar directamente el precio de mercado, ya que éste deja de reflejar el coste de oportunidad del recurso. Basta con calcular el precio neto de impuestos para obtener el precio-sombra del recurso. Éste es el procedimiento correcto, a menos que el impuesto tenga la finalidad de corregir una externalidad negativa.[3] Si la finalidad del impuesto es simplemente recaudatoria y grava la adquisición de vehículos (como ocurre con los impuestos sobre matriculación), el impuesto unitario debe deducirse del precio bruto del factor, obteniéndose así el precio-sombra del recurso $w_{E}'/(1 + \gamma)$. El área $fgE_{1}E_{0}$ representa el coste de oportunidad del recurso E en presencia del impuesto.

En el caso del factor trabajo el cambio que supone la presencia del impuesto y del subsidio de desempleo depende de otras circunstancias. Por ejemplo, el mercado laboral del panel (c) de la figura anterior representa un caso de desempleo involuntario. Al salario w'_{L} están dispuestos a trabajar un número mayor de trabajadores que los actualmente demandados (L_{0}). Para el nivel de demanda D_{0}^{L} existe desempleo involuntario. La nueva política de precios produce un desplazamiento de la demanda de trabajo hasta D_{1}^{L}, lo que supone un aumento en el empleo de ($L_{1} - L_{0}$) trabajadores anteriormente desempleados. ¿Cuál es el coste social de emplear a estos desempleados involuntarios? Si no hubiese impuestos, ni subsidio de desempleo para estos trabajadores, el salario vigente sería el coste social unitario de emplearlos y, por tanto, el coste total estaría representado por el área $abL_{1}L_{0}$.

En presencia de un impuesto sobre la renta (representado por γ) y del subsidio de desempleo (s), el coste social total equivale ahora al área $fgL_{1}L_{0}$, ya que la recaudación impositiva junto con el subsidio de desempleo ($abgf$) deben ser deducidos al ser transferencias de renta. El precio-sombra del trabajo se reduce por tanto a la valoración marginal del ocio, magnitud que puede ser estimada con fines prácticos restando al salario bruto de un trabajador representativo el impuesto sobre la renta y el subsidio de desempleo, ya que por menos de la cantidad resultante no se estaría dispuesto a trabajar. La remuneración $[w'_{L}/(1 + \gamma)] - s$ equivale a la valoración marginal del ocio, o también podría ser lo que el trabajador obtiene en la economía

---

[3] En el capítulo 8 se analiza con mayor detalle la introducción de impuestos de tipo pigouviano para corregir externalidades.

sumergida; en cualquier caso, es lo que a la sociedad le cuesta emplear al trabajador.

Utilizando la medición basada en el cambio de recursos, el valor actual neto social de la política de reducción del precio del transporte en presencia de impuestos y desempleo involuntario es el siguiente: al reducir el precio de p_0 a p_1 aumenta el número de usuarios ($q_1 - q_0$) y aumenta la necesidad de equipo móvil ($E_1 - E_0$) y de factor trabajo ($L_1 - L_0$). El beneficio social neto o valor actual neto social es igual a lo que el público está dispuesto a pagar por los nuevos desplazamientos realizados (abq_1q_0), menos el coste de oportunidad de los recursos empleados para obtener dicho beneficio social. El valor actual neto social es ahora equivalente a la diferencia entre las áreas abq_1q_0 y $fgE_1E_0 + fgL_1L_0$, lo que resulta en un área mayor que abd en el panel (a) de la figura 7.2 calculado anteriormente.

7.3.4 Medición de los beneficios con precios generalizados

Hasta ahora no hemos considerado el papel del tiempo en la evaluación de las políticas públicas, realizando el análisis únicamente en términos de precio monetario, no de precio generalizado. Sin embargo, el beneficio más significativo de los proyectos de inversión en transporte es generalmente el ahorro de tiempo. En construcción de carreteras, por ejemplo, suele alcanzar el ochenta por ciento de los beneficios. Una inversión que reduce el tiempo de desplazamiento puede aumentar el bienestar de los usuarios incluso si sube el precio que pagan al operador de transporte.

Utilizando de nuevo el concepto de *precio generalizado* (g), que incluye el precio monetario y el precio pagado en términos de tiempo invertido, consideremos el caso de un proyecto de inversión cuya finalidad es la reducción del coste de viajar. Para la evaluación de este proyecto hay que calcular los beneficios sociales esperados y compararlos con el coste de la inversión.

El proyecto consiste en la introducción de un servicio más rápido en una línea de transporte marítimo de pasajeros entre dos ciudades inicialmente atendidas por un *ferry* convencional. En la figura 7.3, donde se representa la función de demanda $D = g(q)$, el precio generalizado para el usuario en la situación inicial es g_0, compuesto por el precio del billete (p_0) y un coste de tiempo igual a vt_0.

Supongamos que el coste operativo anual del *ferry* es C_0 independiente del número de usuarios que lo utilizan. El proyecto objeto de evaluación consiste en la compra de un *fast-ferry* que reduce a la mitad el tiempo de viaje y cuyo coste operativo anual es igual a $C_1 > C_0$. El precio que se cobraría a los usuarios en caso de introducir el nuevo buque sería $p_1 > p_0$. El *fast-ferry* tiene una vida útil de 15 años, después de los cuales su valor residual es igual a cero.

Si utilizamos la medición basada en el cambio del excedente social, el cálculo del beneficio anual de los consumidores requiere estimar primero el cambio anual en el excedente de los usuarios iniciales (q_0) y de los usuarios que se incorporan al mercado después del cambio del tipo de buque ($q_1 - q_0$):

$$\Delta EC = (g_0 - g_1)q_0 + \frac{1}{2}(g_0 - g_1)(q_1 - q_0),\qquad [7.8]$$

o lo que es lo mismo:

$$\Delta EC = \frac{1}{2}(g_0 - g_1)(q_0 + q_1).\qquad [7.9]$$

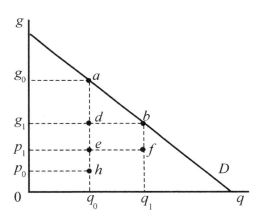

Figura 7.3. Evaluación de proyectos con precios generalizados.

Esta última expresión es conocida en el análisis coste-beneficio como la "regla de la mitad".

Por su parte, el cambio anual en el excedente de los productores es igual a los ingresos anuales del nuevo servicio de transporte R_1 (área p_1fq_10), menos los ingresos perdidos por el cierre del *ferry* convencional R_0 (área p_0hq_00), menos los costes operativos del nuevo servicio (C_1) más los costes del servicio suprimido (C_0).

$$\Delta EP = (R_1 - C_1) - (R_0 - C_0) = R_1 - R_0 - C_1 + C_0 \qquad [7.10]$$

Considerando conjuntamente las dos expresiones anteriores, el beneficio social neto o valor actual neto social, es ahora igual a:

$$VAN_S = -I_0 + \sum_{t=1}^{15} \frac{\Delta EC_t + \Delta EP_t}{(1+i)^t},$$ [7.11]

donde los subíndices t en el numerador hacen referencia a cada uno de los quince años de vida útil del nuevo buque, cuyo coste es la inversión inicial I_0.

La interpretación económica de la expresión anterior es la siguiente: la introducción del servicio rápido de transporte supone para los usuarios una reducción del tiempo y una subida del precio. Para los usuarios existentes (q_0) se produce una mejora, ya que el valor de la reducción del tiempo de viaje es superior a la subida del precio, tal como se aprecia en la figura 7.3 al bajar el precio generalizado de g_0 a g_1 (área $g_0 adg_1$). Los nuevos usuarios ($q_1 - q_0$) se benefician en el área abd debido a que están dispuestos a pagar el área abq_1q_0 y pagan efq_1q_0 en dinero y $dbfe$ en tiempo. La expresión [7.8] recoge la suma de los excedentes de ambos tipos de consumidores (área $g_0 abg_1$), mientras que la [7.10] refleja el impacto sobre el productor.

La expresión [7.11] recoge la suma descontada de los cambios en los excedentes de productores y usuarios y su comparación con la inversión inicial que permitió la generación de los excedentes. Si expresáramos dicho beneficio como cambio en los recursos, se observaría con claridad que lo que aporta el proyecto a la sociedad a cambio de la inversión inicial tiene tres componentes: el valor del ahorro total de tiempo de los usuarios existentes, el valor neto del tráfico generado y el ahorro de costes del servicio suprimido.

7.3.5 Externalidades y beneficios indirectos del transporte

En muchas ocasiones, junto a los beneficios y costes sociales que se producen en el mercado *primario*, donde el proyecto de inversión tiene sus efectos directos, existe otro conjunto de efectos indirectos que engloban aquéllos que se producen en mercados cuyos bienes o servicios son sustitutivos o complementarios del servicio de transporte afectado por el proyecto analizado, externalidades tecnológicas que afectan a terceros como ocurre con la contaminación atmosférica, y externalidades pecuniarias que se producen cuando el precio no es igual al coste marginal en otras actividades económicas que utilizan como *input* intermedio el servicio de transporte afectado por el proyecto.

Como veremos en el próximo capítulo, con las externalidades tecnológicas, como son el ruido y la contaminación, la expansión de la producción genera un coste social igual al aumento de la externalidad. Las externalidades tecnológicas deben incorporarse a la evaluación como un coste más por el que no se paga, y en este sentido han de añadirse a los costes sociales del proyecto.

Un resultado conocido en el análisis coste-beneficio consiste en que, en ausencia de distorsiones en los mercados secundarios, el evaluador puede concentrarse en la medición de los beneficios y costes en el mercado primario ignorando los llamados *efectos indirectos*. Esto es cierto tanto si los precios no cambian, como si cambian en los mercados secundarios. Si no existen distorsiones en los mercados secundarios (es decir, éstos funcionan competitivamente, no existen externalidades y no están afectados por impuestos o subvenciones), el aumento o la reducción de la demanda que se produzca en ellos como consecuencia de las relaciones de complementariedad y sustituibilidad con el mercado primario de transporte donde se ejecutó el proyecto de inversión, no tiene efectos sobre el bienestar social. Esto es particularmente evidente cuando no cambia el precio en el mercado secundario.

Cuando el precio cambia en el mercado secundario, la medición de los beneficios mediante la demanda observada en el mercado primario permite estimar los efectos de un proyecto sin necesidad de realizar estimaciones de los efectos indirectos, especialmente cuando el cambio de los precios en el mercado primario no es muy grande y los efectos cruzados de la demanda con respecto al precio del otro mercado son similares. Sin embargo, cuando existen distorsiones en los mercados secundarios hay que tener en cuenta los efectos del cambio que se produzca en el equilibrio del mercado secundario.

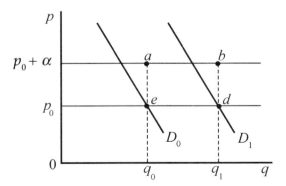

Figura 7.4. Mercado secundario con externalidad.

El caso más simple que permite ilustrar esta idea consiste en analizar qué ocurre en un mercado competitivo, en el que existe una externalidad negativa, y cuya demanda es complementaria a la demanda del mercado de transporte primario afectado por el proyecto. El aumento de la producción hasta que se iguala de nuevo el precio al coste marginal supone una expansión de la producción que eleva el coste social del proyecto. La figura 7.4 representa esta situación en un mercado secundario, en el que suponemos que inicialmente el precio p_0 es igual al coste marginal. Un proyecto de inversión en el mercado primario (una nueva terminal de contenedores en un puerto, por ejemplo), aumenta desde D_0 hasta D_1 la demanda de un exportador de mercancías que cobra un precio igual al coste marginal, pero que impone un coste adicional a la sociedad igual a α por cada unidad producida, por ejemplo, por contaminación o ruido generado en su actividad productiva.

Si no existiese dicho coste externo, podría ignorarse este efecto indirecto de la creación de la terminal de contenedores. El aumento de la demanda de D_0 a D_1 no cambia el bienestar social; sin embargo, la existencia de la externalidad hace que el coste marginal privado no refleje el coste social del cambio que se produce en este mercado. La expansión de la producción tiene ahora un coste social añadido igual al área *abde*. Es la presencia de distorsiones en el mercado secundario la que obliga a tomar en consideración lo que ocurre en dicho mercado.

De manera análoga, en la figura 7.5 se representa el caso de un mercado secundario como el anterior pero en el que, en lugar de existir una externalidad, el producto se encuentra gravado por un impuesto unitario igual a τ. El desplazamiento de la demanda genera en este caso un beneficio social igual al cambio en la recaudación impositiva (área *abde*).

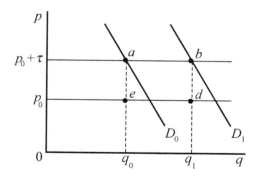

Figura 7.5. Mercado secundario con impuestos.

Resulta interesante la comparación de las dos figuras anteriores, ya que aparentemente resultan similares. En ambos casos, el equilibrio se produce donde la demanda es igual al coste privado, pero en presencia de la externalidad negativa (figura 7.4) el coste marginal social es mayor que el coste marginal privado y se produce en exceso, al contrario de lo que ocurre con el impuesto (figura 7.5).

Otro caso muy interesante es el de las externalidades pecuniarias, que se producen cuando existe competencia imperfecta en el resto de la economía y una reducción de los costes de transporte de las empresas que usan el servicio de transporte abaratado modifica el equilibrio inicial expandiendo la producción. La figura 7.6 representa la demanda de una de esas empresas, suponiendo que disfruta de poder de mercado en una industria diferente a la del transporte, pero que utiliza el transporte (cuyo coste está incluido en c_0 antes de la ejecución del proyecto) como parte de su proceso productivo.

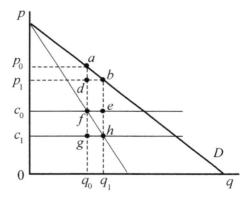

Figura 7.6. Efectos indirectos y competencia imperfecta.

Cuando se realiza el proyecto de inversión el coste de transporte disminuye en la cuantía $c_0 - c_1$, ya que los restantes componentes del coste en este mercado no han cambiado. Tras esta reducción en sus costes, la empresa encuentra rentable expandir la producción hasta q_1. El beneficio social en este mercado como consecuencia de la reducción del coste del transporte no se limita ahora al cambio en el excedente de los consumidores (área p_0abp_1), sino que también los productores incrementan sus beneficios. En la figura anterior el beneficio social de la reducción de los costes de transporte es igual a la suma de las áreas c_0fgc_1 (ahorro de costes en la producción existente) y $abhg$ (cambio en el excedente de los consumidores y de los productores por el aumento de la producción).

Debe subrayarse que estas externalidades reciben el nombre de pecuniarias, porque se producen, al contrario de las tecnológicas, a través de las transacciones mercantiles, aunque en dichas transacciones precios y costes no reflejan el verdadero beneficio social y coste social de los agentes que realizan la transacción. Ésta es la línea argumental más sólida en la crítica que recibe el análisis coste-beneficio más convencional en la evaluación de proyectos de infraestructuras de transporte. Muchos defensores de proyectos argumentan que el análisis coste-beneficio subestima las ganancias de bienestar al no incluir los beneficios sociales que se producen en actividades con competencia imperfecta. Se han realizado estimaciones del sesgo que supone el ignorar los efectos positivos derivados de la expansión de la actividad económica en situaciones de competencia imperfecta con resultados que permiten seguir confiando, con cierta prudencia, en la evaluación convencional.[4] Sin embargo, hay que seguir mejorando las técnicas de evaluación para ir perfeccionando una metodología que pretende ver si la sociedad en su conjunto gana con la inversión en la construcción de infraestructuras.

7.4 Criterios de decisión

Como hemos visto, la rentabilidad social de proyectos de infraestructuras y servicios de transporte exige previamente identificar los costes y beneficios relevantes, cuantificarlos y posteriormente actualizarlos con una tasa social de descuento. Una vez que se han realizado los cálculos mencionados hay que utilizarlos de manera que podamos concluir con algún criterio de decisión. Dentro del conjunto de indicadores para medir la rentabilidad social de un proyecto que produce beneficios y costes a lo largo del tiempo, el valor actual neto de la corriente de beneficios y costes sociales, es el más fiable, ya que sintetiza en una sola cifra el valor social del proyecto al restar los costes de los beneficios una vez que ambos han sido debidamente actualizados con la tasa de descuento correspondiente.

7.4.1 Comparación entre el flujo de beneficios netos y la inversión

En general, un proyecto de inversión en infraestructuras de transporte es rentable si el valor actual neto social (VAN_S) definido en la expresión [7.7] es mayor o igual que cero. Cuando la corriente actualizada de beneficios netos es mayor que la inversión inicial, el valor actual neto es mayor que cero

---

[4] Para profundizar en el debate de la subestimación de los beneficios sociales en los proyectos de transporte puede consultarse el informe realizado para el Ministerio de Transporte británico por Venables, A. J. y Gasoriek, M., *The Welfare Implications of Transport Improvements in the Presence of Market Failure,* 1998; y la revisión de las estimaciones de Venables y Gasoriek en el capítulo 4 del *Report to SACTRA* (Standing Advisory Committee on Trunk Road Assesment).

y, por tanto, el proyecto debe realizarse si de lo que se trata es de aceptar o rechazar dicho proyecto sin compararlo con otros y, además, existen fondos públicos disponibles. Si la inversión inicial es igual al valor actual de la corriente de beneficios netos, la sociedad es indiferente entre acometer el proyecto o no. Finalmente, si el valor actual neto social es menor que cero, la sociedad empeora si el proyecto se lleva a cabo.

Una simple relectura de la expresión [7.7] muestra además que existe incertidumbre asociada a la evaluación económica de un proyecto de inversión típico. En primer lugar hay que estimar los costes de inicio del proyecto que generalmente serán muy altos e irrecuperables (construcción de carreteras, túneles, puertos, etc.). También hay que predecir los beneficios y los costes durante los T años de duración del proyecto. Si T es suficientemente prolongado, puede darse prácticamente por seguro que los valores que tomen las variables principales, especialmente el volumen de demanda de utilización de la infraestructura, se desviarán de los inicialmente previstos.

La utilización del indicador VAN_S no es sólo válido para la aceptación o rechazo de un proyecto que se evalúa en solitario. El valor actual neto social es también el indicador adecuado para elegir entre proyectos mutuamente excluyentes o seleccionar un grupo de proyectos contenidos en un conjunto más amplio cuando existen restricciones presupuestarias.

Otro indicador es la *tasa interna de rendimiento* (TIR), que consiste en buscar el valor de i en la expresión del VAN_S definida en [7.7] que permite que dicha expresión se resuelva como una igualdad. La TIR es, por tanto, la tasa de descuento más alta que deja al proyecto en la frontera de la rentabilidad. Cuanto más rentable sea el proyecto mayor será el rango de valores de i compatible con un valor actual neto positivo. La regla de decisión consiste en que se acepte el proyecto si la TIR es mayor que la tasa de descuento.

La utilización de la TIR como indicador de rentabilidad no está exenta de problemas ya que puede existir más de un valor de i que haga el valor actual neto igual a cero, lo que puede ocurrir si durante la vida del proyecto los beneficios netos cambian más de una vez de signo. Además, no siempre el proyecto con una TIR más alta tiene un mayor VAN_S. La utilización del valor actual neto social como criterio de selección reduce las posibilidades de equivocarse en la ejecución de proyectos alternativos.

Por ello, en la evaluación de los proyectos de inversión típicos en la industria del transporte, la utilización del VAN_S como criterio de decisión es lo más recomendable, aunque no debe utilizarse este indicador sin antes ser consciente de qué es lo que representa exactamente la expresión [7.7] en proyectos concretos. Para ilustrar la necesidad de estas precauciones analizaremos a continuación tres situaciones especialmente relevantes en la evaluación de inversiones en transportes que exigen cuidado en la utilización mecánica de la regla de decisión basada en el VAN_S.

7.4.2 Precio-sombra de los fondos públicos

Dentro de la dotación de capital público de la mayoría de los países, las infraestructuras de transporte suponen un porcentaje muy significativo. En muchos casos estas infraestructuras, además, han sido y siguen siendo financiadas con cargo a los fondos públicos recaudados mediante impuestos. ¿Qué correcciones se deben introducir en el criterio del valor actual neto cuando las inversiones públicas se financian con impuestos?

Como indicamos anteriormente, en la expresión [7.7] se ha supuesto de manera implícita que el precio-sombra de una unidad de financiación del proyecto de construcción de la infraestructura pública es igual a uno (en relación con el coste de la financiación privada). Este supuesto puede ser válido cuando las empresas explotadoras de la infraestructura se financian con los peajes y tarifas pagados por los usuarios. Sin embargo, cuando se financian con impuestos y se transfieren recursos desde los consumidores, los trabajadores y las empresas, no podemos aceptar el supuesto de que una unidad monetaria empleada por el sector público en la construcción de una infraestructura de transporte tiene el mismo coste para la sociedad, ya que los impuestos producen distorsiones que elevan el coste de oportunidad de una unidad monetaria recaudada por encima de la unidad.

Supongamos que un proyecto de duración T años y cuyo coste de construcción es I_0, se financia íntegramente con impuestos. El coste de oportunidad social de dicha inversión supera el coste contable I_0 y el coste de una unidad de inversión es igual a $\lambda > 1$. En tal caso, el valor actual neto social de este proyecto es igual a:

$$VAN_S = -\lambda I_0 + \sum_{t=1}^{T} \frac{B_t - C_t}{(1+i)^t}. \qquad [7.12]$$

Supongamos ahora para simplificar que los beneficios netos anuales son constantes e iguales a $B - C$ todos los años y que $i = 0$. En tal caso, puede apreciarse que para obtener un VAN_S mayor que cero en [7.12] tiene que cumplirse que:

$$\frac{T(B-C)}{I_0} > \lambda. \qquad [7.13]$$

La interpretación económica de la expresión anterior indica que para que un proyecto financiado con impuestos sea socialmente rentable, el beneficio obtenido por unidad monetaria invertida ha de ser mayor que el coste de oportunidad de los fondos públicos empleados.

7.4.3 Proyectos de duración diferente

El riesgo de una utilización incorrecta del valor actual neto social (VAN$_S$) para decidir qué proyecto es socialmente preferible es especialmente elevado en el caso de proyectos de duración diferente que son en realidad alternativas para la resolución de un mismo problema. Pensemos, por ejemplo, en la comparación de dos proyectos técnicamente factibles para salvar un obstáculo natural en una infraestructura viaria. Ambos tienen el mismo nivel de calidad y seguridad. Uno de los proyectos, que llamaremos *A*, consiste en la construcción de un túnel cuya vida útil es de 40 años. El proyecto alternativo, que identificaremos como *B*, consiste en construir una carretera que salva dicho obstáculo con menor coste pero cuya duración es de 20 años.

Suponga que el proyecto *A* requiere una inversión inicial de 3.000 unidades monetarias y su coste anual de mantenimiento es de 305,4. El beneficio anual en ahorros de tiempo y accidentes es de 500 durante los 40 años de vida de la infraestructura. La inversión en el proyecto *B* es de 1.000, el mantenimiento anual es de 300 y su beneficio anual de 400. Si la tasa social de descuento es del 5 por ciento, ¿qué proyecto es preferible? La ventaja del proyecto *A* radica en la magnitud de los beneficios netos anuales —que casi duplican a los del proyecto alternativo— y en su mayor duración. Esta ventaja tiene su precio, reflejado en el aumento considerable de la inversión inicial. ¿Compensa la diferencia de beneficios y su mayor duración el mayor coste de construcción?

Si se calcula el valor actual neto del primer proyecto, tenemos el siguiente resultado:

$$\text{VAN}_S(A) = -3.000 + \sum_{t=1}^{40} \frac{500 - 305,4}{(1,05)^t} = 339, \qquad [7.14]$$

mientras que el valor actual neto del proyecto *B* es igual a:

$$\text{VAN}_S(B) = -1.000 + \sum_{t=1}^{20} \frac{400 - 300}{(1,05)^t} = 246. \qquad [7.15]$$

Al tratarse de proyectos mutuamente excluyentes (ya que optar por el túnel excluye la construcción de la carretera), ¿debemos elegir el de mayor VAN_s? La respuesta es no. La utilización mecánica de este indicador, sin reflexionar sobre lo que hay detrás de la cifra que resume la corriente de beneficios y costes en ambos proyectos, conduciría a un error en la selección de la alternativa óptima.

La razón radica en que los proyectos A y B no pueden compararse a través de los resultados [7.14] y [7.15] porque no son homogéneos. Ambos proyectos son idénticos, en cuanto a que resuelven un mismo problema de comunicación, y sus beneficios (ahorros de tiempo y accidentes) y costes (construcción y mantenimiento) son comparables. Sin embargo, el proyecto A resuelve el problema para 40 años y el B para 20 años. Aparentemente parece que ésta es incluso una razón adicional en favor del proyecto A, ya que a la ventaja de tener un VAN_S superior se añade una vida útil más prolongada. Pero no es así; para comparar hay que homogeneizar, lo cual significa en este caso resolver el problema para un periodo de tiempo similar. La homogeneización puede realizarse por dos vías alternativas.

Homogeneización de la vida útil. Una primera forma de hacer comparable el proyecto B con el A, consiste en calcular el valor actual neto de tener la carretera operativa durante 40 años en lugar de 20 años. Para realizar la comparación podemos considerar un nuevo proyecto, que denominamos 2B, consistente en construir dos carreteras: una ahora y otra dentro de 20 años. En tal caso, asumiendo que los costes y beneficios no cambian, podemos utilizar el resultado de [7.15] para obtener:

$$\text{VAN}_S(2B) = 246 + \frac{246}{1,05^{20}} = 339 . \qquad [7.16]$$

El valor actual neto del proyecto 2B muestra que las dos opciones técnicamente posibles en este problema son equivalentes desde un punto de vista económico. El VAN_S de invertir en el túnel es idéntico a la opción de construir una carretera ahora y otra dentro de 20 años.

Cálculo del beneficio neto anual equivalente. Otro procedimiento de cálculo consiste en hallar el *beneficio neto anual equivalente* (BAE), que se obtiene dividiendo el VAN_S entre el factor de anualización[5] correspondiente a la vida útil y a la tasa social de descuento del 5%. El VAN_S del proyecto A puede expresarse como

$$\text{BAE}(A) = \frac{\text{VAN}_S(A)}{17,16} = 19,75 , \qquad [7.17]$$

---

[5] El factor de anualización se define como $\dfrac{1 - (1 + i)^{-T}}{i}$.

mientras que para el proyecto B:

$$\text{BAE}(B) = \frac{\text{VAN}_S(B)}{12,46} = 19,74 \ .$$

[7.18]

Estos cocientes muestran que ambos proyectos tienen un beneficio anual neto similar, por lo que se confirma que son indiferentes. El análisis anterior podría ampliarse incluyendo los costes de interrupciones de tráfico al tener que construir una nueva carretera para el año 20, y los beneficios derivados de disponer de mayor información sobre la evolución de la demanda, o la posibilidad de utilizar nuevas tecnologías en el futuro si se invierte en el proyecto de 20 años.

7.4.4 Proyectos con distintas alternativas de tarificación

Un tercer argumento a favor de una utilización cuidadosa del criterio del valor actual neto se encuentra en proyectos con distintas alternativas de tarificación, en los que la rentabilidad social depende en muchas ocasiones de la política de precios que se emplee. A veces, se evalúan los proyectos como si no fuese posible aplicar diferentes opciones de tarificación y se presenta un valor único que puede ser interpretado erróneamente como la solución a un problema que en realidad admite otras alternativas. Cuando es posible utilizar distintas políticas de precios, es como si existiesen varios proyectos con sus correspondientes VAN_S.

Para ilustrar la trascendencia de utilizar la política de precios podemos utilizar el siguiente problema de reparto modal. Supongamos que existen dos carreteras alternativas (1 y 2) que los automovilistas pueden utilizar para desplazarse entre dos ciudades. Diariamente se realiza una cantidad fija de viajes, $q = q_1 + q_2$, donde (q_1, q_2) es el número de viajeros en cada carretera. La capacidad de la carretera 1 (principal) es muy superior a la demanda, por lo que nunca se congestiona. El coste de los usuarios que la utilizan es igual al tiempo de viaje (siempre igual a t_1), ya que por simplicidad ignoraremos los costes operativos de los vehículos privados, que suponemos constantes en ambas carreteras.

La carretera 2 (secundaria) tiene menor capacidad pero permite una conexión más directa entre las dos ciudades, de manera que cuando hay poco tráfico se tarda menos que por la carretera principal ($t_2 < t_1$). Sin embargo, a medida que aumenta el tráfico se produce congestión, siendo el coste de los usuarios igual a $t_2 + \alpha q_2$ (creciente con la congestión), llegando a perderse la ventaja de tiempo en la carretera secundaria si hay una cantidad suficiente de tráfico.

Con estos datos, se plantea un proyecto consistente en ampliar la capacidad de la carretera 2. El coste de la inversión es igual a I_0, la vida útil es de T años y los costes de mantenimiento y operación se incrementan en una cuantía fija C_M cada año. Si el aumento de la capacidad permite reducir el coste de viajar por la carretera secundaria hasta $t_2 + \theta\alpha q_2$, donde $0 < \theta < 1$, ¿cuál es el beneficio social neto del proyecto?

Para calcular el reparto del tráfico entre las dos carreteras debemos igualar los precios generalizados (g) de ambas opciones de transporte, ya que los usuarios siempre optarán por la carretera que menor coste les suponga, en términos de tiempo invertido y costes monetarios. Inicialmente, antes de la inversión en ampliar la carretera 2, el reparto de tráfico en equilibrio viene dado por $g_1 = g_2$, es decir $t_1 = t_2 + \alpha q_2$ por lo que

$$q_2^* = \frac{t_1 - t_2}{\alpha} \qquad\qquad [7.19]$$

es la cantidad de viajeros en la carretera secundaria (el número de viajeros en la carretera principal se obtiene por diferencia con respecto a la cantidad total de tráfico q).

Tras la ampliación de la capacidad, la distribución de tráfico se altera, aumentando la cantidad de viajeros que prefieren utilizar la carretera 2. Igualando los nuevos precios generalizados, $t_1 = t_2 + \theta\alpha q_2$, se obtiene:

$$q_2^{**} = \frac{t_1 - t_2}{\theta\alpha} = \frac{q_2^*}{\theta} > q_2^*. \qquad\qquad [7.20]$$

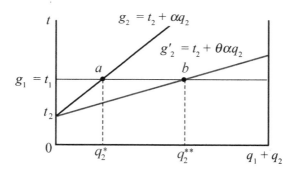

Figura 7.7. Reparto de tráfico tras la ampliación de la capacidad.

¿Debe realizarse este proyecto? La figura 7.7 muestra gráficamente lo que ocurre. En el equilibrio inicial (punto a) hay q_e^* viajeros en la carretera secundaria. Tras la ampliación de ésta y la consiguiente reducción del tiempo de viaje, cierta cantidad de usuarios cambiarán de 1 a 2 hasta que se igualen de nuevo los precios generalizados (punto *b*). La ampliación de la carretera 2 permite inicialmente reducir la congestión y, por tanto, el coste generalizado de viajar. Si se trata de aceptar o rechazar el proyecto, no es socialmente rentable invertir a menos que:

$$\sum_{t=1}^{T} \frac{B_t - C_M}{(1 + i)^t} > I_0 \qquad [7.21]$$

Al evaluar los beneficios sociales debe observarse que el único cambio que se ha producido es la desviación de tráfico entre carreteras. Paradójicamente, no ha habido ahorro de tiempo y todos los viajeros siguen invirtiendo en el nuevo equilibrio el mismo tiempo t_1 en realizar sus desplazamientos entre las ciudades. Si no hay beneficios, el VAN_S de esta inversión pública según [7.21] es negativo e igual a los costes de construcción, más el valor actual de los costes de mantenimiento durante la vida útil de la infraestructura.

Alternativamente, si combinamos la inversión con la introducción de una tasa por congestión el resultado puede cambiar significativamente. Como vimos en el capítulo 5, cuando existe congestión el coste total de los usuarios de la carretera 2 es $t_2 q_2 + \theta \alpha q_2^2$ y la tasa de congestión óptima ($\tau = \theta \alpha q_2$) es igual al coste marginal social menos el coste medio. Cuando el usuario de la carretera 2 añade al coste del tiempo de viaje el pago de la tasa de congestión τ, su coste marginal individual pasa a ser $t_2 + 2\theta \alpha q_2$. El nuevo equilibrio se obtiene entonces igualando esta expresión a t_1, y se sitúa en el punto *d* de la figura 7.8 con el siguiente nivel de tráfico:

$$q_2' = \frac{t_1 - t_2}{2\theta \alpha} = \frac{q_2^{\bullet}}{2\theta} = \frac{q_2^{\bullet\bullet}}{2}. \qquad [7.22]$$

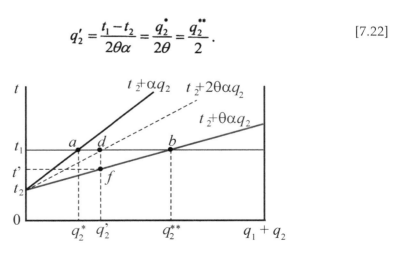

Figura 7.8. Reparto de tráfico y utilización de una tasa de congestión.

La figura 7.8 muestra que el precio generalizado de viajar utilizando la carretera secundaria (ampliada) sigue siendo $g_2 = g_1$, sin embargo, el tiempo invertido se reduce (punto f) hasta:

$$t' = t_2 + \theta\alpha q_2' = t_2 + \theta\alpha\left(\frac{t_1 - t_2}{2\theta\alpha}\right) = \frac{t_1 + t_2}{2}.$$ [7.23]

El beneficio anual B_t del proyecto de ampliación es en este caso igual al ahorro de tiempo de los viajeros que finalmente utilicen la carretera secundaria (q_2'). Utilizando [7.22] y [7.23], este ahorro total de tiempo puede calcularse como:

$$B_t = (t_1 - t')q_2' = \frac{t_1 - t_2}{2}\frac{t_1 - t_2}{2\theta\alpha} = \frac{(t_1 - t_2)^2}{4\theta\alpha}.$$ [7.24]

Si suponemos que el valor del tiempo es igual a la unidad, puede considerarse que el ahorro de tiempo calculado en [7.24] ya está evaluado en términos monetarios. Además, bajo el supuesto $v = 1$, el beneficio del proyecto también puede calcularse a partir de los ingresos que se obtienen por la tasa de congestión que se cobra a los usuarios de la carretera 2 (área $t_1 dft'$). Utilizando el valor de τ obtenido antes, los ingresos totales percibidos por el cobro de la tasa de congestión son:

$$\tau q_2' = (\theta\alpha q_2')q_2' = \theta\alpha\left(\frac{t_1 - t_2}{2\theta\alpha}\right)^2 = B_t.$$ [7.25]

Dado este beneficio del proyecto, al que hay que restar los costes de mantenimiento y operación adicionales para expresarlo en términos netos, el VAN_S del proyecto de ampliación de la carretera 2 es:

$$\mathbf{VAN}_S = -\mathbf{I}_0 + \sum_{t-1}^{T}\frac{\dfrac{(t - t_2)^2}{4\alpha}\dfrac{1}{\theta} - C_M}{(1 + i)^t}$$ [7.26]

por lo que en este caso la oportunidad social de la inversión depende de si el valor del ahorro total de tiempo compensa a los costes de construcción y el aumento de los de mantenimiento y operación de la carretera secundaria.

El VAN_S de este proyecto varía básicamente con el volumen final de tráfico que utilice la carretera ampliada, que a su vez depende de la reducción de congestión que genere la ampliación, medida por el parámetro θ. Un menor valor para este parámetro hace que el desplazamiento de usuarios a la carretera 2 sea mayor, y con ello que el VAN_S aumente, lo cual tiene su reflejo en la relación inversa entre VAN_S y θ que muestra la expresión [7.26].

Para el cálculo realizado del VAN_S de este proyecto se ha tomado como escenario alternativo a la ampliación de capacidad la existencia de la carretera 2, pero sin aplicar a ésta ninguna política de corrección de la congestión. Si se va a introducir tarificación conjuntamente con la ampliación de capacidad, una alternativa interesante podría ser introducir una tasa de congestión también *antes* de llevar a cabo la ampliación, y evaluar el proyecto con referencia a un caso base sin ampliación de capacidad y con tarificación. Un análisis del proyecto frente a este escenario indica que los ahorros de tiempo B_t calculados anteriormente en [7.24] pueden ser excesivamente altos.

Este ejemplo ilustra cómo la evaluación de inversiones no puede ignorar la política de tarificación que se va seguir. En el caso analizado no hay beneficios derivados de la inversión si ésta no se acompaña de una tarificación que internalice los costes de la congestión. Si la comparación se realiza con una situación inicial en la que se tarifica la congestión, los beneficios esperados de la inversión en nueva capacidad pueden cambiar significativamente. Hay que subrayar la importancia de analizar las diferentes alternativas de tarificación disponibles para resolver un problema de capacidad antes de decidir sobre posibles ampliaciones de las infraestructuras.

7.5 Análisis de riesgo

En la sección anterior hemos argumentado que el valor actual neto social (VAN_S) es un indicador adecuado para la selección de proyectos de inversión en infraestructuras de transporte. También hemos advertido de los peligros que entraña su utilización mecánica, sin una consideración previa de cuáles son los hechos económicos objeto de análisis, y la naturaleza de las alternativas disponibles. En esta sección, dedicada a la evaluación de inversiones en presencia de incertidumbre, volveremos a tener la ocasión de ver los riesgos de una utilización incorrecta del VAN_S.

La existencia de incertidumbre de demanda y costes es lo habitual en la mayoría de las inversiones que se realizan en transportes. Cuando la vida de una infraestructura supera los 30 años, es prácticamente imposible saber cuál será la demanda de dicha infraestructura cada año durante todo el periodo de vida útil. De igual manera, no es infrecuente que los costes de construcción sean superiores a los inicialmente presupuestados. ¿Qué cambios debemos introducir en la evaluación de un proyecto de inversión cuando existe incertidumbre? ¿Qué validez tiene el valor actual neto como indicador si las variables que han sido utilizadas para su cálculo no son deterministas y se comportan con un componente aleatorio? Una práctica habitual consiste en la utilización de escenarios y de análisis de sensibilidad. A continuación veremos en qué consisten, qué aportan y qué limitaciones tienen estas herramientas complementarias al cálculo del VAN$_S$ para la toma de decisiones.

7.5.1 Proyectos con incertidumbre

Consideremos un proyecto de inversión en una infraestructura de transporte cuya inversión inicial (I_0) es de 11.000 unidades monetarias, con una vida útil de 20 años, los costes operativos anuales son 3.500, el tipo de interés es cero ($i = 0$) y la demanda anual se comporta de acuerdo con la expresión general $q(p) = \alpha - p$, donde p es el precio de utilización de la infraestructura y α recoge el efecto conjunto de varias variables (evolución de la economía, cambios en productos y servicios sustitutivos y complementarios, etc.).

Supongamos inicialmente que, con la mejor información disponible, la función de demanda es, por ejemplo,

$$q(p) = 104 - p, \tag{7.27}$$

y que el precio está regulado y se ha decidido que sea igual a $p = 50$ durante los 20 años de la vida de la instalación. Teniendo en cuenta que el beneficio neto anual es igual a:

$$B_t = \int_0^q (104 - q)dq - 3.500, \tag{7.28}$$

el cálculo del VAN$_S$ con estos datos es inmediato:

$$VAN_S = -11.000 + 20B_t = 2.160. \tag{7.29}$$

En la evaluación anterior hemos tratado las variables de demanda y costes como si existiese información completa de lo que ocurrirá en el futuro. En la evaluación económica de proyectos en el sector público no es infrecuente que se realice un análisis determinista, utilizándose valores únicos para las cantidades y los precios, valores que se eligen a partir de la mejor información disponible y que se tratan como si hubiese certeza plena de que se cumplirán. Posteriormente, cuando se admite la incertidumbre asociada a las variables que se trataron como valores únicos, el resultado obtenido se somete a un análisis de sensibilidad, consistente en comprobar cómo se modifica el resultado inicial ante cambios en el valor de las variables relevantes.

El VAN social y los cambios en la demanda. Supongamos que aunque los valores más probables de los parámetros de la función de demanda son los indicados antes, se piensa que el volumen efectivo de usuarios que finalmente reciba la infraestructura podría no coincidir con la demanda esperada (D_e), y dar lugar a una demanda más alta ($D_a > D_e$) o más baja ($D_b < D_e$), tal como se representa en la figura 7.9.

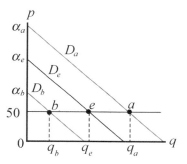

Figura 7.9. Inversión con demanda aleatoria.

La cantidad demandada depende del valor que tome el parámetro α. Si a toma el valor α_a la función de demanda se desplaza a la derecha y la cantidad demandada asciende a q_a. Lo contrario ocurre para la demanda baja. Supongamos que los valores mínimo y máximo de α son 98 y 110 respectivamente ¿Cómo cambia el VAN$_S$ de este proyecto? ¿Cómo puede afectar esto a la decisión de inversión? El cuadro 7.1 recoge los resultados del análisis de sensibilidad obtenidos repitiendo los cálculos en [7.28] y [7.29] con los diferentes posibles valores para el parámetro α que recoge la incertidumbre sobre la demanda.

Cuadro 7.1. Análisis de sensibilidad.

	$\alpha_e = 104$	$\alpha_a = 110$	$\alpha_b = 98$
Inversión	11.000	11.000	11.000
Precio	50	50	50
Volumen usuarios	54	60	48
Costes anuales	3.500	3.500	3.500
VAN$_S$	2.160	15.000	−9.960

Los desplazamientos de la función de demanda de la figura 7.9 modifican radicalmente el resultado del proyecto. Si la demanda es alta el beneficio social neto del proyecto alcanza el valor 15.000 y si la demanda es baja se produce una pérdida social equivalente a 9.960. El análisis realizado, denominado análisis de sensibilidad se limita a modificar el valor de una variable con el fin de comprobar la variabilidad de los resultados ante este cambio.

A veces el análisis de sensibilidad se completa con el cálculo de los valores umbrales o frontera de las variables más relevantes. Esta comprobación de la sensibilidad máxima de los resultados ante cambios en el valor de las variables se realiza modificando el valor de la variable elegida hasta que el VAN_S se hace cero, y suele presentarse en términos relativos, como el porcentaje de variación de la variable de riesgo que hace que los beneficios del proyecto se anulen.

El análisis de sensibilidad puede generalizarse mediante la utilización de distintos "escenarios", en los que se analiza el efecto conjunto de modificar el valor de varias variables. Tanto el análisis de sensibilidad como la utilización de escenarios pueden ayudar a mostrar la robustez de los resultados obtenidos ante cambios en los factores determinantes de la rentabilidad del proyecto. En nuestro caso, el análisis de sensibilidad está indicando que antes de acometer el proyecto debería hacerse un esfuerzo mayor en obtener una predicción de la demanda más fiable. Sin embargo, el análisis de sensibilidad puede conducir a error si no se realiza con cautela y, como ocurre con cualquier tipo de metodología, si no se es consciente de los supuestos que implícitamente se han hecho. El análisis anterior se basa en la utilización de valores únicos en lugar de un rango, y su elección determinista puede descuidar la aleatoriedad de muchos de los sucesos que afectan al proyecto y que no permite ser tratada de esta manera. Veamos esta idea con más detalle.

7.5.2 Análisis de riesgo con demanda aleatoria

El beneficio social neto calculado en el análisis de sensibilidad, tanto para la hipótesis de demanda baja como para la de demanda alta, implica un comportamiento de la demanda muy peculiar. Los valores máximos y mínimo del VAN_S en el cuadro 7.1 están asociados a los dos valores extremos que puede tomar el parámetro α. Dichos valores son los correspondientes a un año, sin embargo el proyecto dura 20 años, lo que significa que la demanda tomará 20 valores distintos durante la vida del proyecto. En el análisis de sensibilidad anterior se supone implícitamente que los valores de la demanda son los mismos durante la vida del proyecto: 20 años de demanda baja o 20 años de demanda alta.

Supongamos que cada año la demanda pueda tomar un valor α^* distinto dentro del rango de valores (98, 110) y que todos los valores son igualmente probables. Supongamos además que el nivel de demanda que se produce en un año no condiciona la demanda que existe en el resto de años. ¿Cambia esta aproximación en algo los resultados que ya conocemos con el análisis de sensibilidad? Dichos resultados mostraban que si la demanda tenía un buen comportamiento, la rentabilidad social del proyecto sería igual a 15.000, pero si por el contrario la demanda era baja el proyecto no estaría socialmente justificado, siendo el beneficio social neto igual a –9.960.

Para responder a esta pregunta podemos utilizar una distribución de probabilidad uniforme para realizar un análisis de riesgo consistente en extraer aleatoriamente cada año un valor de α, calculando el VAN_S que se obtiene como resultado de los 20 valores aleatorios extraídos para la demanda. Repetimos la operación un número muy alto de veces (por ejemplo, 10.000) y, por tanto, obtenemos 10.000 valores actuales netos para el proyecto. Mediante este método de Montecarlo, se realizan un número suficientemente alto de iteraciones, eligiendo aleatoriamente los valores que en el modelo hemos considerado variables de riesgo (la demanda en nuestro caso).

Los resultados obtenidos pueden mostrarse como una distribución de probabilidad normal, que permite identificar los valores más probables y conocer la probabilidad asociada a que el valor actual neto del proyecto se sitúe por encima o por debajo de un determinado valor. El VAN_S del proyecto no es ahora una cifra única que comparamos con los extremos elegidos en el análisis de sensibilidad. Ahora, disponemos de una distribución de probabilidad de los resultados del proyecto, lo que permite tomar una decisión más fundamentada.

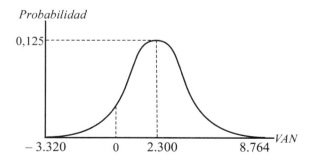

Figura 7.10. Distribución de probabilidad del valor actual neto social.

En la figura 7.10 se representa la distribución de probabilidad del beneficio social neto de este proyecto bajo el supuesto de que la demanda es aleatoria. Los resultados obtenidos son muy interesantes porque modifican la información que teníamos sobre el riesgo del proyecto. Por ejemplo, puede observarse que el valor promedio esperado es ligeramente superior al obtenido antes de manera determinista (2.160), y que los valores extremos han cambiado. En las simulaciones realizadas en este caso concreto,[6] se ha obtenido que es improbable que los beneficios alcancen una cifra superior a 8.764, ni que las pérdidas sean mayores de 3.320.

Obtener un resultado negativo (en la cola izquierda de la figura anterior) tiene ahora una probabilidad inferior a 0,1. Aunque un individuo averso al riesgo puede considerar inaceptable acometer este proyecto sin cubrirse frente al riesgo que implica, no cabe duda de que ahora estamos mejor informados sobre el riesgo real del proyecto con respecto a la percepción que se obtenía con el análisis de sensibilidad.

¿Por qué las mayores pérdidas son sólo un tercio de las que se obtuvieron en el análisis de sensibilidad? Simplemente porque para obtener unas pérdidas de 9.960 tendría que darse el hecho de que la demanda tuviese durante los 20 años el valor más bajo. Al tratarse de sucesos independientes, la probabilidad de que esto ocurra es igual al producto de sus probabilidades, que da como resultado un valor tan bajo que puede considerarse prácticamente cero.

La cuestión fundamental es saber si el supuesto que estamos realizando sobre el comportamiento de la demanda es razonable o no. El supuesto central utilizado para obtener los resultados del proyecto analizado consiste en que la demanda es aleatoria cada año independientemente de lo sucedido en el año anterior. Si esta representación del mundo real es acertada, el análisis de riesgo que hemos realizado aporta valor añadido a la toma de decisión sobre la inversión proyectada.

7.5.3 Decisiones públicas de inversión con riesgo

Cuando un proyecto de inversión es arriesgado, aunque su valor esperado muestre un beneficio social neto positivo, existe una probabilidad cierta de que se produzcan pérdidas. Si las cifras de esta evaluación correspondiesen a

---

[6] Los valores obtenidos para los extremos pueden oscilar ligeramente con cada simulación, al tratarse de situaciones de demanda que aparecen con una probabilidad muy baja, de forma que los valores presentados en la figura 7.10 son meramente indicativos de los límites donde la probabilidad ya se hace cero. Al contrario que los extremos, el valor medio esperado y la forma de la distribución de probabilidad sí son resultados generales que no varían al repetir las simulaciones.

beneficios financieros, es posible que un inversor privado averso al riesgo acometiese el proyecto. Para ello bastaría que su equivalente cierto —el valor seguro por el que estaría indiferente entre invertir o no— fuese positivo.

El inversor privado valora la rentabilidad del proyecto por debajo de su valor esperado porque para él no existen las 10.000 iteraciones. Sólo se producirá una extracción y con una probabilidad aproximada de 0,1 puede sufrir pérdidas. En el sector público esto no ocurre. Se realizan muchos proyectos similares y el valor esperado tiene un sentido diferente al de un inversor privado para quien el proyecto puede ser decisivo. ¿Debería el sector público maximizar el valor actual de los beneficios netos esperados de las inversiones en infraestructuras o debería maximizar el valor actual de los beneficios netos ajustados por el riesgo?

El argumento a favor de que el sector público proceda igual que el inversor privado, elevando la tasa de descuento —o lo que es lo mismo utilizando un equivalente cierto inferior al valor esperado— suele basarse en que si el sector público utiliza una tasa de descuento libre de riesgo (mientras que el sector privado es más exigente introduciendo primas de riesgo) se producirá una asignación ineficiente de recursos debido a la sobreinversión realizada por el sector público.

En contra de esta posición, y en defensa de que el sector público ignore la incertidumbre y actúe siempre como si fuese neutral al riesgo, tenemos un argumento basado en la ley de los grandes números. Al realizarse un gran número de proyectos similares e independientes los resultados tenderán al valor esperado. Las pérdidas en las situaciones de baja demanda se compensarán con los beneficios obtenidos en las situaciones de demanda elevada.

Una fundamentación teórica diferente a favor de no introducir primas de riesgo en el sector público se conoce como el "Teorema de Arrow y Lind".[7] El principal argumento no se basa en la disminución del riesgo mediante la unión de un número grande de proyectos que hacen que se tienda al valor esperado, sino en el reparto del riesgo entre un número alto de individuos —los contribuyentes— de manera que el coste del riesgo tiende a cero.

A menos que los individuos sean neutrales o amantes del riesgo, el valor de los beneficios esperados de un proyecto sobreestima lo que dichos individuos están dispuestos a pagar por conseguirlos. El coste social del riesgo dependerá de las preferencias de los individuos que disfrutan los beneficios y pagan los costes y de la importancia relativa de estos costes y beneficios sobre la renta de los individuos.

---

[7] Arrow, K. J. y Lind, R. C., "Uncertainty and the Evaluation of Public Investment Decisions", *American Economic Review*, 60, 1970, págs. 364-378.

Supongamos que nuestro proyecto es invertir en una autopista de peaje y que se les cobra a los usuarios su disposición a pagar. El sector público asume todos los costes de construcción y explotación de la autopista y también los beneficios —al cobrar a los beneficiarios su precio de reserva— que finalmente distribuye entre todos los contribuyentes. El impacto del resultado del proyecto sobre la renta de éstos es tan pequeño que el coste social del riesgo tiende a cero. El valor esperado se aproxima al verdadero beneficio del proyecto cuando el número de afectados es suficientemente grande. Puede apreciarse cómo el argumento es aplicable incluso al caso de un gran proyecto, siempre que conduzca a un aumento o reducción despreciable de la renta del contribuyente.

Supongamos finalmente que no se cobra por la utilización de la carretera. En este caso los costes van a los contribuyentes y los usuarios reciben los beneficios, cuya magnitud a veces puede ser una proporción significativa de su renta. En este caso, el coste del proyecto se computará con su valor esperado y se utilizará una tasa de descuento sin prima de riesgo, y los beneficios que recaen en el sector privado se descontarán utilizando una prima de riesgo que convierta los valores esperados en equivalentes ciertos.

7.6 Distribución de la renta y criterios de decisión

Las decisiones de inversión en construcción, ampliación y mejora de las infraestructuras de transporte, e incluso en la provisión de servicios de transporte que el gobierno produce directamente, o subvenciona para alterar el equilibrio del mercado, están muy influenciadas por criterios de equidad o de oportunidad política. A los responsables de tomar la decisión no sólo les importa la magnitud de los beneficios y costes, sino también, y a veces especialmente, quiénes son los beneficiarios y perjudicados del proyecto.

Aunque la red nacional de carreteras y el sistema portuario distribuyen sus beneficios sobre el conjunto de habitantes de un país, los proyectos concretos suelen tener un efecto menos homogéneo. Incluso admitiendo que en el largo plazo todos se benefician de los proyectos públicos, un proyecto concreto puede estar asociado a un tipo de distribución de beneficios que lo hagan más o menos atractivo desde un punto de vista social. En cualquier caso, en el corto plazo, suele ser relevante desde un punto de vista político saber quiénes son los ganadores y perdedores del proyecto.

El problema radica en la dificultad de identificar a los beneficiarios de los proyectos de inversión en infraestructuras de transporte cuando los efectos iniciales suelen, mediante los mecanismos de funcionamiento de los mercados, aparecer en otros lugares a veces difíciles de localizar. Las inversiones en las redes de carreteras que reducen el tiempo de viaje aparentemente benefician a las empresas de transporte por carretera, sin embargo la naturaleza competitiva de esta industria acabará llevando los beneficios a los consumidores finales. De igual manera ocurrirá con la creación de un nuevo acceso ferroviario que hace más accesible una zona residencial alejada. Es más que probable que el beneficiario acabe siendo el propietario de las viviendas al elevarse su precio, y si son alquiladas no tiene que ser necesariamente el inquilino quien se beneficia.

Cuando se calcula el valor actual neto sumando sin ponderar todos los beneficios y costes, se está aplicando el llamado "criterio de compensación de Kaldor-Hicks", que consiste en que los ganadores podrían compensar a los perdedores y todavía seguir ganando. Este criterio puede ser bastante razonable cuando existen muchos proyectos que acaban a medio plazo beneficiando al conjunto de la población. Con el criterio de compensación potencial de Kaldor-Hicks se le da el mismo valor a una unidad monetaria con independencia de quién la recibe. Veamos este supuesto implícito con más detalle.

Consideremos que la sociedad está compuesta por dos grupos de individuos, ricos (R) y pobres (P), y que dentro de cada grupo todos los individuos son idénticos. La utilidad que deriva un individuo representativo de cada grupo depende de su consumo de bienes y servicios (x_i), de forma que $U_i = U_i(x_i)$, con $i = \{R, P\}$. El bienestar social (W) puede expresarse como una función de los niveles de utilidad que ambos grupos reciben:

$$W = W(U_R, U_P).$$

[7.30]

La magnitud de un cambio en W depende entonces del cambio que experimenten las utilidades individuales, y de cómo éstas se ponderen en la función de bienestar social:

$$dW = \frac{\partial W}{\partial U_R} dU_R + \frac{\partial W}{\partial U_P} dU_P.$$

[7.31]

Con el fin de hacer la expresión [7.31] operativa, y sabiendo que los individuos maximizan su utilidad igualando la utilidad marginal al precio multiplicado por la utilidad marginal de la renta, sustituimos la variación de la utilidad (dU_i) por la utilidad marginal de la renta, el precio y la variación en la cantidad de bienes recibidos:

$$dW = \frac{\partial W}{\partial U_R} \frac{\partial U_R}{\partial M} p \, dx_R + \frac{\partial W}{\partial U_P} \frac{\partial U_P}{\partial M} p \, dx_P.$$

[7.32]

Esta expresión puede convertirse en una regla de decisión:

$$dW = \omega_R p \, dx_R + \omega_P p \, dx_P ,$$ [7.33]

donde ω es la utilidad marginal social de la renta, o la ponderación que la sociedad concede a una unidad monetaria destinada al consumo de cada grupo.

La interpretación de esta última expresión es la siguiente: el aumento de bienes y servicios aumenta el bienestar individual de acuerdo con la intensidad de las preferencias de los individuos, medida a través de lo que están dispuestos a pagar por dichos bienes y servicios dentro de su restricción de renta. Sin embargo, el aumento del bienestar social requiere previamente ponderar dichos beneficios individuales de acuerdo con las preferencias sociales sobre la distribución de la renta.

El cálculo del valor actual neto sumando beneficios y costes sin ponderar supone asumir implícitamente que la ponderación ω tiene un valor unitario, o dicho de otro modo, que estamos ignorando los aspectos de equidad al realizar una recomendación sobre la oportunidad de acometer el proyecto. Proceder ignorando los aspectos de distribución puede ser razonable si los efectos redistributivos del proyecto no son significativos, son difíciles de identificar o medir, o incluso siendo posible medirlos no compensa su coste. Un argumento adicional en contra de utilizar ponderaciones distributivas en el cálculo del VAN$_S$ se basa en que su utilización introduce confusión y se presta a la manipulación de las cifras que reflejan los efectos económicos del proyecto.

Finalmente, una manera simple pero práctica de dar información sobre los aspectos distributivos de un proyecto es, junto al VAN$_S$ del proyecto, presentar de manera desagregada los beneficios y los costes por grupos sociales relevantes. Los responsables de la toma de decisiones tienen así, junto al efecto económico de la inversión en términos de eficiencia, información complementaria sobre los ganadores y perdedores.

7.7 Lecturas recomendadas

Una buena introducción de carácter general al análisis coste-beneficio se encuentra en Layard, R. y Glaister, S., *Cost-Benefit Analysis*, Cambridge University Press, 1994. Entre los manuales recomendables, pueden consultarse los siguientes: Boardman, A.; Greenberg, D.; Vining, A.; y Weimer, D., *Cost-Benefit Analysis: Concepts and Practice,* Prentice Hall, 1996; Gramlich, E., *A Guide to Benefit-Cost Analysis,* Prentice Hall, 1990; Pearce, D. y Nash, C., *The*

Social Appraisal of Projects. A Text in Cost-Benefit Analysis, Macmillan, 1993. En estos libros hay abundantes referencias específicas sobre transporte. En español pueden consultarse Pasqual, J., *Análisis coste-beneficio de proyectos de inversión y políticas públicas,* Icaria, 1999; y De Rus, G., *Análisis Coste Beneficio,* Ariel Economía, 2001. Otras referencias de interés son los manuales oficiales, por ejemplo, los de los ministerios de transporte de Canadá y Australia, disponibles a través de Internet. Un panorama muy sugerente sobre infraestructuras de transporte es Gramlich, E., "Infrastructure Investment: A Review Essay", *Journal of Economic Literature*, 32, 1994, págs. 1.176-1.196.

7.8 Ejercicios

Ejercicio 7.1. En el modelo de inversión óptima en capacidad planteado en este capítulo, considere que la función de demanda viene determinada por la expresión $p(q) = q^{-\varepsilon}$, donde ε representa la elasticidad-precio, y que la función de producción es de tipo Cobb-Douglas, $q_1 = f(K_1, L_1) = K_1^{\alpha} L_1^{\beta}$, donde $\alpha, \beta > 0$. Con estas especificaciones funcionales, demuestre que la ampliación óptima de la capacidad corresponde a aquel nivel de K_1 y L_1 donde la relación marginal de sustitución técnica se iguala al precio relativo de los factores. Muestre formalmente que añadir una restricción presupuestaria del tipo

$$\frac{S + p(q_1)q_1 - wL_1}{1+i} \geq r(K_1 - K_0).$$

no altera la condición de equilibrio anterior. Si $r = 0,5$ y $w = 2$, ¿cuál es el coste para la sociedad de equivocarse en la elección de la capacidad?

Ejercicio 7.2. Considere de nuevo el modelo de distribución de tráfico entre dos carreteras discutido en el apartado 4 de este capítulo. Suponga que el único coste para los usuarios de viajar por una carretera principal es el tiempo invertido (t_1) cuyo valor unitario es $v = 1$. Viajar por una carretera secundaria tiene, sin embargo, un coste en términos de congestión igual a $t_2 + aq_2$ por cada viajero. Suponga que, al contrario de lo que se planteó en el texto, se decide introducir una tasa de congestión en la carretera secundaria *antes* de realizar ningún proyecto de inversión sobre ella. ¿Cuál es la tasa de congestión socialmente óptima y cuál es su efecto sobre el volumen de viajeros y el tiempo de viaje en la carretera secundaria? Considere ahora que se está estudiando duplicar la capacidad de la carretera secundaria invirtiendo en ella 1.000 u.m., lo cual conlleva una reducción del tiempo de viaje medida por el parámetro $\theta \in [0,1]$. Calcule el nuevo reparto de tráfico si se mantiene la tarificación con congestión y obtenga el beneficio neto anual del proyecto. Compare este último valor con el obtenido en el texto y comente el resultado. Si la inversión tiene una vida útil de 20 años, cada uno de los cuales el coste de mantenimiento es constante e igual a 300 u.m., ¿cuál es el VAN social del proyecto si $c = \theta = 0,5$ y la tasa social de descuento es el 5%? ¿Cuál es su TIR?

Ejercicio 7.3.(*) En un proyecto de inversión en una infraestructura de tren de alta velocidad con una vida útil de 30 años, se consideran dos escenarios para la predicción de la demanda futura. El primer escenario es pesimista, con un volumen anual de 3 millones de pasajeros estimado para el primer año del proyecto, mientras que el segundo escenario es optimista y considera un volumen de 6 millones de pasajeros para el año inicial. En el anexo 2 se presentan las predicciones de demanda en ambos escenarios para los 30 años de vida útil del tren, calculadas con un supuesto de crecimiento de la renta del 2,5% anual y una elasticidad-renta unitaria. El total de viajes aparece desagregado por su naturaleza (desviados y generados) y por su procedencia (tren convencional, coche y avión). Suponga que la demanda es lineal para todos los modos de transporte (véase la figura 7.3). Otros datos que aparecen en el anexo 2 son los beneficios por accidentes evitados, los cuales son comunes para los dos escenarios.

Los costes de construcción ascienden a 4.500 millones u.m., los cuales corresponden al año base del proyecto (año 0); el valor residual es cero, y el coste medio del tren de alta velocidad es constante e igual a 45. El precio del billete de tren de alta velocidad se establece en 55 u.m. Los costes medios del tren convencional, automóvil y avión también son constantes e iguales a 36, 50 y 90 respectivamente, siendo en los tres casos el precio igual al coste medio. El precio generalizado de viajar en cada modo de transporte i responde a la expresión $g_i = p_i + v_i t_i$ (i = tren, automóvil y avión). Los tiempos de viaje t_i de cada modo y los valores del tiempo v_i son los siguientes:

	Tren Alta Velocidad	Tren convencional	Automóvil	Avión
Tiempo total viaje (en términos decimales)	2,67	6,67	5,30	2,58
Valores del tiempo (en el año $t = 1$)	–	10	10	20

Los valores del tiempo indicados en la tabla son idénticos para todos los usuarios dentro de cada modo, y van creciendo cada año en la misma proporción que la renta (2,5%). El tipo de interés es igual a la tasa social de descuento (5%) y todos los valores están expresados en términos reales. Calcule el VAN financiero y el VAN social del proyecto en los escenarios optimista y pesimista, y razone en términos teóricos si debería construirse esta infraestructura de alta velocidad.

8. Externalidades en el transporte

8.1 Introducción

Una externalidad se produce cuando un agente lleva a cabo una acción de la cual se derivan unos efectos (positivos o negativos) que tienen un impacto en forma de beneficios o costes sobre otros agentes. La característica básica de una externalidad es que el agente causante de los efectos externos no está obligado a realizar ningún pago en concepto de indemnización a los afectados a quienes ha impuesto costes, o no tiene derecho a recibir una compensación por los beneficios generados.

En el capítulo anterior ya hemos distinguido entre externalidades pecuniarias y tecnológicas. Las primeras, de gran interés en el análisis de políticas públicas, aparecen en aquellas transacciones en las que los precios de los bienes y factores no reflejan los beneficios y costes sociales. Por el contrario, las externalidades tecnológicas no se producen por transacciones voluntarias, sino que la acción de un agente produce el efecto externo sobre otro agente que no participaba en la transacción de mercado. De hecho, en las actividades de transporte existen numerosos efectos externos causados por las infraestructuras, por las empresas productoras de servicios o por los usuarios de los mismos, que afectan a otros agentes económicos no directamente relacionados con el transporte.

Estas últimas son las externalidades en las que normalmente se centran las discusiones sobre efectos externos de esta industria, y a las que se dedica la mayor parte de este capítulo: accidentes, ruido y efectos medioambientales. No obstante, también se producen externalidades entre los propios usuarios del transporte, sobre las que igualmente se hablará aquí. Un ejemplo es la congestión que se produce en carreteras o vías urbanas con mucho tráfico en horas punta. En esta situación, de acuerdo con la definición anterior, estamos ante un efecto externo: cada automovilista, al utilizar la carretera, está causando un perjuicio al resto de usuarios de la vía, al ocupar un espacio y hacer que disminuya la velocidad media del conjunto de vehículos. Esto es claramente una externalidad, ya que el individuo no tiene que pagar ninguna compensación a los demás por este perjuicio. No obstante, pueden señalarse diferencias entre este tipo de externalidad y, por ejemplo, el caso de la contaminación: en la situación de congestión son los propios usuarios los que se causan perjuicios entre sí, mientras que las personas afectadas por los contaminantes emitidos al realizar actividades de transporte no perjudican recíprocamente a los contaminadores. Por ello, en ocasiones se habla de externalidades "internas" a la industria del transporte para referirse a estos efectos que los usuarios se causan entre sí.

Existen numerosas razones por las que tiene interés analizar los efectos externos generados por el transporte. En primer lugar, resulta necesario tener en cuenta las externalidades negativas para conocer el uso dado a los recursos naturales en la función de producción de las actividades de transporte y estimar con exactitud los costes sociales de las mismas, tal como fue descrito con detalle en los capítulos 2 y 3. La información sobre los costes totales derivados del movimiento de personas y mercancías en cada modo de transporte es fundamental para determinar si los niveles de producción y los precios son los adecuados, una vez que se incluyen los efectos externos que habitualmente no son considerados por las empresas productoras.

Una segunda razón, muy relacionada con la anterior, consiste en determinar si el reparto modal es el óptimo desde un punto de vista social, es decir, si el equilibrio entre modos de transporte que se observa en una determinada situación es el más adecuado para optimizar el uso de los recursos, o si debe introducirse algún mecanismo corrector para alterar dicho reparto modal.

Finalmente, la medición de los efectos externos tiene también una dimensión relacionada con temas de equidad: se trataría de determinar cuáles son las compensaciones que, al menos idealmente, deberían recibir aquellos agentes afectados por externalidades negativas. La elaboración de cuentas sociales del transporte, en las cuales se incluyen los costes asociados a las externalidades, es una práctica habitual en algunos países. Este tipo de cuentas tiene como fin último evaluar si deben introducirse tasas o impuestos para corregir efectos externos, y si los recursos obtenidos mediante estos mecanismos son suficientes para compensar (potencialmente) a los agentes afectados por efectos externos negativos derivados del transporte, tales como el ruido o la contaminación, en lo que sería una aplicación del criterio de Kaldor-Hicks comentado en el capítulo anterior. La cuantificación de los efectos externos resulta compleja en la práctica, como se discutirá más adelante, por lo que no existe generalmente un consenso sobre la validez de las cuentas sociales como base para el cálculo de pagos compensatorios.

Una medición empírica adecuada de los efectos externos derivados del transporte puede servir para llegar a conclusiones firmes en las discusiones sobre la optimalidad del reparto modal que se observa en la práctica en cada mercado. Hay dos debates recurrentes sobre estos temas. El primero de ellos se refiere a la utilización del automóvil privado frente al transporte público en entornos urbanos: ¿se utiliza en exceso el vehículo privado, desde el punto de vista de la congestión de las ciudades y los niveles de contaminación? El segundo debate se plantea al analizar el transporte interurbano de mercancías, y la discusión es si el transporte por carretera tiene un peso excesivo frente a otros modos alternativos, como el ferrocarril o el transporte marítimo, que son en principio menos contaminantes y podrían aliviar los problemas de congestión en las carreteras.

8.2 Las externalidades en las actividades de transporte

El estudio de las externalidades en la industria del transporte suele centrarse en los efectos negativos debido a la mayor magnitud de los mismos. Sin embargo, una cuantificación completa de los efectos externos debería considerar tanto los negativos como algunos efectos positivos, que también se generan por las actividades de transporte y las infraestructuras necesarias para el desarrollo de estas actividades.

8.2.1 Externalidades positivas

En primer lugar, puede señalarse que la existencia de infraestructuras y la oferta de servicios regulares de transporte de pasajeros y mercancías hacen aumentar la productividad para el conjunto de empresas de un país. Aunque algunos de estos efectos generales podrían encuadrarse dentro del concepto de externalidad (en aquellos casos en los que los agentes beneficiados no realizan un pago directo por los efectos externos que mejoran su bienestar o sus cuentas de resultados), en otros casos estos efectos son pagados por los usuarios al comprar los servicios de transporte, o pagar por el uso de las infraestructuras. Como vimos en el capítulo anterior, en los análisis cuantitativos sobre proyectos de transporte y en la elaboración de cuentas sociales se debe ser cuidadoso con la medición de este tipo de efectos, ya que su impacto se recoge de forma indirecta al evaluar otras magnitudes derivadas de mejoras en las infraestructuras, por lo que debe evitarse su doble contabilización.

Un segundo tipo de externalidad positiva en la industria del transporte son los ahorros de tiempo que los usuarios de un servicio regular generan para los demás viajeros al entrar a utilizarlo. Este es el denominado "efecto Mohring" que se presentó anteriormente en el capítulo 5, y que puede darse en aquellos modos de transporte en los que se produce la llegada aleatoria de vehículos a las paradas dentro de una ruta en función de las circunstancias del tráfico (autobuses urbanos), pero también en cualquier modo de transporte regular con horarios fijos (transporte aéreo, ferrocarril, etc.). En estos últimos modos, los efectos Mohring consistirían principalmente en que una mayor disponibilidad de servicios, derivada de una demanda creciente, permite a los usuarios un mejor ajuste entre sus preferencias de horarios de salida y la oferta que realizan las empresas.

8.2.2 Externalidades negativas

La lista de efectos externos negativos que se derivan de las actividades de transporte es larga, debido a los numerosos impactos que esta industria genera. Los problemas más evidentes son la contaminación atmosférica (tanto a nivel local o regional, como los efectos que se causan a nivel global, como el denominado "efecto invernadero") originada por todos los tipos de vehículos al quemar combustibles, y el ruido generado por los motores de dichos vehículos. Pero también las infraestructuras necesarias para el desarrollo de las actividades de transporte tienen un impacto sobre el medio ambiente y sobre el bienestar de agentes que no son usuarios de dichas infraestructuras.

Los debates sobre externalidades en esta industria suelen centrarse en el transporte por carretera (automóviles y camiones), señalados como los principales causantes de los problemas de contaminación atmosférica y de accidentes por la magnitud en volumen de víctimas y daños materiales. No obstante, también se generan externalidades negativas en todos los demás modos de transporte, tal y como se refleja en el cuadro 8.1, donde se resumen los principales problemas causados por las distintas actividades de transporte.

Desde el punto de vista del impacto sobre el coste social, en la lista de efectos externos del cuadro 8.1 destacan tres elementos principales que van a ser analizados en el resto de este capítulo. En primer lugar estudiaremos la congestión, causada por la existencia de una demanda muy alta para la utilización de las infraestructuras de transporte en momentos puntuales del tiempo. En segundo lugar veremos algunos efectos medioambientales de las actividades de transporte, entre los que destacan por su importancia cuantitativa la contaminación atmosférica y la acústica, aunque pueden señalarse muchos otros. Finalmente analizaremos los accidentes, que deben considerarse dentro del problema de las externalidades del transporte, ya que tienen un impacto global para la sociedad, además de para las propias personas afectadas.

Cuadro 8.1. Principales externalidades en los distintos modos de transporte.

	Ferrocarril	Carretera	Aéreo	Marítimo y fluvial
Atmósfera	Contaminación en generación electricidad	Emisión contaminantes locales y globales	Contaminación zonas aeropuertos y polución global en atmósfera	Contaminación global en la quema de residuos fósiles
Utilización del territorio	Efectos barrera para la fauna	Efectos barrera y movimiento tierras para construcción	Efectos barrera de aeropuertos para la fauna	Modificación costas y cauces fluviales
Residuos sólidos	Cierre líneas, equipos obsoletos	Desguace vehículos viejos. Aceites usados. Materiales construcción carreteras	Aeronaves obsoletas	Buques obsoletos
Agua	Desvío de cursos naturales para construcción infraestructuras	Contaminación aguas superficiales y subterráneas por residuos de pavimentos	Desvío de cursos naturales para construcción infraestructuras. Drenaje pistas	Desvío de cursos naturales para construcción canales. Efecto barrera en costas y modificación playas
Ruido	Problemas en entornos de estaciones y vías	Problemas en grandes ciudades y entornos de carreteras	Problemas en entornos de aeropuertos y zonas de aproximación de aeronaves	—
Accidentes	Descarrilamientos y choques. Posibilidad de vertidos de sustancias contaminantes	Elevado número de víctimas mortales y heridos. Vertidos de sustancias contaminantes	Accidentes de elevada gravedad en términos de víctimas mortales	Vertidos al mar de petróleo y otras sustancias contaminantes
Otros impactos	—	Congestión en vías urbanas o tramos determinados de carreteras	Congestión en aeropuertos. Retrasos para viajeros y costes para compañías	—

Fuente: OCDE, *Transport and the Environment*, París, 1988.

8.3 Congestión

Como se ha visto en capítulos anteriores, el problema de la congestión en el transporte surge por un desajuste puntual entre la demanda existente para la utilización de una infraestructura y la capacidad máxima de ésta para dar servicio a los vehículos o usuarios. Esta es una característica particular de esta industria, ya que en todos los modos de transporte la demanda raramente es constante a lo largo del tiempo. Por ello, la infraestructura se diseña con una capacidad determinada que, si bien puede ser modificada a largo plazo, en el corto plazo es fija.

Como se discutía anteriormente, la congestión puede considerarse como una externalidad en el sentido de que se genera por parte de unos agentes que no tienen en cuenta los costes que están imponiendo al resto de usuarios de la infraestructura. Pero esta es una externalidad que puede definirse como "interna" a la industria del transporte (dado que todos los usuarios que se ven afectados por un problema de congestión son a la vez causantes y sufren los costes asociados a la saturación de la infraestructura).

Debido a este carácter interno a la industria del transporte, los costes de congestión muchas veces son excluidos al realizar una cuantificación de las externalidades negativas generadas por el transporte. Si bien esta metodología puede ser apropiada cuando se elaboran cuentas sociales de la industria del transporte en su conjunto, la magnitud de estos costes hace que esta externalidad difícilmente pueda ser ignorada y que el análisis de los problemas de congestión sea altamente relevante. Igualmente, la búsqueda de soluciones para reducir los costes de congestión suele ser una de las principales preocupaciones de las autoridades responsables del transporte.

8.3.1 Congestión en transporte por carretera

La congestión suele asociarse principalmente al transporte por carretera, ya que es en este modo donde se manifiesta de manera más evidente, en forma de largas colas de vehículos saturando las carreteras en determinados periodos del día (horas punta), o en días concretos a lo largo del año (por ejemplo, salidas y regreso de vacaciones en las grandes ciudades). Si en un momento determinado el número de vehículos que utiliza una carretera se halla cercano al límite de su capacidad, el efecto es un peor nivel de servicio, que se traduce en velocidades medias más bajas y en tiempos empleados en los trayectos más elevados de lo normal. No obstante, los problemas de congestión son compartidos por otros modos de transporte y, así, también pueden encontrarse problemas de congestión en aeropuertos y en la utilización de infraestructuras portuarias.

La razón última del problema de la congestión es que la decisión de entrada a utilizar la carretera por parte de cada usuario se toma en función de sus beneficios privados, sin tener en cuenta los costes externos que se están imponiendo al resto de usuarios por utilizar la infraestructura. Debido a que el número de usuarios es normalmente elevado, resulta difícil utilizar algún tipo de mecanismo de coordinación para evitar el problema de la saturación de las vías. Algunos sistemas de gestión de tráfico tratan de proporcionar a los automovilistas información en tiempo real sobre el estado del tráfico en una determinada red, normalmente de ámbito urbano, con el objetivo de que las decisiones individuales tengan alguna coordinación, pero el éxito de estas soluciones para aliviar la congestión suele ser moderado.

Como ya se discutió en el capítulo 5 al estudiar los problemas de tarificación, una solución a corto plazo para situaciones de congestión de carreteras puede ser la aplicación de tasas de congestión que alivien el problema al disuadir la entrada de algunos usuarios. En caso de que no se aplique ningún tipo de corrección a través de tarifas adecuadas, el efecto observado será la saturación de las carreteras. A medio y largo plazo, las soluciones pueden ser acometer proyectos de ampliación de la infraestructura viaria, de forma que permita acomodar flujos de tráfico mayores, o tratar de desviar parte de la demanda hacia otros modos de transporte público alternativos (generalmente, autobuses, metro y ferrocarril son opciones para tratar de aliviar la congestión en entornos urbanos).

8.3.2 Congestión en transporte aéreo

Además de la carretera, el otro modo de transporte donde existen graves problemas de congestión es el transporte aéreo. La saturación de muchos aeropuertos, así como de las infraestructuras y servicios de control del tráfico aéreo (*air traffic control, ATC*) hacen que el problema de los retrasos para los usuarios de este modo se haya convertido en algo relativamente habitual.

Como ya vimos en el capítulo 5, a la hora de hablar de los problemas de saturación de los aeropuertos y retrasos en los vuelos, hay que distinguir entre dos conceptos diferentes: *escasez* y *congestión*. La escasez, o falta de capacidad de la infraestructura aeroportuaria es una de las razones para la existencia de congestión, pero no es su causa última. Si la capacidad de un aeropuerto —entendida ésta como la disponibilidad de pistas, terminales e instalaciones de ATC— limita la actividad del mismo a un número máximo de movimientos de aeronaves por hora, ésa es la demanda que podrá acomodar el aeropuerto. Las situaciones en las que un aeropuerto tiene escasez de capacidad son propicias a que el número de movimientos que se realizan en algunas horas del día se halle próximo al límite, y en esos casos es más probable encontrar problemas de congestión. Al igual que en la carretera, la congestión en aeropuertos se define como las interferencias que los usuarios de la infraestructura (en este caso, aeronaves) se causan entre sí.

La congestión en el transporte aéreo presenta algunas características particulares en comparación con el caso de la carretera. Los aviones no entran o salen de un aeropuerto de forma aleatoria como sucede en el caso de los automóviles que se incorporan a una carretera, sino que los movimientos están predeterminados de acuerdo a esquemas fijos que sólo se revisan periódicamente (la programación de vuelos se realiza generalmente para periodos de seis meses).

¿Por qué se produce congestión en el transporte aéreo? La raíz del problema es exactamente la misma que en el caso de la carretera: en un momento determinado, la demanda para la utilización de la infraestructura es superior a la capacidad máxima de la misma (medida en el transporte aéreo por el número máximo de movimientos por hora que puede realizarse en un aeropuerto, o en un determinado pasillo aéreo). Dado que los movimientos debían estar determinados *a priori* por el esquema prefijado y no sobrepasarían en ningún caso el límite de capacidad, la explicación para la existencia de mayor demanda que capacidad hay que buscarla en la existencia de múltiples perturbaciones que pueden hacer que esos sistemas de uso de la infraestructura deban ser alterados.

Supongamos el caso de un aeropuerto que tiene una programación de vuelos con un número de movimientos muy cercano al límite de capacidad durante la mayor parte de las horas de cada día. Si en un determinado momento no se produce la salida programada de varios vuelos, por causas diversas que se discuten a continuación, estos vuelos deberán ser recolocados en los siguientes periodos. La utilización de la infraestructura por parte de vuelos no previstos forzará el desplazamiento de otros vuelos que estaban previamente programados para determinadas horas de salida. Como puede observarse, una perturbación puntual en un aeropuerto genera un efecto en cascada de retrasos en muchos otros vuelos, que puede tener un efecto multiplicativo en la generación de problemas de congestión. De hecho, el análisis de los tiempos medios de retrasos para aeropuertos con problemas de congestión a lo largo de un día suele mostrar estos efectos de acumulación de retrasos, de forma que, como resultado, los vuelos con salida en horas al final de los periodos punta presentan retrasos mayores.

¿Cuáles son las causas que originan los retrasos de vuelos? El problema de la congestión en el transporte aéreo resulta complejo, ya que la multiplicidad de agentes involucrados y los efectos de red que se generan dentro de un conjunto de aeropuertos hacen que existan diversos motivos que pueden causar retrasos en la salida o llegada de vuelos. Entre ellos pueden señalarse como más importantes los siguientes:

1. *Saturación de las infraestructuras*: un aeropuerto con una programación de vuelos cercana al máximo de capacidad tiene más dificultades para acomodar las perturbaciones que puedan surgir.

2. *Relación entre aeropuertos*: dentro de una red de aeropuertos (por ejemplo, en Europa), la existencia de problemas en un aeropuerto causa dificultades a todos los demás. La imposibilidad de realizar aterrizajes de acuerdo al esquema prefijado en un aeropuerto de destino hace que los aeropuertos de origen deban inducir retrasos en sus salidas previstas (para evitar gastos innecesarios de consumo de combustible por espera de los aviones en vuelo). La necesidad de acomodar las salidas de vuelos retrasados inducirá retrasos a su vez en otros aviones con destinos diferentes al aeropuerto causante del problema.

3. *Configuración de las rutas de las compañías*: los servicios ofertados por las aerolíneas están diseñados para optimizar la utilización de sus flotas y tripulaciones, de manera que un mismo avión en un día puede efectuar una rotación a lo largo de varias rutas (por ejemplo, entre los orígenes y destinos *A-B*, *B-C*, *C-D* y *D-A*). La existencia de problemas de congestión en cualquiera de estos puntos *A*, *B*, *C* y *D* puede hacer que el avión no llegue a tiempo al siguiente aeropuerto de destino. De esta forma, el tamaño de la flota y las plantillas de las compañías también son factores que afectan al problema de los retrasos.

4. *Limitación de capacidad de los sistemas de control de tráfico aéreo* (ATC): los problemas de saturación de la capacidad no se limitan exclusivamente al espacio físico disponible en los aeropuertos y al tamaño y número de las pistas, sino que también hay factores que pueden limitar el máximo movimiento de aeronaves, como puede ser la infraestructura de ATC. Por otra parte, el transporte aéreo tiene un marcado carácter internacional, lo cual hace que los movimientos de aeronaves no dependan exclusivamente de la infraestructura y capacidad disponibles en un país, sino que se vean afectados por los sistemas de ATC de todos los países con los cuales existe conexión. Como en muchas otras infraestructuras de red, la capacidad global de movimientos en un sistema internacional viene marcada por el peor de los sistemas nacionales, que puede generar problemas de congestión para el resto de países.

Las conclusiones que pueden extraerse de este análisis de la congestión en el transporte aéreo son, en primer lugar, la mayor complejidad del problema en comparación con la carretera, y la dificultad para identificar en cada caso a los agentes causantes de los problemas. Ello hace difícil la intro-ducción de mecanismos correctores como puede ser la imposición de tasas o multas para corregir la congestión, si bien no invalida completamente la posibilidad de aplicación de mecanismos de precios.

Una segunda idea, común en este caso con la carretera, es que la elimina-ción completa de los retrasos en el transporte aéreo puede conllevar unos cos-tes que superen a los beneficios que derivarían los usuarios. Así, por ejemplo, la ampliación de las infraestructuras puede resolver en principio los problemas de congestión, pero debería hacerse en todos los aeropuertos de un sistema que causan dificultades, lo cual puede resultar muy costoso y no necesa-riamente permitiría alcanzar los objetivos previstos. La ampliación de la ca-pacidad de un aeropuerto, por otra parte, puede contribuir más a resolver problemas de demandas no atendidas por falta de capacidad, y no tener un impacto significativo sobre la congestión, si el aumento de capacidad induce la entrada de nuevas aerolíneas a ofertar servicios o permite a las compañías existentes ampliar sus frecuencias y sus rutas.

Otro factor que contribuiría a reducir los problemas de congestión sería la ampliación de flota por parte de las compañías, pero de nuevo sería nece-sario que los nuevos aviones sirvieran para reforzar las flotas disponibles y no para ofertar nuevos servicios, lo cual, desde un punto de vista social, puede suponer una utilización ineficiente de los recursos.

8.3.3 Cuantificación de los costes de congestión

Existen numerosos trabajos que tratan de evaluar los costes que se derivan de los problemas de congestión en carreteras, especialmente en entornos urba-nos donde dichos problemas son más graves. Los resultados presentan una gran variabilidad al estimar tanto los costes totales como los efectos margi-nales causados por la entrada de cada vehículo en un sistema, debido a la diversidad de metodologías empleadas en los estudios para la valoración de los costes.

En principio, hay dos tipos de costes generados por la congestión de carreteras: el exceso de tiempo que los usuarios invierten en sus desplaza-mientos, y el exceso de consumo de combustible por la circulación a veloci-dades muy lentas. La cuantificación de estos costes es relativamente simple si existe información suficiente sobre la red de carreteras que se pretende analizar. La disponibilidad de datos sobre intensidades medias de circula-ción por periodos horarios (flujo de vehículos) y sobre velocidades medias alcanzadas en las vías que tienen problemas de congestión, permite realizar estimaciones del tiempo extra que los vehículos invierten en los desplaza-mientos. Para ello, se requieren datos sobre recorridos medios por vehículo, y pueden estimarse las diferencias en tiempos para realizar dichos recorridos en condiciones de circulación fluida y con congestión.

De manera similar, las estimaciones sobre el exceso de consumo de combustible pueden aproximarse a partir de información sobre consumos medios a diferentes velocidades. Si bien el consumo depende mucho del tipo y edad de los vehículos, resulta factible utilizar valores medios que reflejen el consumo global de un parque de automóviles conocido.

Aunque la cuantificación física de los efectos externos causados por la congestión, en términos de tiempos y consumos extra realizados por los vehículos, sea relativamente sencilla, las principales dificultades para cuantificar los costes surgen al introducir valoraciones para los recursos. En particular, la cuantificación de los costes del tiempo plantea serios problemas desde el punto de vista metodológico, ya que idealmente la valoración correcta serían los costes de oportunidad de los tiempos perdidos por la circulación en condiciones de congestión. Los costes de oportunidad varían mucho de acuerdo con los individuos que realizan los viajes y, especialmente, según los motivos de viaje. Por ejemplo, una hora perdida por una persona que utiliza el vehículo por trabajo tendría normalmente un valor más elevado que si esa misma persona está realizando un viaje de ocio, como vimos en el capítulo 4.

Las metodologías empleadas para valorar monetariamente los excesos de tiempo suelen basarse en estudios sobre motivos de viaje realizados sobre muestras representativas de individuos, grado de ocupación media de los vehículos, y valores medios del tiempo para cada motivo de viaje. El valor del tiempo suele tomar como referencia el salario medio por hora y trabajador (que se supone una buena medida del coste de oportunidad de viajes realizados bajo congestión, en el sentido de que el tiempo invertido en el desplazamiento impide al trabajador la obtención de un pago salarial por ese tiempo que podía haber dedicado a trabajar), e introducir correcciones al alza y a la baja *ad hoc* para diferentes motivos de viaje: desplazamientos a/desde el trabajo, desplazamientos dentro del horario de trabajo, viajes por negocios, ocio, compras, etc.

Los resultados de los estudios realizados de acuerdo con esta metodología suelen indicar que los costes derivados de la congestión de carreteras son muy elevados. En los países desarrollados, se obtienen cifras globales que sitúan estos costes en torno al 2% del PIB de cada país,[1] si bien, como se ha señalado, las valoraciones varían considerablemente de acuerdo a los supuestos realizados sobre el valor de los tiempos derivados de la congestión.

---

[1] Esta cifra, así como otras presentadas en este capítulo, proceden del informe de la OCDE, "Internalising the Social Costs of Transport", *European Conference of Ministers of Transport* (*ECMT*), París, 1994.

Para otros modos de transporte, los costes derivados de la congestión presentan cifras inferiores al caso de las carreteras, aunque con valores relativamente elevados, especialmente en el caso del transporte aéreo. Para dicho modo, la cuantificación de los costes de congestión pasa de nuevo por evaluar y valorar los tiempos extra perdidos por los viajeros a consecuencia de los retrasos en los vuelos, pero también de los costes que suponen dichos retrasos para las compañías aéreas (en términos de los costes de oportunidad de los tiempos extra empleados por las flotas de aviones y las plantillas).

En los modos de transporte con horarios regulares de salida y llegada de vehículos a las terminales, la cuantificación de los tiempos derivados de problemas de congestión requiere la existencia de datos precisos sobre los retrasos sufridos por los vehículos. A partir de dicha información y del número de viajeros afectados, la estimación de los tiempos totales gastados por problemas de congestión resulta muy sencilla. Para aquellos otros modos de transporte en los cuales las condiciones de tráfico tienen un efecto importante (autobuses urbanos, transporte de mercancías por carretera), la evaluación de los costes de congestión necesita apoyarse en datos y supuestos similares al caso de la congestión que sufren los vehículos privados que se ha descrito anteriormente.

8.4 Efectos medioambientales

Las actividades de transporte tienen toda una serie de efectos negativos sobre el medioambiente, entre los cuales destacan por su importancia cuantitativa la contaminación atmosférica y la generación de ruido, que son los que van a ser analizados aquí en mayor detalle. No obstante, hay otros efectos permanentes causados por el transporte en el medio ambiente, como puede ser la utilización de espacios físicos y la intrusión visual que tienen las infraestructuras de transporte.

8.4.1 La valoración del impacto medioambiental

La valoración de impactos para los cuales es difícil establecer reglas de valoración objetivas por la ausencia de mecanismos de mercado suele acometerse utilizando métodos que permitan conocer las preferencias de los individuos afectados. Existen diferentes formas de aproximar la valoración de bienes para los que no existen mercados explícitos, a partir del examen de mercados que puedan considerarse alternativos. Como ya vimos anteriormente en el capítulo 4, las dos técnicas más utilizadas son los métodos de preferencias reveladas y declaradas:

1. El método de *preferencias reveladas* consiste en utilizar valores o aproximaciones indirectas "reflejadas" en acciones o decisiones tomadas por los individuos en mercados relacionados con el que se quiere estudiar. Por ejemplo, para tratar de evaluar cuánto valoran monetariamente los individuos la disponibilidad de zonas verdes y aire puro pueden estudiarse las diferencias de precios de las viviendas en relación con su cercanía a parques o zonas no urbanizadas, y la calidad media del aire en el entorno de las viviendas. Si bien resulta necesario controlar toda una serie de características que pueden afectar al precio de las viviendas, un estudio de este tipo puede ser útil para encontrar diferencias de precios tras aplicar los controles correspondientes, que indiquen la valoración de los bienes sin mercado explícito. Otro método alternativo es el denominado de "coste del viaje", que se basa en realizar encuestas a los individuos, para que proporcionen información de cuánto gastan en viajes para visitar zonas verdes del tipo que se trata de valorar. Los gastos en que se incurre son una aproximación a la valoración de estos bienes.
2. Alternativamente, otra de las formas utilizadas para tratar de valorar bienes para los que no existen mercados es el análisis de las *preferencias declaradas.* Este método consiste en la realización de encuestas en las que se pregunta a los individuos por su disponibilidad a pagar. Si bien los resultados obtenidos con este tipo de estudios suelen ser altamente sensibles a la forma en que se elaboran los cuestionarios y los escenarios planteados, con un diseño cuidadoso pueden alcanzarse aproximaciones bastante satisfactorias y contrastables con otros métodos.

En relación con los dos tipos principales de efectos medioambientales del transporte, la estimación de los impactos de la contaminación atmosférica se realiza habitualmente a partir de una cuantificación de las emisiones y de los costes asociados a las mismas, mediante estudios específicos sobre cada tipo de contaminante. En el caso de las emisiones acústicas, la valoración de los efectos negativos generados suele acometerse a través de los precios de mercado de las viviendas situadas en zonas afectadas por diferentes niveles de ruido. En ambos casos, tanto para los impactos de la contaminación atmosférica como acústica, la valoración de los impactos causados no es sencilla, debido a la multiplicidad de efectos que tienen estas emisiones.

Cuantificación de la contaminación atmosférica. El transporte es una de las principales actividades que contribuye a la polución del aire. En los países desarrollados, las emisiones de monóxido (CO) y dióxido de carbono (CO_2) y óxidos de nitrógeno (NO_x) generadas por las actividades de transporte suponen alrededor de un 70% del total de emisiones de dichos compuestos. También se generan otros contaminantes nocivos para el medio ambiente, como el dióxido de azufre y otros compuestos orgánicos volátiles diferentes del metano, si bien el transporte contribuye al volumen global de emisiones de estos últimos compuestos con porcentajes mucho menores que otras industrias.

La mayor parte de las emisiones se generan en el transporte por carretera, aunque la contaminación que se produce en términos relativos a la producción de servicios que se realiza no es despreciable para otros modos como el transporte aéreo o el ferrocarril. El cuadro 8.2 presenta un ejemplo que permite una comparación entre modos de transporte.

Cuadro 8.2. Emisiones por modo de transporte (viajeros).

Modo de transporte	Gramos por viajero-km			
	Dióxido de carbono (CO_2)	Monóxido de carbono (CO)	Óxidos de nitrógeno (NO_x)	Otros compuestos
Carretera	180	11	2,1	2,3
Transporte aéreo	160	0,28	0,71	0,31
Ferrocarril	78	0,13	0,46	0,30

Fuente: OCDE, "Internalising the Social Costs of Transport", *ECMT*, París, 1994. Los datos corresponden a Alemania.

Las cifras del cuadro anterior indican que la carretera es el modo más contaminante, para todos los compuestos considerados. Para el dióxido de carbono (CO_2), las emisiones del transporte aéreo por unidad de *output* se hallan en niveles muy cercanos a los de la carretera, y los niveles del ferrocarril no son tampoco despreciables aunque se hallen por debajo de la mitad de los otros dos modos. Para el resto de los contaminantes, las emisiones de aviones y ferrocarriles están muy por debajo de los niveles de los vehículos que utilizan las carreteras.

Las consecuencias de la contaminación atmosférica causada por las actividades de transporte pueden separarse en tres ámbitos: local, regional y efectos globales en toda la atmósfera. A nivel local, la polución tiene un impacto directo sobre la población que vive en zonas cercanas a las infraestructuras donde se desarrolla la actividad del transporte, y también sobre la fauna y flora de dichos entornos. Desde un punto de vista regional, la contaminación se traduce en efectos de tipo "lluvia ácida" que son causados principalmente por los óxidos de nitrógeno, junto a los óxidos de sulfuro. En relación al impacto global sobre la atmósfera, el dióxido de carbono es el principal contaminante derivado de las actividades de transporte y es uno de los compuestos causantes del "efecto invernadero".

La cuantificación monetaria de todos estos efectos derivados de la contaminación atmosférica resulta un problema muy complejo. En primer lugar, por la multiplicidad de los mismos, la determinación de los efectos no puede realizarse de forma directa por lo que generalmente se lleva a cabo a partir de modelos que simulan la difusión física de las emisiones a través de los distintos ámbitos (local, regional, global) a los que afectan.

Una segunda dificultad es la evaluación de los costes asociados a los distintos efectos de los contaminantes. De esta forma, las cifras de costes que generalmente se calculan para elaborar estimaciones de los costes sociales derivados de la producción de servicios de transporte incluyen los efectos de tipo local y regional. Los efectos de carácter global resultan generalmente imposibles de cuantificar monetariamente por la elevada incertidumbre sobre los impactos que las emisiones puedan tener a largo plazo. Incluyendo únicamente los efectos locales y regionales, las estimaciones para países desarrollados de los costes de la contaminación atmosférica generada por las actividades de transporte se sitúa en torno al 0,4% del PIB.

Cuantificación de los costes del ruido. Los niveles de ruido que sufren los ciudadanos de los países desarrollados se hallan generalmente muy por encima de los niveles considerados como aceptables por la Organización Mundial de la Salud. Utilizando la escala ponderada de decibelios (denotada por $dB(A)$), que consiste en una forma de medida del ruido que tiene en cuenta no sólo los datos obtenidos en lecturas de ruido sino el grado de molestia que supone cada nivel de intensidad del ruido, se considera que valores entre 55-65 $dB(A)$ representan un nivel sonoro molesto, y por encima de 65 $dB(A)$ son niveles no aceptables de ruido.

En la Unión Europea, se estima que aproximadamente el 20% de la población, que supone alrededor de cien millones de personas, sufre niveles de ruido por encima del límite de los 65 $dB(A)$, causados por la circulación de vehículos, y una cifra que ronda aproximadamente el doble vive en entornos con niveles de ruido considerados molestos. El transporte por carretera aparece de nuevo como el principal causante de esta externalidad, mientras que el ruido generado por el ferrocarril afecta a un 2% de la población, y el transporte aéreo a un 1%.

Las estimaciones disponibles para algunos países europeos parecen indicar que el problema del ruido no ha experimentado ninguna mejora en las últimas décadas, a pesar de los cambios tecnológicos introducidos en los vehículos, y en los esfuerzos por parte de algunos gobiernos para reducir las emisiones acústicas o dedicar recursos a disminuir los impactos sobre la población (por ejemplo, con la construcción de pantallas sonoras en los entornos de algunas vías urbanas y los barrios cercanos a los aeropuertos).

La cuantificación de los impactos causados por los niveles de ruido sobre la salud resulta más difícil de realizar que en el caso de las emisiones de contaminantes, ya que los efectos del ruido son más indirectos y se traducen en trastornos del sueño y problemas psicológicos asociados. La evaluación de los efectos suele realizarse con los precios de las viviendas afectadas por ruidos derivados de actividades de transporte. Los resultados disponibles presentan una gran variabilidad entre países, y se han obtenido cifras que oscilan ente el 0,1% y el 2% del PIB.

8.4.2 Mecanismos para la corrección de externalidades medioambientales

La corrección de cualquier efecto externo negativo puede llevarse a cabo con algún mecanismo que persiga que los agentes que generan el efecto internalicen los costes y realicen las acciones más apropiadas para minimizar los impactos generados. Desde principios del siglo XX, en la literatura económica se han discutido y analizado las externalidades negativas, generalmente asociadas a problemas medioambientales. A partir de estos análisis, se han desarrollado instrumentos para tratar de corregir los efectos externos derivados de la actividad de las empresas o los individuos.

Todas las externalidades negativas comparten unas características comunes: un agente realiza un uso de un recurso compartido por el cual, en principio, no tiene que asumir un coste directo, y esto le lleva a una sobreutilización del mismo, al no tener en cuenta los efectos negativos que está causando sobre el resto de usuarios del mismo recurso. La solución a este problema desde un punto de vista social no es impedir completamente el acceso al recurso al agente que causa la externalidad —ya que generalmente la actividad realizada estará produciendo algún tipo de beneficio para la sociedad—, sino buscar mecanismos para que la actividad se mantenga en un nivel de utilización óptimo, que debería determinarse considerando conjuntamente tanto los beneficios producidos como los efectos negativos generados.

En las actividades de transporte existen numerosos ejemplos concretos que ilustran este problema de externalidades negativas, como la emisión de contaminantes que son liberados a la atmósfera por los vehículos, o la contaminación de las aguas que se produce en los puertos por los vertidos procedentes de los buques. Para realizar un análisis formalizado de los mecanismos correctores de una externalidad negativa, vamos a utilizar como ejemplo ilustrativo el problema del ruido, que constituye una de las principales externalidades generadas por el transporte.

El nivel óptimo de externalidad: el ejemplo del ruido. Supongamos el caso de una empresa de transporte que para prestar sus servicios utiliza una flota de vehículos que emiten ruido, causando molestias a determinadas viviendas cercanas a la actividad. Un ejemplo sería el caso de un aeropuerto, donde el movimiento de aeronaves genera emisiones acústicas que afectan a las personas que viven en la zona próxima al aeropuerto. El mismo tipo de problema puede trasladarse de forma directa a los casos de una empresa de transporte por carretera o una compañía ferroviaria.

El ruido presenta todas las características que definen una externalidad negativa: no tiene ningún coste para los agentes que lo generan, sin embargo causa problemas para los habitantes de la zona donde se realizan las actividades de transporte, ya que su calidad de vida disminuye y se ven afectados por los problemas de salud que puedan derivarse de las emisiones.

Formalmente, supongamos que la empresa que genera el ruido es la única en la industria (considérese el caso de un aeropuerto) y realiza una actividad que puede medirse con su nivel de producción q (por ejemplo, movimiento de aeronaves). La empresa tiene unos costes privados que dependen del nivel de actividad, y vienen dados por una función $C(q)$. Si la función inversa de demanda a la que se enfrenta la empresa es $p(q)$, la maximización de sus beneficios, definidos por la diferencia entre ingresos y costes $\Pi(q) = p(q)q - C(q)$, vendrá dada por la condición de igualdad entre el ingreso marginal y el coste marginal, o lo que es lo mismo, de igualar el beneficio marginal *privado* a cero:

$$\frac{d\Pi}{dq} = p + \frac{dp}{dq}q - \frac{dC}{dq} = 0 \,. \tag{8.1}$$

De acuerdo con el capítulo 6, la solución a la ecuación [8.1] proporciona el nivel de producción óptimo desde el punto de vista privado (q_m) cuando una empresa actúa como monopolista en una industria. Si la empresa actuase en un entorno competitivo, la regla anterior sigue siendo válida, aunque a medida que un mercado se hace más competitivo cada empresa pierde capacidad para afectar al precio y se comporta como precio-aceptante. En tal caso, $dp/dq = 0$, y la empresa se enfrentaría a una curva de demanda completamente horizontal; la regla de comportamiento óptimo [8.1] consistiría entonces en hacer que el precio se igualase al coste marginal.

En ambos casos (monopolio o entorno competitivo), si se evalúan los costes externos que supone la producción de transporte para los individuos que se ven afectados por el ruido, se podrá determinar una función de costes $C_E(q)$ que reflejará los daños que no son tenidos en cuenta por la empresa. Generalmente esta función es creciente, $dC_E / dq > 0$, reflejando el hecho de que los problemas para los usuarios se agravan al aumentar el nivel de actividad de la empresa. También supondremos que es una función convexa, $d^2C_E / dq^2 > 0$, indicando que el perjuicio para los agentes que sufren el ruido aumenta más que proporcionalmente con el nivel de producción q.

¿Cuál debe ser el nivel óptimo de actividad del aeropuerto desde el punto de vista de la sociedad en su conjunto? Para simplificar, consideremos que el excedente del consumidor que obtienen los usuarios del aeropuerto sea extraído completamente por la empresa, de forma que pueda suponerse que la curva que representa los beneficios privados derivados de la producción q representa también el bienestar social que se genera con el servicio de transporte (si bien, en un análisis cuantitativo riguroso, deberían incluirse tanto los beneficios privados como el excedente que obtienen los viajeros).

Naturalmente, para los agentes que sufren el ruido lo ideal sería hacer $q = 0$, para minimizar los costes que ellos soportan, mientras que la empresa desearía un nivel de actividad q_m, para maximizar sus ganancias y obtener un nivel de beneficios Π_m determinado por la expresión [8.1]. La existencia de esa renta privada Π_m indica que existen agentes económicos que se benefician de que se lleve a cabo la actividad de transporte, ya que están dispuestos a pagar por ello. Desde el punto de vista de la sociedad en su conjunto, la solución $q = 0$ no sería satisfactoria, ya que implicaría dejar a algunos individuos sin una actividad de transporte que desean (y por la que están dispuestos a pagar) por el hecho de que en la provisión de esos servicios se genera ruido que afecta a terceros.

La mejor alternativa para la sociedad sería tomar en consideración los costes externos $C_E(q)$ y determinar un nivel óptimo de actividad, que vendría dado al maximizar el beneficio social (denotado por W), definido en este contexto a partir del beneficio privado de la empresa y el coste externo, $W(q) = \Pi(q) - C_E(q)$. Derivando esta expresión obtenemos que el nivel de producción socialmente óptimo, q^*, se determina por la regla de igualar el beneficio marginal privado con el coste marginal externo:

$$ p + \frac{dp}{dq}q - \frac{dC}{dq} = \frac{dC_E}{dq}, \qquad [8.2] $$

o lo que es lo mismo, igualando el ingreso marginal privado a la suma de todos los costes marginales sociales (privados y externos).

En la figura 8.1 pueden identificarse gráficamente los equilibrios privado y social obtenidos. En ella se representan conjuntamente la curva de beneficio marginal para la empresa privada ($d\Pi / dq$), y la curva de coste marginal externo (dC_E / dq), siendo esta última creciente y convexa de acuerdo con los supuestos realizados.

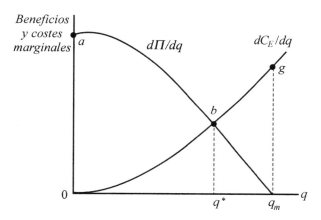

Figura 8.1. Producción óptima con una externalidad negativa.

La empresa privada desearía producir q_m, ya que en esa situación se satisface la condición dada por la expresión [8.1] y se obtiene el máximo nivel de beneficio como monopolista. Éste sería igual al área aq_m0, ya que la curva correspondiente representa el beneficio marginal y el área por debajo de ella expresa el beneficio total obtenido para cada nivel de producción. Si se tratase de un mercado en competencia, el análisis gráfico sería igualmente posible, aunque el nivel de producción privado respondería entonces a la regla precio igual al coste marginal y estaría a la derecha de q_m (no representado en la figura anterior).

El nivel de producción q_m elegido por la empresa privada supone para los agentes que sufren el ruido un coste cuantificado por el área $0gq_m$, por lo que el beneficio neto social obtenido en esta situación de monopolio privado estaría determinado por la diferencia entre las dos áreas, $W_m = aq_m0 - 0gq_m$.

El punto ideal para los individuos que asumen el coste externo sería $q = 0$, para minimizar el impacto del ruido que soportan, y con ello lograr que $C_E(q) = 0$. No obstante, si el aeropuerto no realizase ninguna actividad, el beneficio social que se obtendría en ese caso (W_s) sería nulo. Esta situación sin actividad del aeropuerto no sería necesariamente mejor que la derivada de la maximización del beneficio privado, dado que pueden darse fácilmente casos como el representado en la figura 8.1, donde $W_m > W_s = 0$.

El punto b de la figura anterior refleja la condición [8.2], determinando el nivel de actividad que sería óptimo desde un punto de vista social (q^*). Para esa cantidad de producción, la empresa obtiene un beneficio privado igual al área abq^*0, mientras que el coste social total es igual a $0bq^*$, proporcionando un beneficio neto social (W^*) igual al área $ab0$. Este beneficio es el máximo posible, ya que cualquier nivel de actividad por debajo de q^* reduce el coste externo C_E, pero también los beneficios privados, generando un área de beneficio neto social menor que $ab0$. Por tanto, la solución q^* determina el volumen óptimo de movimiento de aeronaves, una vez que se tienen en cuenta los efectos externos que se están causando a los individuos que sufren el ruido generado por la actividad del aeropuerto.

Este ejemplo del ruido generado por un aeropuerto muestra cuál es la clave para entender la situación que plantea cualquier tipo de externalidad negativa: se produce un *fallo de mercado*, en el sentido de que la empresa que realiza la actividad está utilizando un recurso productivo por el cual no debe realizar ningún pago. Esta falta de internalización de los costes conduce a que el nivel de producción privado (q_m) sea superior al que sería socialmente óptimo (q^*). En el caso del problema del ruido, el recurso que emplean las empresas de transporte no es fácil de definir —podría pensarse en el silencio o la "tranquilidad ambiental" como los recursos que las empresas consumen—, pero para otras externalidades, tales como la contaminación atmosférica o la polución de aguas, los recursos empleados son activos físicos claramente tangibles (aire puro, agua, etc.).

¿Cómo puede introducirse algún tipo de mecanismo para corregir una externalidad negativa? Existen tres formas básicas de solucionar este problema, que son desarrolladas a continuación: utilización de impuestos correctores, fijación de límites o estándares por parte de una autoridad reguladora y negociación entre agentes.

Impuestos pigouvianos. La primera forma de intervención pública para intentar resolver el problema planteado por una externalidad negativa tiene una larga tradición, y los impuestos que se aplican con el objetivo de introducir correcciones suelen recibir el nombre de "pigouvianos", ya que el primer tratamiento formalizado del problema se debe al trabajo pionero de Pigou.[2]

---

[2] El desarrollo original de esta idea se realizó en el libro de Pigou, A. C., *Economics of Welfare*, 1920; si bien el análisis de los impuestos pigouvianos puede encontrarse en cualquier manual de Microeconomía.

La idea en la que se basan estos impuestos es muy sencilla: para hacer que la empresa internalice los costes de una externalidad que está causando a otros agentes, una posibilidad es hacerle pagar un impuesto o tasa que refleje los costes externos no contemplados. Siguiendo con el ejemplo anterior para el caso del ruido, si se dispusiera de toda la información relevante sobre los costes derivados de la externalidad que deben asumir los individuos afectados, un impuesto pigouviano teóricamente perfecto se calcularía de forma que fuese dependiente del nivel de actividad de la empresa. De este modo, la empresa debería realizar un pago total por una cuantía total exactamente igual al coste externo que genera, $T(q) = C_E(q)$, lográndose así que tuviese en cuenta el coste de la externalidad de la misma forma que lo haría un planificador social.

Mediante la aplicación de este impuesto $T(q)$, que se añadiría a los costes de la empresa, la condición de equilibrio resultante de la maximización del beneficio vendría dada por la expresión [8.2]. Gráficamente, tal y como se muestra en la figura 8.2, la inclusión del impuesto en la función de beneficio de la empresa tiene el efecto de desplazar la curva de beneficio marginal de una forma no paralela (ya que la cuantía que se resta a la función es igual a dC_E / dq y, por tanto, va cambiando según sea el nivel de actividad). El equilibrio para la empresa, una vez que tiene en cuenta el impuesto pigouviano, será escoger el nivel de actividad socialmente óptimo (q^*).

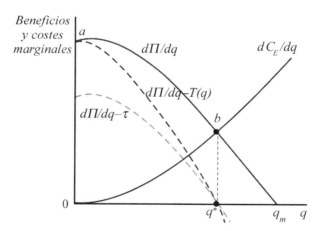

Figura 8.2. Solución con impuestos pigouvianos.

Un impuesto de tipo pigouviano menos sofisticado que el anterior podría ser un impuesto unitario constante, tal que $T(q) = \tau q$, que hiciera a la empresa reducir su nivel de producción con respecto a la situación en la que no tiene en cuenta la externalidad. Si la tasa τ por unidad de actividad se calcula adecuadamente, se podría lograr que la empresa fijase exactamente la producción deseada, q^*. Para ello, debería fijarse la tasa unitaria constante τ de forma que coincidiera con el coste marginal externo evaluado en q^*,

$$\tau = \left. \frac{dC_E}{dq} \right|_{q=q^*} , \qquad [8.3]$$

de manera que al multiplicar esta expresión por q se recaudase exactamente el coste externo total, $T(q^*) = C_E(q^*)$.

En ese caso, la empresa tendría como función objetivo maximizar los beneficios netos de impuestos, definidos por la siguiente expresión:

$$\Pi(q) = p(q)q - C(q) - \left(\left. \frac{dC_E}{dq} \right|_{q=q^*} \right) q . \qquad [8.4]$$

El efecto de este impuesto alternativo con tasa unitaria constante es provocar un desplazamiento paralelo de toda la curva de beneficio marginal de la empresa, ya que al calcular dicho beneficio marginal derivando la expresión [8.4] se comprueba que se está restando una cuantía fija τ igual a [8.3] para cualquier nivel de actividad (véase la figura 8.2). De este modo, al buscar el punto donde el beneficio marginal incluyendo el impuesto se hace cero, se obtiene la misma producción que con el impuesto pigouviano teóricamente perfecto $T(q)$, el cual, como se indicaba anteriormente, induce un desplazamiento no paralelo de la curva de beneficio marginal.

Este impuesto unitario constante τ calculado en función del coste marginal externo tendría una justificación muy similar a las tasas por congestión discutidas anteriormente en el capítulo 5. En el caso de congestión, la tasa óptima se calculaba en función del efecto marginal que cada vehículo causaba sobre el conjunto del resto de usuarios. En el caso de la externalidad, de forma análoga, el impuesto óptimo se calcula como el efecto marginal causado a todos los individuos afectados.

Pese a la aparente sencillez del mecanismo de impuestos pigouvianos, en la práctica no resulta fácil su aplicación debido a la existencia de problemas de información. Las dificultades surgen en la evaluación de los costes sociales que supone una externalidad negativa (porque los efectos generalmente son numerosos y complejos de evaluar), y también para obtener datos relativos a los costes y beneficios privados de la empresa. Por ello, la mayoría de impuestos pigouvianos aplicados en la práctica para la corrección de externalidades están basados en tasas simples unitarias del tipo $T(q) = \tau q$, donde τ se calcula con la mejor información disponible sobre los costes externos que se tratan de corregir.

Fijación de límites y estándares. Una segunda forma de intervención por parte de una autoridad reguladora para tratar de solucionar problemas de externalidades es la fijación directa de estándares o límites máximos de producción a los agentes que causan un problema. En el caso de la industria del transporte, esta forma de intervención es muy frecuente, y se traduce en normas sobre niveles máximos de emisión de contaminantes o ruido que cada vehículo no debe sobrepasar.

La utilización de límites como mecanismo para la corrección de externalidades es generalmente menos eficiente que los mecanismos de internalización mediante impuestos, ya que trata a todos los agentes por igual, con independencia del tipo de tecnología que se utilice y del nivel de actividad global de la empresa. Por ejemplo, la imposición de una limitación máxima de emisiones de humos por vehículo no discriminaría entre una empresa con una flota de numerosos vehículos de edad elevada, los cuales podrían individualmente cumplir cada uno de ellos la norma situándose en el límite máximo, y otra empresa con pocos vehículos de mayor tamaño y motores menos contaminantes. La introducción de un impuesto corrector que dependiera del nivel de contaminación total de las empresas probablemente sería un mejor mecanismo para hacer que la primera de ellas tuviera incentivos para renovar su flota de vehículos.

La fijación de estándares, no obstante, es una de las formas más habituales utilizadas por las autoridades reguladoras para tratar de corregir problemas de externalidades negativas. La relativa sencillez de la utilización de límites máximos es la razón básica que explica esta preferencia, ya que únicamente requiere la realización de algún estudio de evaluación de los efectos externos que sirva como base para la determinación de las normas a imponer a las empresas. Igualmente se requiere que, con posterioridad a la fijación de los límites, se realice una supervisión del cumplimiento de la norma.

Por otra parte, la aplicación de límites máximos y estándares no es incompatible con la utilización de impuestos de tipo pigouviano, y ambos tipos de medidas pueden aplicarse de forma simultánea. Una combinación de estándares e impuestos puede ser una mejor alternativa a la utilización exclusiva de los límites máximos, ya que permite introducir algún tipo de discriminación de acuerdo con el nivel de actividad de las empresas, a la vez que limita las emisiones de contaminantes o acústicas para cada vehículo utilizado. Por ejemplo, en el caso del problema del ruido generado por los aeropuertos, las soluciones empleadas en la práctica en algunos aeropuertos de grandes ciudades consisten en la aplicación de limitaciones en los horarios de actividad (para respetar las horas de sueño) y, simultáneamente, el uso de tasas de aterrizaje diferenciadas que discriminen entre distintos tipos de aeronaves, penalizando a aquellas cuyos niveles de emisiones acústicas son más elevados.

Negociación entre agentes. Una última forma para tratar de corregir una externalidad negativa es la propuesta por Coase (1960),[3] que consiste en atacar a la base principal del problema: las externalidades aparecen por la utilización de un recurso que tiene características de bien público y cuyos derechos de propiedad no están bien definidos. La solución, por tanto, puede consistir en una definición precisa de los derechos de propiedad sobre el recurso que es objeto de utilización excesiva por parte de algún agente. Una vez determinado quién es el propietario del recurso, en principio sería posible, al menos teóricamente, que los propios agentes resolvieran el problema de la externalidad a partir de un mecanismo de mercado.

El resultado más interesante de este planteamiento, que se conoce en la literatura económica como el *teorema de Coase*, es que la solución a la que se llegaría mediante la opción de otorgar a alguno de los agentes involucrados los derechos de propiedad sobre el recurso común es el socialmente óptimo. El equilibrio que se obtiene a través de la negociación entre las partes es el mismo que escogería un planificador para maximizar el bienestar social.

Un resultado adicional del teorema de Coase, que en principio parece contrario a la intuición, es que resulta irrelevante a cuál de las dos partes (empresa que causa la externalidad o individuos afectados) se asigne la propiedad. En principio, parecería más lógico asignar la propiedad del recurso común a aquellas personas afectadas por una externalidad negativa, para que fueran compensadas por el agente que causa dicha externalidad. Sin embargo, si los derechos de propiedad están claramente definidos y no existen costes de transacción que limiten la posibilidad de negociación entre las partes, la solución que se alcanza en términos del nivel de producción final es la misma, independientemente de que la propiedad la tengan los afectados o el agente que causa la externalidad.

Para demostrar formalmente estos dos resultados, podemos utilizar de nuevo el ejemplo anterior del caso del ruido generado por un aeropuerto. Supongamos inicialmente que se asignara la propiedad del recurso "tranqui-

---

[3] Coase, R., "The Problem of Social Cost", *Journal of Law and Economics*, 3, 1960, págs. 1-44.

lidad ambiental" a las personas que viven en el entorno del aeropuerto. En dicha situación, si la empresa que explota la infraestructura desea llevar a cabo su actividad se vería obligada a negociar con los propietarios del recurso para poder generar emisiones acústicas. Como fue discutido anteriormente en la figura 8.1, el nivel de actividad ideal para los individuos afectados por el ruido es en principio un punto como $q = 0$ (actividad nula y ruido cero). No obstante, la oferta de la empresa aeroportuaria de pagar todos los costes externos derivados del ruido y realizar, además, una compensación monetaria adicional puede hacer que los individuos estén dispuestos a aceptar un determinado nivel de ruido.

Consideremos que la empresa y los individuos negocian la compensación adicional utilizando la información respectiva sobre los beneficios derivados de la actividad del aeropuerto y los costes externos del ruido, y se reparten a partes iguales[4] el excedente neto que se obtiene para el nivel de producción elegido, el cual se define como la diferencia entre ingresos y costes sociales:

$$\Omega(q) = p(q)q - C(q) - C_E(q).$$ [8.5]

La empresa aeroportuaria, por tanto, tendría que pagar a los afectados por el derecho a emitir ruido una cantidad total igual a $C_E(q) + {}^1/_2\Omega(q)$, que dependería del nivel de actividad que escogiera.

Los beneficios obtenidos en este caso, que denominaremos *escenario A*, serían entonces:

$$\Pi^A(q) = \left[p(q)q - C(q)\right] - \left(C_E(q) + \frac{1}{2}\Omega(q)\right) = \frac{1}{2}\left[p(q)q - C(q) - C_E(q)\right].$$

[8.6]

Como puede comprobarse, la maximización por parte de la empresa de los beneficios definidos por la expresión [8.6] da lugar a una condición exactamente igual a la obtenida en [8.2], y consecuentemente el nivel de actividad elegido por la empresa será igual al óptimo social q^*.

La explicación de este resultado es que, a través del mecanismo de compensación introducido en la negociación con los afectados, la empresa ha internalizado el coste externo del ruido y tiene que considerar las emisiones acústicas como un *input* más dentro del proceso productivo.

---

[4] En la literatura sobre negociación, este reparto del excedente neto al 50% correspondería al equilibrio de Nash de un proceso de ofertas y contraofertas en el que ambas partes tuvieran el mismo poder de negociación.

Alternativamente, si en lugar de otorgar los derechos de propiedad a los afectados por el problema del ruido hacemos que la empresa sea la propietaria del recurso que hemos denominado "tranquilidad ambiental" (*escenario B*), se puede comprobar el segundo resultado del teorema de Coase: el equilibrio que se alcanza en términos de producción es de nuevo el óptimo social, q^*.

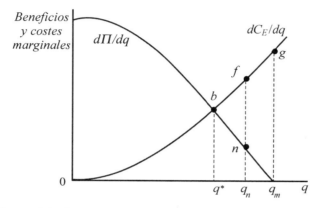

Figura 8.3. Ganancia neta con compensación a la empresa.

Puesto que en esta situación la empresa tiene los derechos de propiedad, no necesita negociar con los afectados para llevar a cabo su actividad, y en principio podría escoger el nivel de actividad q_m con el que maximizaba su beneficio privado sin tener en cuenta el efecto externo. No obstante, en la figura 8.3 puede observarse cómo existe de nuevo una ganancia neta potencial si las partes se sientan a negociar. Si en lugar de producir q_m, la empresa reduce su actividad hasta un nivel de operaciones tal como q_n, a los individuos afectados les disminuye el coste externo que soportan en una cuantía igual el área fgq_mq_n, mientras que la empresa ve reducidos sus beneficios en la cuantía nq_mq_n. Gráficamente puede comprobarse que cualquier producción inferior a q_m que sea igual o superior a q^* es una situación mejor para ambas partes, ya que las personas afectadas pueden compensar a la empresa por los beneficios perdidos y aún así tendrían una ganancia neta igual al área fgq_mn.

Puesto que ahora la empresa es la propietaria del recurso que va a utilizar, para que acepte introducir reducciones sobre el nivel de actividad que desearía idealmente realizar, los afectados deberían pagar a la empresa por los beneficios perdidos, y ofrecerle además alguna compensación adicional para incentivarle a aceptar el acuerdo. Si al igual que antes, las partes se sientan a negociar, el primer paso será evaluar las ganancias potenciales que pueden alcanzarse con una reducción de producción (área fgq_mn en la figura 8.3, para una reducción desde q_m hasta q_n).

De forma general, para una producción cualquiera q, la ganancia neta social con relación a la situación de máxima actividad q_m será:

$$\Phi(q) = \left[C_E(q_m) - C_E(q)\right] - \left[\Pi(q_m) - p(q)q + C(q)\right].\qquad [8.7]$$

Considerando que el equilibrio de la negociación es que los afectados pagan a la empresa una cuantía igual a los beneficios perdidos en relación con la producción q_m más el 50% de la ganancia neta $\Phi(q)$, y la empresa decide libremente la actividad que va a realizar, la función de beneficios en el *escenario B* vendría dada por:

$$\Pi^B(q) = \Pi(q_m) + \frac{1}{2}\Phi(q) = \frac{1}{2}\left[\Pi(q_m) + C_E(q_m)\right] + \frac{1}{2}\left[p(q)q - C(q) - C_E(q)\right].$$
$$[8.8]$$

La maximización de los beneficios proporcionados por esta expresión da lugar de nuevo a la condición [8.2], y consecuentemente, la empresa que posee los derechos para realizar cualquier nivel de emisiones acústicas optaría libremente por reducir la actividad del aeropuerto hasta el óptimo social q^* para maximizar su beneficio. En consecuencia, la internalización del efecto externo se produce en este caso a través de la compensación que recibe de los afectados: la empresa tiene garantizado que obtiene como mínimo el nivel de beneficio $\Pi(q_m)$ más una cantidad en función de la reducción de la actividad, que se hace máxima con q^*.

Este ejemplo muestra que una asignación de los derechos de propiedad sobre el recurso que genera el efecto externo hace que se alcance la corrección del fallo de mercado. Desde el punto de vista de la eficiencia es irrelevante a cuál de las dos partes (emisor de ruido o afectados) se asigne la propiedad, ya que la actividad final sería la misma y se obtendría el mismo excedente social neto. No obstante, las soluciones evidentemente no son simétricas desde el punto de vista de la equidad, y así en el *escenario A* los individuos afectados por la externalidad alcanzan un nivel de bienestar mayor que en el *escenario B*.

La posibilidad de aplicar en la práctica el teorema de Coase depende crucialmente del supuesto de ausencia de costes de transacción que no impidan la posibilidad de libre negociación entre las partes. Para que las partes involucradas puedan llegar a una solución que resuelva un problema de externalidades, deben darse una serie de condiciones necesarias, como son que el número total de agentes causantes y de aquellos otros que sufren la externalidad sea reducido para permitir una negociación, y que funcione correctamente el mecanismo de pagos por compensaciones.

En el caso de la industria del transporte, las externalidades suelen presentar la característica de afectar a grandes colectivos para los cuales no resulta fácil encontrar representantes, lo cual limita la posibilidad de alcanzar soluciones mediante mecanismos de negociación entre agentes. No obstante, pueden encontrarse ejemplos de externalidades particulares, como puede ser el caso de los aeropuertos, donde las soluciones para los problemas de ruido son en muchas ocasiones negociadas entre el productor de los servicios y los municipios afectados por la externalidad acústica.

8.4.3 Políticas aplicadas para corregir externalidades medioambientales

Los mecanismos de corrección de los efectos externos del transporte están habitualmente basados en la intervención de autoridades reguladoras que tratan de solucionar los problemas planteados mediante impuestos. Aunque se sabe que este tipo de mecanismos de corrección son imperfectos, al menos se consigue reducir los niveles de actividad para aliviar los problemas de externalidades y se recaudan ingresos que sirven, al menos potencialmente, para realizar compensaciones a los agentes afectados.

En el caso de las emisiones de contaminantes, la forma de tratar de corregir el impacto negativo, fundamentalmente causado por la carretera, es a través de impuestos que gravan el combustible. Si bien inicialmente este tipo de impuestos especiales pudo tener una motivación para la corrección de externalidades, la observación de que la demanda de combustibles es altamente inelástica ha llevado a los gobiernos a utilizar estos impuestos con fines fundamentalmente recaudatorios. Los tipos impositivos son habitualmente muy elevados (por encima del 100% del precio del fabricante) y no suelen estar apoyados en estudios sobre los costes externos derivados de la utilización de los combustibles.

Las políticas basadas en la fijación de estándares máximos de emisión sobre los fabricantes de vehículos nuevos, y también sobre todos los vehículos en circulación a través de las revisiones periódicas obligatorias, tienen una orientación más directa hacia la corrección de externalidades generadas por el transporte. Este tipo de medidas generalmente alcanza los objetivos perseguidos, si bien la imposición de estándares de emisión debe realizarse de forma cuidadosa, ya que si no se considera la respuesta esperable por parte de los usuarios, en ocasiones pueden provocarse efectos contrarios a los deseados.

Así, por ejemplo, cualquier medida que suponga al usuario un cambio de vehículo hacia modelos tecnológicamente más avanzados y menos contaminantes, pero también más costosos, puede dar lugar a que los individuos alarguen la vida útil de los vehículos existentes. Dado que los niveles de emisión de contaminantes varían mucho entre vehículos según la edad de los equipos, la prolongación de la vida de los automóviles puede dar lugar a una mayor contaminación total, como consecuencia de una norma de sustitución de vehículos que pretenda precisamente reducir el volumen de emisiones. En este sentido, cualquier medida que persiga reducir la edad media del conjunto de vehículos de un país, a través de incentivos fiscales para la renovación de vehículos antiguos por otros nuevos, resulta positiva desde el punto de vista medioambiental.

En relación con los otros modos de transporte distintos a la carretera, el nivel de intervención por parte de las autoridades reguladoras se limita generalmente a la determinación de estándares que se imponen a los fabricantes. Resulta significativo que dentro de la Unión Europea, para el caso del transporte aéreo, y en algunos países también para el ferrocarril, el consumo de combustible no se halla gravado, lo cual puede introducir distorsiones para los productores en la adopción de decisiones sobre el tipo de equipos a utilizar. La explicación a la falta de impuestos en estos modos de transporte debe buscarse en razones históricas, ya que en Europa estos dos mercados estuvieron durante décadas protegidos de la competencia, y únicamente operaban en ellos empresas públicas a las cuales se eximía del pago de impuestos sobre combustible como una forma de subvención indirecta.

Para el tratamiento de los efectos externos asociados con el ruido generado en las actividades de transporte, la intervención de los gobiernos es mucho más limitada que en el caso de los efectos de la contaminación atmosférica. Raramente se recurre a mecanismos basados en precios —salvo en el transporte aéreo, donde existen experiencias en algunos aeropuertos de utilización de tasas de aterrizaje variables en función de los niveles de ruido de las distintas aeronaves— y generalmente las intervenciones se apoyan en normas sobre estándares máximos de emisiones acústicas. Habitualmente, estas normas van referidas a los fabricantes de los equipos móviles, y en pocas ocasiones se realiza un control exhaustivo de los niveles de ruido causados por los usuarios de dichos equipos.

8.5 Accidentes

Por su propia naturaleza, todas las actividades de transporte conllevan un riesgo de sufrir algún tipo de accidente (numerosos vehículos moviéndose a una velocidad elevada y utilizando una infraestructura común). Ya sea por fallos mecánicos o, más frecuentemente, por la influencia del error humano, los accidentes sufridos por los vehículos son un suceso que se da en todos los modos de transporte. Sin embargo, no existe un consenso para realizar una evaluación sobre cuál es el modo de transporte con una menor probabilidad de accidente. Esto es así porque, por motivos tecnológicos, los distintos modos de transporte no son fácilmente comparables, lo cual hace que sea complejo tratar de buscar una variable de exposición común a todos ellos que refleje de forma adecuada sus características.

En estudios donde se emplea como variable de exposición el total de pasajeros-kilómetro transportados, el transporte aéreo aparece con las tasas de siniestralidad más bajas, ya que por sus características, en este modo de transporte se recorren distancias muy largas y la probabilidad de accidentes se concentra más en las fases de aterrizaje y despegue de los aviones que en la fase de vuelo. Por el contrario, el transporte por carretera encabeza la lista de modos menos seguros, de acuerdo con la variable de exposición "pasajeros-kilómetro". Estos resultados, no obstante, se ven alterados si se utiliza una medida de pasajeros-hora, o el número de movimientos realizados por los vehículos, como variables para relativizar el número de accidentes. El transporte aéreo, de acuerdo con estas medidas de exposición, aparece con tasas de siniestralidad similares al resto de modos.

En cualquier caso, en términos absolutos de números de víctimas y heridos que se producen en los accidentes de transporte, el problema fundamental en casi todos los países del mundo lo constituye el transporte por carretera (por el uso más intensivo que se hace de este modo en comparación con otros). En estudios realizados en la Unión Europea para evaluar los costes sociales derivados de los accidentes de transporte, éstos se sitúan en torno al 2,5% del PIB. En valores de mediados de los años noventa, los costes medios anuales de los accidentes en carreteras para el conjunto de países de la UE se cifraban en 15.000 millones de euros para los costes médicos, administrativos y de indemnizaciones; y en 30.000 millones adicionales correspondientes a las pérdidas de producción futura (netas de consumos) derivadas de la existencia de víctimas mortales y heridos. Por otra parte, los usuarios de las carreteras se mostraban dispuestos a pagar alrededor de 100.000 millones de euros por eliminar el riesgo de accidentes.

8.5.1 El problema de los accidentes en carreteras: la decisión individual

Un análisis de cómo los individuos toman sus decisiones de transporte en un escenario en que existen probabilidades conocidas y objetivas de sufrir un accidente muestra cómo este problema es muy similar en su raíz al analizado anteriormente de las externalidades medioambientales. Los usuarios de transporte que utilizan su propio vehículo para desplazarse tienen en cuenta algunos de los costes asociados a la posibilidad de tener un accidente, pero no todos, ya que en caso de que suceda un accidente, parte de dichos costes son trasladados al conjunto de la sociedad y a otros individuos. En consecuencia, la utilización del vehículo privado puede resultar excesiva desde un punto de vista social, al estar basada en señales de precios que no reflejan para el usuario todos los costes.

Para estudiar los costes asociados con los accidentes, podemos distinguir tres categorías principales:

1. Costes derivados de la pérdida de la vida, más los costes directos (gastos de traslados, funerarios, etc.) que deben asumir los familiares de la víctima. Estos costes se denotarán por C_1.
2. Pérdida de bienestar para familiares y amigos (denotada por C_2).
3. Costes de hospitalización de heridos, costes administrativos (gastos de policía, judiciales, etc.), y daños materiales a activos físicos, cuyo importe total se denota por C_3.

A partir de trabajos empíricos de estimación de los costes de accidentes, la categoría principal sería la primera, que para el caso europeo puede aproximarse el valor de C_1 en torno a 1-1,5 millones de euros para un accidente con una víctima mortal. La segunda categoría (C_2) se ha estimado en trabajos basados en el método de preferencias declaradas de disponibilidad a pagar por evitar el riesgo de accidente de una persona cercana, y los valores obtenidos están alrededor del 40% de la categoría anterior. La última categoría de costes (C_3), que son los que asume la sociedad en su conjunto, presenta un orden de magnitud muy inferior al de las dos categorías anteriores, entre un 5-7% del valor de los costes derivados de la pérdida de la vida y los costes directos, si bien no son cantidades despreciables.

¿Por qué los problemas derivados de los accidentes deben ser considerados como una externalidad? Parece obvio que las propias personas que se ven involucradas en un accidente son los principales afectados por el problema y quienes sufren los daños más importantes (pérdida de la vida, incapacidades permanentes y transitorias, pérdidas materiales, etc.), y podría considerarse que se trata de efectos internos para los propios usuarios del transporte. Por otra parte, algunos de estos costes son susceptibles de ser cubiertos a partir de la contratación de seguros y, por lo tanto, los usuarios del transporte pueden "aislarse" de los riesgos de accidentes, al menos de forma parcial.

Sin embargo, al tomar la decisión de utilizar un vehículo, cada agente no tiene en cuenta los costes de la categoría C_3 anterior, ya que no debe asumirlos. Aunque este tipo de costes sea de cuantía menor ya tenemos un primer efecto externo al hacer recaer una serie de costes sobre el conjunto de la sociedad. Pero existe otra externalidad importante y es que la entrada de un vehículo adicional en la red de carreteras hace elevarse la probabilidad de accidente *para todo el resto* de usuarios del sistema, y los usuarios no internalizan este efecto, ya que no existen costes visibles que deban asumir. Esto hace que la magnitud de los costes externos asociados a los accidentes sea mucho mayor de lo que en principio pueda parecer.

8.5.2 El problema de los accidentes en otros modos: la decisión de la empresa

Si en lugar de considerar la decisión de un agente individual de utilizar su vehículo privado, pasamos a analizar el problema de los accidentes en un contexto de modos de transporte público (autobús, ferrocarril, aéreo, etc.), donde el movimiento de vehículos no lo realizan directamente los propios usuarios sino empresas proveedoras de los servicios, nos encontramos que siguen existiendo los mismos elementos asociados a la externalidad que se han discutido anteriormente: hay una serie de costes que, en caso de producirse un accidente, no deben ser pagados por la propia empresa, sino que son transferidos al conjunto de la sociedad (todos los costes que antes se incluían en la última categoría C_3, como hospitalización de heridos o gastos administrativos).

En el caso de los accidentes de transporte público, existe una dimensión adicional que no se da en el transporte en vehículo privado, y es un problema de asimetría de información entre los usuarios de un servicio de transporte público y la empresa proveedora del mismo, acerca de las inversiones realizadas en el mantenimiento y supervisión de los vehículos.

Uno de los parámetros más importantes para reducir la probabilidad de accidente en cualquier modo de transporte es realizar revisiones periódicas del estado de los vehículos y las reparaciones necesarias, para tratar de evitar en lo posible los accidentes debidos a fallos mecánicos. Mientras que en el caso del transporte por cuenta propia, cada usuario utiliza un vehículo de su propiedad, y por tanto es el responsable de llevar a cabo estas actividades y tiene toda la información disponible, un usuario de transporte público generalmente desconoce qué tipo de mantenimiento se ha realizado en el vehículo que va a utilizar. La única información acerca de los aspectos de seguridad del vehículo de que pueden disponer los usuarios son señales externas muy imperfectas: edad media de la flota de una empresa, gastos realizados en mantenimiento si son publicados, o la reputación del operador, en términos del número de accidentes que haya tenido en el pasado.

Se plantea entonces, en la relación entre una empresa proveedora de servicios de transporte y sus usuarios un problema denominado de "riesgo moral". Los usuarios desearían que la empresa llevase a cabo el máximo esfuerzo en la revisión y mantenimiento de los vehículos, pero los costes derivados de esas actividades deben ser asumidos por la empresa, y ésta no deriva un beneficio inmediato de estas actividades. Por ello, los intereses de usuarios y empresa son contrarios en cuanto a las actividades relacionadas con la seguridad de los vehículos.

Por otro lado, en mercados con mucha competencia entre las empresas proveedoras de servicios, cualquier ventaja de costes puede servir para captar cuota de mercado de empresas rivales, a través de la oferta de mejores tarifas. Dado que los usuarios no van a tener acceso a la información sobre seguridad, se da también un problema de "selección adversa": si existen diversas empresas con servicios alternativos, los usuarios no podrán saber si están escogiendo una empresa segura u otra con mayor probabilidad de accidente, ya que su información se reducirá a las tarifas ofertadas y a las señales externas que puedan observarse.

Un análisis formalizado puede ilustrar mejor la naturaleza del problema de las externalidades asociadas a los accidentes de empresas de transporte público. Supongamos que todas las actividades de mantenimiento, supervisión y reparación de los vehículos puedan resumirse en una variable e que recogería el esfuerzo que la empresa realiza en dichas actividades (medida en términos de la inversión monetaria realizada, o en horas de trabajo empleadas, por ejemplo). Cada nivel de esfuerzo e tendría asociado un coste para la empresa dado por la función $C(e)$, con derivadas $dC / de > 0$, $d^2C / de^2 > 0$.

Si denotamos como π a la probabilidad de que uno de los vehículos de la empresa sufra un accidente, la variable e debe tener influencia en la reducción de este parámetro, por lo que podemos suponer que exista una función $\pi(e)$ que relacione ambos parámetros, con $d\pi / de < 0$ y $d^2\pi / de^2 < 0$. ¿Cuáles son los motivos que hacen que la empresa pueda tener interés en reducir la probabilidad de accidentes, llevando a cabo un esfuerzo que es costoso para ella?

Hay dos tipos de razones: por una parte, en caso de tener un accidente, la empresa va a tener que asumir unos costes directos por los daños materiales que sufra y por las indemnizaciones a los usuarios y otros agentes afectados. Usando la clasificación de costes de la sección anterior, podemos considerar que al menos parte de los costes de la primera categoría (C_1, valor de la pérdida de vidas y daños directos) deben ser cubiertos por la empresa a través de los seguros que contrate. Sin embargo, los costes de la segunda categoría (C_2, pérdida de bienestar para familiares y amigos) y tercera categoría (C_3, costes administrativos), raramente serán cubiertos a través de indemnizaciones y compensaciones. Consideraremos que todas las indemnizaciones pagadas por la empresa se recogen en una variable M, que representa todos los costes monetarios asociados con los accidentes.

El segundo tipo de pérdidas que tiene una empresa en caso de accidente es el daño que sufre en su reputación, de cara a los usuarios futuros. Si los usuarios desconfían de la compañía por la observación de varios accidentes, buscarán alternativas en otras empresas o incluso en otros modos de transporte (piénsese, por ejemplo, en los efectos que tiene en el tráfico aéreo cualquier accidente con víctimas). Por tanto, pueden evaluarse los beneficios futuros perdidos que definimos como B^F. Frente a este tipo de costes derivados de los accidentes, la empresa raramente podrá contratar un seguro para cubrirse frente al riesgo.

Los beneficios esperados para la empresa, de acuerdo con el nivel de esfuerzo realizado en el mantenimiento y la seguridad de sus vehículos, serían por tanto:

$$\Pi(e) = \big(1 - \pi(e)\big)\big[pq - C(q)\big] + \pi(e)\big(pq - C(q) - M - B^F\big) - C(e). \tag{8.9}$$

La empresa tomará la decisión de cuánto esfuerzo realizar en el mantenimiento de los vehículos para maximizar su beneficio dado por la expresión [8.9]. La condición de primer orden $d\Pi(e)\,/\,de = 0$ determina la regla de comportamiento óptimo desde el punto de vista de la empresa. Para determinar el nivel óptimo de mantenimiento e^m debe verificarse la condición:

$$-\pi(e^m)\big(M + B^F\big) = \left.\frac{dC}{de}\right|_{e=e^m}. \tag{8.10}$$

La interpretación de la condición [8.10] es inmediata: el nivel de esfuerzo en mantenimiento óptimo para la empresa es aquel para el cual el coste marginal de las actividades de mantenimiento se iguala con el beneficio marginal que la empresa deriva de ellas, en el sentido de que evita tener que incurrir en los costes de indemnizaciones (M) y las pérdidas potenciales de beneficios (B^F). Desde un punto de vista social, el nivel de esfuerzo privado e^m generalmente no va a resultar el más adecuado, porque en su cálculo la empresa no está teniendo en cuenta los costes externos que se generan en el caso de que ocurra un accidente, ya que dichos costes no van a tener que ser pagados por la empresa.

En particular, supongamos que el conjunto de usuarios del sistema obtiene del servicio de transporte una utilidad que podemos denominar U_0 en el caso de que no ocurra ningún accidente, mientras que si sucede un accidente, el conjunto de usuarios se reducirá, por lo que tendremos una utilidad agregada $U_1 < U_0$. Adicionalmente, si suponemos que hay n usuarios afectados en el accidente, podemos evaluar los costes totales sufridos como el importe $n(C_1 + C_2 + C_3)$, utilizando de nuevo las categorías de costes definidas anteriormente. Las compensaciones monetarias M no deben ser añadidas al evaluar el bienestar de los usuarios, ya que en principio van destinadas a la cobertura de los costes directos sufridos por las víctimas (nC_1).

Si definimos una función de bienestar social $W(e)$ como suma de los beneficios de la empresa y de utilidad total que obtienen los usuarios, podemos evaluar cuál es el efecto que tienen las actividades de mantenimiento realizadas por la empresa, y cuál sería el óptimo social.

$$W(e) = \left(1 - \pi(e)\right)\left[pq - C(q) + U_0\right]$$
$$+ \pi(e)\left[pq - C(q) - B^F + U_1 - n(C_1 + C_2 + C_3)\right] - C(e) \qquad [8.11]$$

Maximizando la función definida en la expresión [8.11], y definiendo $\Delta U = U_1 - U_0$ como la pérdida de utilidad que sufre el conjunto de usuarios, con $\Delta U < 0$, se obtiene el óptimo social e^* a partir de la condición de primer orden $dW(e^*)/de = 0$. En particular, esta condición adoptará la forma:

$$-\pi(e^\bullet)\left[B^F - \Delta U + n(C_1 + C_2 + C_3)\right] = \left.\frac{dC}{de}\right|_{e=e^\bullet}. \qquad [8.12]$$

La comparación entre las expresiones [8.10] y [8.12] lleva a la conclusión de que generalmente se va dar la situación $e^m < e^*$, ya que, como hemos mencionado antes, las indemnizaciones monetarias que paga la empresa en caso de accidente (M) no suelen cubrir ni siquiera la totalidad de costes directos, y por tanto se tiene que $M < -\Delta U + n(C_1 + C_2 + C_3)$, de donde se obtiene la relación entre las soluciones óptimas para la empresa y desde el punto de vista social.

La conclusión de este análisis sería que, en aquellos casos en que los incentivos derivados de los mecanismos de reputación no sean suficientes para llevar a las empresas a realizar los niveles óptimos de mantenimiento de sus vehículos, se van a dar situaciones en las que es deseable la intervención de un regulador externo que imponga obligaciones de mantenimiento y seguridad. La existencia de este tipo de instituciones reguladoras sirve como mecanismo para tratar de reducir los problemas de asimetría de información entre los usuarios y las empresas, y para tratar de resolver el problema de riesgo moral planteado en las acciones no observables de las empresas relativas a la seguridad de las actividades de transporte.

8.5.3 Políticas aplicadas para la reducción de accidentes

¿Qué posibilidades existen para tratar de solucionar los problemas descritos en las dos secciones anteriores? Tanto en el caso de las decisiones de utilización del vehículo privado como para las empresas de transporte público, la internalización de los costes externos por parte de los agentes que toman las decisiones es la fórmula para tratar de resolver o al menos aliviar las externalidades asociadas con los accidentes. Esta internalización no va a ser generalmente alcanzable de forma automática por mecanismos de mercado, por lo que es imprescindible la existencia de alguna autoridad reguladora que imponga obligaciones a los agentes causantes de las externalidades negativas.

La intervención de las autoridades reguladoras, por muy bien diseñados que estén los mecanismos, es imposible que logre reducir los accidentes a tasas nulas, ya que siempre va a permanecer un factor de aleatoriedad en las actividades de transporte. No obstante, el objetivo debe ser siempre reducir las probabilidades de siniestros al mínimo posible, teniendo en cuenta los costes asociados a las reducciones de dichas probabilidades de accidentes.

En el caso de las externalidades derivadas de las decisiones individuales, existen mecanismos de precios ligados a los esfuerzos de los conductores para minimizar el riesgo de accidentes, en forma de tasas que traten de reflejar los costes externos. Esta idea tiene una aplicación en el campo de los seguros, donde las compañías aseguradoras aplican contratos de distintos tipos que hacen que los individuos puedan elegir distintas fórmulas en función de su percepción del riesgo.

Por otro lado, estadísticamente se han identificado diferentes grupos de conductores que tienen mayores probabilidades de accidente que otros (especialmente de acuerdo a criterios de edad y antigüedad de los permisos de conducción). Las compañías de seguros realizan una diferenciación en las primas de seguros que ofertan a sus clientes, de forma que se penalicen comportamientos poco cuidadosos en la conducción, lo cual desde un punto de vista social resulta una práctica adecuada como mecanismo para tratar de que los individuos internalicen los costes externos asociados a los accidentes que generan.

En este sentido, la actividad de las autoridades reguladoras se halla muy limitada en cuanto a la aplicación de tarifas, y únicamente se reduce a promover este tipo de diferenciación por parte de las compañías aseguradoras. Donde el papel del sector público tiene una relevancia mayor es en la fijación de estándares relativos a aspectos que tienen influencia en las probabilidades de accidente o en la gravedad de sus efectos. Esta actividad se concreta en la elaboración de normas. En este sentido, algunos ejemplos de fijación de estándares pueden ser la imposición de límites máximos de velocidad de acuerdo con las características de las carreteras, la obligatoriedad del uso de los cinturones de seguridad para todos los pasajeros de un vehículo, la prohibición de consumir bebidas alcohólicas a los conductores por encima de límites estrictos, etc.

En el caso de los modos de transporte público, el papel de las autoridades reguladoras es crucial para tratar de resolver o minimizar el problema de información asimétrica que tienen los usuarios en cuanto a las condiciones de seguridad y mantenimiento de los vehículos. Como hemos visto anteriormente, en una situación de completa libertad de mercado, las compañías proveedoras de servicios que tratan de maximizar su beneficio pueden fácilmente no realizar niveles de esfuerzo adecuados en el mantenimiento de los vehículos. De este modo, se haría incurrir a los usuarios en un riesgo de accidente que probablemente estaría por encima del óptimo social.

La actividad de las instituciones reguladoras para corregir esta asimetría de información consiste de nuevo en la fijación de estándares mínimos de calidad y seguridad para los vehículos, que se traducen en obligaciones de mantenimiento, límites a la edad máxima de la flota de una empresa y, en algunos casos, supervisión externa directa de los vehículos, como puede ser el caso del transporte aéreo donde en muchos países la inspección técnica de las aeronaves es realizada por instituciones externas a las propias aerolíneas.

8.5.4 Efectos de la fijación de estándares sobre el comportamiento de los usuarios

Las políticas públicas para tratar de reducir la siniestralidad en el transporte por carretera han demostrado ser efectivas a lo largo del tiempo. Las mejoras tecnológicas incorporadas a los vehículos, unidas a las normas que limitan o condicionan el comportamiento de los conductores, han logrado que el número total de accidentes se vaya reduciendo a lo largo del tiempo en relación al volumen total de movimiento de vehículos, que es continuamente creciente.

No obstante, si se estudian las tasas de accidentes por kilómetro recorrido, las series disponibles para varios países muestran que la tendencia a la reducción no es tan marcada como cabría esperar y, lo que resulta más sorprendente, la incorporación de normas o mejoras que significativamente deberían tener un impacto en la reducción de las tasas de accidentes y gravedad de los heridos no se refleja claramente en los datos.

Una posible explicación para este fenómeno son los cambios que se producen en el comportamiento de los conductores cuando se introducen mejoras tecnológicas, ya que los individuos pueden asumir mayores riesgos al saber que conducen vehículos técnicamente más seguros.[5] Por ejemplo, la introducción de una norma haciendo obligatoria la instalación y uso de cinturones de seguridad en los automóviles puede lograr en principio una reducción de la probabilidad de muerte del conductor y los acompañantes, pero no siempre se consigue este efecto deseado.

Para ilustrar gráficamente esta idea podemos considerar un conductor representativo que obtenga aumentos de bienestar al circular a mayor velocidad media (V), ya que así se logra disminuir el tiempo de viaje, pero su bienestar se reduzca con la probabilidad de sufrir daños graves en un accidente (π). Supongamos que la función de utilidad $U(V, \pi) = (1 - \pi)V$ permite recoger las preferencias de este individuo. Esta función daría lugar a unas curvas de indiferencia crecientes, tal y como se representa en la figura 8.4, correspondiendo las curvas más altas a menores niveles de bienestar ($U_0 < U_1$).

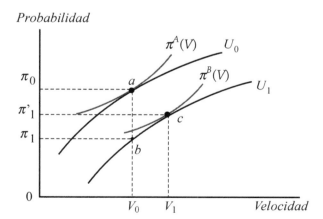

Figura 8.4. Efecto de la introducción de una mejora técnica de seguridad.

[5] Peltzman, S., "The Effects of Automobile Safety Regulation", *Journal of Political Economy*, 83, 1975, págs. 677-725.

Por otra parte, las características técnicas de los vehículos en cuanto a la seguridad hacen que exista una relación entre la velocidad y la probabilidad de daños en los accidentes, que inicialmente podemos representar con la función $\pi^A(V)$ y que podemos suponer creciente y convexa (ya que al aumentar la velocidad la probabilidad π aumentará más que proporcionalmente).

El conductor, dada esta relación entre velocidad y probabilidad de daños que viene determinada por la tecnología disponible en los vehículos, maximizará su utilidad situándose en un punto como a. En ese punto se ha escogido la velocidad óptima deseada V_0, que llevará una probabilidad asociada $\pi_0 = \pi_0^A(V_0)$.

Supongamos que se introduce una mejora técnica destinada a conseguir una reducción generalizada de la probabilidad de daños a los pasajeros en caso de accidente, como puede ser la incorporación de cinturones de seguridad, mejoras en la carrocería, *airbags*, etc. Para cada nivel de velocidad V, se tiene entonces una menor probabilidad de daños, pudiendo representar esta mejora como una nueva relación $\pi^B(V)$, con $\pi^B(V) < \pi^A(V)$.

Si la probabilidad de daños a los pasajeros antes de la mejora técnica se situaba en términos medios en un nivel π_0, sería esperable que se pasase a una situación de mayor bienestar social, con una probabilidad como π_1 (punto b en la figura 8.4). Pero si se realiza esta predicción, se estaría ignorando el posible efecto que la mejora técnica puede tener sobre el comportamiento de los conductores. Al disponer de vehículos más seguros, los individuos pueden optar por incrementar la velocidad media de circulación, con lo cual el efecto perseguido de reducción de la probabilidad de daños puede reducirse o incluso perderse totalmente. En el ejemplo de la figura, dada la nueva relación técnica $\pi^B(V)$, el conductor optimiza su comportamiento en el punto c, eligiendo una velocidad mayor $V_1 > V_0$ que hace que en el equilibrio la probabilidad sólo descienda hasta un nivel mayor al esperado ($\pi_1' > \pi_1$). En este caso particular se ha logrado reducir algo la probabilidad, pero puede comprobarse que, dependiendo de la forma de las curvas de indiferencia y la relación técnica $\pi^B(V)$, podría darse un equilibrio con la misma probabilidad π_0 que antes de introducir la mejora técnica, o incluso que la probabilidad final de daños fuera mayor que la inicial.

Esta teoría del cambio en el comportamiento de los conductores, que predice que tras la introducción de mejoras técnicas en los vehículos pueden aumentar los riesgos que asumen los conductores en lugar de reducirlos, parece estar respaldada por observaciones empíricas de cambios técnicos significativos. Así, por ejemplo, en Estados Unidos las tasas de accidentes mortales de conductores se redujeron notablemente tras la imposición de la obligatoriedad de la instalación de cinturones de seguridad en todos los automóviles, pero, simultáneamente, se observó un cierto aumento en las tasas de accidentes entre automóviles y otro tipo de vehículos (motocicletas, bicicletas, etc.), así como de accidentes en los que se veían afectados peatones. Estos resultados parecen confirmar que, efectivamente, el comportamiento de los conductores pudo verse afectado por la confianza en que el nuevo dispositivo mejoraba su seguridad y reducía su propia probabilidad de muerte en caso de accidente.

8.6 Lecturas recomendadas

Los problemas de externalidades y los mecanismos de corrección son temas ampliamente tratados en el análisis microeconómico general, ya que son de interés para muchas otras industrias además del transporte, y pueden consultarse en manuales como Segura, J., *Análisis microeconómico*, Alianza Editorial, 1988; o Stiglitz, J. E., *La economía del sector público*, Antoni Bosch, editor, 2002. Una evaluación de todos los tipos de costes externos del transporte se recoge en el informe de la Comisión Europea, "Hacia una tarificación equitativa y eficaz del transporte: opciones para la internalización de los costes externos del transporte en la Unión Europea", *Libro Verde*, supl. 2/96, 1996. Un análisis detallado de las externalidades medioambientales derivadas del transporte pueden encontrarse en Friedrich, R. y Bickel, P., *Environmental External Costs of Transport*, Springer-Verlag, 2001. Existen numerosos trabajos que han analizado temas relativos a la seguridad en transporte, véanse, por ejemplo, el trabajo original de Peltzman (1975) citado en el texto; Jones-Lee, M.W., "The Value of Transport Safety", *Oxford Review of Economic Policy*, 6, 1990, págs. 39-60; y Rose, N. L., "Profitability and Product Quality: Economic Determinants of Airline Safety Performance", *Journal of Political Economy*, 98, 1990, págs. 944-964. Para los problemas de congestión, se recomienda consultar las referencias contenidas en la lista de lecturas del capítulo 5.

8.7 Ejercicios

Ejercicio 8.1. Una empresa que gestiona un aeropuerto se enfrenta a una demanda para la utilización de la infraestructura dada por $q = a - p$, siendo q el número de movimientos diarios, y p la tasa aeroportuaria por aterrizaje. La empresa tiene unos costes operativos dados por $C(q) = cq$. En la actividad que lleva a cabo este aeropuerto se genera ruido que causa molestias a los vecinos de la zona, y cuyos costes se han evaluado en términos del movimiento de aviones, resultando en la función $C_E(q) = \alpha q + \beta q^2$.

(a) Utilizando estas expresiones generales, obtenga el volumen de operaciones q_m que elegirá la empresa para la maximización de sus beneficios, y compárelo con cuál sería el volumen óptimo social q^* si se tuvieran en cuenta los costes externos que se causan. Para el caso particular con $a = 100$, $c = 5$, $\alpha = 1$, $\beta = 0,5$, evalúe el bienestar social y los costes externos totales en los equilibrios privado (q_m) y social (q^*).

(b) Diseñe un impuesto pigouviano "perfecto" de tipo $T(q)$, y un impuesto alternativo simplificado basado en una tasa fija τ por movimiento de aeronave en el aeropuerto, para que la empresa internalice el coste del ruido y decida realizar el volumen socialmente óptimo de operaciones diarias q^*. Obtenga ambos impuestos para el caso particular anterior, y represente gráficamente los efectos que causan (como orientación véase la figura 8.2, pero represente exactamente el caso de esta empresa).

Ejercicio 8.2. En el mismo escenario del ejercicio anterior, suponga que los vecinos de la zona del aeropuerto tienen el derecho de veto sobre el movimiento de aeronaves, de forma que pueden paralizar completamente la actividad si no reciben compensaciones por los costes externos derivados del ruido.

(a) De acuerdo con el teorema de Coase, si la empresa aeroportuaria y los vecinos negocian dichas compensaciones a partir de la ganancia neta social de cada nivel de actividad $\Omega(q)$ (véase la ecuación [8.5]), se puede llegar a un esquema de pagos $P^A(q)$ que hace que la empresa encuentre adecuado el equilibrio social óptimo. Obtenga dicho esquema de pagos para este caso, y compruebe si la maximización de beneficios de la empresa se realiza con q^* movimientos diarios. Calcule el bienestar social obtenido, y cómo se reparte entre vecinos y empresa.

(b) En una situación diferente, en la que no existan derechos de veto y el gobierno no considere oportuno introducir impuestos para corregir externalidades, los vecinos podrían ofrecer a la empresa unos pagos $P^B(q)$ de acuerdo con el volumen de operaciones q para que se redujera algo el nivel de actividad y los problemas de ruido. Calcule el esquema óptimo de pagos que haga que se alcance q^*, y los beneficios de la empresa y los vecinos, comparándolos con los obtenidos en el apartado anterior.

Ejercicio 8.3. Una compañía naviera ofrece servicios para pasajeros en una ruta en régimen de monopolio legal. La compañía obtiene cada año un volumen de beneficio bruto de 1.000 millones u.m., considerando únicamente los costes operativos. Adicionalmente, cada año la empresa puede realizar una inversión variable en el mantenimiento y revisión de sus buques, contratando de forma externa un número de horas e de dichos servicios. La probabilidad de sufrir un accidente grave se reduce al aumentar el mantenimiento de los buques, de manera que viene dada por la expresión $\pi(e) = 0,1 - 0,0001e$. Los costes del mantenimiento y revisión son $C(e) = 10.000e^2$. Si se produce un accidente, la compañía debe hacer frente al pago de indemnizaciones por un importe de 1 millón, y la evaluación de la caída de demanda a largo plazo por la pérdida de confianza de algunos usuarios se calcula en 3 millones. Por su parte, los usuarios se enfrentan a unos daños totales valorados en 2 millones en caso de que se produzca un accidente, y la utilidad total que extraen del servicio de transporte baja de $U_0 = 5$ millones a $U_1 = 4,5$ millones (por el descenso de la demanda). Calcule cuál será el nivel de mantenimiento que escogerá la empresa para sus buques, y compárelo con cuál sería el nivel óptimo desde un punto de vista social.

9. Estructura de los mercados de transporte

9.1 Introducción

La estructura de un mercado de transporte puede definirse como el modelo de organización a través del cual se realiza la producción final de los servicios. En la configuración que cada mercado adopta en el mundo real hay causas fundamentadas en la tecnología de producción que determinan los costes y el grado de competencia factible, pero también hay otras causas que se derivan de las estrategias comerciales que siguen las empresas de acuerdo con el marco de intervención externa al que estén sometidas.

En general, en la configuración de la estructura de un mercado de transporte pueden distinguirse al menos cuatro elementos fundamentales: ¿quién tiene la propiedad de las infraestructuras?, ¿cuál es el número de empresas participantes en el mercado?, ¿cuáles son las reglas de competencia entre ellas? y, finalmente, ¿qué papel desempeña el sector público en la regulación de la actividad de las empresas y en la provisión de las infraestructuras?

Como respuesta a cada una de estas preguntas, cada modo de transporte suele presentar una estructura de mercado particular. Además, también pueden encontrarse diferencias entre países cuando se estudia la organización de un mismo mercado de transporte. ¿A qué se debe esta diversidad de modelos de organización en esta industria? ¿Qué implicaciones tiene cada modelo sobre el funcionamiento de los mercados de transporte?

Cuando adoptamos el punto de vista de maximización del bienestar agregado de una sociedad para determinar las mejores alternativas de provisión de un servicio de transporte estamos utilizando —en el lenguaje de la Teoría Económica— un *enfoque normativo*, a partir del cual se establecen cuáles son los resultados que idealmente se desearían alcanzar. Este es el punto de vista que se adopta en Economía del Transporte al abordar las cuestiones fundamentales de organización de esta industria, y también el que hemos seguido de forma general en muchas partes de este libro.

Frente a esa visión ideal, basada en el establecimiento de principios y reglas de referencia, el objetivo de este último capítulo es utilizar un *enfoque positivo*, que se refiere al análisis de lo que ocurre realmente en los mercados de transporte, en lugar de lo que debería ocurrir. La idea principal es identificar ahora cómo interaccionan los distintos elementos mencionados anteriormente en las diversas estructuras de mercado que observamos en cada modo de transporte, justificando así la existencia de modelos organizativos diferentes dentro de la industria del transporte.

La figura 9.1 resume estas ideas sobre los dos tipos de enfoque —normativo y positivo— que pueden adoptarse al analizar la estructura de los mercados de transporte. Al mismo tiempo, también sirve de esquema para describir las principales cuestiones que van a discutirse en este capítulo: el papel del Estado (entendido éste como la Administración pública en general) y del sector privado en la definición del modelo organizacional de un mercado de transporte, la competencia que se establece entre empresas dentro de cada modo (competencia intramodal) y el reparto de tráfico entre diferentes modos (competencia intermodal).

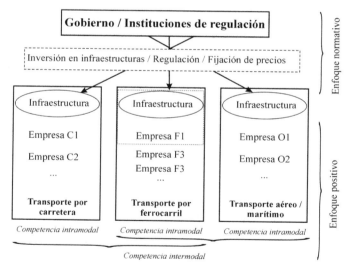

Figura 9.1. Análisis normativo y positivo de los mercados de transporte.

Habitualmente, en el análisis del papel del gobierno y de las instituciones de regulación del transporte se considera que el regulador es benevolente y se preocupa de la maximización del bienestar social. Esto permite concretar su comportamiento en unas reglas de actuación ideales sobre la inversión en infraestructuras y la regulación de la industria del transporte cuyos principios teóricos ya hemos discutido en capítulos anteriores. Desde un punto de vista positivo, lo que nos interesa en este capítulo, a modo de conclusión de este libro, es analizar qué modelos de organización particular aparecen con mayor frecuencia en cada modo, describiendo cuáles son sus elementos principales, así como sus posibles ventajas o desventajas.

9.2 El papel del sector público en los mercados de transporte

La principal razón que ha llevado desde su origen a la preocupación de los gobiernos por regular el funcionamiento de la industria del transporte es la importancia de esta actividad en sí misma y como soporte para el resto de la actividad económica. En la mayor parte de los países, la responsabilidad última de la provisión de los servicios de transporte recae en el Estado —tanto en el ámbito local como regional o nacional—, ya que se considera que los ciudadanos y las empresas tienen un derecho a la movilidad a lo largo del territorio, y se considera que este derecho debe garantizarse por parte del sector público.

No obstante, el hecho de que esta responsabilidad recaiga sobre el sector público no implica la necesidad de que la provisión de las infraestructuras y los servicios de transporte sea realizada directamente por empresas de propiedad pública, o que las autoridades deban tomar todas las decisiones requeridas para la realización de estas actividades. De hecho, en aquellos servicios de transporte en los cuales no haya problemas importantes de fallos de mercado (monopolios naturales, externalidades, etc.) que justifiquen la intervención pública, los equilibrios de mercado que se alcanzan a partir de la interacción entre empresas privadas y usuarios pueden ser perfectamente adecuados desde un punto de vista social, requiriendo únicamente intervenciones o ajustes menores. Por el contrario, en otros modos de transporte pueden darse algunas circunstancias que hagan necesaria (o al menos deseable) una participación más activa del sector público.

La intervención del gobierno en la industria del transporte puede realizarse a diferentes niveles, y así da lugar a distintos modelos de organización. De forma general, aunque pueden distinguirse diferencias dentro de cada uno de ellos, los mercados de transporte pueden organizarse de acuerdo con cuatro modelos principales: (*a*) monopolio público; (*b*) mercado regulado; (*c*) libre competencia entre operadores con provisión pública de infraestructuras; (*d*) provisión privada de infraestructuras y servicios. La figura 9.2 resume estos cuatro modelos, identificando de forma sintética las diferencias básicas entre ellos que serán desarrolladas a continuación.

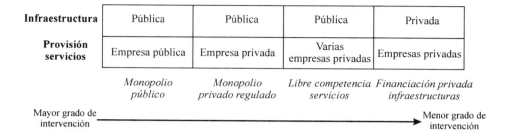

Infraestructura	Pública	Pública	Pública	Privada
Provisión servicios	Empresa pública	Empresa privada	Varias empresas privadas	Empresas privadas
	Monopolio público	*Monopolio privado regulado*	*Libre competencia servicios*	*Financiación privada infraestructuras*

Mayor grado de intervención ⟶ Menor grado de intervención

Figura 9.2. Modelos de organización de los mercados de transporte.

9.2.1 Monopolio público

El grado máximo de intervención de un gobierno en la industria del transporte es la organización del mercado como un monopolio público en el que el gobierno se encarga completamente de la provisión del servicio a través de una empresa pública. Con este modelo de control se garantiza que la empresa pública va a aplicar los criterios de inversión y tarificación que se consideren óptimos desde el punto de vista social, y además el gobierno puede disponer de gran parte de la información referente a los costes y a la demanda de servicios. Si a la empresa pública que opera los servicios de transporte se le asigna también la propiedad de la infraestructura, creando así una estructura verticalmente integrada, nos situamos en el modelo de mayor intervención sobre el diseño de la red de transporte y la determinación de los servicios a ofertar, como describe la figura 9.3.

Este modelo de organización es el que tradicionalmente se ha utilizado en muchos países europeos para los servicios de ferrocarril. Dadas las características tecnológicas de esta actividad, se ha considerado durante décadas que el mejor sistema de organización era el monopolio público integrado, con una gran empresa propietaria de la infraestructura y del equipamiento necesario para la provisión de los servicios. También existen otros ejemplos en el transporte aéreo, en países cuyo mercado doméstico sea principalmente atendido por una aerolínea pública sin competidores y donde además los aeropuertos sean propiedad del Estado. Aunque en este último ejemplo generalmente no se produce una integración vertical entre infraestructura y servicios, la coordinación entre los responsables de la compañía de servicios y los gestores de los aeropuertos puede ser prácticamente completa.

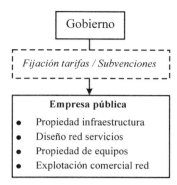

Figura 9.3. El modelo de monopolio público.

En el modelo de monopolio público integrado verticalmente, la fijación óptima de tarifas desde un punto de vista social lleva generalmente asociada la necesidad del pago de subvenciones a la empresa pública por parte del gobierno. Esto es debido a que, como se estudiaba en el capítulo 5, la fijación de tarifas iguales al coste marginal de producción no siempre permite la recuperación de los costes asociados a la infraestructura cuando ésta posee un componente muy elevado de costes fijos con relación a los costes variables. Las compensaciones a las empresas públicas en estos casos también pueden estar determinadas por las obligaciones de servicio público asociadas a estas actividades deficitarias, como vimos en el capítulo 6. Por ello, y especialmente en los casos mencionados anteriormente del ferrocarril y las aerolíneas cuando se emplea el modelo de monopolio público, el Estado determina las tarifas que estas empresas deben cobrar a los usuarios y simultáneamente paga subvenciones para la cobertura de sus costes.

¿Qué ventajas y desventajas presenta este modelo de organización del mercado? El análisis formal de un ejemplo simple resulta interesante para identificar los factores más destacados. Consideremos el caso de la red ferroviaria de un país, la cual se halla separada en dos subredes independientes (por ejemplo, por razones geográficas) que sólo tienen un punto único de conexión entre sí. Se puede entonces hablar realmente de las redes 1 y 2, las cuales tendrán cada una de ellas sus propios usuarios, y solamente aquellos pasajeros que cruzan todo el país harán uso de los servicios de ferrocarril simultáneamente en las dos redes.

Supongamos, además, para simplificar que todos los usuarios son idénticos y que la demanda de servicios es completamente inelástica. Dado un nivel de utilidad de referencia U_0 que se derive de cada viaje, el excedente que obtiene un usuario por un viaje en el ferrocarril de la red i (i = 1, 2) se define como la diferencia entre dicha utilidad y el precio generalizado (g):

$$EC_i(p,t) = U_0 - p - vt,$$ [9.1]

siendo p la tarifa que paga, t el tiempo invertido en el desplazamiento y v el valor unitario de dicho tiempo. Supongamos que hay q_1 usuarios en la red 1, q_2 en la red 2, y que las proporciones de estos viajeros que utilizan la otra red son α_1 y α_2 respectivamente (es decir, $\alpha_1 q_1$ viajeros de la red 1 usan también la red 2 y viceversa).

Pensemos que inicialmente estas dos redes ferroviarias fuesen explotadas por dos empresas independientes, con unos costes de infraestructura denotados por rK_1 y rK_2 que se derivan de la construcción y financiación de cada red, y unos costes marginales constantes de operación de los servicios, c_1 y c_2, respectivamente. Las empresas diseñan sus rutas y frecuencias de forma separada, lo cual hace que aquellos usuarios que desean utilizar las dos redes se vean obligados a invertir un tiempo de espera t_e en la conexión entre trenes de las dos empresas.

Si los precios del transporte ferroviario se regulan aplicando la regla de tarificación social óptima, igualando cada precio a los costes marginales, $p_i = c_i$ (i = 1,2), la provisión de servicios ferroviarios tendrá que recibir una subvención igual a los costes de infraestructura, $r(K_1 + K_2)$, ya que de lo contrario el servicio no podría subsistir. Suponemos que no existen problemas de asimetrías de información en cuanto a los costes, de forma que las tarifas están calculadas de acuerdo a los verdaderos costes marginales.

El bienestar social (W_n), definido como suma del excedente de los consumidores y los beneficios de las dos empresas, que se obtiene con este modelo de redes no integradas será entonces:

$$\begin{aligned} W_n &= EC_1(p,t) + EC_2(p,t) + \Pi_1 + \Pi_2 \\ &= q_1 \left[U_0 - c_1 - vt_1 - \alpha_1(c_2 + vt_2 + vt_e) \right] \\ &\quad + q_2 \left[U_0 - c_2 - vt_2 - \alpha_2(c_1 + vt_1 + vt_e) \right] - r(K_1 + K_2). \end{aligned}$$ [9.2]

Calculemos ahora el bienestar que obtendría la sociedad si se opta por cambiar el modelo de organización de este mercado y organizarlo como un monopolio público con una sola empresa que explotase las dos redes ferroviarias del país. Las ventajas que tiene este modelo sobre el anterior son fundamentalmente dos: (a) la empresa puede que obtenga algunos ahorros de costes, y (b) en principio, los servicios pueden coordinarse mejor entre las dos redes.

El ahorro potencial de costes se genera por la existencia de posibles costes comunes y de economías de escala. Consideremos que dichos ahorros se pueden conseguir sólo en los costes de infraestructura, de forma que la empresa pública integrada tiene una estructura de costes fijos dada por $(1 - \rho)r(K_1 + K_2)$, donde $\rho \in (0, 1)$ es un parámetro que mide la importancia de los ahorros de costes. Por su lado, las ventajas de la mayor coordinación entre las redes se traducirían en menores tiempos de conexión para los usuarios, que para simplificar podemos normalizar haciendo que el tiempo de espera sea nulo ($t_e = 0$), cuando los servicios se organizan por una única empresa.

Con estos supuestos simplificadores, el bienestar social proporcionado por esta industria bajo un modelo de organización de monopolio público sería:

$$
\begin{aligned}
W_m &= EC_1(p,t) + EC_2(p,t) + \Pi_m \\
&= q_1\left[U_0 - c_1 - vt_1 - \alpha_1(c_2 + vt_2)\right] \\
&\quad + q_2\left[U_0 - c_2 - vt_2 - \alpha_2(c_1 + vt_1)\right] - (1-\rho)r(K_1 + K_2)
\end{aligned}
\qquad [9.3]
$$

La ganancia social de bienestar al pasar del modelo no integrado al modelo de monopolio público de redes ferroviarias integradas se calcula entonces como la diferencia entre [9.3] y [9.2]:

$$
W_m - W_n = \left(\alpha_1 q_1 + \alpha_2 q_2\right)vt_e + \rho r(K_1 + K_2).
\qquad [9.4]
$$

El resultado anterior muestra que en este escenario en el que no hay problemas de observabilidad de los costes, la solución con una empresa única es preferible a la existencia de dos redes gestionadas de forma independiente, ya que $W_m - W_n > 0$. Las ganancias de bienestar son tanto mayores cuanto más grandes sean los grupos de usuarios que hacen uso de las dos redes (es decir, valores más altos para α_1 y α_2), más importantes los problemas de coordinación de los servicios (t_e) y más relevantes los ahorros de costes por integrar las dos redes (ρ).

Una segunda implicación de la expresión [9.4] es que, en principio, sería irrelevante la propiedad de la empresa monopolista: si no hay problemas de información en los costes, la solución de un monopolio público o privado con regulación coincidirían. Incluso considerando que existan asimetrías de información con un monopolio privado regulado, si estas asimetrías se refieren sólo a los costes de operación del servicio (c_1 y c_2), no supondría una desventaja desde el punto de vista social. Si la empresa lograra "engañar" al regulador presentando unos costes marginales mayores a los verdaderos que tiene ($c'_i > c_i$, $i = \{1, 2\}$), el único efecto sería que los precios para los usuarios serían más elevados y la empresa obtendría beneficios extraordinarios. Desde el punto de vista del bienestar social la solución en este modelo es la misma, ya que únicamente se trata de una transferencia de renta entre usuarios y empresa, si bien este resultado no es generalizable a otros contextos donde la demanda de transporte no sea completamente inelástica o la asimetría de información afecte también al nivel de subvenciones.

¿Qué problemas plantea el modelo del monopolio público? A pesar de las ventajas de información, posibilidades de explotación de economías de escala y mejor coordinación de los servicios, hay una desventaja fundamental cuya existencia se ha contrastado en la práctica en la mayoría de grandes empresas públicas de la industria del transporte que han operado en algún momento como monopolistas (compañías ferroviarias, aerolíneas, compañías navieras). Se trata de la aparición de problemas de *ineficiencia*, ya discutidos anteriormente en el capítulo 2.

En muchas ocasiones, la razón última de la existencia de ineficiencia en las empresas públicas es un problema de falta de incentivos. La organización pública del mercado hace que, generalmente, los gestores de las compañías no tengan una retribución ligada a los resultados que obtienen, por lo que su nivel de esfuerzo al perseguir la contención de los costes no es el adecuado, ya que cualquier déficit en el que pueda incurrir la empresa va a ser cubierto con fondos del presupuesto público.

Supongamos entonces que la empresa pública que explota el monopolio integrado por las dos redes tenga unos costes marginales superiores a los mínimos factibles: $c'_i > c_i$, $i = \{1, 2\}$. En este caso, la diferencia entre el bienestar social con el monopolio público y la solución no integrada sería:

$$
\begin{aligned}
W_m - W_n = &-(1-\alpha_1)q_1(c'_1 - c_1) - (1-\alpha_2)q_2(c'_2 - c_2) \\
&+\alpha_1 q_1\left[vt_e - (c'_1 - c_1) - (c'_2 - c_2)\right] \\
&+\alpha_2 q_2\left[vt_e - (c'_1 - c_1) - (c'_2 - c_2)\right] + \rho r(K_1 + K_2).
\end{aligned}
\tag{9.5}
$$

Puede comprobarse que, si aparecen ineficiencias de costes, no siempre es socialmente deseable utilizar el modelo de monopolio público, ya que pueden existir casos en los cuales $W_m - W_n < 0$. En la expresión [9.5] se observa cómo se ven afectados los diferentes grupos de usuarios por el cambio de modelo de organización. Los usuarios que sólo utilizan una de las dos redes (de los cuales hay un total de $(1 - \alpha_1)q_1$ en la red 1, y $(1 - \alpha_2)q_2$ en la 2) están peor si los servicios los proporciona un monopolio público, por verse obligados a pagar tarifas más altas, mientras que quienes hacen uso de las dos redes puede que prefieran dicho modelo, si los ahorros de tiempo derivados de las mejores conexiones les compensan la diferencia de tarifas. El último sumando de la expresión [9.5] refleja de nuevo la importancia de los ahorros de costes con la operación de la red integrada.

Otra razón que explica la ineficiencia que puede aparecer en los monopolios públicos se refiere a la dimensión de las redes de infraestructura. A pesar de que con el modelo de máxima intervención pública debería garantizarse en principio la aplicación de criterios sociales en la adopción de las decisiones de inversión, es frecuente que surjan problemas de dimensión excesiva en una red de transporte que sea propiedad de una empresa pública monopolista, debido a intereses políticos.

Estos problemas de ineficiencia en costes hacen que el modelo de monopolio público no sea siempre el más adecuado desde el punto de vista social, incluso si existen ventajas de costes y ahorros de tiempo por mejor coordinación de los servicios. A pesar de las mayores posibilidades de control del sector público, los mayores incentivos que la iniciativa privada genera en algunas áreas para la reducción de costes pueden llevar a que sea socialmente preferible que una empresa privada realice la provisión de los servicios, aunque ello obligue a crear alguna institución reguladora que, por definición, actuará con menos información para la determinación de tarifas y servicios óptimos que si la empresa fuese de propiedad pública. Estos motivos son los que han llevado en muchos países al cambio de modelo de organización de algunos de sus mercados de transporte, abriendo la posibilidad de entrada a operadores privados y fomentando la competencia entre ellos.

9.2.2 Monopolio privado regulado y contratos de concesión

Con el fin de solucionar los problemas de incentivos de las empresas públicas, un segundo modelo de organización de los mercados de transporte consiste en permitir la existencia de monopolios privados en la utilización de infraestructuras o la prestación de servicios de transporte. Esta estructura del mercado se utiliza en aquellos modos donde, por sus características tecnológicas, pueda resultar preferible la existencia de una sola compañía, bien porque no sea posible la competencia (debido a que los problemas de coordinación entre varios operadores en el uso de una infraestructura compartida superen a los beneficios de la competencia), o bien porque aunque puedan existir varios operadores, la competencia pueda resultar no deseable (como sucedía en los casos de competencia destructiva entre autobuses urbanos descritos en el capítulo 6). Esto no significa que en todos los casos deba operar una única compañía sobre la *totalidad* de la infraestructura. En ocasiones ésta puede dividirse en zonas o áreas, cada una de ellas servidas en régimen de exclusividad por un solo operador, pero de manera que existan varios operadores en la red (cuya información puede utilizarse a efectos de regulación).

Como muestra la figura 9.4, la base de este modelo sigue siendo que el sector público mantiene la propiedad de la infraestructura básica necesaria para dar el servicio de transporte, pero cede la explotación de dicha infraestructura a una única empresa privada. La forma más habitual para realizar esta cesión de derechos es a través de un *contrato de concesión* donde se detallan las reglas de uso de la infraestructura y las obligaciones de mantenimiento de la misma. Generalmente, la cesión de infraestructura se realiza a cambio de un pago o canon que la empresa concesionaria debe hacer al gobierno, y se le somete a una regulación de su actividad, para que no pueda explotar la posición de dominio del mercado que le concede el sector público al prohibir la entrada de otros competidores.

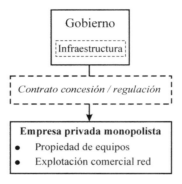

Figura 9.4. El modelo de monopolio privado regulado.

Mediante un mecanismo de subasta para ganar un contrato de concesión, el gobierno puede establecer lo que se denomina *competencia por el mercado*. Dado que en los modos de transporte en los que se aplica este modelo no es deseable o factible la existencia de competencia directa entre empresas, el objetivo es que al menos en la fase de selección de la empresa concesionaria se produzca una competencia entre varios candidatos, de forma que se otorgue el contrato a la mejor oferta recibida.

Existe una amplia literatura sobre contratos de concesión y los mecanismos de subasta empleados para la selección de concesionarios. Habitualmente, las variables más utilizadas en las subastas, sobre las que las empresas deben realizar ofertas, suelen ser las tarifas a cobrar a los usuarios, los pagos al gobierno en concepto de canon, las inversiones en ampliación y mejora de la infraestructura, o incluso el número de años que se desea mantener la concesión. En ocasiones, los concursos para otorgar un contrato de concesión se basan en ofertas unidimensionales, mientras que en otros casos se emplean criterios con múltiples variables, que se valoran de acuerdo con ponderaciones predeterminadas.

La utilización de subastas para otorgar contratos de concesión persigue salvar el problema de información asimétrica que existe bajo este modelo organizativo entre las empresas proveedoras de servicios y el gobierno. Mientras que en el modelo de monopolio público la presencia de una empresa pública garantiza el acceso directo a los datos de costes y de demanda, cuando el sector público decide optar por ser únicamente el responsable de la infraestructura, la información sobre costes del servicio y características de la demanda queda en manos de las empresas privadas. En la fase de subastas se persigue que las empresas revelen parte de esa información a través de sus ofertas, de manera que las tarifas que finalmente paguen los usuarios estén lo más cercanas posibles de los verdaderos costes de provisión de los servicios.

En este modelo de competencia indirecta o por el mercado, la renovación periódica de los contratos de concesión proporciona a las empresas concesionarias los incentivos necesarios para ser eficientes en costes (evitando el problema discutido anteriormente que sufren los monopolios de propiedad pública). Si una empresa proveedora de un servicio de transporte que dispone de una concesión exclusiva no es lo más eficiente posible, puede que los usuarios de estos servicios se vean obligados a pagar unas tarifas más elevadas que las mínimas factibles. Pero este problema se resolverá en la siguiente renovación de la concesión, ya que la oferta de otra empresa con menores costes en principio debe poder superar a la empresa ineficiente y ganar el concurso, permitiendo así una reducción de las tarifas para los usuarios.

Para analizar formalmente cómo las subastas de contratos funcionan como un mecanismo de revelación de información, consideremos un servicio de transporte cuya prestación en régimen de exclusividad se otorga a través de una subasta. Suponemos para simplificar que la demanda es inelástica a la tarifa y viene dada por un volumen fijo de usuarios anuales. El gobierno no tiene información sobre el coste de las empresas privadas, pero tiene como objetivo que la tarifa que paguen los usuarios esté lo más cercana posible al verdadero coste marginal. La única información disponible sobre costes es un intervalo de variación dentro del cual puede oscilar el verdadero coste marginal de cada empresa, $c_i \in [c_{min}, c_{max}]$. Además, cada empresa únicamente conoce su coste, pero no el de las empresas rivales.

El gobierno se plantea subastar un contrato de concesión con exclusividad por un periodo de T años, y pide a las empresas que presenten ofertas sobre qué precio unitario p desean cobrar a los usuarios por el servicio de transporte, cuyo nivel de servicio y condiciones técnicas están perfectamente

establecidos en el pliego de condiciones de la concesión. El contrato se concede a la empresa que realice la oferta con la tarifa más baja.

¿Cuál es la estrategia óptima que debe seguir cada empresa para presentar su oferta? Existen dos efectos que cada candidato debe valorar: en ausencia de costes fijos, si una empresa realiza una oferta con una tarifa por
encima del coste marginal, $p > c_i$, puede obtener beneficios extraordinarios
durante todos los años que dure la concesión si gana la misma, por lo tanto
resulta interesante hacer una oferta con precio alto. Pero, por otro lado, la
presentación de una oferta con un precio elevado hace que disminuya
la probabilidad de ganar el contrato, ya que otro competidor puede hacer
una oferta más baja y llevarse la concesión.

La forma de determinar la oferta más adecuada es realizar el análisis en
términos del beneficio esperado que obtiene una empresa de acuerdo con la
tarifa que oferte, $\Pi_i^e(p_i)$, y presentar a la subasta aquella tarifa p_i que maxi-
mice este beneficio. La única dificultad que plantea el cálculo de la función
$\Pi_i^e(p_i)$ es determinar cuál es la probabilidad de ganar el concurso con cada
oferta p_i. Si se conoce el número de empresas que concurren a la subasta,
esta probabilidad puede calcularse con algún supuesto sobre la distribución
de probabilidad de los costes marginales de las empresas.

Consideremos que únicamente haya dos empresas que quieran dar el
servicio de transporte. La probabilidad de que la empresa 1 obtenga el contrato de concesión es igual a la probabilidad de que su oferta de tarifa esté
por debajo de la oferta de la otra empresa, es decir:

$$\text{Prob } (Ganar\ subasta) = \text{Prob } (p_1 < p_2). \qquad [9.6]$$

Supongamos que las empresas utilicen una regla lineal para calcular sus ofertas, esto es, a partir de su verdadero coste marginal c_i, cada empresa $i = \{1, 2\}$
realiza una oferta dada por:

$$p_i = a + bc_i. \qquad [9.7]$$

En la regla definida por la expresión [9.7], $a \geq 0$ y $b \geq 0$ son los parámetros que se obtendrán de la solución del modelo y cuyo valor determina el
tipo de ofertas que serán presentadas (por ejemplo, $a = 0$ y $b = 1$ equivale
a ofertar un precio igual al coste marginal). Para poder resolver el modelo,
se supone que existe simetría entre los dos participantes en cuanto a la regla para el cálculo de las ofertas, de forma que la oferta p_i de cada empresa
será diferente a la oferta de la otra, al depender de su propio coste, pero
ambas emplean la misma regla de decisión con los mismos parámetros
a y b.

Utilizando una distribución de probabilidad uniforme[1] definida sobre el intervalo de costes $[c_{min}, c_{max}]$, la probabilidad de que la empresa 1 gane el concurso según [9.6] es igual a la probabilidad de que su oferta p_1 sea inferior a la oferta p_2. A partir de la regla [9.7] de determinación de las ofertas, este suceso tiene la siguiente probabilidad:

$$\text{Prob}\,(p_1 < a + b c_2) = \text{Prob}\left(c_2 > \frac{p_1 - a}{b}\right) = 1 - \text{Prob}\left(c_2 \leq \frac{p_1 - a}{b}\right). \qquad [9.8]$$

La expresión [9.8] permite observar cómo la empresa 1 no sabe con certeza qué precio debería ofertar para ganar el concurso, dado que c_2 es información desconocida para ella. Pero conociendo el rango $[c_{min}, c_{max}]$ de posibles costes que puede tener la otra empresa y las probabilidades asociadas a cada valor del coste, la probabilidad de ganar el concurso se puede calcular y depende inversamente de la propia oferta de tarifa (a mayor valor p_1 ofertado, la probabilidad de ganar el concurso se hace menor, y a la inversa).

Puesto que la única información de que dispone la empresa 1 sobre el coste marginal de la empresa 2 es que c_2 se distribuye de manera uniforme, la mejor estimación de la probabilidad de ganar la subasta con una oferta p_1 puede calcularse utilizando la función de distribución $F(\cdot)$ que sigue c_2:

$$\text{Prob}\,(p_1 < p_2) = 1 - F\left(\frac{p_1 - a}{b}\right) = \left(\frac{c_{max} - \dfrac{p_1 - a}{b}}{c_{max} - c_{min}}\right) = \frac{a + b c_{max} - p_1}{b(c_{max} - c_{min})}. \qquad [9.9]$$

A partir de esta expresión, es posible obtener la función $\Pi_i^e(p_i)$. El beneficio esperado será igual a la suma de beneficios de cada periodo (que al no considerar cambios en la demanda a lo largo del tiempo puede expresarse como el beneficio de un periodo multiplicado por T), ponderada por la probabilidad de ganar el contrato:

$$\Pi_1^e(p_1) = (p_1 - c_1)\, q T \left(\frac{a + b c_{max} - p_1}{b\,(c_{max} - c_{min})}\right). \qquad [9.10]$$

---

[1] La utilización de una distribución de probabilidad uniforme facilita los cálculos por la sencillez de su función de distribución: $F(X) = \text{Prob}\,(x \leq X) = (X - c_{min})/(c_{max} - c_{min})$. Esto implica suponer que todos los posibles valores para el coste marginal entre c_{min} y c_{max} tienen la misma probabilidad, lo cual representa la situación de máxima desinformación del gobierno y de las empresas rivales acerca del coste marginal que pueda tener la empresa i.

La maximización de la función $\Pi_1^e(p_1)$ con respecto a p_1 proporciona la condición de primer orden:

$$\frac{(a + bc_{max} - p_1) - (p_1 - c_1)}{b(c_{max} - c_{min})} = 0, \qquad [9.11]$$

y simplificando esta condición se obtiene la regla para el cálculo de la oferta óptima:

$$p_1 = \frac{bc_{max} + a}{2} + \frac{c_1}{2}. \qquad [9.12]$$

Combinando las expresiones [9.7] y [9.12] para identificar los coeficientes a y b, se obtiene que, en la solución óptima, debe ser $a = 0,5c_{max}$ y $b = 0,5$. Por tanto, la regla de decisión para cada una de las dos empresas que participan en la subasta será fijar su tarifa de acuerdo con la siguiente función:

$$p_i(c_i) = c_i + \frac{c_{max} - c_i}{2} \quad ; \quad i = 1, 2 \qquad [9.13]$$

La expresión [9.13] muestra que la regla óptima para las empresas no es ofertar su verdadero coste marginal c_i, lo cual les llevaría a obtener un beneficio esperado nulo. Por el contrario, cada empresa hace una oferta por encima de su coste marginal, y el margen que carga sobre c_i depende de la diferencia entre su verdadero coste c_i y el valor máximo posible para el coste (c_{max}) que el gobierno y la otra empresa rival pueden suponer que la empresa tiene. El término ($c_{max} - c_i$) / 2 que se añade al coste marginal es la *renta de información* unitaria que la empresa ganadora de la subasta puede esperar obtener, y es el resultado de buscar un equilibrio entre elevar la tarifa ofertada para hacer esa renta lo más grande posible, pero simultáneamente no reducir en exceso la probabilidad de obtener el contrato.

Para generalizar el análisis a un contexto con n empresas en lugar de dos, el único elemento que hay que variar en todo el desarrollo anterior es la probabilidad de ganar el concurso con una oferta p_i. A partir de la expresión [9.9] obtenida para dos empresas, si existieran n empresas, puede deducirse que la probabilidad de que la empresa i gane el concurso es igual a la probabilidad del suceso en el que la oferta p_i esté por debajo de las $n - 1$ ofertas del resto de empresas:

$$\text{Prob}\,(p_i < p_1; p_i < p_2;...;p_i < p_n) = \left[1 - F\left(\frac{p_1 - a}{b}\right)\right]^{n-1} = \left(\frac{bc_{max} + a - p_1}{b(c_{max} - c_{min})}\right)^{n-1}$$

[9.14]

Modificando la expresión de la función de beneficios esperados $\Pi_1^e(p_1)$ de acuerdo con esta nueva probabilidad de ganar el contrato de concesión, maximizando dicha función e identificando nuevamente los coeficientes a y b se obtiene la siguiente regla para la determinación de las ofertas óptimas:

$$p_i(c_i) = c_i + \frac{c_{max} - c_i}{n} \quad ; \quad i = 1, 2, ..., n$$

[9.15]

De la expresión anterior se derivan varios resultados interesantes. En primer lugar, puede observarse cómo la renta de información que la empresa ganadora de la subasta puede esperar obtener depende del número n de empresas que presentan ofertas, de forma que cuánto mayor sea el número de candidatos, la renta de información se hace menor. En el límite, si n fuese infinito, la renta de información sería igual a cero y la tarifa que se fijaría por parte del monopolista privado que oferta un servicio de transporte a través de una concesión sería igual al coste marginal.

Mientras que el número de candidatos sea pequeño, puede esperarse que la tarifa que pagan los usuarios se halle por encima del verdadero coste marginal, haciendo que la empresa concesionaria obtenga algún beneficio extraordinario. Ese beneficio es el "precio" que gobierno y usuarios deben pagar por la falta de información que existe en este modelo de organización del mercado. Pero estas rentas de información pueden ser un precio aceptable para conseguir la mayor eficiencia que aportan las empresas privadas frente a la alternativa de crear un monopolio público, donde la tarifa se fijaría de acuerdo al verdadero valor de c_i, pero puede fácilmente suceder que dicho coste sea mayor que el mínimo factible.

Una segunda implicación de la solución anterior es que las ofertas de las empresas son crecientes en sus costes, $dp_i / dc_i > 0$. Esto hace que si se verifica que todas las empresas de una industria presentan sus ofertas de acuerdo con una regla simétrica como [9.15], la empresa más eficiente será la que gane el contrato de concesión, ya que aquella empresa con menor coste c_i presentará la oferta con un precio p_i más bajo.

Este último resultado indica que el mecanismo de competencia por el mercado garantiza un incentivo a la eficiencia dinámica: si la empresa que consigue un contrato de concesión se despreocupa de controlar que sus costes no crezcan más que en el resto de la industria, en la siguiente subasta para la renovación del contrato puede verse desplazada por un rival más eficiente. Los usuarios se verían así beneficiados por el mecanismo de subasta, que consigue que las ganancias de eficiencia sean periódicamente trasladadas a las tarifas en cada renovación de la concesión.

9.2.3 Libre competencia en la provisión de servicios

Cuando existe la posibilidad de que haya competencia entre varios operadores que utilizan una infraestructura compartida, el modelo anterior de organización del mercado como un monopolio privado puede transformarse en un modelo de cesión de derechos de utilización de una infraestructura de propiedad pública a varios operadores. Esta forma de organización resulta preferible a la anterior si el número de empresas es suficientemente grande, ya que los problemas de falta de información del gobierno o de las instituciones de regulación para la determinación de las tarifas óptimas son resueltos a partir de la competencia entre las empresas.

La intervención pública en este caso se limita a abrir el uso de la infraestructura o la operación de los servicios al mayor número de empresas posible. Normalmente se mantiene el control sobre los operadores privados a través de licencias o autorizaciones, aunque dicho control es mucho menor que el ejercido a través de los contratos de concesión cuando la infraestructura se cede para su uso exclusivo por una sola empresa. Las licencias para operar servicios pueden, sin embargo, limitarse cuantitativamente o contener restricciones cualitativas que faciliten o dificulten su obtención. En muchas ocasiones, la imposición de requisitos de entrada excesivos puede utilizarse como una forma de limitación del número de operadores.

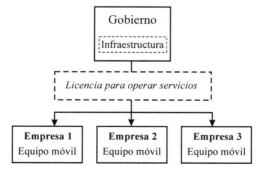

Figura 9.5. Propiedad pública de la infraestructura y operadores privados.

Como muestra la figura 9.5, en este modelo de organización el sector público sigue manteniendo la propiedad de la infraestructura, y se hace cargo de los trabajos de mantenimiento y posibles ampliaciones. A las empresas proveedoras de los servicios puede exigírseles algún pago en concepto de uso de la infraestructura, en forma de un canon anual, si bien en algunos casos la cesión de derechos de uso puede estar exenta de estos pagos directos como, por ejemplo, el caso de operadores de servicios de transporte interurbano que trabajen en competencia, y que utilicen la red pública de carreteras.

Otro ejemplo de esta forma de organización del mercado se puede encontrar en muchos países en los puertos, donde generalmente el sector público se encarga de acometer las inversiones en grandes infraestructuras (muelles, diques, etc.), mientras que posteriormente la explotación comercial se realiza por parte de empresas privadas. Este modelo se utiliza en muelles destinados a la carga y descarga de mercancía general, que suelen ser utilizados de forma simultánea por varias compañías estibadoras que aportan equipos de su propiedad (grúas, vehículos), y que operan en condiciones de competencia.

No obstante, cuando se trata de mercancías específicas, como puede ser el caso del transporte en contenedores, petróleo o minerales, el tipo de equipamiento necesario para su manipulación en los puertos es de mayor coste y menor movilidad, por lo que la tendencia en este caso en los puertos es construir muelles destinados exclusivamente a estas mercancías y, en muchas ocasiones, a utilizar el modelo de organización anterior, basado en la concesión de la explotación a una única empresa. Como veremos a continuación, también se está extendiendo en el mundo para este tipo de infraestructuras un modelo de participación privada en su financiación, a través de contratos de concesión con obligaciones de construcción.

Otros modos de transporte que no tienen integrada la infraestructura y en los que también se usa el modelo de competencia entre operadores son el transporte aéreo, el transporte por autobús y los taxis. En todos estos casos, los operadores no son propietarios de la infraestructura que utilizan —los aeropuertos, la red de carreteras y las vías urbanas, respectivamente— y el número de operadores en principio está abierto al tamaño de la demanda que exista para los servicios. En los tres modos de transporte, el sector público puede ejercer una influencia sobre la estructura del mercado a partir de la concesión de un número limitado de licencias, si bien para todos ellos es factible la existencia de varios operadores en competencia.

9.2.4 Financiación privada de infraestructuras

Los contratos de concesión con obligaciones de inversión constituyen una fórmula particular del modelo de cesión de una infraestructura a una empresa privada con exclusividad para su explotación. Este sistema se está extendiendo rápidamente, ya que resulta una forma relativamente fácil de abrir a la iniciativa privada el diseño y financiación de infraestructuras cuando el sector público dispone de recursos muy limitados, permitiendo así construir infraestructuras que pueden resultar vitales para el desarrollo de un país.

La principal idea en la que se fundamenta este tipo de contratos es la misma que vimos en el modelo de monopolios privados regulados: se trata de mercados en los que se considera que por sus características tecnológicas resulta preferible la existencia de una única empresa que opere como monopolista, pero a la vez se desea regular su actividad para evitar que explote su posición. Para ello se establece un mecanismo de competencia por conseguir el contrato de concesión, a partir del cual se intenta extraer parte de la renta de información que consigue la empresa transfiriéndola a los usuarios a través de ingresos para el presupuesto público, al mismo tiempo que se impone algún tipo de regulación sobre las tarifas o los beneficios.

De acuerdo con la figura 9.6, la característica más destacable de estos contratos de participación privada en infraestructuras es que la empresa que consigue un contrato de concesión se compromete a acometer obras de construcción o mejora de la infraestructura, asumiendo los costes de las inversiones y/o de la operación y mantenimiento. La recuperación de estos costes se realiza durante la vida de la concesión, que suele ser larga (más de cincuenta años en proyectos de grandes dimensiones). En algunos casos, se trata de infraestructura de nueva construcción, por lo que las empresas licitan por el derecho a la construcción de la misma y a su posterior explotación hasta que finalice el contrato.

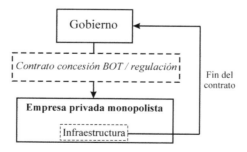

Figura 9.6. Concesiones para la construcción de infraestructuras.

Una cuestión determinante en este tipo de contratos es la propiedad de los activos de infraestructura. De acuerdo con la visión tradicional de la industria del transporte, resulta una fórmula extraña que una empresa privada sea la propietaria de una carretera o un aeropuerto, dado que se considera que este tipo de activos son bienes públicos que deberían ser controlados por el gobierno, por la importancia estratégica que tienen para el funcionamiento de una economía (para impedir, por ejemplo, que en una situación de conflicto o litigio legal, la empresa propietaria pueda denegar el acceso a determinados usuarios). Existen diferentes formas de contratos de concesión para resolver esta cuestión relativa a la propiedad, siendo la más extendida el contrato denominado de tipo BOT (*Build-Operate-Transfer*), en el cual la empresa privada es propietaria de los activos de infraestructura hasta que se obtienen los ingresos que cubren los costes de la inversión realizada (más los costes financieros asociados), y a partir de ese momento la propiedad se transfiere al sector público que de esta forma consigue la construcción de infraestructuras por parte de la iniciativa privada.

Hay muchos ejemplos en la práctica de este tipo de contratos de concesión, especialmente para la construcción de autopistas de peaje y terminales portuarias. En países donde la falta de recursos de los gobiernos dificulta la construcción de grandes infraestructuras por parte del sector público, este tipo de contratos se está utilizando intensamente. También se encuentran casos de cesión de infraestructuras ferroviarias con fuertes necesidades de inversión para su rehabilitación y mejora, e incluso la construcción y operación de aeropuertos.

9.3 Competencia intramodal

Para continuar con el análisis de los mercados de transporte desde un enfoque positivo, vamos a revisar los equilibrios generalmente observados en cada modo de transporte en el mundo real. El objetivo de esta sección es analizar cuáles son las razones últimas que explican los equilibrios observados (estructura de mercado) y justifican el modelo de organización utilizado. El cuadro 9.1 resume el conjunto de factores determinantes de los equilibrios observados en los mercados de transporte en el mundo real, y que podemos agrupar en tres tipos: tecnológicos, de costes y estratégicos.

La combinación de este conjunto de factores determina la existencia de tres estructuras de mercado diferentes en el transporte: las de tipo monopolístico (una sola empresa), oligopolístico (pocas empresas) o competitivo (múltiples empresas). Como hemos visto, las dos primeras formas son en ocasiones escogidas como los modelos de organización deseados por los gobiernos, pero en otras son el resultado de las fuerzas de mercado. El tercer modelo organizacional, el competitivo, es en principio el más deseable desde el punto de vista del bienestar social (salvo en los casos de competencia destructiva ya mencionados), ya que suele conducir a niveles de inversión en capacidad y de tarificación socialmente óptimos. Sin embargo, las características tecnológicas de la industria del transporte hacen que esta estructura de mercado no sea la más frecuente. Veamos cuáles son las soluciones adoptadas con mayor frecuencia en cada modo de transporte.

Cuadro 9.1. Factores que determinan la estructura de un mercado de transporte.

Tecnologías de producción	– Tamaño y tipo de infraestructura necesario – Número y tipo de vehículos – Diseño de la red de rutas o servicios
Costes	– Economías de escala – Economías de diversidad (multiproducción de servicios) – Economías de red
Estrategias empresariales	– Políticas de tarifas – Fidelización de clientes a través de mecanismos distintos a los precios – Generación de barreras de entrada – Acuerdos de cooperación entre empresas

9.3.1 Provisión de infraestructuras de transporte

Las infraestructuras de transporte han sido tradicionalmente consideradas como bienes públicos que debían ser financiados y controlados por el Estado, aunque en capítulos anteriores ya hemos discutido la idea de que no todas las infraestructuras poseen estas características. Debido a que las infraestructuras ocupan espacios físicos muy amplios (y en algún caso únicos), la posibilidad de que coexistan varios puertos o aeropuertos en una zona determinada es siempre muy reducida. Por ello, las empresas (públicas o privadas) que explotan infraestructuras de transporte operan generalmente en condiciones de monopolio dentro del propio modo, o afrontan una competencia intermodal limitada si existen alternativas de transporte para los usuarios en otros modos de transporte.

Aunque existen ejemplos en todos los modos de transporte de proyectos en los que empresas privadas se encargan de la provisión y financiación de infraestructuras, este modelo suele ser la excepción más que la regla, y generalmente la infraestructura es proporcionada por el sector público, bien sea de forma gratuita a los usuarios, o en otros casos a través del pago de tasas o peajes. Analicemos en mayor detalle las fórmulas de provisión de infraestructura en los tres modos relevantes (carreteras, puertos y aeropuertos).[2]

Carreteras. La red principal de carreteras de todos los países es de propiedad pública y generalmente es diseñada y financiada por los gobiernos. La justificación de esta forma de organización hay que buscarla en las dos características de *bienes públicos* que tienen la mayor parte de las carreteras:

1. Se trata de activos para los cuales es imposible o muy difícil limitar el acceso y cobrar un precio por su utilización, ya que ello supondría la construcción de vallas y controles de acceso a lo largo de todas las carreteras de un país, lo cual dificultaría o impediría la accesibilidad al territorio, que es precisamente el objetivo de disponer de una buena red de carreteras.
2. En muchos tramos de la red no existe rivalidad en el uso de los activos, ya que una vez construida una carretera, el coste de su utilización por parte de distintos usuarios es prácticamente el mismo, cuando el volumen de tráfico se encuentra por debajo del umbral de congestión.

A pesar de que estas dos características se aplican a la totalidad de carreteras secundarias de una red, para el caso de autopistas y carreteras de gran capacidad encontramos numerosos ejemplos en el mundo de construcción por parte de empresas privadas de autopistas de peaje. ¿Qué elementos diferenciales hay en estas carreteras para que pueda en este caso funcionar un mercado de oferta privada de infraestructura?

Las autopistas de peaje son vías rápidas de conexión entre dos o varias ciudades, en las que la mayoría de automovilistas desea hacer el recorrido completo o partes relevantes del mismo a una velocidad elevada y en buenas condiciones de calidad y seguridad. Por ello, para este tipo de carreteras es factible limitar la entrada de vehículos en los puntos inicial y final de la infraestructura, así como en un número reducido de entradas a lo largo del recorrido. Con esta limitación de acceso se puede utilizar un mecanismo de pago y control de entrada, de forma que es factible excluir a aquellos usuarios que no están dispuestos a pagar la tarifa fijada (al igual que sucede en cualquier mercado de un bien privado).

---

[2] Los ferrocarriles serán tratados posteriormente dentro de los servicios de transporte, ya que en este modo la infraestructura suele hallarse integrada con los servicios.

Por otro lado, la construcción de autopistas de peaje no es una actividad generalmente liberalizada de forma completa. Raramente se permite que una empresa privada pueda diseñar una autopista y realizar su construcción sin ningún control del sector público. En primer lugar, hay que considerar que cualquier carretera nueva se integra dentro de la red general de carreteras existentes, siendo necesario estudiar la necesidad de su construcción y el impacto medioambiental que puede suponer. En segundo lugar, una empresa que explote una autopista de peaje normalmente no va a tener competencia por parte de otra infraestructura de características similares (aunque muchas veces los usuarios dispongan de recorridos alternativos, éstos suelen consistir en carreteras de menor categoría, con tiempos de conexión más elevados), lo cual le confiere una posición de poder de mercado que podría explotar cobrando tarifas muy superiores a las socialmente óptimas.

Esto explica que para la provisión de carreteras de alta capacidad por parte de empresas privadas se recurra al modelo de monopolio privado regulado con competencia por el mercado, otorgándose contratos de concesión que son licitados generalmente mediante concursos (los cuales son básicamente mecanismos de subasta del tipo que hemos analizado anteriormente). Los contratos de concesión de autopistas suelen ser de duración larga (habitualmente por encima de veinte años), ya que para que los peajes se mantengan a niveles bajos, es necesario alargar los periodos de concesión para permitir la recuperación de los costes de inversión.

La financiación privada de infraestructuras en ocasiones se realiza a través de los denominados *peajes-sombra*, ya comentados en capítulos anteriores. Este tipo de contratos de concesión funciona de forma completamente análoga a las concesiones habituales en las cuales los usuarios de las carreteras hacen pagos directos, pero en lugar de establecer controles de entrada y cobro individualizado, se realizan conteos del tráfico que utiliza la autopista y la empresa que explota la infraestructura recibe los pagos correspondientes del sector público. Los avances tecnológicos en el control del uso de las carreteras van a permitir de forma cada vez más importante en el futuro la utilización de mecanismos de pago por el uso de infraestructuras viarias.

Puertos. Las infraestructuras portuarias son completamente diferentes al caso de las carreteras, en cuanto a las características de los activos. Los puertos son un espacio relativamente reducido donde sólo es posible la presencia simultánea de un número de buques, a los que es sencillo controlar y cobrar una tarifa por el uso del puerto. Por tanto, cualquier activo de infraestructura portuaria (un muelle o terminal portuaria, por ejemplo, que son los espacios especialmente acondicionados para el amarre de buques con el fin de efectuar operaciones de carga y descarga de mercancía) es un bien privado.

El control que tradicionalmente se ha ejercido por parte del sector público sobre la construcción y operación de puertos no se deriva, en este caso, de las características de la infraestructura, sino de la posición de monopolio que podría adquirir una empresa privada que operase un puerto. El desarrollo del transporte terrestre ha reducido estos problemas de poder de mercado, ya que en la actualidad la posibilidad de utilizar puertos alternativos hace que los operadores de terminales portuarias no puedan fijar tarifas arbitrariamente altas. Sin embargo, para los usuarios localizados en la región próxima a un puerto, la posibilidad de quedar "cautivos" de una empresa privada operadora de la infraestructura portuaria sigue existiendo en mayor o menor grado (piénsese, por ejemplo, en el caso de un puerto insular).

Esto hace que la presencia del sector público en la provisión de infraestructura portuaria, unida a la cesión posterior a empresas estibadoras privadas para la explotación de los servicios sigue siendo el modelo predominante en esta industria. No obstante, también se encuentran en el mundo muchos ejemplos de participación privada en la construcción de terminales portuarias, especialmente en países en desarrollo.

La fórmula utilizada para incentivar dicha participación es el contrato de concesión tipo BOT, con obligaciones de inversión en infraestructura y exclusividad para su utilización durante periodos largos de tiempo. En pocas ocasiones se observan contratos de concesión para la explotación de un puerto en su totalidad, sino que generalmente la concesión es para la construcción de una terminal en una zona del puerto, mientras que el resto de la infraestructura puede seguir en manos del sector público. La construcción de terminales especializadas en contenedores está realizándose en muchos países a partir de contratos con empresas privadas.

En cualquier caso, la posición privilegiada de que normalmente disponen las empresas operadoras de terminales portuarias hace necesaria alguna regulación de su actividad. La existencia de competencia de otros puertos rivales puede disminuir la necesidad de esta regulación. En los puertos grandes esta competencia puede incluso provenir de varias terminales dentro de un único puerto dedicadas al mismo tipo de tráfico.

Aeropuertos. En los aeropuertos también existen experiencias de presencia de empresas privadas dedicadas a la construcción y operación de infraestructuras aeroportuarias, pero es mucho menos frecuente que en los otros dos modos analizados (carreteras y puertos). ¿A qué se debe esta diferencia? La explicación hay que buscarla en motivos tecnológicos en este caso, ya que si bien en principio podría pensarse que una empresa privada podría tomar la iniciativa de construir un aeropuerto en cualquier punto de un país, y ofertar libremente sus servicios a las aerolíneas que deseasen utilizarlo, sin ningún tipo de supervisión por parte del sector público, se plantearían problemas del control del tráfico aéreo necesario para el desarrollo de este modo de transporte.

La infraestructura aeroportuaria no está constituida únicamente por las pistas de aterrizaje y despegue, y las terminales donde transitan pasajeros, equipajes y mercancías, sino que también están las instalaciones de control del tráfico y ayuda a la navegación. El espacio aéreo de un país está controlado desde una serie de estaciones repartidas a lo largo del territorio, donde cada una de ellas realiza las autorizaciones para la entrada y salida de aeronaves y un seguimiento de las mismas en las zonas asignadas. Un aeropuerto debe integrarse en esta red constituida por todo el resto de aeropuertos del país, e incluso de los aeropuertos de otros países cuando se opera en unidades regionales más amplias (como ocurre en la Unión Europea). Debido a esta necesidad de coordinación y a los problemas que podría suponer la existencia de operadores independientes con intereses diferentes para dar prioridad, por ejemplo, a unas aerolíneas frente a otras, es por lo que los sistemas aeroportuarios están generalmente controlados y son propiedad del sector público.

No obstante, hay experiencias de participación privada en este tipo de infraestructuras en algunos países. Así, por ejemplo, existen contratos de tipo BOT para la ampliación de algunos aeropuertos en países latinoamericanos, donde las empresas que obtienen una concesión tienen obligación, por ejemplo, de construir una segunda pista de aterrizaje en un aeropuerto y financiar los costes de la infraestructura, encargándose posteriormente de la explotación del aeropuerto hasta la recuperación de dichos costes.

También hay ejemplos de gestión privada de aeropuertos, pero raramente se encuentran casos de transferencia completa de la propiedad de la infraestructura al sector privado, siendo más frecuente la concesión por periodos dados. Las concesiones en esta industria suelen consistir en la cesión de todos los aeropuertos del país a una única empresa (como ocurre en el Reino Unido), o concesiones parciales por regiones completas. La necesidad de coordinación entre los diferentes aeropuertos explica de nuevo el empleo de estas fórmulas.

9.3.2 Provisión de servicios de transporte

Al analizar los equilibrios que se alcanzan en la provisión de servicios de transporte, se encuentra una mayor diversidad de formas de organización que en el caso de las infraestructuras. Cada modo de transporte tiene sus propias características tecnológicas, por lo que la posibilidad de existencia de competencia es muy variada. Por otra parte, hay modos de transporte en los que no existen modelos únicos cuando se comparan países, debido a que la configuración de las redes de infraestructura también puede ser muy distinta entre países. Veamos una descripción de las estructuras de mercado más frecuentes en el transporte por ferrocarril, aéreo, marítimo, autobuses urbanos e interurbanos, y transporte de carga por carretera.

Ferrocarriles. El transporte ferroviario ha estado durante décadas sometido al máximo grado de control por parte del Estado a través del modelo de monopolio público, con grandes empresas nacionales operadoras de los servicios y que también integraban la infraestructura (vías y estaciones). Este modelo se halla actualmente en revisión, y se está atravesando por un periodo de desregulación y privatización de muchas de estas grandes empresas.

Las redes ferroviarias se construyeron y alcanzaron su máxima extensión en la mayor parte de los países occidentales en las primeras décadas del siglo XX, cuando las redes de carreteras aún no tenían el grado de desarrollo que poseen en la actualidad, y el ferrocarril era el modo de transporte dominante, debido a sus menores costes frente a otras alternativas. Las redes ferroviarias en muchos casos fueron desarrolladas por empresas privadas independientes, que operaban con cierto grado de competencia.

La existencia de economías de escala generó de forma natural una tendencia hacia la concentración de empresas ferroviarias y la consiguiente preocupación de los gobiernos por el poder de mercado que se generaba. Por ello, las primeras instituciones de regulación de transporte surgieron para el control de los ferrocarriles (en Estados Unidos y Reino Unido desde finales del siglo XIX). El paso hacia el modelo de monopolio público se produjo en muchos países europeos a partir de un proceso de nacionalización de compañías ferroviarias previamente existentes, en ocasiones como solución a los problemas financieros derivados de un control estricto de tarifas, una competencia creciente por parte del transporte por carretera y unos costes elevados para el mantenimiento de la infraestructura.

Los resultados de las grandes empresas públicas ferroviarias raramente han sido satisfactorios desde el punto de vista financiero. La necesidad de elevadas subvenciones es una característica común a todas ellas, justificada en ocasiones por la fijación de tarifas con criterios sociales, pero que escondía por otra parte problemas de ineficiencia en costes. La respuesta en muchos países ha sido optar por un cambio en su modelo de organización del mercado ferroviario, ensayándose diferentes opciones para permitir la existencia de operadores ferroviarios privados y la posibilidad de algún grado de competencia. Estos modelos alternativos pueden clasificarse en dos grupos:

1. *Desintegración vertical.* El primer grupo de modelos consiste en la separación en unidades distintas de las diferentes actividades de transporte que realizaban anteriormente las empresas públicas: infraestructura, servicios de pasajeros y servicios de carga. Estas actividades pueden ser realizadas por empresas independientes, ya que únicamente la provisión de infraestructura tiene características de monopolio natural. En principio, puede plantearse la posibilidad de existencia de una empresa (pública o privada con regulación) que se encargue de la infraestructura y que "venda" el acceso a las empresas operadoras de servicios que utilizarían las vías y estaciones. Se puede incluso, tratar de fomentar la competencia entre varios operadores que den servicios alternativos en las mismas rutas.

   Éste es el modelo ensayado en el Reino Unido, que constituye la experiencia ferroviaria de desintegración vertical más ambiciosa, llegándose incluso a la privatización de la empresa propietaria de la infraestructura (*Railtrack*). Aunque el modelo británico aportó inicialmente beneficios a usuarios y empresas en comparación con la situación previa de monopolio público, las grandes necesidades de inversión en mejora de la infraestructura y equipamiento de señalización y seguridad, han generado problemas financieros a *Railtrack* y una elevada alarma social tras diversos accidentes ferroviarios, conduciendo a una revisión del sistema. El modelo descentralizado exige resolver cuestiones importantes sobre la coordinación necesaria para el uso compartido de las vías por múltiples empresas y sobre las responsabilidades del mantenimiento adecuado de la infraestructura. Estas cuestiones son más difíciles de resolver cuando aumenta el número de operadores, por lo que el grado de competencia factible en el ferrocarril está limitado en gran parte por cuestiones técnicas.

2. *Concesiones integradas de ámbito regional.* El segundo modelo de reforma del mercado ferroviario consiste en mantener monopolios regionales integrados, y utilizar el mecanismo de contratos de concesión para conseguir una competencia por el mercado. En este modelo, la empresa que obtiene un contrato está obligada a dar los servicios que determine el regulador (ya que las concesiones pueden incluir líneas no rentables desde un punto de vista comercial, pero que socialmente se consideren necesarias), y a realizar las actividades de mantenimiento y mejora de la infraestructura que se estipulen en el contrato.

Este modelo parece estar funcionando bien en países en desarrollo, donde las necesidades de inversión en infraestructura suelen ser más importantes que en otros países con redes ferroviarias de mayor antigüedad. Esta forma de organización no está exenta de algunas dificultades de coordinación entre los distintos operadores, ya que en muchas ocasiones para mantener algunos servicios de ámbito nacional hay que hacer que los concesionarios de redes regionales permitan el acceso a los trenes de otros operadores para utilizar sus vías y estaciones. La determinación de las tarifas y las condiciones de acceso son cuestiones que habitualmente requieren algún tipo de supervisión y regulación por parte del sector público, para garantizar el funcionamiento de la red ferroviaria como un conjunto para todo el país, a partir de la gestión de subredes regionales independientes.

En los últimos años, gracias a los avances tecnológicos, los trenes de alta velocidad constituyen uno de los servicios de transporte ferroviario con mayor desarrollo. Al tratarse de un mercado en expansión, se trata de un servicio que puede atraer fácilmente la participación de la iniciativa privada, por la competencia que puede suponer con el transporte aéreo para distancias medias. El tipo de infraestructura especial que requieren estos trenes y su uso exclusivo para conexiones con un número reducido de paradas lo hace comparable al caso de las autopistas de peaje, por lo que cabría esperar en el futuro un aumento del número de concesiones para la construcción y explotación privada de estos servicios.

El transporte ferroviario de mercancías es un segmento del mercado donde puede haber competencia entre operadores incluso en las mismas rutas, ya que se trata de servicios con una demanda elástica (debido a la fuerte competencia por parte del transporte por carretera), y donde pueden ganarse clientes por ventajas en calidad y fiabilidad de los servicios. No obstante, el número de operadores generalmente va a ser reducido, incluso para transporte de carácter internacional.

Finalmente, el otro segmento de transporte ferroviario con gran importancia es el transporte de pasajeros en el entorno de las grandes ciudades (servicios de cercanías, con un número diario muy elevado de frecuencias para el acceso al centro de las ciudades desde las áreas metropolitanas). Desde el punto de vista comercial, este mercado no suele ser excesivamente rentable, ya que las tarifas se fijan a niveles bajos por consideraciones sociales para fomentar el uso del transporte público. Al tratarse de un modo de transporte de gran importancia para la movilidad de las personas y para el alivio de los problemas de congestión, suele optarse por el modelo de monopolio público para garantizar la provisión de servicios, o mediante concesiones a empresas privadas, que son sometidas a regulación de tarifas y frecuencias y que reciben subvenciones para la cobertura de sus costes.

Transporte aéreo. Al igual que el ferrocarril, la aviación civil ha atravesado recientemente un cambio radical en su modelo de organización, que ha pasado en las últimas décadas de una regulación muy estricta sobre tarifas y operadores que tenían acceso al mercado, a una liberalización generalizada del espacio aéreo de muchos países.

La existencia de un elevado grado de control del sector público en esta industria se justificaba por argumentos de poder de mercado por parte de las aerolíneas y tiene también una explicación institucional derivada del modelo de organización del espacio aéreo internacional que se diseñó en los inicios de la aviación comercial (Conferencia de Chicago, 1944). En esta conferencia se acordó que cada país tenía los derechos de acceso a su espacio aéreo, por lo que cualquier compañía que deseara realizar un servicio internacional debía obtener el permiso necesario para atravesar el espacio aéreo y utilizar un aeropuerto extranjero.

Con el desarrollo del transporte aéreo internacional, fueron firmándose acuerdos bilaterales sobre las rutas que conectaban cada par de países y las compañías que eran autorizadas a dar esos servicios. El equilibrio resultante fue el desarrollo de grandes compañías (denominadas en Europa *aerolíneas de bandera*, muchas de ellas empresas públicas), que eran las que recibían los derechos recíprocos concedidos por los gobiernos. Las conexiones aéreas entre destinos internacionales, a consecuencia de esta forma de organización, acabaron siendo servidas por duopolios protegidos de la competencia, en los cuales los operadores determinaban conjuntamente sus servicios y tarifas.

Esta estructura tan rígida se mostró poco adecuada para el desarrollo del transporte aéreo de pasajeros cuando se superaron determinados niveles de demanda. En parte por la presión de los usuarios, e impulsada también por economistas desde el ámbito académico,[3] la primera experiencia de desregulación se produjo en el mercado doméstico de Estados Unidos en los años setenta, ampliando enormemente las posibilidades de competencia entre compañías. Los beneficios para los pasajeros se derivaron de una mayor oferta de servicios y tarifas más bajas, aunque el efecto sobre precios fue menor que el esperado inicialmente. Los países europeos han ido desregulando paulatinamente sus mercados domésticos. La Unión Europea ha creado durante los años noventa un mercado integrado, en el que desde 1997 es posible para cualquier aerolínea de uno de los Estados miembros servir cualquier destino europeo, e incluso realizar conexiones domésticas dentro de otro país aunque la empresa no sea nacional de dicho Estado.

---

[3] Véase la breve exposición sobre la teoría de los "mercados atacables", presentada al final del capítulo 6.

En la aviación civil se dan muchas condiciones para que exista competencia entre los operadores, de forma que los pasajeros se beneficien de la posibilidad de disponer de alternativas. Esto incentiva a las empresas a mejorar su eficiencia y a ofertar los servicios más adecuados a las necesidades de la demanda. La posibilidad de competencia minimiza la necesidad de imponer una fuerte regulación económica sobre las empresas operadoras. Por el contrario, sí debe realizarse una estricta regulación de los aspectos técnicos, como el mantenimiento de las aeronaves, o la capacitación profesional de los pilotos contratados. Además, no existen costes hundidos relevantes para las compañías, ya que la inversión más importante en equipamiento la constituyen las aeronaves, que pueden trasladarse a otras rutas o ser vendidas en mercados de segunda mano, abriendo así la posibilidad de recuperación parcial de las inversiones en caso de salida de una empresa del mercado.

A pesar de que estas características parecen sugerir que en este modo de transporte debería existir una estructura de mercado competitiva, la observación de los equilibrios que se producen en los distintos países se orienta más hacia situaciones de oligopolio, con un número muy reducido de competidores de gran tamaño y notables dificultades para que aerolíneas de nueva creación logren captar una cuota de mercado importante y la mantengan estable a lo largo del tiempo.

La explicación de esta aparente contradicción hay que buscarla en las estrategias empleadas por las aerolíneas instaladas en el mercado para dificultar la aparición de competidores. En primer lugar, se observa que muchas de las empresas dominantes del mercado en Europa son las antiguas compañías públicas de bandera, que han pasado durante los años noventa por procesos de privatización (Iberia, British Airways, Lufthansa, KLM, etc.). Estas empresas gozan de la ventaja competitiva de tener redes de rutas consolidadas, desarrolladas a lo largo de los años a partir de las conexiones internacionales que explotaban con derechos exclusivos en régimen de duopolio (es decir, compartiendo derechos recíprocos con la aerolínea de bandera correspondiente del otro país).

Esta ventaja competitiva se une al uso de derechos históricos preferenciales de aterrizaje y despegue en aeropuertos que se han convertido en centros importantes de conexión en Europa (Madrid, Londres, Frankfurt, Amsterdam, etc.), en los cuales la falta de capacidad en los *slots* o tramos horarios más demandados hace difícil la introducción de nuevos servicios para una aerolínea que no posea los derechos de aterrizaje y despegue necesarios. Igualmente, los programas de fidelización de clientes que han puesto en marcha la mayor parte de estas grandes aerolíneas, basados en la obtención de puntos que permiten descuentos en billetes de avión o en otros servicios de empresas asociadas, son una forma de hacer menos atractivos a los competidores.

Aunque estas barreras de entrada no bloquean completamente la posibilidad de entrada de nuevas aerolíneas, la dificultan lo suficiente como para que el número de rivales al que se enfrentan las aerolíneas instaladas en el mercado sea limitado. De hecho, en Europa se ha producido la aparición de algunas compañías de tamaño mediano y pequeño que han logrado unas cuotas de mercado significativas en algunas rutas (por ejemplo, las compañías de bajo coste que operan en los corredores Londres-Amsterdam-Bruselas-París, y que han empezado a ofertar conexiones entre otras capitales europeas), así como el paso a ofertar servicios regulares de algunas aerolíneas con presencia importante en los mercados de servicios chárter. Dado que el número de entrantes es aún relativamente pequeño y el mercado todavía no está estabilizado, pueden anticiparse adquisiciones, fusiones o quiebras de empresas en los próximos años.

El equilibrio que puede esperarse en la industria del transporte aéreo, dada la estructura de mercado actual y las características descritas, es una competencia limitada entre un número reducido de empresas, organizadas mediante alianzas globales para abaratar costes. En principio, no parece necesaria una intervención del sector público más que en aquellas situaciones donde se identifique claramente un abuso de la posición dominante de una aerolínea, en forma de prácticas anticompetitivas, o haya usuarios que sólo dispongan de una compañía proveedora de servicios sin competencia efectiva o potencial por parte de otra empresa. Sin embargo, sí puede tener sentido una política más activa de inversión y gestión de la capacidad aeroportuaria que favorezca la entrada de nuevos competidores.

Transporte marítimo. Al igual que sucede en el transporte aéreo, la estructura de mercado que se observa en el transporte marítimo suele ser de tipo oligopolístico, tanto para los servicios regulares de pasajeros como para el transporte de mercancías. En este modo de transporte generalmente no suele haber problemas significativos de falta de infraestructuras, con lo que el acceso a los puertos no constituye una barrera de entrada que impida la aparición de otras navieras competidoras.

La forma tradicional de organización del transporte marítimo de pasajeros ha sido la concesión de una autorización administrativa a determinados operadores (en muchos casos con garantía de exclusividad), con regulación de tarifas y obligaciones de servicio público en algunos tráficos de poca rentabilidad comercial. El argumento utilizado para respaldar este sistema era garantizar la estabilidad del servicio, evitando situaciones de monopolio privado. Habitualmente el resultado de esta forma de organización no siempre respondía a las necesidades de la demanda, y se generaban problemas de ineficiencia en costes, con la consecuencia de hacer pagar a los usuarios tarifas más altas de las posibles con la tecnología disponible.

La apertura paulatina de los mercados de transporte marítimo de pasajeros ha mostrado, como en otros modos de transporte, las ventajas de la competencia entre compañías. A pesar de que únicamente en determinados corredores existe un volumen suficiente de pasajeros para permitir la aparición de más de dos operadores, la mera entrada de un competidor generalmente resulta en un beneficio importante para los usuarios.

El transporte marítimo de mercancías tiene características particulares que explican su configuración. En primer lugar hay que señalar la existencia de dos mercados separados, uno para los servicios regulares (es decir, conexiones entre puertos de acuerdo con un calendario y horarios fijos), y otro para servicios de tipo chárter (denominados servicios *tramp*), donde el propietario de una mercancía puede contratar a una empresa naviera para dar un servicio puntual, diseñado de acuerdo con las necesidades del cliente. El mercado de servicios *tramp* es competitivo, con numerosas navieras participando en el mismo y con tarifas sin ninguna regulación que se determinan por la oferta y la demanda existente.

Los servicios de transporte marítimo regular de mercancías son los que presentan un equilibrio de tipo oligopolista, con pocas empresas que disponen de poder de mercado, especialmente para el transporte de contenedores, donde en las rutas internacionales importantes la industria está pasando por un proceso de concentración que va a llevar a la existencia de un número reducido de grandes operadores.

La organización de los servicios regulares viene marcada en la industria marítima por la existencia de asociaciones de las empresas que operan en un determinado ámbito regional. Estas asociaciones, denominadas *conferencias*, actúan como un cártel en el que se fijan las tarifas a cobrar por todas las empresas participantes y el volumen de servicios. Igualmente, existen reglas para la fidelización de clientes, basadas en la concesión de descuentos a clientes que no contraten servicios con navieras que no pertenezcan a la conferencia y en penalizaciones en caso de incumplimiento de los contratos.

El carácter internacional de estas asociaciones hace difícil la intervención de un regulador nacional que tratase de romper este tipo de acuerdos entre las navieras. Por otro lado, la existencia de algunas compañías que ofertan servicios fuera de las conferencias hace que la posición de monopolio de la conferencia quede limitada en algún grado. Estas razones hacen que en la Unión Europea se admita este tipo de organización del mercado.

En el segmento del transporte de contenedores, la tendencia hacia la concentración del mercado se explica por motivos tecnológicos y ventajas de costes. La construcción de buques portacontenedores cada vez de mayor tamaño hace que se consigan economías de escala de una magnitud considerable. Los barcos de mayor capacidad actualmente en servicio transportan ya más de 6.000 TEUs,[4] pero se están construyendo buques que van a poder transportar hasta 8.000 TEUs. La inversión en este tipo de buques sólo es posible para un pequeño grupo de empresas navieras que dispone de la capacidad financiera suficiente.

El sistema portuario mundial se está configurando hacia una estructura de tipo *hub-and-spoke*, similar a lo que está sucediendo en el transporte aéreo, en la cual existe una serie de rutas entre puertos principales (*hubs*) que son servidas por buques de gran tamaño, que por sus dimensiones sólo pueden ser atendidos en puertos con la capacidad suficiente de infraestructura (tipo de muelles, calado) y equipamiento muy especializado (grúas de contenedores). Los puertos deben ser muy eficientes en la manipulación de carga, ya que el coste de oportunidad de tener parado un buque de gran tamaño es muy alto, y la naviera propietaria puede optar por puertos alternativos para este tipo de tráfico. Desde los puertos *hub*, otros buques de menor tamaño hacen servicios de conexión hacia el resto de puertos de una determinada región, desde los que a su vez llegan mercancías al puerto principal para entrar en las rutas internacionales.

Por otra parte, un fenómeno observado y que aumenta la tendencia hacia la concentración en la industria, es la integración vertical que se está produciendo en este modo de transporte entre grandes navieras y operadores portuarios de terminales. De esta forma, las navieras más importantes están creando empresas filiales que operan terminales de contenedores en todo el mundo, en muchas ocasiones a partir de contratos de concesión con carácter de exclusividad. Con este tipo de estrategia, una naviera se asegura la disponibilidad de espacio y servicios eficientes de carga y descarga de contenedores. La configuración de este tipo de redes se está realizando en la actualidad por grandes compañías navieras como Maersk-Sealand y P&O y puede constituir una forma de barrera de entrada frente a competidores en el futuro.

Autobuses urbanos e interurbanos. El transporte de viajeros en autobús es un modo de transporte con una tecnología de producción sencilla que debería permitir la existencia de competencia en los mercados en los que se ofertan estos servicios. No es necesario ningún tipo de integración con la infraestruc-

---

[4] El TEU (*twenty-feet equivalent unit*) es una unidad de medida de *output* utilizada habitualmente en el transporte marítimo, y es una fórmula para contabilizar contenedores de diferentes tamaños en su equivalencia en contenedores de seis metros de longitud.

tura que utilizan los vehículos (carreteras y vías urbanas) y aunque las empresas pueden necesitar algunos activos de infraestructura —como estaciones de viajeros, cocheras para el estacionamiento de los vehículos o talleres para las reparaciones— los costes asociados a estas infraestructuras son relativamente poco importantes.

La principal inversión de las empresas de autobuses es la compra de los vehículos, aunque la movilidad del equipo entre rutas y la existencia de mercados de compraventa hace que estos costes sean recuperables en caso de salida del mercado. Por tanto, podría plantearse una organización competitiva de los servicios de autobuses en la que las tarifas y los servicios fuesen resultado de la demanda y de la libre concurrencia entre empresas. No obstante, la competencia entre empresas suele ser más una excepción que la norma general para los servicios de transporte en autobús.

En el caso de los autobuses urbanos, ya hemos comentado anteriormente que las experiencias de competencia que se han dado en el mundo sugieren que la competencia es factible en esta industria, pero tiende a concentrarse en las rutas con un volumen de viajeros que hace que los servicios tengan un interés comercial, mientras que otras rutas dentro de la misma ciudad quedan desatendidas. Por otra parte, la competencia que se produce por captar viajeros puede tener características de competencia destructiva que la hagan no deseable socialmente.

Estos hechos han propiciado que la organización de este mercado en las grandes ciudades se apoye en la concesión de derechos exclusivos, con regulación de tarifas y obligación de mantener una red de rutas diseñadas por la autoridad reguladora. La utilización de mecanismos de subasta para la renovación de las concesiones es interesante para mantener los incentivos de las empresas para ser eficientes. Sin embargo, en muchos países se siguen concediendo ventajas a las empresas ya establecidas y se emplean plazos concesionales excesivamente elevados, los cuales resultan injustificables de acuerdo con la vida útil de los activos. En algunas ciudades hay experiencias de liberalización de servicios de autobuses urbanos reduciendo el plazo de la concesión hasta un máximo de cinco años. En el equilibrio que se alcanza en estos casos el operador que presta el servicio se enfrenta a una fuerte competencia potencial si sube en exceso sus tarifas. En otros casos, se observan equilibrios de mercado en los que un número pequeño de empresas llega a un reparto estable de zonas o rutas, debilitándose de este modo la competencia entre ellas.

Una situación similar a esta última descrita se produce en servicios de autobús liberalizados en ámbitos interurbanos. Salvo en corredores con un gran volumen de pasajeros, el tamaño del mercado suele permitir la entrada a un número limitado de operadores, y la rentabilidad que se obtiene no es nunca excesivamente elevada, dado que el tipo de usuario para servicios de autobús suele ser de renta baja, por lo que las tarifas vienen dadas por las características de la demanda. Precisamente por esta característica de atender a grupos sociales que tienen pocas alternativas de transporte para larga distancia si no disponen de vehículos privados, también en servicios interurbanos pueden encontrarse organizaciones de mercado basadas en concesiones exclusivas con subvenciones.

Transporte de mercancías por carretera. Como ya se ha descrito, el transporte de mercancías por carretera constituye el ejemplo más claro de un mercado competitivo de transporte, si bien históricamente también ha estado sometido a regulación por un exceso de preocupación por parte de los gobiernos acerca de las consecuencias negativas que pudiera tener la competencia entre operadores y por la presión de estos últimos para que se impusieran barreras a la entrada.

Este modo de transporte es la forma dominante de movimiento de mercancías en la mayor parte de países del mundo, debido a su ventaja en costes para cargas de pequeño volumen frente al ferrocarril (que puede conseguir costes unitarios menores sólo para distancias medias y largas y un volumen de carga suficientemente alto) y por la mayor flexibilidad que tiene para atender a la demanda.

La estructura de equilibrio que suele observarse en mercados liberalizados es un gran número de empresas, con abundante presencia de micro-empresas con un solo camión y un propietario-empresario, que realiza directamente los servicios o tiene algunos empleados. Estas empresas son las que atienden fundamentalmente a la demanda doméstica, de ámbito local o regional. Junto a ellas, suelen existir también algunas empresas de tamaño mediano o grande, que tienen recursos suficientes para adquirir vehículos de mayor capacidad y disponen de una flota para atender a clientes con volúmenes importantes de cargas, y para dar servicios internacionales.

Este entorno altamente competitivo hace que los fletes de los servicios de transporte por carretera estén muy ajustados a los costes, haciendo que los beneficios de las empresas sean reducidos. Un problema significativo para este modo de transporte, especialmente para los servicios de larga distancia, es la dificultad de encontrar mercancías en los puntos de destino para efectuar los viajes de retorno, lo cual genera un gran número de movimientos de camiones en vacío que podrían realizar algún transporte si existieran buenos mecanismos para la transmisión de información entre oferentes y demandantes de servicios.

La creación de centros de concentración de carga (lugares físicos o puntos de información donde los camiones en viajes de retorno pueden tratar de conseguir cargas) constituye una posible solución para este problema. Las empresas de mayor tamaño también pueden utilizar agentes en las ciudades más habituales de destino para conseguir tráficos de retorno, pero las empresas pequeñas no suelen disponer de esta alternativa. El desarrollo de las nuevas tecnologías de la información está comenzando a aportar soluciones para este problema del transporte por carretera, y sin duda contribuirán a un mejor equilibrio para la sociedad al eliminar algunos de los viajes en vacío de los camiones.

9.4 Competencia intermodal

Para completar la revisión de las estructuras de mercado de las diferentes actividades de provisión de infraestructuras y servicios de transporte, resulta conveniente estudiar también algunos aspectos relativos a la *competencia intermodal*. La pregunta relevante es: ¿cuáles son los factores que determinan el reparto de pasajeros y mercancías entre los diversos modos?

Tal y como sucede con la competencia intramodal, hay factores tecnológicos y de estrategia de las empresas que influyen en la adopción de decisiones sobre tarifas o inversiones en la infraestructura y los equipos móviles. Igualmente, las preferencias de los usuarios por una u otra modalidad de transporte tienen influencia en los equilibrios observados, aunque las decisiones de la demanda se orientan fundamentalmente por los precios generalizados (tarifas + tiempos) de las distintas alternativas.

Otros factores que influyen sobre el reparto modal son las decisiones del sector público sobre un conjunto de parámetros claves: la configuración de las redes de transporte, la financiación de las mismas, la regulación sobre los operadores, y los impuestos que deben pagar las empresas (entre los cuales puede destacarse el impuesto sobre los combustibles como uno de los más importantes, dada la importancia que tiene este *input* para cualquier modo de transporte). El cuadro 9.2 presenta un resumen de todo este conjunto de factores que determinan la competencia intermodal.

Para ilustrar la relevancia que tienen todos estos factores en los equilibrios observados en la práctica en los mercados de transporte, vamos a analizar la competencia entre modos en tres contextos distintos con gran relevancia dentro de la industria: (*a*) el transporte ferroviario de pasajeros de alta velocidad frente al transporte aéreo; (*b*) el transporte de carga por carretera frente a modos alternativos (ferrocarril y marítimo); y (*c*) el uso del vehículo privado frente al transporte público.

Cuadro 9.2. Factores que afectan a la competencia intermodal.

Usuarios	– Preferencias – Valor del tiempo
Empresas	– Tecnología y costes – Estrategias competitivas
Gobierno	– Configuración de las infraestructuras – Financiación de las infraestructuras – Decisiones regulatorias (tarifas, frecuencias, obligaciones de servicio público, etc.) – Impuestos

9.4.1 Trenes de alta velocidad frente a transporte aéreo

El avance tecnológico en la construcción de trenes cada vez más rápidos, que necesitan también de un tipo de infraestructura especial (vías con grados de desnivel y curvaturas inferiores a unos máximos determinados), ha dado lugar a un nuevo tipo de transporte de pasajeros por ferrocarril mediante trenes de alta velocidad, que se está convirtiendo en un competidor del transporte aéreo para ciertas distancias.

La ventaja que aporta el tren frente al avión para los usuarios suele ser una menor distancia y tiempos de acceso para llegar a las estaciones de origen y destino, localizadas cerca del centro de las ciudades, frente a la alternativa de los aeropuertos, normalmente situados en las afueras y que obligan al pasajero a emplear aproximadamente entre una y dos horas adicionales al tiempo de viaje. Puesto que los pasajeros toman sus decisiones en función del precio generalizado que les supone cada alternativa, la diferencia en los tiempos totales de viaje de cada modo de transporte, unida a la diferencia que exista en las tarifas, determinan el equilibrio que se alcanzará en el reparto del volumen de pasajeros entre avión y tren de alta velocidad.

¿Resulta realmente competitiva desde un punto de vista social la utilización de trenes de alta velocidad frente al avión? Para responder a esta pregunta conviene estudiar las variables que determinan la decisión de los pasajeros a la hora de optar por uno u otro modo, así como los costes de las empresas.

Para simplificar el análisis, consideremos que la estructura de costes unitarios por pasajero de cada modo (aerolínea y ferrocarril) se componga de costes de operación y costes de infraestructura, como vimos en el capítulo 3. Los primeros pueden representarse por c^O_A y c^O_F, respectivamente, reflejando los costes operativos de cada modo de transporte por la utilización de *inputs* de carácter variable (costes laborales, combustible, etc.). Con respecto a los costes asociados a la utilización de la infraestructura para las aerolíneas, el uso de aeropuertos y otras infraestructuras de ayuda a la navegación se paga a través de tasas aeroportuarias que podemos expresar en términos unitarios (pagos por pasajero), mediante c^I_A. Para la compañía ferroviaria —que suponemos sólo explota una línea de alta velocidad— podemos evaluar un coste unitario de la misma naturaleza que las tasas aeroportuarias, tomando en cuenta la inversión completa realizada en la infraestructura (I_F), el número de años de vida útil de la misma (T) y la demanda anual total de viajeros que se estime va a tener el tren de alta velocidad, $q(g_F)$, la cual dependerá del precio generalizado que se oferte. Si aplicamos una regla de coste medio para recuperar la inversión realizada en la infraestructura, la tasa que debería cobrarse a cada pasajero podría calcularse como:

$$c^I_F = \frac{I_F}{Tq(g_F)}.$$ [9.16]

Para obtener las tarifas de cada una de las empresas, vamos a suponer que los precios se fijan de acuerdo con una regla de margen sobre coste, de forma que la tarifa se determina a partir de la elección de un determinado margen μ_A en el caso de las aerolíneas y μ_F en el caso de la compañía ferroviaria. Para las aerolíneas, μ_A será alto si existen pocas empresas en la ruta que se esté analizando, reflejando de esta forma el grado de competencia. Para el ferrocarril de alta velocidad, el parámetro μ_F será probablemente determinado por el regulador ferroviario si existe una regulación sobre la empresa, o será una decisión empresarial en función de la estrategia competitiva por la que se opte para tratar de captar clientes del transporte aéreo.

Utilizando estos parámetros, las tarifas respectivas de las aerolíneas y el tren de alta velocidad para una misma ruta vendrían dadas por las siguientes funciones:

$$p_i(c^O_i, c^I_i, \mu_i) = (1 + \mu_i)(c^O_i + c^I_i) \quad ; \quad i = \{A, F\}.$$ [9.17]

Aunque los pasajeros pueden tener una diversidad de preferencias por la utilización de uno u otro modo, elegirán mayoritariamente aquella alternativa que les ofrezca un menor precio generalizado $g_i = p_i + c^i_u$, $i = \{A, F\}$, siendo $c_u{}^i$ el coste del tiempo para el usuario de realizar el trayecto. Si el valor del tiempo para un individuo representativo es v, este pasajero optará por utilizar el tren de alta velocidad frente al avión si se verifica que:

$$p_F(c_F^O, c_F^I, \mu_F) + vt_F < p_A(c_A^O, c_A^I, \mu_A) + vt_A. \qquad [9.18]$$

En la expresión anterior, t_F y t_A son los tiempos totales de viaje que ofertan el tren y el avión respectivamente y vienen determinados por factores tecnológicos y de red. Las conexiones con las estaciones y aeropuertos permiten alcanzar unas velocidades medias respectivas de V_F y V_A (donde $V_A > V_F$). Denominando d a la distancia total que existe entre el origen y destino de los viajes, los tiempos pueden expresarse como $t_i = d / V_i$, $i = \{A, F\}$.

Transformando la expresión [9.18], puede obtenerse un rango de distancias para las que el tren de alta velocidad va a ser competitivo frente al avión:

$$d < \frac{(p_A - p_F) V_A V_F}{(V_A - V_F) v} \qquad [9.19]$$

En la expresión [9.19] se refleja el equilibrio intermodal que se produce entre estos dos modos de transporte y el conjunto de factores que influye en el mismo. El lado derecho de la desigualdad indica la distancia máxima entre origen y destino para la cual los pasajeros optarían por utilizar el tren de alta velocidad (considerando que el pasajero medio utilizado para derivar la regla es representativo de la demanda existente).

Esta distancia máxima depende en primer lugar de factores tecnológicos, representados por el término $(V_A - V_F)$. Cuanto más se acorte la diferencia entre la velocidad media del avión y el ferrocarril, éste último modo se hace más competitivo. Otro factor que influye es la valoración del tiempo de los usuarios (v), de forma que cuanto mayor sea este parámetro, el avión resulta más atractivo frente al tren.

El tercer factor determinante para fijar la distancia máxima en la cual el tren puede captar clientes es la diferencia de tarifas ($p_A - p_F$). Esta diferencia, además de por el margen de beneficios que obtiene cada empresa, va a estar afectada por la *forma de financiación* de la infraestructura, una decisión fundamental mediante la que el sector público tiene una gran influencia en el equilibrio intermodal. Esto puede observarse si utilizamos las reglas de fijación de precios de ambas empresas dadas por [9.17], para expresar $p_A - p_F$ como:

$$p_A - p_F = (c_A^O - c_F^O) + (c_A^I - c_F^I) + (\pi_A - \pi_F), \qquad [9.20]$$

siendo π_A, π_F los márgenes de beneficio neto por usuario que obtienen la compañía aérea y la ferroviaria, respectivamente, $\pi_i = \mu_i \, (c_i^O + c_i^I)$, $i = \{A, F\}$.

Habitualmente, el parámetro c_F^I que representa los costes unitarios de la infraestructura ferroviaria de alta velocidad suele tener un valor más elevado que las tasas aeroportuarias c_A^I. Esta diferencia implica que si la empresa ferroviaria debe financiar los costes de infraestructura, la distancia máxima d a la cual pueden ofertarse servicios de tren competitivos al avión puede ser muy corta.[5] Por ello, en muchos países en los que se están poniendo en marcha trenes de alta velocidad, la financiación de la inversión en infraestructuras es realizada por el sector público, para que las empresas que ofertan servicios puedan fijar sus tarifas para cubrir sólo los costes operativos.

Desde un punto de vista normativo, y partiendo de un volumen de demanda suficiente, la opción entre la promoción del transporte de pasajeros por avión o con trenes de alta velocidad es una decisión compleja, ya que debería estudiarse no sólo la forma de financiación de la infraestructura ferroviaria, sino también cómo se financian los aeropuertos y si las tasas c_A^I están reflejando de forma adecuada los costes que para la sociedad suponen dichas infraestructuras. Por otro lado, en la evaluación de la mejor alternativa social, sería deseable tener también en cuenta las externalidades generadas por uno y otro modo. Como vimos en el capítulo anterior, estas externalidades deberían estar reflejadas en los costes totales de la infraestructura y con ello en las tarifas pagadas por los usuarios, que son quienes finalmente optarán por uno u otro modo de transporte.

9.4.2 Transporte de carga por carretera frente a ferrocarril y marítimo

Un debate recurrente en muchos países al analizar el equilibrio entre los diferentes modos de transporte es la hegemonía generalizada del transporte de carga por carretera frente al ferrocarril y el transporte marítimo para distancias cortas o medias. La mayor flexibilidad que tiene el transporte por carretera frente al ferrocarril para el diseño de rutas ha hecho que las cuotas de mercado de este último modo mantengan desde hace décadas una tendencia decreciente. En el contexto europeo, el transporte de mercancías por ferrocarril actualmente mueve únicamente en torno al 10-15% del total del tráfico.

El transporte marítimo es el modo dominante para largas distancias y mercancías de mucho volumen/peso y poco valor. En el tráfico regional,

---

[5] Aunque en este análisis no se ha considerado, debe tenerse en cuenta que para distancias cortas, el automóvil atraerá también a bastantes usuarios.

pese a que la estandarización derivada del uso de contenedores está permitiendo también captar clientes, el transporte marítimo de corta distancia (cabotaje) no resulta un competidor relevante para la carretera más que para segmentos de tráfico muy determinados. Los tiempos de conexión que oferta el transporte marítimo son bastante más elevados que los del transporte por carretera y, además, comparte la misma característica de inflexibilidad del ferrocarril, ya que las cargas deben ser trasladadas en cualquier caso desde los puertos de llegada a los destinos finales generalmente por camión, con la manipulación adicional de la mercancía que suponen estos movimientos.

Debido a los problemas de congestión de las carreteras, el deterioro que causan los camiones sobre las infraestructuras viarias, los accidentes y los efectos medioambientales negativos que generan, se argumenta que el equilibrio que se alcanza en el mercado de transporte de carga no es socialmente óptimo y debería promoverse un mayor uso de modos de transporte alternativos a la carretera. Esta preocupación existe en la Unión Europea, donde se está tratando de promover un mayor uso del ferrocarril y el transporte marítimo a través de inversiones en estas infraestructuras y de sistemas de tarificación favorables a estos modos.

¿Cuál es el impacto que puede esperarse de estas medidas? El sector público influye en los equilibrios que determinan el reparto intermodal del transporte de carga, ya que las decisiones sobre infraestructura y los impuestos que se aplican a todos los modos afectan a los costes de las empresas, y con ello a las tarifas que pueden ofertarse a los usuarios finales. No obstante, un análisis formalizado de un mercado de transporte de carga permite identificar los elementos esenciales que determinan las cuotas de equilibrio de los distintos modos y estudiar cuál es el grado de influencia que pueden tener las decisiones públicas sobre el equilibrio del mercado de transporte de mercancías.

Considérese el caso de un mercado concreto para el movimiento de mercancías entre dos puntos A y B. Supongamos que existe un conjunto de usuarios, cada uno de los cuales desea mover una unidad de carga y cuya función de utilidad es:

$$U_i = U_0 - p - \alpha_i vt, \qquad [9.21]$$

donde U_0 es la utilidad de reserva del propietario de la carga, que suponemos suficientemente elevada para que la demanda sea inelástica (esto es, cada usuario va a transportar su carga en cualquier caso, y la única decisión relevante es qué modo de transporte va a utilizar); p es la tarifa monetaria que debe pagar; t es el tiempo de traslado de la mercancía entre A y B, y v es el valor del tiempo.

El parámetro $\alpha_i \in [0, 1]$ que aparece en la expresión [9.21] permite diferenciar a distintos tipos de usuarios en función de la importancia que tiene para cada uno de ellos el tiempo en términos relativos al coste monetario. Para estudiar el reparto modal para cualquier tamaño del mercado, se considera que existe un continuo de individuos, de forma que cada persona tiene un valor de α_i diferente. Aquellos usuarios con valores bajos de α_i serán relativamente indiferentes al tiempo de traslado de sus mercancías —probablemente, reflejando el tipo de carga de que se trate— y prestarán más atención al coste del flete al tomar su decisión acerca de qué modo de transporte utilizar. Lo contrario sucede para los usuarios con valores de α_i cercanos a uno.

Por el lado de la oferta, vamos a considerar que existen tres alternativas, con estructuras de costes diferenciadas. Los supuestos empleados son los siguientes:

1. *Transporte por carretera*: las empresas que ofertan servicios en este modo actúan en un entorno competitivo, por lo tanto, sus tarifas son iguales al coste marginal ($p_C = c_C$). Se considera que no tienen costes fijos relevantes en comparación con los otros dos modos, por lo que se normalizan sus costes fijos a cero.

2. *Transporte por ferrocarril*: los servicios de transporte ferroviario de carga son ofertados por un monopolio público, al cual se le regulan sus tarifas al coste marginal ($p_F = c_F$). Los costes fijos son rK_F, siendo K_F las unidades de infraestructura ferroviaria y r su precio unitario. Estos costes son cubiertos por el presupuesto público a través de subvenciones.

3. *Transporte marítimo*: al igual que en el caso de la carretera, se considera que las empresas proveedoras de servicios trabajan en un entorno competitivo, por lo tanto, deben bajar sus tarifas al mínimo nivel posible. En este caso sí que se consideran los costes fijos rK_B como relevantes (adquisición de flota de buques, principalmente), además de su correspondiente coste marginal c_B por unidad de carga. Las empresas no pueden tarificar a coste marginal, ya que deben cubrir los costes fijos. La tarifa de los servicios marítimos (p_B) queda entonces determinada de forma endógena de acuerdo con la cuota de mercado que pueda captar este modo.

Comparando los costes marginales, supondremos que en términos relativos a cada unidad de carga (por ejemplo, tonelada-kilómetro) el transporte marítimo es el modo más barato por la existencia de importantes economías de escala, seguido del ferroviario y carretera: $c_B < c_F < c_C$. Con respecto a los tiempos de viaje, consideraremos que éstos se ordenan de forma inversa a los costes marginales ($t_B > t_F > t_C$), siendo el modo más lento el transporte marítimo.

Con estos supuestos sobre la estructura de costes y tiempos, la competencia entre los tres modos por captar usuarios se establece en realidad entre los modos dos a dos por diferentes grupos de propietarios de mercancías. Las empresas de transporte de carretera (más caras, pero con menores tiempos) realizarán su oferta de tarifas/tiempos intentando atraer a los usuarios con unos valores mayores para el tiempo de viaje (medido por el parámetro α_i en la función de utilidad dada por [9.21]), mientras que el transporte marítimo (más barato y lento) tratará de captar a aquéllos con valores menores del tiempo.

La siguiente condición define el reparto de cuotas de mercado entre el ferrocarril y el transporte por carretera. Un usuario i preferirá enviar su mercancía por carretera si se verifica que:

$$U_i(p_C, t_C) = U_0 - p_C - \alpha_i v t_C \geq U_0 - p_F - \alpha_i v t_F = U_i(p_F, t_F). \qquad [9.22]$$

A partir de la condición [9.22] puede obtenerse el valor de referencia α_{FC} que define al usuario indiferente entre el ferrocarril y la carretera (sustituyendo los precios por los valores de los respectivos costes marginales, $p_C = c_C$ y $p_F = c_F$):

$$\alpha_{FC} = \frac{c_C - c_F}{v(t_F - t_C)}. \qquad [9.23]$$

La elección entre ferrocarril y barco se realiza a partir de una condición similar a [9.22], con su tarifa correspondiente p_B, de donde se obtiene el nivel de referencia para calcular las cuotas respectivas de estos dos modos:

$$\alpha_{BF} = \frac{c_F - p_B}{v(t_B - t_F)}. \qquad [9.24]$$

Gráficamente, puede observarse el significado de los parámetros α_{BF} y α_{FC}: los usuarios están realizando una comparación del precio generalizado que tiene para cada uno de ellos la oferta que realizan los tres modos de transporte. Dado que los usuarios varían en sus preferencias, los precios generalizados pueden representarse como funciones de α_i, resultando en líneas crecientes como se representa en la figura 9.7.

En el equilibrio que se presenta en la figura 9.7, puede comprobarse que existen clientes para las empresas de los tres modos de transporte, si bien para que esto suceda debe verificarse que $p_B < c_F$, lo cual en principio no está garantizado de forma general con los supuestos del modelo. En el caso de que se diera la situación $p_B \geq c_F$, ningún usuario encontraría interesante utilizar el modo de transporte marítimo y el mercado se repartiría exclusivamente entre el ferrocarril y las empresas de transporte por carretera.

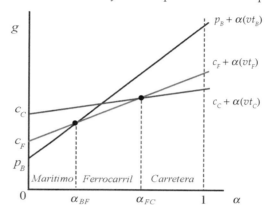

Figura 9.7. Reparto de las cuotas de mercado del transporte de carga.

El precio de los servicios marítimos (p_B) se puede calcular a partir del supuesto de que éste es un modo de transporte competitivo con libertad de entrada y salida de empresas. Por lo tanto, si existe demanda para este modo, ésta puede cuantificarse como α_{BF} (dado que se ha supuesto que hay un usuario para cada valor de α_i en el intervalo $[0, \alpha_{BF}]$ y que cada usuario sólo manda una unidad de carga). El beneficio que obtiene una empresa de transporte marítimo representativa del sector sería entonces:

$$\Pi_B(p_B) = (p_B - c_B)\,\alpha_{BF} - rK_B = \frac{(p_B - c_B)(c_F - p_B)}{v(t_B - t_F)} - rK_B. \qquad [9.25]$$

El proceso de entrada y salida únicamente se detiene cuando la actividad no genera beneficios extraordinarios, por lo que imponiendo la condición de beneficio nulo, $\Pi_B = 0$, puede obtenerse el precio de equilibrio del transporte marítimo en este modelo de reparto intermodal:

$$p_B = \frac{c_B + c_F}{2} - \left[\frac{(c_F - c_B)^2}{4} - v\,(t_B - t_F)rK_B\right]^{\frac{1}{2}}. \qquad [9.26]$$

Una vez que se dispone del valor de p_B resulta posible calcular de forma explícita cuál va a ser la cuota del ferrocarril en este mercado de transporte de carga, $\alpha_{FC} - \alpha_{BF}$, la cual coincidirá con el número absoluto de clientes si normalizamos el número total de usuarios a uno:

$$\alpha_{FC} - \alpha_{BF} = \frac{c_C}{v\,(t_F - t_C)} + \frac{c_B}{2v\,(t_B - t_F)} - \frac{c_F\left[(t_B - t_C) + (t_B - t_F)\right]}{2v\,(t_F - t_C)(t_B - t_F)}$$

$$- \left[\left(\frac{c_F - c_B}{2v\,(t_B - t_F)}\right)^2 - \frac{rK_B}{v\,(t_B - t_F)}\right]^{\frac{1}{2}}. \qquad [9.27]$$

Los tres primeros términos del lado derecho de la expresión [9.27] muestran el principal resultado que puede extraerse de este modelo de equilibrio intermodal. La cuota de mercado del ferrocarril se ve afectada positivamente por los costes marginales del transporte por carretera (c_C) y marítimo (c_B), ya que se observa en la ecuación que al aumentar estos parámetros se incrementa el número de clientes ($\alpha_{FC} - \alpha_{BF}$) que tiene el ferrocarril.

Resulta interesante observar que estos parámetros entran en la expresión anterior *ponderados de forma inversa* por el valor del tiempo (v) y por las respectivas diferencias de tiempo entre cada modo y el tiempo de conexión por ferrocarril. Esto es, al aumentar el coste marginal por ejemplo del transporte por carretera c_C, eso hace que aumente la cuota de mercado del ferrocarril, pero la magnitud del efecto depende de forma importante de cómo de atractivo sea el ferrocarril para los usuarios en términos de tiempos de viaje.

Si el valor del coeficiente de ponderación $t_F - t_C$ es relativamente elevado, aquellas políticas que tratan de perseguir cambios en el equilibrio modal mediante la elevación de los costes del transporte por carretera (a través de la incorporación de impuestos medioambientales, pago de tasas y peajes por el uso de la infraestructura, etc.) o que subvencionen al transporte por ferrocarril (para hacer que disminuya c_F), serán relativamente muy poco eficaces en términos de lograr cambios importantes en la cuota de mercado de la carretera frente al ferrocarril. Conviene observar que el coeficiente de ponderación $t_F - t_C$ depende de variables estructurales de la industria (como el tipo de red ferroviaria existente o la dotación de carreteras) y, por tanto, no es fácilmente modificable salvo que se realicen inversiones considerables en infraestructuras.

El modelo aquí presentado puede utilizarse para analizar un caso algo más complejo en el que se considerara que el modo de transporte ferroviario también deba cubrir sus costes de infraestructura. En ese caso, el precio del modo ferroviario también quedaría endógeno, ya que al tarificar al coste medio, el flete cobrado a los usuarios depende de cuál sea la cuota de mercado de equilibrio, ya que en dicho caso el coste de la infraestructura debería repartirse entre los usuarios que hacen uso de ella. El resultado que se alcanza es más complejo que el aquí presentado, en términos analíticos, pero se mantiene inalterada la idea básica de los resultados anteriores, en el sentido de que las cuotas de mercado de los diferentes modos dependen fundamentalmente de parámetros estructurales.

9.4.3 Transporte privado frente a transporte público

Una situación similar a la anterior del reparto modal en el transporte de carga se produce al examinar los equilibrios que suelen darse en ámbitos urbanos en el transporte de pasajeros. Los problemas de tráfico y contaminación atmosférica de las grandes ciudades llevan a que frecuentemente se argumente que el equilibrio intermodal está excesivamente inclinado hacia el uso del automóvil privado, y se demanden acciones por parte del sector público para que los individuos utilicen menos el automóvil en sus desplazamientos urbanos, y hagan uso de autobuses, metro y ferrocarril.

¿Están socialmente justificadas este tipo de acciones para conseguir un mejor equilibrio modal? En el capítulo 8 hemos analizado el problema que suponen los costes externos que los individuos no asumen al utilizar su vehículo privado, y que son fundamentalmente el tiempo extra que generan en los desplazamientos de otras personas y la emisión de contaminantes.

La corrección de estos problemas de externalidades resultaría *a priori* sencilla para el sector público, a partir de la aplicación de tasas de congestión e impuestos pigouvianos que corrigiesen los precios relativos haciendo relativamente más caro el automóvil privado en comparación con el transporte público. Algunas de estas medidas (principalmente impuestos sobre los vehículos y los combustibles) son aplicadas en la práctica por los gobiernos, aunque los problemas de congestión en las grandes ciudades parecen tener cada día mayor importancia.

Hay dos tipos de razones para explicar el escaso éxito que tienen las medidas que tratan de modificar el equilibrio entre transporte privado y transporte público en los desplazamientos urbanos:

1. Dificultades de tipo político y de incentivos de los agentes del sector público que deben tomar las decisiones sobre precios.
2. Ventaja comparativa de mayor flexibilidad del automóvil privado frente al transporte público, especialmente para desplazamientos multidireccionales dentro de una ciudad.

En relación con el primer grupo de causas, hay que observar que para conseguir un efecto significativo de desviación de pasajeros del automóvil privado al transporte público, los precios por el uso del automóvil privado deberían ser incrementados de forma sustancial. Esto es políticamente poco atractivo, ya que el gran número de propietarios de automóvil haría que se generara una oposición muy fuerte a este tipo de medidas. Por ello, resulta más sencillo tratar de reequilibrar los precios relativos haciendo que se reduzcan las tarifas del transporte público, dado el carácter regulado que tienen la mayor parte de modos que operan en entornos urbanos (metro, autobuses, ferrocarril).

La fijación de tarifas por debajo de los costes de producción se suele presentar como una medida para fomentar el uso del transporte público, pero en la práctica, dada la baja elasticidad que tiene el uso del vehículo privado, se convierte de hecho en una transferencia de renta a los usuarios ya existentes del transporte público. Este tipo de políticas puede tener un efecto positivo en términos de redistribución de la renta, si los usuarios del transporte público son personas de rentas bajas, pero no introduce una corrección suficiente sobre el equilibrio intermodal.

Para que los usuarios del automóvil privado opten por utilizar el transporte público, las políticas que dan una ventaja en términos de tiempo a los modos de transporte público son generalmente más efectivas que las que solamente modifican los precios relativos. Para conseguir diferencias de tiempo significativas que den una ventaja comparativa al transporte público, es necesario realizar inversiones importantes en las redes de metro y ferrocarril, así como dotar a las empresas de autobuses urbanos de recursos suficientes para disponer de una red densa de rutas con frecuencias de paso elevadas. Descontando también las diferencias de comodidad entre ambos modos de transporte, es a partir de una disponibilidad de transporte público suficientemente atractiva cuando los usuarios del automóvil privado evalúan la desutilidad en términos de tiempo que les supone desplazarse en su vehículo por calles congestionadas, siendo entonces factible que se altere el reparto modal.

Pese a que el sector público ponga en marcha políticas correctoras para promover un mayor uso del transporte público, el segundo tipo de causas anteriormente señaladas hacen que para determinado tipo de desplazamientos urbanos, el automóvil privado sea difícilmente sustituible por el transporte público. Esto se debe a que, pese a la existencia de congestión urbana y a la diferencia de precios en términos de coste por kilómetro del automóvil frente a la tarifa por kilómetro del transporte público, para muchos usuarios la ventaja comparativa del automóvil privado está en la disponibilidad inmediata del vehículo (eliminando todos los tiempos de espera que supone el transporte público), y en determinados trayectos, también en la menor distancia que implica escoger la ruta más corta en lugar de verse forzado a utilizar las rutas disponibles en autobuses o metro. Para desplazamientos multidireccionales —viajes en los cuales el individuo debe hacer paradas en varios puntos concretos a lo largo del trayecto para diferentes motivos— la diferencia de precios relativos debería ser enorme para atraer a los individuos hacia el transporte público.

Para ilustrar este efecto de los viajes multidireccionales, consideremos el siguiente modelo formalizado para representar desplazamientos en entornos urbanos y estudiar el reparto modal y la influencia que puede ejercer el sector público a través de correcciones de los precios relativos. Supongamos que analizamos una ciudad de forma circular, con radio unitario, en la cual hay únicamente cuatro puntos entre los cuales los individuos desean desplazarse (L_1, L_2, L_3, y L_4). A lo largo de un día, una persona puede necesitar moverse en una combinación cualquiera de estos cuatro puntos, en un desplazamiento multidireccional (por ejemplo $L_1 \rightarrow L_3 \rightarrow L_2$). En la práctica, muchos de los viajes urbanos cotidianos tienen esta característica de no consistir en un único desplazamiento entre dos puntos, sino que una persona puede requerir moverse entre su casa y el trabajo, probablemente con una parada intermedia en el colegio de los niños, y otra en una zona comercial para realizar compras.

En la ciudad hay cuatro rutas de transporte público (metro o autobús) que unen los puntos relevantes, pero que obligan a realizar conexiones en L_i para desplazarse entre L_{i-1} y L_{i+1}. Esta característica hace que los usuarios deban añadir un tiempo de espera t_e al tiempo de viaje en el vehículo de transporte público, por cada conexión que deban realizar.

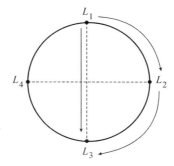

Figura 9.8. Esquema de desplazamientos en transporte público y privado.

Por su parte, el automóvil privado permite al individuo desplazarse sin tiempos de conexión entre los puntos que desee, y además puede hacer que entre puntos L_{i-1} y L_{i+1} se utilicen rutas más cortas. Para simplificar el modelo, se considera que para movimientos entre puntos consecutivos $L_i \to L_{i+1}$ el coche debe seguir la misma ruta que el transporte público a lo largo de la circunferencia de radio unitario, mientras que para movimientos $L_{i-1} \to L_{i+1}$ se puede desplazar a lo largo de los diámetros. La figura 9.8 ilustra el esquema planteado para representar los desplazamientos en esta ciudad.

El tiempo de desplazamiento en un viaje multidireccional, puede calcularse a partir de la distancia del trayecto entre los puntos y las velocidades respectivas del transporte público (V_P) y privado (V_C). Así, para moverse por ejemplo entre los puntos L_1 y L_3 las alternativas que tiene un individuo son:

1. Ir en transporte público, lo cual implica desplazarse de L_1 a L_2 y luego de L_2 a L_3, con una conexión intermedia y un tiempo medio de espera t_e. El tiempo total invertido será $t_P = 2\,(0{,}5\pi\,/\,V_P) + t_e$ (dado que el radio es igual a uno, la longitud total de la circunferencia es 2π, por lo que la distancia entre L_1 y L_2 es una cuarta parte de esa distancia).
2. Utilizar su vehículo privado, que le permite emplear la ruta marcada por el diámetro de la circunferencia, con una distancia igual a 2. El tiempo empleado será $t_C = 2/V_C$.

Las ventajas del transporte público frente al privado son dos. Por un lado, los desplazamientos que estudiamos en esta ciudad se realizan en horas en las cuales existe congestión de tráfico en las vías urbanas, de forma que la velocidad del transporte privado es menor que la del transporte público (se puede considerar que se utiliza metro o ferrocarril urbano, o bien que los autobuses utilizan en todas las rutas carriles reservados que les permiten desarrollar más velocidad que el automóvil). Por otra parte, el coste por kilómetro de utilizar el automóvil (denotado por c) será generalmente más alto que la tarifa por kilómetro que pague el usuario en transporte público (p). Por tanto, los dos supuestos que representan las diferencias entre los dos modos de transporte son: $V_C < V_P$ y $p < c$.

Para cada tipo de desplazamiento que se pueda tomar dentro de esta ciudad, consideremos, al igual que en el modelo anteriormente presentado para analizar el mercado de transporte de carga, que existe un continuo de individuos que van a realizar ese movimiento, cada uno de ellos caracterizado por un parámetro individual $\alpha_i \in [0, 1]$ que representa la importancia que tiene el tiempo en su función de utilidad. A partir de un valor del tiempo v común para todos los individuos, y una utilidad de reserva U_0 (que suponemos suficientemente alta para que siempre se realice el desplazamiento), la función de utilidad del individuo i se define como:

$$
U_i = \begin{cases} U_0 - pd_p - \alpha_i v \left(\dfrac{d_p}{V_P} + nt_e \right) & \textit{si usa transporte público} \\[4mm] U_0 - cd_C - \alpha_i v \left(\dfrac{d_C}{V_C} \right) & \textit{si usa automóvil}, \end{cases} \qquad [9.28]
$$

donde d_p y d_C son las distancias recorridas si se emplea transporte público o privado, respectivamente, y n es el número de conexiones necesarias para el desplazamiento en el caso de ir en transporte público.

Si para un tipo de viaje multidireccional dado, denominamos $C_P = pd_P$ a los costes monetarios del desplazamiento en transporte público (tarifas pagadas), y $C_C = cd_C$ a los costes monetarios del vehículo privado, así como $t_P = (d_P / V_P) + nt_e$ y $t_C = d_C / V_C$ a los tiempos totales respectivos, cada usuario i escogerá la alternativa de transporte que le proporcione mayor utilidad, o lo que es lo mismo, aquella que tenga un menor precio generalizado (coste monetario + valor del tiempo empleado) para el desplazamiento total realizado. De acuerdo con los valores que adopten estos parámetros (C_P, C_C, t_P, t_C), pueden darse cuatro posibles equilibrios entre transporte privado y público, resumidos en el cuadro 9.3:

Cuadro 9.3. Equilibrios entre transporte público y privado.

Relación entre costes y tiempos	Equilibrio modal
Caso A: $C_C \geq C_P$; $t_C \geq t_P$	– Todos los individuos usan transporte público
Caso B: $C_C < C_P$; $t_C < t_P$	– Todos los individuos usan automóvil
Caso C: $C_C < C_P$; $t_C \geq t_P$	– Individuos con valor alto del tiempo usan transporte público Condición: $\alpha_i \leq \dfrac{C_P - C_C}{(t_C - t_P)v}$
Caso D: $C_C \geq C_P$; $t_C < t_P$	– Individuos con valor bajo del tiempo usan transporte público Condición: $\alpha_i \leq \dfrac{C_C - C_P}{(t_P - t_C)v}$

El *caso A* corresponde a desplazamientos cortos con necesidad de pocas conexiones en transporte público. Dado que los trayectos son similares para ambos modos, el transporte público aporta ventajas tanto en tiempo como en costes monetarios, luego va a ser preferido por todos los individuos (para cualquier valor de α_i el precio generalizado del transporte público es menor). Lo contrario sucede para una situación como la representada en el *caso B*, que puede producirse para desplazamientos relativamente largos y con muchas conexiones.

El *caso C* sería un caso poco habitual dados los parámetros del modelo, pero podría darse un tipo de viaje multidireccional donde el desplazamiento en transporte público resulte muy costoso en términos monetarios (por la necesidad de emplear trayectos con muchas conexiones indirectas que obligarían a recorrer más distancia), pero sin embargo se consiga ahorrar tiempo frente a la ruta que puede utilizarse con el vehículo privado. Esto podría suceder en situaciones de congestión muy severa. En ese caso, los usuarios del transporte público serían preferentemente los individuos con valores altos de α_i, esto es, aquellas personas con más peso relativo del tiempo en su función de utilidad.

Finalmente, el *caso D* representa la situación más frecuente en desplazamientos urbanos: el transporte público es más barato en términos monetarios, pero la menor flexibilidad de las rutas obliga al usuario a emplear más tiempo en su desplazamiento, a pesar de que la velocidad de circulación del automóvil privado sea menor que la del transporte público. Esto hace que el equilibrio del mercado se determine por la valoración relativa que hacen los usuarios de su tiempo, y opten por utilizar el transporte público aquellas personas con valores bajos de α_i.

Un resultado interesante de este modelo es que permite comprobar cuál es el efecto que causa una intervención del sector público para tratar de cambiar el equilibrio modal que se produce en una ciudad. Tomando como referencia el *caso D*, puede observarse que, al afectar al precio relativo entre transporte privado y público (c / p), se modifica el valor de referencia de α_i^* que define al individuo indiferente. Este valor α_i^*, expresado de forma detallada en función de todos los parámetros de los que depende, es igual a:

$$\alpha_i^* = \frac{cd_C - pd_P}{\left(\dfrac{d_P}{V_P} + nt_e - \dfrac{d_C}{V_P} \right) v} = \frac{p\left(\dfrac{c}{p} \dfrac{d_C}{d_P} - 1 \right)}{\left(\dfrac{1}{V_P} + nt_e - \dfrac{d_C}{d_P} \dfrac{1}{V_C} \right) v} . \qquad [9.29]$$

Al aplicar una política que encarezca el transporte privado frente al público (elevando c / p), el efecto que se consigue es un aumento de α_i^* (y, por tanto, un mayor número de usuarios para el transporte público). Pero la derivada de la expresión [9.29] también muestra que el efecto que se consigue con la modificación de los precios relativos está afectado por todo un conjunto de parámetros de tipo estructural que dependen de la configuración de la ciudad, y del tipo de viaje que el usuario esté considerando realizar:

$$\frac{d\alpha_i^*}{d\left(\dfrac{c}{p}\right)} = \frac{p\dfrac{d_C}{d_P}}{\left(\dfrac{1}{V_P} + nt_e - \dfrac{d_C}{d_P}\dfrac{1}{V_C}\right)v} > 0 .$$ [9.30]

De entre todos los factores que afectan al efecto de la política de encarecimiento del transporte privado frente al público sobre el equilibrio modal pueden destacarse cuatro: cuanto mayor sea el ahorro de distancia relativa que se consigue con el automóvil (menor valor para d_C con relación a d_P); mayor el número medio de conexiones que efectúan los usuarios de transporte público (n); mayor el tiempo medio de espera en dichas conexiones (t_e); y mayor el valor del tiempo (v), el impacto que se consigue sobre la cuota de mercado del vehículo privado es menor. Por tanto, este modelo simplificado de reparto modal entre transporte público y vehículo privado muestra que las políticas destinadas a incentivar el uso de autobuses y metro/ferrocarril para la movilidad de individuos en entornos urbanos no tienen fácil lograr este objetivo, especialmente si los desplazamientos de tipo multidireccional son un porcentaje importante del total de viajes que se realizan diariamente en una ciudad.

9.5 Lecturas recomendadas

En el libro de Boyer, K. D., *Principles of Transportation Economics,* Addison-Wesley, 1998 se realiza una descripción muy interesante de los equilibrios intramodales que se alcanzan en los diferentes modos de transporte, y las causas que los explican. Para el tema de participación privada en la financiación de infraestructuras y contratos de concesión, una buena referencia es Kerf, M.; Gray, R. D.; Irwin, T.; Lévesque, C. y Taylor, R., *Concessions for Infrastructure: A Guide to Their Design and Award*, WB Technical Paper, 399, Banco Mundial, 1998. Existen numerosos libros y artículos que documentan la experiencia internacional de organización de los mercados de transporte. Especialmente recomendable es el estudio de la reforma de los diferentes modos acometida por el Reino Unido desde finales de los años ochenta, que puede consultarse, por ejemplo, en Bradshaw, B. y Lawton-Smith, H. (eds.) *Priva-*

tization and Deregulation of Transport, Macmillan Press, 2000. Para la literatura sobre teoría de subastas, que tiene una aplicación importante en transporte en el área de contratos de concesión de tipo BOT, una buena introducción es Klemperer, P., "Auction Theory: A Guide to the Literature", *Journal of Economic Surveys*, 13, 1999, págs. 227-286.

9.6 Ejercicios

Ejercicio 9.1. Un problema que puede surgir en las subastas de contratos de concesión de proyectos de infraestructura es la denominada "maldición del ganador": las empresas más optimistas en la estimación de la demanda hacen mejores ofertas y tienden a ganar los contratos, pero, posteriormente, si la demanda efectiva se aleja mucho de las previsiones de la empresa ganadora, se pueden producir dificultades financieras. Para ilustrar este problema, considere el caso de una autopista de peaje nueva, que se desea construir con un contrato de concesión de tipo BOT con una duración de 40 años.

(a) Suponga inicialmente que la demanda se conoce con certeza, siendo el número de usuarios cada año $q = 15 - 0,1\ p$, donde p es el peaje. Se realiza una subasta de sobre cerrado en la que gana la empresa con una oferta con menor peaje. Se presentan únicamente dos empresas (A y B), con unas estimaciones para los costes de construcción de 5.000 y 6.000, respectivamente. El coste de operación y mantenimiento se estima en 30 u.m. por vehículo, y es común para las dos empresas. Cada empresa no tiene ninguna información sobre los costes del rival, por lo que calcula su oferta para maximizar su beneficio, sin tener en cuenta la probabilidad de ganar la subasta. Determine qué empresa ganará la subasta y si el resultado es el mejor posible desde el punto de vista social.

(b) Considere ahora que las empresas tienen diferentes expectativas para la demanda futura, de forma que A piensa que la demanda será $q = 15 - 0,1\ p$, mientras que B tiene una estimación con $q = 25 - 0,1\ p$. Analice si esta situación altera el resultado de la subasta, en comparación con su respuesta anterior. Si finalmente la demanda efectiva es $q = 15 - 0,1\ p$, estudie la situación financiera de la empresa ganadora. En caso de que la empresa se halle en situación de quiebra, renegocie el contrato de concesión, estudiando el peaje que es necesario autorizar o la extensión de la duración del contrato para que la empresa concesionaria obtenga el equilibrio financiero.

Ejercicio 9.2. Considere de nuevo el proyecto de tren de alta velocidad que se analizó en el ejercicio 7.3, y cuyas previsiones de demanda se realizaron de acuerdo con dos escenarios alternativos, uno de ellos optimista y otro pesimista (véase anexo 2). Para este proyecto los costes de inversión son I_F = 4.500 millones u.m., y el coste operativo por pasajero es c_F^O = 45 u.m. El proyecto tiene una vida útil de T = 30 años.

(a) Calcule el coste de la infraestructura por pasajero (c_F^I) en cada uno de los dos escenarios planteados, de acuerdo con una regla de coste medio similar a la ecuación 9.16, pero utilizando las estimaciones de demanda disponibles en el anexo 2. Si la empresa ferroviaria aplica un margen sobre coste μ_F = 0,10, calcule la tarifa p_F que aplicará en cada escenario.

(b) Considere que existe una compañía aérea con un coste operativo c_A^O = 75 u.m., y que debe pagar unas tasas aeroportuarias de 10 u.m. por pasajero transportado. Si el margen de beneficios de esta empresa es μ_A = 0,15, calcule la distancia a la cual el tren de alta velocidad va a lograr captar usuarios del avión, en cada uno de los dos escenarios de la demanda futura. Analice cómo cambian estos equilibrios si el sector público decide financiar la infraestructura ferroviaria, de forma que la empresa sólo tenga costes operativos.

Ejercicio 9.3.(*) Considere el modelo de viajes multidireccionales presentado al final de este capítulo. Suponga que el valor unitario del tiempo es v = 30 u.m., que p = 2 y c = 4 (por lo que el vehículo privado cuesta el doble que el transporte público); que las velocidades respectivas son V_C = 2 y V_P = 3; y que el tiempo de espera es t_e = 10 minutos. De todo el conjunto de posibles trayectos de tipo multidireccional que podrían plantearse, vamos a considerar la siguiente muestra: (a) $L_1 \rightarrow L_2$; (b) $L_1 \rightarrow L_3$; (c) $L_1 \rightarrow L_2 \rightarrow L_4$; (d) $L_1 \rightarrow L_3 \rightarrow L_1$; (e) $L_1 \rightarrow L_3 \rightarrow L_2 \rightarrow L_4$; y (f) $L_1 \rightarrow L_3 \rightarrow L_1 \rightarrow L_2 \rightarrow L_4$.

Suponga que cada trayecto (a)-(f) es un mercado separado, y que en cada uno de ellos hay un continuo de individuos con $\alpha_i \in$ [0, 1]. Obtenga cuáles son los equilibrios intermodales iniciales (en términos de porcentajes de usuarios de transporte público y privado), y cómo se ven afectados estos equilibrios cuando el coste del vehículo privado se incrementa en un 10% o en un 20%. Discuta los resultados obtenidos.

ANEXOS
DATOS PARA EJERCICIOS

Anexo 1: Datos de empresas de autobuses urbanos en España (1992).

Empresa	Coste total C (millones)	Oferta plazas-km q (millones)	Precios de factores: L = trabajo; F = combustible; K = capital			Velocidad V Km/hora	Proporciones de gasto			Total ingresos tarifas (millones)	Total subvención (millones)	Ingresos y costes unitarios		
			w_L salario/ hora-bus	w_F precio/litro	w_K coste K/bus		S_L % coste L	S_F % coste F	S_K % coste K			Tarifa/ plaza-Km	Coste/ plaza-Km	Subvención/ plaza-Km
1	1.675,50	372,95	2,53	67,40	6,91	13,07	0,516	0,096	0,388	991,22	684,28	2,658	4,493	1,835
2	80,61	23,08	1,58	67,26	2,11	15,31	0,546	0,088	0,366	74,34	6,27	3,221	3,492	0,272
3	2.255,10	690,60	2,89	69,68	4,14	13,69	0,674	0,106	0,220	1.638,06	617,04	2,372	3,265	0,893
4	4.914,41	1.185,87	3,35	61,52	5,11	12,25	0,697	0,068	0,235	3.369,00	1.545,41	2,841	4,144	1,303
5	76,28	36,05	0,67	63,72	2,57	9,17	0,482	0,148	0,370	50,29	25,99	1,395	2,116	0,721
6	202,52	89,48	1,72	45,68	2,63	11,00	0,694	0,073	0,233	93,31	109,22	1,043	2,263	1,221
7	74,28	31,93	1,40	44,69	1,29	9,66	0,770	0,073	0,157	65,66	8,62	2,056	2,327	0,270
8	1.235,05	366,90	2,29	61,92	3,96	13,24	0,615	0,090	0,295	1.106,36	128,69	3,015	3,366	0,351
9	60,90	21,33	1,60	69,30	1,68	13,52	0,631	0,121	0,248	38,88	22,02	1,823	2,855	1,032
10	128,47	49,03	2,07	61,88	4,16	12,77	0,679	0,094	0,227	117,18	11,29	2,390	2,620	0,230
11	144,22	41,40	2,08	65,79	3,22	12,22	0,591	0,097	0,312	119,43	24,79	2,885	3,483	0,599
12	1.015,87	279,49	2,76	61,24	3,51	12,12	0,684	0,095	0,221	876,12	139,75	3,135	3,635	0,500
13	111,93	61,40	1,36	65,51	2,88	16,36	0,579	0,164	0,257	101,10	10,83	1,647	1,823	0,176
14	40,28	12,80	1,05	87,16	2,35	14,35	0,438	0,154	0,408	32,21	8,07	2,516	3,147	0,631
15	24,00	7,20	1,24	66,50	0,71	13,14	0,693	0,159	0,148	24,00	0,00	3,333	3,332	0,000
16	4.371,91	1.343,23	2,35	60,91	3,98	12,37	0,650	0,109	0,241	3.624,93	746,99	2,699	3,255	0,556
17	192,79	56,45	2,03	62,57	4,09	12,46	0,581	0,101	0,318	104,87	87,92	1,858	3,415	1,557
18	488,01	174,09	2,33	58,74	2,30	11,28	0,699	0,098	0,203	442,85	45,16	2,544	2,803	0,259
19	278,20	93,34	2,14	66,71	4,33	12,40	0,606	0,113	0,281	119,66	158,55	1,282	2,980	1,699
20	203,10	65,80	2,11	65,85	3,64	14,56	0,630	0,101	0,269	140,90	62,20	2,141	3,087	0,945
21	1.518,23	353,15	3,16	61,26	3,42	12,01	0,720	0,084	0,196	1.040,33	477,90	2,946	4,299	1,353
22	3.715,50	953,86	3,17	39,63	4,60	13,37	0,670	0,068	0,262	2.161,86	1.553,64	2,266	3,895	1,629
23	398,55	101,25	2,01	61,68	5,11	9,47	0,544	0,084	0,372	370,72	27,83	3,661	3,936	0,275
24	2.682,74	729,72	4,05	61,59	4,56	16,65	0,690	0,074	0,236	1.019,07	1.663,68	1,397	3,676	2,280
25	1.131,64	240,63	2,20	44,55	5,19	12,22	0,541	0,083	0,376	435,92	695,72	1,812	4,703	2,891
26	1.752,88	430,16	3,34	61,24	3,22	12,78	0,747	0,086	0,167	1.039,73	713,16	2,417	4,075	1,658
27	767,45	122,64	4,27	65,01	2,29	12,33	0,790	0,075	0,135	355,69	411,76	2,900	6,258	3,357
Media	*1.094,09*	*293,85*	*2,29*	*61,82*	*3,48*	*12,73*	*0,635*	*0,100*	*0,264*	*724,21*	*369,88*	*2,380*	*3,435*	*1,055*

Nota: Estos datos están disponibles en formato electrónico en la página web *www.eitlaspalmas.com*

Anexo 2: Simulación de niveles de demanda y beneficios por reducción de accidentes para un proyecto de tren de alta velocidad (datos en millones).

Año	ESCENARIO 1: DEMANDA BAJA							ESCENARIO 2: DEMANDA ALTA							Beneficios reducción accidentes
	Demanda Total	Demandas desviadas otros modos			Demandas nuevas generadas			Demanda Total	Demandas desviadas otros modos			Demandas nuevas generadas			
		q tren	q coche	q avión	q tren	q coche	q avión		q tren	q coche	q avión	q tren	q coche	q avión	
1	3,000	1,500	0,300	0,300	0,648	0,126	0,126	6,000	3,000	0,600	0,600	1,296	0,252	0,252	1,800
2	3,090	1,545	0,309	0,309	0,667	0,130	0,130	6,180	3,090	0,618	0,618	1,335	0,260	0,260	1,845
3	3,183	1,591	0,318	0,318	0,687	0,134	0,134	6,365	3,183	0,637	0,637	1,375	0,267	0,267	1,891
4	3,278	1,639	0,328	0,328	0,708	0,138	0,138	6,556	3,278	0,656	0,656	1,416	0,275	0,275	1,938
5	3,377	1,688	0,338	0,338	0,729	0,142	0,142	6,753	3,377	0,675	0,675	1,459	0,284	0,284	1,987
6	3,478	1,739	0,348	0,348	0,751	0,146	0,146	6,956	3,478	0,696	0,696	1,502	0,292	0,292	2,037
7	3,582	1,791	0,358	0,358	0,774	0,150	0,150	7,164	3,582	0,716	0,716	1,547	0,301	0,301	2,087
8	3,690	1,845	0,369	0,369	0,797	0,155	0,155	7,379	3,690	0,738	0,738	1,594	0,310	0,310	2,140
9	3,800	1,900	0,380	0,380	0,821	0,160	0,160	7,601	3,800	0,760	0,760	1,642	0,319	0,319	2,193
10	3,914	1,957	0,391	0,391	0,845	0,164	0,164	7,829	3,914	0,783	0,783	1,691	0,329	0,329	2,248
11	4,032	2,016	0,403	0,403	0,871	0,169	0,169	8,063	4,032	0,806	0,806	1,742	0,339	0,339	2,304
12	4,153	2,076	0,415	0,415	0,897	0,174	0,174	8,305	4,153	0,831	0,831	1,794	0,349	0,349	2,362
13	4,277	2,139	0,428	0,428	0,924	0,180	0,180	8,555	4,277	0,855	0,855	1,848	0,359	0,359	2,421
14	4,406	2,203	0,441	0,441	0,952	0,185	0,185	8,811	4,406	0,881	0,881	1,903	0,370	0,370	2,481
15	4,538	2,269	0,454	0,454	0,980	0,191	0,191	9,076	4,538	0,908	0,908	1,960	0,381	0,381	2,543
16	4,674	2,337	0,467	0,467	1,010	0,196	0,196	9,348	4,674	0,935	0,935	2,019	0,393	0,393	2,607
17	4,814	2,407	0,481	0,481	1,040	0,202	0,202	9,628	4,814	0,963	0,963	2,080	0,404	0,404	2,672
18	4,959	2,479	0,496	0,496	1,071	0,208	0,208	9,917	4,959	0,992	0,992	2,142	0,417	0,417	2,739
19	5,107	2,554	0,511	0,511	1,103	0,215	0,215	10,215	5,107	1,021	1,021	2,206	0,429	0,429	2,807
20	5,261	2,630	0,526	0,526	1,136	0,221	0,221	10,521	5,261	1,052	1,052	2,273	0,442	0,442	2,878
21	5,418	2,709	0,542	0,542	1,170	0,228	0,228	10,837	5,418	1,084	1,084	2,341	0,455	0,455	2,950
22	5,581	2,790	0,558	0,558	1,205	0,234	0,234	11,162	5,581	1,116	1,116	2,411	0,469	0,469	3,023
23	5,748	2,874	0,575	0,575	1,242	0,241	0,241	11,497	5,748	1,150	1,150	2,483	0,483	0,483	3,099
24	5,921	2,960	0,592	0,592	1,279	0,249	0,249	11,842	5,921	1,184	1,184	2,558	0,497	0,497	3,176
25	6,098	3,049	0,610	0,610	1,317	0,256	0,256	12,197	6,098	1,220	1,220	2,635	0,512	0,512	3,256
26	6,281	3,141	0,628	0,628	1,357	0,264	0,264	12,563	6,281	1,256	1,256	2,714	0,528	0,528	3,337
27	6,470	3,235	0,647	0,647	1,397	0,272	0,272	12,940	6,470	1,294	1,294	2,795	0,543	0,543	3,421
28	6,664	3,332	0,666	0,666	1,439	0,280	0,280	13,328	6,664	1,333	1,333	2,879	0,560	0,560	3,506
29	6,864	3,432	0,686	0,686	1,483	0,288	0,288	13,728	6,864	1,373	1,373	2,965	0,577	0,577	3,594
30	7,070	3,535	0,707	0,707	1,527	0,297	0,297	14,139	7,070	1,414	1,414	3,054	0,594	0,594	3,684

Nota: Estos datos están disponibles en formato electrónico en la página web *www.eitlaspalmas.com*

ÍNDICE ANALÍTICO

Accidentes, 287-289, 323-324, 346-347, 371-382
Análisis
    coste-beneficio, 298-300, 308, 315-317, 320, 338-339
    de sensibilidad, 330-334
    envolvente de datos (DEA), 70, 124
Armstrong, M., 293
Arrow, K. J., 335n
    teorema de Arrow y Lind, 335
Autopistas de peaje, 403-406, 411

Bates, J., 178
Battese, G. E., 71
Baumol, W. J., 284n, 290n, 293
Becker, G., 135n, 177
Berechman, J., 71
Beneficio
    privado, 192, 194, 201, 297, 360-362, 368
    social, 187, 193, 201, 257, 310-320, 332-334, 360-362
    neto anual equivalente (BAE), 324-325
Bickel, P., 382
Bien público, 366, 403, 404, 405
Bienestar social, 187-189, 193-200, 216, 257-260, 311-312, 337-338, 377, 390-392
    maximización del, 201, 207, 208, 257-258, 301
Boardman, A., 338
BOT, 403, 407-408, 436
Boyer, K. D., 71
Bradshaw, B., 483
Button, K. J., 71, 125, 178

Capacidad
    costes de capacidad, 70-80, 187-188, 221
    de las infraestructuras, 47, 90
    de vehículos, 31-32, 82-83, 91
    e indivisibilidades, 33, 37-38, 89-93, 206-210, 304, 307
    elección de la, 82-83, 96, 299-302
    falta de capacidad (*véase* Congestión)
    y tarificación, 206-210, 212-216
Capital
    base de capital, 253-254, 256, 262-263, 267
    coste de, 289,263
    factor, 56, 63, 252, 255, 256
    medidas de, 63-64
Carretera de peaje (*véase* Autopistas de peaje)
Caves, D. W., 125
Christensen, L. R., 125
Coase, R., 366
    teorema de, 366-369, 383
Cobb-Douglas
    función de tipo, 65-67, 69, 72, 118, 339
Coelli, T., 71
Compañías de bandera, 412-413
Competencia, 234-248, 385-387, 393-395, 399-403, 409-413
    destructiva, 245-246
    intramodal, 386, 403-419
    intermodal, 419-435
    por el mercado, 248-249, 292
    referencial, 277-280, 293, 294
Concesión, 166,204, 213, 248, 266, 287, 393-407, 414

contratos de, 393-410, 416, 436
Congestión, 299, 308-310, 327-329, 339-340, 345, 346, 347-354
    cuantificación de costes, 352-354
    en carreteras, 343, 345, 347c, 348-349
    en aeropuertos, 347c, 349-352
Contaminación, 246, 316-318, 343-347, 354-357, 358-359, 362, 365
Contestabilidad (*véase* Mercados atacables)
Control del tráfico aéreo (ATC), 349, 351
Costes
    a corto plazo, 81-82, 84
    a largo plazo, 84
    criterios de asignación, 107-108, 115-117
    comunes, 108, 269, 390
    de operación (operativos), 95, 126
    del productor, 76, 78-97, 184-187, 223-224
    del usuario, 76, 97-101, 112, 133, 183, 223-224
    externos, 75, 77-79, 97, 183, 184, 186, 348, 360-367, 370-378, 382-383
    medios (CMe), 64, 81-89, 92-99, 104, 126, 190, 204, 249, 302-304
    marginales, 81, 86-89, 99, 104, 302
    fijos, 79-80, 85-87
    sociales, 75-77, 97-101, 126, 186, 187, 194, 195, 206, 212-219, 224, 226, 229, 230, 297, 307-310, 313-319, 335-336, 343-346, 362-364
    variables, 82-86
Cournot
    modelo de, 240
Cowan, S., 293

DEA (*Data Envelopment Analysis*), 70, 124
    véase Análisis envolvente de datos
Demanda
    compensada, 300n
    función de, 140-151, 178, 192, 207, 240, 256-259, 300, 301, 330-332
    predicción de la, 164-177, 212, 299, 340
    marshalliana, 300n
    modelo de cuatro etapas, 169-177
De Rus, G., 70n, 122n, 339
De Serpa, A., 155n, 177
Discriminación de precios, 198-202
Distribución de la renta, 336-338

Economías
    de alcance, 105-107, 118, 121-123
    de escala, 43-44, 81, 86-89, 92-93, 103-107, 110-111, 118, 121, 390, 392
    de red, 111, 190, 223
    de densidad, 76, 103-105, 107, 110-111, 121-125, 223, 227
Efecto Averch-Johnson, 256, 286
Eficiencia, 54-64, 68-71, 76, 192-195
    económica, 55-57, 64-65, 112, 183, 193-195, 204, 294
    técnica, 54-65
Elasticidad, 140
    con respecto al propio precio, 141-143
    con respecto a la renta, 144
    con respecto al tiempo, 163-164
    cruzada, 143-144
    de sustitución entre factores, 42-43, 64, 67, 72
    función de elasticidad constante (CES), 65, 67, 118
Excedente
    del consumidor, 145-147, 149, 186-187, 193, 194, 199, 201-205, 256-257, 259, 271, 278, 289, 300, 307, 312
    del productor, 187, 193-194, 199, 205, 216, 312, 315
    social, 194, 196, 231, 312, 315, 369
Externalidades, 185, 233-234, 269, 306-308, 316-320, 343-384
    medioambientales, 358-371, 373, 382
    pecuniarias, 308, 316, 319, 343
    tecnológicas, 308, 316, 317, 343

Finsinger, J., 274
Fowkes, S., 177
Friedrich, R., 382
Frontera, 56, 68-70, 77
    de producción, 68-70, 124-125, 127
    de costes, 124-125, 127
    estocástica, 68-70, 125
    determinística, 68-69, 125
Función de costes, 76-78, 80-86, 89-90, 92-98, 102-108, 116-126
    translog, 65, 68, 118-123, 126
Función de producción, 25-31, 32-38, 41-50, 64-71
    Leontieff, 65, 67
    Cobb-Douglas, 65-69, 72, 118, 339
    CES, 65, 67, 118
    Translog, 65, 68, 118, 119, 120, 121, 123, 126
Fujita, M., 19n

Garling, T., 177
Gasoriek, M., 320n
Geografía, 130c
    nueva geografía económica,18-19
Glaister, S., 338
Gramlich, E.,338, 339
Gray, R. D., 435
Green, J. R., 71
Greenberg, D., 338

Heertje, A., 121n
Hensher, D. A., 125, 178
Hub-and-spoke, 11, 52-53, 111-113, 153, 416
    véase red de tipo

Incertidumbre, 261, 299, 302-304, 307, 321, 329-332, 335, 357
Indivisibilidades, 37-38, 76, 81, 90-93, 181, 190, 206, 211, 212, 230
    véase capacidad
IPC-X
    mecanismo de regulación, 275-277, 293

Irwin, T., 435
Isocuanta, 39-42, 43, 54-57, 61, 65, 72, 302, 305

Jansson, J. O.,231
Jara-Díaz, S.,71, 121, 177
Jones-Lee, M. W., 382
Joskow, P.L., 292

Kaldor-Hicks,
    criterio de compensación de, 337, 344
Kerf, M., 435
Klemperer, P., 436
Krugman, P., 18

Laffont, J. J., 281
Laitila, T., 177
Lasheras, M. A., 293
Lawton-Smith, H., 435
Layard, R., 338
Leontieff
    función de tipo, 65-67
Lévesque, C., 435
Lind, R.C., 335n
Localización
    de empresas (industrias), 18-19, 130
    de terminales/paradas, 50
    geográfica, 16, 18, 19, 195

Mackie, P., 177
Mas-Colell, A., 71, 125
McFadden, D., 178
Mercados atacables, 290-292
Mohring, H., 224
    efecto Mohring, 11, 153, 190, 223-227, 232, 345, 346
Montecarlo,
    método de, 333
Monopolio,
    natural, 249-250
    privado, 393

público, 388
Multiproducción, 47-50, 102-106, 274-275

Nash, C., 70n, 231, 338
    equilibrio de Nash, 240, 241, 280, 367n
Newbery, D. M., 231

Obligaciones de servicio público, 234, 245, 247-248, 263-267, 389
Ortuzar, J. de D., 178
Oum, T.O., 70, 71, 122, 125, 177

Panzar, J., 290n, 293
Pasqual, J., 339
Peajes, 217-220
Pearce, D., 338
Pels, E., 125
Peltzman, S., 382
Prasada-Rao, D. S., 71
Preferencias
    declaradas, 171
    reveladas, 171
    curvas de indiferencia, 137-139
Pigou, A. C., 13, 362
    impuestos pigouvianos, 313, 362-365, 383, 429
Precio
    con restricciones de capacidad, 206-217
    criterios de fijación, 181-183, 187-189, 198
    de reserva, 146, 185-186
    generalizado, 132-133, 137, 146, 314
    óptimo (sin congestión), 190-194
    Ramsey, 200-202, 269, 275, 276, 283, 284
    relativo, 137, 139
    sombra, 156-158, 322
Productividad, 54-64, 65, 71,97,123-125, 161, 197, 345
    marginal, 57, 65, 161, 253, 256, 258, 264, 268

total de los factores (PTF), 63, 65, 72, 76, 124

Red
    centro-radial (hub-and-spoke), 11, 12, 52-53, 111, 112, 153, 416
    configuración de red, 12, 28, 50-53, 109, 111-115, 153, 409, 416, 419
    de carreteras, 4, 11, 17, 336, 337, 352, 374, 401, 405-406, 409, 428
Rees, R., 230
Regulación, 233-293
    con incentivos, 260-261, 270-273
    de calidad, 235, 286-287
    de seguridad, 235, 286-288
    económica, 234-235, 239
    por comparación (véase Competencia referencial)
    sobre frecuencias, 266-267
    sobre tarifas, 235, 243, 250, 263, 266-271
    sobre tasa de rentabilidad, 250, 253-260
    tarifas de acceso, 237, 281
Relación
    marginal de sustitución (RMS), 137, 138, 157, 160
    técnica de sustitución (RTS), 41, 43, 55, 57, 72, 302
Reparto modal, 164, 169, 325, 344, 345, 419,425, 429, 430, 431, 435
Riesgo moral, 375,378
Rietveld, P., 125
Rose, N. L., 292, 382
RPI-X (véase IPC-X), 276n
Ruido, 316, 318, 343-346, 354, 355, 357-362, 363-371, 382-383

Sansom, T., 231
Schmalensee, R., 292, 293
Selección adversa, 375
Segura, J., 382
Shleifer, A., 293
Stiglitz, J., 382

Subastas, 248, 394, 395, 396, 397, 398, 399, 406, 417, 436

Subsidios cruzados, 204-206, 211, 234, 247

Subvenciones, 61, 195-198, 224-227, 232, 279-280, 312-313, 317, 389, 392, 409, 411, 418, 425

Talley, W. K., 125

Tarifas
    de acceso, 237, 281-285
    máximas, 263, 267, 268, 270-274, 277, 289, 294
    punta y valle, 211-212
    Ramsey (*véase* precios Ramsey)

Tasa de beneficio, 253-259, 261-262, 268, 286, 293-294

Tasa de rentabilidad, 250-254, 259, 260-262, 267, 268, 270-274, 293

Taylor, R., 435

TEU, 416

Tiempo, 151
    ahorro de, 157, 158
    de acceso, 151-154
    de viaje, 151-154
    de espera, 151-154
    factor productivo
    valor del, 154-163

TIR (Tasa Interna de Rendimiento), 321, 340

Tirole, J., 281

Transporte interurbano, 22, 28, 31, 109, 142, 162, 170, 177, 204, 345, 401, 409, 416-418

Transporte ferroviario, 23, 34, 52, 94, 103, 104, 109, 115, 142, 227, 237, 250, 281, 337, 390, 409, 409-411, 419, 421, 423-429

Transporte marítimo, 22, 29, 46, 51, 69, 94, 95, 96, 182, 200, 245, 249, 314, 345, 409, 414-416, 419, 423-429
    conferencia marítima, 415
    servicios *tramp*, 22, 415

Transporte público, 15-16, 23, 27, 112, 142, 144-145, 150, 159, 160, 174-175, 178, 184, 204, 223-224, 231, 310, 345, 349, 374, 375, 378, 379, 411,419, 429-435, 437

Transporte urbano, 22, 165, 167, 170, 173, 211-212, 233, 245, 246, 266, 280

Tretheway, M. W., 125

Unión Europea (UE), 357, 371, 372, 382, 408, 412, 415, 424

Utilidad, 134-138, 147-148, 154-160, 169, 337-338, 377, 380, 381-384, 389-390
    de reserva, 424, 432
    directa, 148, 159
    indirecta, 148-149, 150, 159, 174-175, 178, 179
    teoría de la utilidad aleatoria, 149-151, 175

Valor actual neto (VAN), 309, 322, 337
    financiero, 309, 341
    social, 299, 307-312, 314, 316, 320-333, 337-341

Varian, H., 71, 125

Venables, A. J., 320n

Vickrey, W., 231

Vickers, J., 293

Vining, A., 338

Vogelsang, I., 274

Waters, W. G., 70, 71, 122, 125, 177

Weimer, D., 338

Westin, K., 177

Whinston, M. D., 71

Willig, R., 290n, 292, 293

Willumsen, L. G., 178

Winston, C., 71, 230

Yarrow, G., 293

Yong, J. S., 177

Otros títulos

La economía del sector público, 3ª ed.
Joseph E. Stiglitz

En busca del crecimiento
William Easterly

Economía financiera
José M. Marín / Gonzalo Rubio

El dominio de la información. Una guía estratégica para la economía de la Red
Carl Shapiro / Hal R. Varian

Economía del desarrollo
Debraj Ray

Microeconomía intermedia, 5ª ed.
Hal R. Varian

Economía y juegos
Fernando Vega Redondo

Apuntes de crecimiento económico, 2ª ed.
Xavier Sala-i-Martin